CONFÉRENCES

SUR L'ADMINISTRATION

ET LE

DROIT ADMINISTRATIF

PARIS. — IMP. SIMON RAÇON ET COMP., RUE D'ERFURTH, 1.

CONFÉRENCES

SUR L'ADMINISTRATION

ET LE

DROIT ADMINISTRATIF

FAITES A L'ÉCOLE DES PONTS ET CHAUSSÉES

PAR

LÉON AUCOC

CONSEILLER D'ÉTAT

———

TOME DEUXIÈME

———

PARIS

DUNOD, ÉDITEUR

LIBRAIRE DES CORPS DES PONTS ET CHAUSSÉES ET DES MINES

QUAI DES GRANDS-AUGUSTINS, 49

—

1870

DEUXIÈME PARTIE

LIVRE PREMIER

NOTIONS SOMMAIRES SUR LA PROPRIÉTÉ, LES OBLIGATIONS ET LA CAPACITÉ DES PERSONNES

---

469. Raisons qui amènent à présenter ici un résumé des notions fondamentales du droit civil sur les personnes et les biens.
470. Ordre à suivre dans ce résumé.

469. L'étude du droit administratif suppose la connaissance de certaines notions fondamentales de droit civil qui doivent nécessairement trouver leur place dans le seul cours de droit professé à l'École des ponts et chaussées. Il est facile de s'en rendre compte.

Dans l'exercice de la mission qui lui a été confiée, l'autorité administrative, soit qu'elle représente les intérêts généraux, soit qu'elle représente les intérêts locaux, est en rapports constants avec les particuliers. Pour recueillir les ressources nécessaires à l'existence de la société, pour employer ces ressources à la satisfaction des besoins collectifs des citoyens, pour protéger l'ordre public et conserver les biens qui sont à l'usage de tous, elle exerce sans cesse une action sur les personnes et sur les biens de tous les membres de la société.

Autre exemple : les ingénieurs concourent à la préparation des contrats passés avec lés entrepreneurs pour l'exécution des travaux publics ; ils ont à suivre l'exécution de ces marchés. Or, ce n'est pas exclusivement dans le cahier des clauses et conditions générales applicables aux entrepreneurs des travaux des ponts et chaussées, et dans les devis spéciaux à chaque travail que se trouvent les règles à suivre en pareil cas. Les règles fondamentales des conventions pour le louage d'ouvrage, aussi bien que pour les acquisitions d'immeubles, se trouvent dans le code Napoléon, et le cahier des clauses et conditions générales ne fait qu'y ajouter certaines stipulations sur des points que le législateur a laissés au libre arbitre des parties, ou bien y déroger, dans le cas où le législateur le permet.

Il est donc évident que nous serions arrêté à chaque pas dans le commentaire des lois, règlements et contrats qui rentrent dans le droit administratif, si nous n'avions fait une étude d'ensemble des notions fondamentales du droit civil. Mais on comprend aussi que nous devons, pour ne pas sortir de notre cadre, restreindre cette étude aux points essentiels; indiquer les règles plutôt que les expliquer, nous borner, si ingrat que soit ce travail, à des définitions, laissant à nos lecteurs, que nous aurons mis sur la voie, le soin d'approfondir ces notions dans la mesure de leurs loisirs et de leurs besoins.

470. Nous avons déjà eu occasion de faire connaître sommairement dans l'introduction de cet ouvrage comment a été rédigé le code Napoléon, qui contient les règles du droit civil proprement dit; nous en avons signalé l'esprit.

Il se divise en trois livres : le premier traite des personnes ;

¹ Tome Iᵉʳ, p. 36.

— le second, des biens et des différentes modifications de la propriété, c'est-à-dire des droits que les personnes peuvent avoir sur les biens; — le troisième, des différentes manières dont s'acquiert la propriété, c'est-à-dire des causes pour lesquelles les personnes peuvent acquérir ces droits.

Nous n'avons pas la prétention de résumer en quelques pages le code Napoléon qui fait, dans les facultés de droit, l'objet de trois années d'études. Laissant de côté toutes les règles dont la connaissance n'est pas indispensable pour l'étude des matières du droit administratif auxquelles nous devons toucher, nous prendrons dans le premier livre les principales règles sur la capacité des personnes et le domicile ; — dans le second, les notions essentielles sur la propriété, ses démembrements et les différentes charges dont elle peut être grevée ; — dans le troisième, les principes généraux sur les obligations, sur les garanties au moyen desquelles on peut en assurer l'exécution et sur la prescription.

Mais, dans ce très-bref résumé, nous ne suivrons pas l'ordre adopté par les rédacteurs du code Napoléon. Ce que nous avons à dire des personnes, c'est-à-dire les règles relatives à leur capacité, aux droits dont elles ont la jouissance ou l'exercice, ne peut se comprendre que si l'on connaît les règles relatives aux biens, et à la manière d'acquérir la propriété. C'est donc des biens que nous traiterons en premier lieu.

CHAPITRE PREMIER

DE LA PROPRIÉTÉ ET DES MODIFICATIONS DE LA PROPRIÉTÉ

§ 1er. — DES BIENS CONSIDÉRÉS DANS LEUR NATURE ET DANS LEURS RAPPORTS
AVEC CEUX QUI LES POSSÈDENT

471. Les deux éléments essentiels du droit sont les personnes et les biens. On entend par personnes, dans la langue du droit, tout être qui a des droits et des obligations. Tous les êtres humains à ce point de vue sont des personnes. Nous avons déjà dit qu'il y a des personnes physiques et des personnes morales, c'est-à-dire que certains intérêts collectifs, ceux de la nation tout entière, de certaines fractions de la nation, ou de certains groupes de propriétaires ont été personnifiés, qu'ainsi l'État, les communes, les établissements publics, certaines associations constituent des êtres juridiques qui ont la faculté d'acquérir et d'aliéner, comme l'aurait chacun des individus dont ces personnes morales sont appelées à servir les intérêts.

On entend par biens toutes les choses que l'homme peut s'approprier pour en tirer une jouissance, un profit.

Un homme peut avoir, à l'exclusion des autres hommes, des droits de différentes natures.

472. Il y a deux grandes catégories de droits qu'il est impossible de ne pas définir, quand on fait une théorie juridique. Ce sont les droits réels et les droits personnels.

Celui qui a un droit réel a la faculté de s'attribuer, à l'exclusion de toute autre personne, l'utilité totale ou partielle d'une chose. Il a sur cette chose un pouvoir direct, sans intermédiaires. Ainsi le droit de propriété sur un champ, sur une maison, sur une somme d'argent est un droit réel.

Celui qui a un droit personnel, a seulement la faculté d'exiger que telle ou telle personne lui procure un avantage soit en faisant, soit en s'abstenant de faire une chose. Ainsi le droit d'obtenir d'un ouvrier qu'il exécute un travail déterminé qu'il s'est engagé à faire est un droit personnel.

Le droit réel est opposable à tout le monde ; — le droit personnel n'est opposable qu'à certains individus déterminés. C'est une distinction qui a des conséquences pratiques considérables que nous retrouverons plus tard.

473. On distingue les biens en deux grandes classes, — les immeubles et les meubles. C'est encore une distinction qui domine toute la législation civile.

Les immeubles sont, avant tout, les choses qui, par leur propre nature ou par le fait de l'homme, sont immobiles, ne peuvent être déplacées. Mais la loi civile place en outre dans cette catégorie les choses qui se rattachent par leur destination à un immeuble, dont elles deviennent l'auxiliaire et l'accessoire.

Les immeubles par leur nature sont : 1° les fonds de terre,

2° les bâtiments, 3° les moulins à vent et à eau fixes sur piliers ou faisant partie du bâtiment, 4° les tuyaux servant à la conduite des eaux dans une maison ou un fonds de terre, 5° les récoltes pendantes par les racines ou les fruits des arbres non encore récoltés, 6° les bois, taillis ou futaies, tant que les arbres ne sont pas abattus. Le code Napoléon en fait l'énumération dans les articles 518 à 521.

Les immeubles par destination sont les objets mobiliers que le propriétaire du fonds y a placés pour le service et l'exploitation de ce fonds. Ainsi, aux termes de l'article 524 du Code, « sont immeubles par destination, quand ils ont été placés par le propriétaire pour le service et l'exploitation du fonds : — les animaux attachés à la culture ; — les ustensiles aratoires ; — les semences données aux fermiers ou colons partiaires; — les pigeons des colombiers; — les lapins des garennes ; — les ruches à miel ; — les poissons des étangs ; — les pressoirs, chaudières, alambics, cuves et tonnes ; — les ustensiles nécessaires à l'exploitation des forges, papeteries et autres usines ; — les pailles ou engrais. — Sont aussi immeubles par destination tous effets mobiliers que le propriétaire a attachés au fonds à perpétuelle demeure. »

Aux immeubles par nature et par destination, le Code ajoute dans l'article 626 des immeubles par l'objet auquel ils s'appliquent ; c'est-à-dire des droits sur des immeubles : par exemple, l'action qui tend à réclamer la propriété d'un immeuble.

Enfin certains objets qui sont meubles par leur nature, par exemple, des actions de la Banque de France, peuvent être immobilisées par la déclaration de la personne qui les possède.

Quant aux meubles, nous n'avons pas à insister pour les définir. Il suffit de dire que tout ce qui n'est pas immeuble est meuble. Le Code a donné dans les articles 527 à 535 des définitions auxquelles il faut se reporter et qui ont pour objet d'éviter des difficultés.

474. Après avoir ainsi défini les biens quant à leur nature, le législateur traite des biens dans leurs rapports avec ceux qui les possèdent. C'est par là qu'il complète les notions générales préalables à la définition du droit de propriété et des démembrements de la propriété.

Les biens peuvent appartenir soit à des personnes privées, à des particuliers, soit à des personnes publiques, c'est-à-dire l'État, les départements, les communes, les établissements publics.

Les définitions du code Napoléon sur les biens appartenant aux personnes publiques sont assez incomplètes. Quelquefois même elles sont inexactes. Voici le résumé des notions établies par la doctrine et la jurisprudence.

475. Le domaine national se divise en trois classes : le domaine public, — le domaine de l'État proprement dit, — le domaine de la couronne.

476. Et d'abord qu'est-ce que le domaine public ?

Si la qualification de dépendance du domaine public n'entraînait pas de conséquences pratiques, il serait très-commode et très-conforme à la logique apparente de dire : le domaine public, c'est l'ensemble des biens affectés aux services publics institués par l'administration. Mais le domaine public a ce privilége d'être inaliénable et imprescriptible. Il ne peut être vendu, et ne peut être acquis par la prescription, c'est-à-dire par une possession prolongée pendant un certain espace de temps, dans des conditions fixées par la loi. Il faut donc

se reporter avec soin à la définition donnée par le législateur pour savoir quels sont les objets auxquels il a entendu
conférer le caractère qui entraîne cette situation spéciale.
Malheureusement la définition est mal faite et laisse beaucoup
de place à la controverse. Ainsi l'article 538 est ainsi conçu :

« Les chemins, routes et rues à la charge de l'État, les
fleuves et rivières navigables ou flottables, les rivages, lais
et relais de la mer, les ports, les havres, les rades et généralement toutes les portions du territoire français qui ne sont
pas susceptibles d'une propriété privée, sont considérés comme
des dépendances du domaine public. »

Puis l'article 540 ajoute : « Les portes, murs, fossés, remparts des places de guerre et des forteresses font aussi partie
du domaine public. »

On a signalé dans l'article 538 du code Napoléon d'assez
graves lacunes, et malheureusement la phrase très-compré-
hensive par laquelle se termine cet article : « Toutes les portions du territoire français qui ne sont pas susceptibles d'une
propriété privée, » n'était pas assez claire pour ne pas donner
lieu à des interprétations diverses.

Aussi une vive controverse s'est élevée sur le point de
savoir si les bâtiments affectés aux services publics, comme
les hôtels des ministères, les bâtiments des facultés, lycées et
collèges, les églises, les manufactures de l'État, les arsenaux,
devaient être rangés dans le domaine public. Un certain
nombre d'auteurs admettent l'affirmative sans aucune distinction. D'autres ont distingué entre les bâtiments qui ont
un caractère monumental et ceux qui n'ont pas ce caractère,
créant ainsi une catégorie spéciale qu'ils ont appelée le
domaine public monumental.

Mais, dans l'opinion de la plupart des auteurs qui ont

approfondi le droit administratif (et cette opinion nous paraît plus conforme au texte et à l'esprit de la loi), il ne faut s'attacher ni à cette circonstance qu'un immeuble est affecté à un service public, ni au caractère plus ou moins monumental d'un édifice pour le ranger dans le domaine public. Les dispositions de l'article 640, qui placent dans le domaine public les constructions destinées à la défense nationale, doivent être considérées comme une exception qui ne peut être étendue par analogie. Le caractère qui permet de reconnaître les immeubles du domaine public, qui permet de combler les lacunes de la législation, c'est l'affectation à l'usage du public. Par conséquent tous les bâtiments qui sont affectés à des services publics, mais qui ne sont pas destinés à l'usage du public, et c'est le cas pour les bâtiments des ministères, pour les manufactures de l'État, ne font pas partie du domaine public [1].

On remarquera d'ailleurs que le domaine public se compose de biens d'origines différentes; qu'il y a un domaine public naturel, comme les rivages de la mer, les fleuves et rivières navigables et un domaine public créé par la main de l'homme, par exemple, les routes et rues. Il faut dire de plus que, à côté du domaine public national, la législation· et la doctrine ont admis l'existence du domaine public départemental et communal. Nous en parlerons plus loin.

Enfin il y a lieu d'ajouter que les lais et relais de la mer, c'est-à-dire les parties du rivage que le flot a abandonnées, ne doivent pas être, malgré les termes de l'article 538 du code Napoléon, rangés dans le domaine public, imprescriptible et

---

[1] Cette question a été approfondie avec beaucoup de soin et de sagacité par M. Ducrocq, professeur de droit administratif à la Faculté de Poitiers, dans son *Traité des édifices publics*.

inaliénable. L'article 41 de la loi du 16 septembre 1807 permet en effet au gouvernement de les concéder.

Si l'on s'attache exclusivement à rechercher quelles sont, d'après les dispositions de l'article 538 du code Napoléon, la doctrine et la jurisprudence, les parties du domaine public dont la surveillance rentre dans le service des ponts et chaussées, on peut faire l'énumération suivante : les routes impériales, les ponts qui en dépendent, les rues des villes et villages incorporées à ces routes, — les chemins de fer, — les rivages de la mer, les ports, havres et rades, les phares et fanaux, — les fleuves et rivières navigables, et les ouvrages qui s'y rattachent, — les canaux de navigation [1].

477. Après le domaine public, vient le domaine de l'État proprement dit ; c'est-à-dire l'ensemble des biens que l'État possède comme un particulier, qui ne sont ni inaliénables, ni imprescriptibles.

Dans le domaine de l'État, il faut comprendre :

1° Les immeubles affectés à un service public qui ne sont pas rangés dans le domaine public ; puis les usines, forges, fonderies, manufactures de la guerre, de la marine, des finances ;

2° Les forêts de l'État et tous les immeubles qui ne sont pas affectés à un service public ;

3° Plusieurs sources d'eaux minérales (il y en a un certain nombre qui appartiennent à des communes ou à des particuliers) ;

4° Les lais et relais de la mer ;

5° Les biens du domaine public qui ont cessé d'être affectés à l'usage public ou au service public qui les avait fait

---

[1] Toutefois, pour les canaux de navigation concédés à perpétuité, le classement dans le domaine public n'exclut pas les droits des concessionnaires.

ranger dans cette catégorie; par exemple, les routes déclassées, les fortifications déclassées ;

6° Les biens vacants et sans maître[1].

Il y faut joindre les droits incorporels, comme le droit de pêche dans les cours d'eau navigables et flottables, et une immense quantité de biens meubles affectés ou destinés aux services publics, comme les objets qui garnissent les galeries de modèles de l'École des ponts et chaussées.

478. Le domaine de la couronne se compose d'une partie du domaine de l'État qui est détachée pour être affectée à la jouissance du souverain.

Il se divise en dotation immobilière et dotation mobilière. La dotation immobilière comprend les palais, châteaux, maisons, domaines et manufactures énumérées dans le sénatus-consulte du 12 décembre 1852. La dotation mobilière comprend les diamants, perles, pierreries, statues, tableaux, musées, bibliothèques et autres monuments des arts, ainsi que les meubles meublants contenus dans l'hôtel du garde-meuble et les divers palais et établissements impériaux.

Les biens du domaine de la couronne sont inaliénables et imprescriptibles. Ce n'est pas à raison des mêmes motifs qui ont dicté cette mesure pour les biens du domaine public. On n'a pas voulu que l'État pût les enlever au prince qui en jouissait, ni que le prince, qui n'en a que la jouissance, pût les aliéner ou les laisser acquérir par prescription.

Tel est le domaine national.

---

[1] D'après le texte actuel du code Napoléon, ces biens appartiennent au domaine public. Il y a là une erreur manifeste de rédaction. Le texte primitif portait *appartiennent à la nation.* Lorsque l'on a modifié en 1807 la rédaction de certains articles du Code pour la mettre en harmonie avec les institutions impériales, on a cru devoir substituer le *domaine public* à *la nation;* il aurait fallu mettre l'*État.*

479. Le domaine des départements et des communes se divise aussi en domaine public et domaine privé.

Cette classification, qui n'est pas écrite dans le code Napoléon, résulte tellement de la nature des choses qu'elle a été adoptée depuis longtemps par la doctrine et la jurisprudence, et qu'elle est même entrée tout récemment dans le langage législatif[1].

Les routes départementales, qui sont créées et entretenues sur les fonds du département; les chemins vicinaux et les rues, créés et entretenus sur les fonds des communes, sont affectés au public comme les routes et rues entretenues sur les fonds de l'État, et, à raison de leur destination, ils doivent être rangés dans le domaine public.

Ainsi, il existe un domaine public départemental et un domaine public communal.

A côté de ces biens affectés à l'usage public, les départements et les communes possèdent des édifices publics, comme les hôtels de préfecture, les palais de justice, les hôtels de ville et mairies, et des biens qui sont exploités comme des propriétés privées.

Les départements ont peu de biens qui se trouvent dans cette dernière catégorie. Mais les communes en ont une étendue considérable, et l'on distingue les biens qui sont loués et exploités au profit de la caisse de la commune des biens qui sont abandonnés à la jouissance commune des habitants, savoir les bois dont les coupes leur sont attribuées et les pâturages où ils envoient leurs bestiaux.

Quant aux autres établissements publics, ils possèdent dans les mêmes conditions que les particuliers.

---

[1] Dans l'article 1er de la loi du 24 juillet 1867 sur les conseils municipaux, on mentionne au § 5 les rues, places et autres lieux dépendant du *domaine public communal.*

480. Enfin, après les biens qui sont dans le domaine des particuliers ou qui sont, à différents titres, dans le domaine de l'État, des départements, des communes et des établissements publics, il ne faut pas omettre les choses qui ne sont à personne et dont l'usage est commun à tous.

Le Code, qui indique cette catégorie spéciale de choses dans l'article 714, ne les a pas énumérées. Il se borne à dire que les lois de police règlent la manière d'en jouir.

Il est évident que cet article ne fait pas double emploi avec la définition du domaine public, quoique le domaine public contienne des choses affectées à l'usage commun.

Ainsi les cours d'eau non navigables ni flottables ne sont pas rangés par la loi dans le domaine public national. Un certain nombre d'auteurs ont soutenu qu'ils appartiennent aux riverains. Mais la jurisprudence de la Cour de cassation les classe dans cette catégorie spéciale de choses qui n'appartiennent à personne, et dont les lois de police règlent la jouissance. Nous reviendrons sur cette question en traitant des cours d'eau.

§ 2. — DU DROIT DE PROPRIÉTÉ

481. Les biens étant définis dans leur nature et dans leurs rapports avec ceux qui les possèdent, il faut voir quels sont les droits que l'homme peut avoir sur les biens.

Le plus étendu de tous les droits, c'est le droit de propriété.

Nous ne perdrons pas de temps à démontrer la nécessité de ce droit, fondement de toute société civilisée. Il suffit de rappeler que l'activité et la dignité morale de l'homme se développent dans une nation, en raison directe de la diffusion et de la sécurité du droit de propriété.

La propriété peut être définie : la faculté accordée à une personne, à l'exclusion de toute autre, de retirer d'une chose toute l'utilité qu'elle peut donner, et d'en faire tout ce que la loi ne défend pas. C'est à peu près la définition que donne l'article 544 du code Napoléon.

On remarque tout d'abord que ce droit exclusif est limité dans l'intérêt social. Le propriétaire peut jouir et disposer de sa chose de la manière la plus absolue, à la condition de n'en pas faire un usage prohibé par la loi et par les règlements.

Mais, à cette restriction, commandée par l'ordre public, s'en ajoute une autre : l'obligation de céder sa propriété, si l'utilité publique le requiert. C'est ce qu'indique l'article 545 du code Napoléon, en y ajoutant une garantie pour le propriétaire dépossédé. Cet article est ainsi conçu : « Nul ne peut être contraint de céder sa propriété, si ce n'est pour cause d'utilité publique, et moyennant une juste et préalable indemnité. »

Le propriétaire peut exercer son droit de différentes manières. Supposons qu'il s'agisse d'une maison, il peut l'habiter lui-même, ou bien la louer à une autre personne qui lui payera un prix de location, ou bien la démolir, soit pour y substituer une autre maison, soit pour faire un autre emploi de son terrain, ou bien enfin la vendre, c'est-à-dire transférer son droit à une autre personne moyennant une somme d'argent.

482. La possession est ordinairement la conséquence de

la propriété. Toutefois elle peut en être séparée, et, dans ce cas, elle conduit à l'acquisition de la propriété, si elle se prolonge pendant un certain temps et dans les conditions fixées par la loi; ce mode d'acquérir s'appelle la prescription. Nous traiterons plus tard de la prescription, mais, en ce moment, il est utile de signaler comment la possession sert à protéger le droit de propriété.

La possession peut se définir : la détention physique ou morale qu'une personne exerce, à titre de propriétaire, par elle-même ou par un tiers qui la représente, sur un bien corporel ou incorporel. Ainsi le propriétaire qui cultive son champ ou qui le loue à un fermier est en possession de ce champ.

Partant de cette idée que la possession est ordinairement la conséquence de la propriété, à moins d'une singulière négligence de la part du propriétaire, le législateur a considéré que celui qui est en possession est présumé propriétaire. Cette présomption a une énergie toute particulière pour les biens meubles qui passent de main en main avec une grande rapidité. D'après l'article 2279 du code Napoléon, « en fait de meubles, possession vaut titre. »

Pour les biens immeubles, la loi ne va pas jusque-là. Mais elle accorde, au moyen des actions possessoires, une protection spéciale à la possession. Celui qui est troublé dans sa possession a le droit de faire constater par le juge (le juge de paix) la situation légale qu'il avait acquise et de s'y faire réintégrer. Peu importe que son adversaire lui impute une usurpation et prétende être le véritable propriétaire. C'est à lui à montrer ses titres, à prouver son droit ; celui qui est en possession a la présomption pour lui.

Pour que la possession ait cet effet, il faut qu'elle réunisse certaines conditions prescrites par la loi, et notamment qu'elle ait été paisible, à titre non précaire, et qu'elle ait duré une année au moins ; de plus, il faut, pour qu'une action possessoire soit recevable, qu'elle soit intentée dans le délai d'un an à partir du trouble ou de la dépossession (art. 23 du code de procédure civile). Toutefois, d'après la jurisprudence de la Cour de cassation, quand on a été violemment dépossédé, on est dispensé de prouver qu'on était en possession depuis un an. C'est une sorte de punition infligée à la violence.

483. Le droit de propriété ne se caractérise pas seulement par la nature des facultés qu'il donne à celui qui en est investi, mais encore par ses conséquences.

La propriété d'une chose, soit mobilière, soit immobilière, donne droit sur tout ce qu'elle produit, et sur ce qui s'y unit accessoirement, soit naturellement, soit artificiellement ; c'est ce qu'on appelle le droit d'accession.

Ainsi, quant aux produits, les fruits naturels, les récoltes, appartiennent évidemment au propriétaire ; il en est de même du croît des animaux.

Le propriétaire a, en principe, le même droit sur tout ce qui s'unit et s'incorpore à sa chose. Le code Napoléon pose à cet égard des règles qu'il importe de signaler.

Ainsi un principe fondamental, écrit dans l'article 552, c'est que la propriété du sol emporte la propriété du dessus et du dessous. Le propriétaire peut faire au-dessus toutes les plantations et constructions qui lui plaisent. Il peut faire au-dessous toutes les fouilles qu'il juge utile, sauf à se conformer, dans l'un et l'autre cas, aux règles établies, soit dans l'intérêt des voisins, soit dans l'intérêt de la société. L'article 552 signale notamment, parmi les règles qui restreignent le droit du propriétaire de la surface, celles qui concernent les mines. Elles sont posées principalement dans la loi du 21 avril 1810, qui distingue entre les mines, les minières et les carrières. Les minières et les carrières, définies dans les articles 3 et 4 de cette loi, peuvent être exploitées, sous certaines conditions, par le propriétaire du sol, tandis que la propriété des mines est concédée, par un acte du chef de l'État, à ceux qui justifient des ressources nécessaires pour les exploiter, sauf à eux à payer une redevance aux propriétaires de la surface.

Par suite du principe établi dans l'article 552, si un tiers a fait sur un sol qui ne lui appartient pas des constructions ou des plantations, le propriétaire du sol a le droit, d'après l'article 555, de les retenir en payant la valeur des matériaux et de la main-d'œuvre ou de forcer ce tiers à les enlever.

C'est encore en vertu de l'accession que les propriétaires riverains des cours d'eau ont droit aux alluvions, c'est-à-dire aux atterrissements et accroissements qui se forment successivement et imperceptiblement à leurs fonds, par l'accumulation des parcelles de terre que charrient les eaux, et encore des relais que forme l'eau courante qui se retire insensiblement de l'une de ses rives en se portant sur l'autre.

Il serait inutile d'effleurer ici les questions délicates qui se posent à l'occasion des alluvions et atterrissements. Nous les retrouverons en étudiant la matière des eaux. Nous nous bornons donc à signaler les articles 556, 557, 558 et 559 du code, qui contiennent les règles dont nous donnerons plus tard le commentaire.

Nous ferons de même pour les articles 560 et 561, relatifs

aux îles, îlots et atterrissements qui se trouvent dans les cours d'eau.

Seulement il est bon de faire remarquer immédiatement que, lorsqu'il s'agit d'alluvions adhérentes aux fonds riverains, les règles sont les mêmes pour les cours d'eau navigables et pour les cours d'eau non navigables. Quand il s'agit d'îles et d'îlots, on distingue.

Pour les cours d'eau navigables et flottables, qui sont du domaine public national, le droit d'accession a fait accorder à l'État la propriété des îles, îlots et atterrissements qui se forment dans le lit de ces cours d'eau, s'il n'y a titre ou prescription contraire.

Quant aux cours d'eau non navigables ni flottables, le législateur ne les a pas rangés expressément dans le domaine public et il n'en a pas non plus attribué par un texte exprès la propriété aux riverains. Aussi nous avons déjà dit que le droit de propriété, revendiqué dans certaines occasions par les riverains, est nié par la jurisprudence de la Cour de cassation. Mais, comme ils ont la jouissance de l'eau, sauf le droit de police de l'administration, on peut comprendre qu'en vertu du droit d'accession, et par une conséquence plus ou moins rigoureuse, le code Napoléon ait accordé aux riverains, et non à l'État, la propriété des îles, îlots et atterrissements. Ainsi, d'après l'article 561, les îles et atterrissements qui se forment dans les rivières non navigables et non flottables appartiennent aux propriétaires riverains du côté où l'île s'est formée ; si l'île n'est pas formée d'un seul côté, elle appartient aux propriétaires riverains des deux côtés, à partir de la ligne qu'on suppose tracée au milieu de la rivière.

Toutefois il y a des règles spéciales, dans les articles 562 et 563, pour le cas où le fleuve se forme un nouveau lit.

Le droit d'accession produit également des conséquences à l'égard des choses mobilières. L'article 565 porte qu'en pareil cas le droit d'accession est subordonné aux principes de l'équité naturelle, et il donne quelques règles générales, à titre d'exemple.

484. Le droit de propriété est le plus étendu de tous les droits que l'homme puisse avoir sur une chose. Mais, d'un autre côté, il est susceptible d'être fractionné ou restreint de différentes manières.

Ainsi la propriété peut être indivise entre plusieurs personnes; c'est-à-dire que l'ensemble des droits que comporte la propriété d'une chose peut appartenir en commun à plusieurs personnes, de telle sorte que le droit de chacune d'elles porte sur toutes les molécules de l'objet indivis et que la quote-part de chacune est idéale. C'est ce qui a lieu, par exemple, quand, par suite du décès d'une personne, ses biens se transmettent, en vertu de la loi, à ses héritiers. Mais, comme l'indivision est une situation essentiellement gênante, qui est de nature à entraîner des contestations fréquentes, le législateur a établi, dans l'article 815 du Code, que nul ne peut être contraint de demeurer dans l'indivision et que le partage peut toujours être provoqué, nonobstant prohibitions contraires. Les copropriétaires par indivis ne peuvent même se lier à l'égard les uns des autres pour plus de cinq ans.

Il y a toutefois des cas où le partage d'un bien indivis ne pourrait être provoqué, c'est celui où la copropriété porte sur des choses affectées, comme accessoires indispensables, à l'usage commun de plusieurs héritages, par exemple les chemins, autres que les chemins publics, qui sont destinés à l'exploitation de plusieurs domaines. C'est encore le cas où les différents étages d'une maison appartiennent à plusieurs propriétaires. D'après l'article 664 du Code, si les titres ne contiennent pas de stipulations expresses, les gros murs et le toit constituent une propriété indivise que chacun est tenu d'entretenir en proportion de la valeur de l'étage qui lui appartient.

La propriété peut encore être fractionnée d'une autre manière. Nous avons dit que la propriété du sol emporte la propriété du dessus et du dessous. Or il se peut que la propriété de la superficie des constructions, arbres ou plantes, soit séparée de la propriété du tréfonds. Il y a, dans ce cas, deux droits distincts de propriété. Nous pouvons en signaler un exemple remarquable sur lequel nous aurons à revenir au point de vue du droit administratif. Il existe dans le département de l'Ain, dans les pays qui s'appelaient autrefois la Dombes et la Bresse, des étangs qui sont alternativement remplis d'eau et empoissonnés pendant deux ans, puis mis à sec et cultivés la troisième année. La loi du 21 juillet 1856, qui a pris des mesures pour favoriser le desséchement de ces étangs insalubres, a reconnu que l'évolage, c'est-à-dire l'étang mis en eau, pouvait constituer une propriété matériellement distincte de l'assec, c'est-à-dire du sol de l'étang. Mais en même temps, elle a considéré qu'il y avait avantage à appliquer ici le régime des propriétés indivises et à permettre aux divers intéressés de provoquer le partage ou licitation. Elle leur impose même l'obligation d'y procéder, quand le desséchement a été prescrit pour cause d'insalubrité.

C'est ici le lieu de rappeler que la propriété de la mine qui se trouve dans les profondeurs de la terre est distincte de la propriété de la surface, lorsqu'un acte du chef de l'État en a fait la concession, en vertu de la loi du 21 avril 1810.

Enfin il y a un troisième mode de fractionnement de la

propriété, c'est ce qu'on appelle les démembrements de la propriété et les servitudes. Les différentes facultés que comporte le droit de propriété, à savoir : le droit d'user, le droit de jouir et le droit de disposer, peuvent se trouver séparées et attribuées à diverses personnes ; on dit alors que la propriété est démembrée. La propriété peut encore être grevée de charges qui restreignent la jouissance du propriétaire et qu'on appelle des servitudes.

§ 3. — DES DÉMEMBREMENTS DE LA PROPRIÉTÉ ET DES SERVITUDES

485. Parlons d'abord des démembrements de la propriété. Ils sont au nombre de deux : le droit d'usage, et le droit d'usufruit. — Le droit d'usage est le droit d'user par soimême, — le droit de jouissance, uni au droit d'user, s'appelle usufruit, — quand le droit de disposer reste seul, on l'appelle nue-propriété.

Ainsi il existe encore aujourd'hui des droits d'usage constitués au profit de certaines personnes, des habitants de communes ou de fractions de communes sur les bois et forêts appartenant à l'État ou aux particuliers. L'État s'efforce d'affranchir ses bois de ces droits gênants.

Le Code rappelle que ces droits sont ordinairement limités

par le titre qui les constitue. Il donne, dans les articles 625
à 636, les règles à suivre en cas de silence du titre. Le principe fondamental, c'est que les droits d'usage sont personnels
et ne peuvent être cédés ni loués.

Le droit d'usufruit est plus étendu. Les règles établies par
le Code à ce sujet sont plus compliquées.

L'usufruit est, d'après l'article 578, le droit de jouir des
choses dont un autre a la propriété, comme le propriétaire
lui-même, mais à charge de conserver la substance. Il a donc
fallu établir des règles pour fixer d'abord la manière dont ce
droit se constitue et dont il s'éteint, puis l'étendue de ce droit,
qui s'applique à tous les fruits naturels, industriels ou civils
que peut produire la chose : produit de la culture des terres,
loyer des maisons, prix des baux à ferme, arrérages de rentes,
coupes de bois, produits des mines et carrières en exploitation, enfin les charges de l'usufruitier corrélatives à ses droits,
notamment l'obligation de faire les réparations d'entretien.

Il est essentiel de remarquer que c'est un droit qui n'est
pas héréditaire, qui dure au maximum pendant la vie de l'u-
sufruitier, sans quoi la nue-propriété deviendrait illusoire.
Aussi l'usufruit accordé à l'État ou à des établissements publics ne peut durer plus de trente ans.

486. On vient de voir que la propriété peut être démembrée par la constitution du droit d'usufruit, du droit d'usage.
Elle peut encore être gravement affectée, gênée et même pa-
ralysée dans son exercice par la constitution des servitudes.

Une servitude, d'après l'article 637 du code Napoléon, est
une charge imposée sur un héritage pour l'usage et l'utilité
(ce qui comprend aussi l'agrément) d'un héritage appartenant à un autre propriétaire. On pourrait retourner la définition. Toutes les fois que, dans une question de droit, il y a

deux parties en présence, ce qui est une charge pour l'une est un droit pour l'autre. Aussi est-ce dans le titre consacré aux servitudes, que le législateur a réglé les droits conférés aux propriétaires sur les sources et sur les cours d'eau non navigables qui bordent leurs héritages.

Mais il faut bien remarquer la différence qui existe entre les servitudes et les obligations proprement dites.

Une obligation établit un rapport, un lien de droit entre deux personnes, tandis qu'une servitude établit un lien de droit entre deux héritages. La servitude est un droit réel. Cette différence entraîne des conséquences pratiques fort importantes. Quand une servitude est établie sur une propriété, elle subsiste, quel que soit le propriétaire. Que le nouveau propriétaire soit l'héritier de celui qui a constitué la servitude, ou un étranger qui a acheté l'immeuble, peu importe : la servitude est due par le fonds. Au contraire, une obligation est personnelle à celui qui l'a contractée et à ses ayants cause.

D'autre part, l'obligation peut imposer à celui qui la subit la charge de faire, de ne pas faire ou de souffrir quelque chose. La servitude, en principe, consiste exclusivement à ne pas faire ou à souffrir quelque chose, jamais à faire. Ainsi la servitude de passage consiste à laisser passer un voisin pour l'exploitation de son fonds. — La servitude corrélative au droit de vue consiste à ne pas élever des constructions pour laisser du jour au propriétaire voisin. Toutefois il y a des exceptions à cette règle.

Dans la pratique, on appelle fonds servant le fonds assujetti à la servitude, — fonds dominant l'héritage qui en profite. Mais le Code a tenu à rappeler que la servitude n'établit aucune prééminence d'un héritage sur l'autre.

Dans notre législation moderne, depuis l'abolition du régime féodal, il n'y a plus de servitude imposée à la personne, comme était la corvée seigneuriale, l'obligation imposée aux paysans de fournir au seigneur un nombre de journées de travail plus ou moins limité, suivant les temps. Il n'y a plus que des servitudes imposées pour l'utilité réciproque des héritages voisins, en vertu des conditions nécessaires de toute société, de tout voisinage.

487. Les servitudes peuvent, d'après l'article 639 du Code, avoir trois origines. Elles dérivent ou de la situation naturelle des lieux, ou des dispositions de la loi ou du fait de l'homme. En réalité, on peut dire qu'il n'y a que deux origines au point de vue du droit; car c'est la loi elle-même qui a consacré et défini les servitudes qui dérivent de la nature des lieux.

488. Sous le titre de servitudes qui dérivent de la situation des lieux, le Code traite : 1° de l'écoulement des eaux; 2° du bornage des propriétés; 3° de la clôture des propriétés.

489. Quelques mots pour résumer les règles relatives à l'écoulement des eaux.

C'est une conséquence forcée de la nature des choses, que les fonds inférieurs sont assujettis envers ceux qui sont plus élevés à recevoir les eaux qui en découlent naturellement, sans que la main de l'homme y ait contribué. Le propriétaire inférieur ne peut ni élever une digue pour empêcher les eaux de couler, ni réclamer une indemnité (art. 640).

Mais, de son côté, le propriétaire du fonds supérieur ne peut rien faire qui aggrave la servitude du fonds inférieur. S'il réunit toutes les eaux sur un point, de façon à causer un préjudice au fonds inférieur, au lieu de les laisser se répandre par petits filets; à plus forte raison, s'il fait sortir de la terre des eaux qui y étaient renfermées, en creusant un puits artésien, il ne pourra faire couler ses eaux sur le fonds du voisin qu'avec son consentement et moyennant indemnité. Nous retrouverons cette règle quand nous traiterons des routes et des servitudes imposées aux riverains.

Cette règle est posée pour les eaux éparses, et non pour les cours d'eau proprement dits. Les rapports entre voisins et leurs droits respectifs, à l'occasion des cours d'eau, sont réglés par les articles 641 à 645. Nous y reviendrons; il suffit ici d'en faire une courte analyse.

Un cours d'eau doit son origine à une source. Le propriétaire de la source peut en user à sa volonté (art. 641).

Toutefois, s'il a laissé l'eau s'échapper de son fonds et si les propriétaires des fonds inférieurs ont acquis des droits à la jouissance de l'eau, il ne peut plus les leur enlever. Ces droits des propriétaires inférieurs peuvent se constituer par titre, par un acte constatant l'accord entre les intéressés, ou par la prescription, c'est-à-dire par la jouissance prolongée, dans certaines conditions, pendant un long espace de temps.

L'article 642 dispose que la prescription « ne peut s'acquérir que par une jouissance non interrompue pendant l'espace de trente années, à compter du moment ou le propriétaire du fonds inférieur a fait et terminé des ouvrages apparents destinés à faciliter la chute et le cours de l'eau dans sa propriété. » Il y a une grave controverse sur le point de savoir si les ouvrages apparents, qui sont le signe de la prise de possession de l'eau, sont les ouvrages faits par le propriétaire inférieur sur son fonds ou auprès de son fonds, par exemple, les ouvrages régulateurs d'une prise d'eau d'irrigation ou d'une usine hydraulique, ou si, au contraire, il faut

que ces ouvrages apparents aient été faits sur le fonds
même de celui qui est propriétaire de la source. La Cour de
cassation, invoquant les principes généraux du droit sur la
prescription, considère que les ouvrages apparents n'ont aucune valeur pour restreindre les droits du propriétaire de la
source s'ils n'ont été établis sur son fonds. Cette jurisprudence
nous paraît rendre impraticable la constitution de droits sur
les cours d'eau non navigables à l'encontre du propriétaire
de la source. Nous nous proposons de la discuter quand nous
étudierons la matière des cours d'eau.

L'article 645 du Code établit encore une exception au
droit qu'a le propriétaire de la source de disposer de ses eaux.
D'après cet article, le propriétaire de la source ne peut en
changer le cours lorsqu'il fournit aux habitants d'une commune, village ou hameau l'eau, qui leur est nécessaire; mais,
si les habitants n'en ont pas acquis ou prescrit l'usage, le
propriétaire peut réclamer une indemnité, laquelle est réglée
par experts.

Quant aux rapports des propriétaires riverains des cours
d'eau non navigables ni flottables, voici comment ils sont
réglés.

Le législateur distingue le cas où le cours d'eau sépare
deux propriétés, et celui où les deux rives appartiennent au
même propriétaire.

Celui dont la propriété borde une eau courante, c'est-à-dire
celui qui n'est propriétaire que d'une des deux rives, a le
droit, lorsqu'il s'agit d'un cours d'eau qui n'est pas du domaine public, de s'en servir à son passage pour l'irrigation
de ses propriétés. Celui, au contraire, dont cette eau traverse
l'héritage, a des droits plus étendus. Il peut la détourner
dans sa propriété, mais à une condition, c'est de la rendre,

à la sortie de son fonds, à son cours ordinaire. Tels sont les termes de l'article 644.

L'article 645 confère aux tribunaux, pour statuer sur les contestations auxquelles la jouissance des eaux des cours d'eau non navigables peut donner lieu, un pouvoir plus étendu que ceux qu'ils ont d'habitude. Il leur donne le droit de concilier l'intérêt de l'agriculture avec le respect dû à la propriété. Il ajoute que, dans tous les cas, les règlements particuliers et locaux sur le cours et l'usage des eaux devront être observés. Il s'agit ici des règlements faits par l'autorité administrative.

C'est un sujet, on le voit, qui a deux faces, le côté du droit civil, le côté du droit administratif. Il est bon de faire ressortir dès maintenant cette notion dont nous tirerons plus tard les conséquences pratiques.

Ajoutons que plusieurs lois postérieures au code Napoléon ont modifié notablement les dispositions du Code sur les eaux.

La loi du 29 avril 1845 a constitué une servitude de passage des eaux : 1° pour l'irrigation des propriétés, 2° pour l'écoulement des eaux nuisibles à l'assainissement des fonds submergés. La loi du 10 juin 1854 constitue une servitude de passage analogue pour l'assainissement des terrains humides. Enfin la loi du 11 juillet 1845 permet au propriétaire d'une des deux rives d'un cours d'eau, d'obtenir, moyennant indemnité, le droit d'appuyer un barrage sur la rive opposée pour élever les eaux jusqu'au niveau de son terrain, en vue de l'irrigation.

490. Après les servitudes qui dérivent de la situation des lieux viennent les servitudes établies par la loi.

Elles se divisent en deux catégories. Les unes ont pour objet l'utilité publique, les autres l'utilité des particuliers.

491. Des premières, le code Napoléon dit fort peu de

chose, et, en effet, c'est affaire de droit administratif et non de droit civil. Le Code se borne à dire, dans l'article 650, « Celles établies pour l'utilité publique ou communale, ont pour objet le marchepied, le long des rivières navigables ou flottables, la construction ou réparation des chemins et autres ouvrages publics ou communaux. Tout ce qui concerne cette espèce de servitude, est déterminé par des lois ou des règlements particuliers. »

L'énumération des servitudes d'utilité publique faite par cet article est très-incomplète. On a fait des volumes sur cette catégorie de servitudes.

Ce qu'il est bon de signaler ici, c'est que dans les servitudes d'utilité publique, il y en a un certain nombre qui, par exception à la règle générale, consistent non à souffrir ou laisser faire quelque chose, mais à faire.

Ainsi la servitude de halage imposée aux propriétaires riverains des fleuves et rivières navigables, consiste à laisser une certaine étendue de terrain libre pour le passage des chevaux ou des hommes qui halent les bateaux. Mais la servitude de reconstruire sa maison en retraite sur les anciennes fondations pour se conformer à un alignement, la servitude de nettoyer la façade de sa maison tous les dix ans, imposée aux propriétaires de Paris et d'un certain nombre d'autres villes, en vertu du décret du 26 mars 1852, est une obligation de faire. Et ce n'est pas une obligation personnelle ; c'est une obligation qui pèse sur le propriétaire de l'immeuble, en quelques mains qu'il passe.

492. Quant aux servitudes établies par la loi, indépendamment de toute convention, pour la facilité des relations entre voisins, les unes sont réglées par les lois sur la police rurale, notamment par la loi des 28 octobre — 6 novembre

1791 ; les autres sont régies par le code Napoléon. Celles-là ont trait aux murs, aux haies, aux fossés mitoyens, c'est-à-dire aux clôtures qui appartiennent en commun aux propriétaires de deux héritages contigus ; — au cas où divers étages d'une maison appartiennent à des propriétaires séparés ;—à la plantation des arbres et des haies sur la limite d'une propriété ; —aux précautions qu'il est nécessaire de prendre pour certaines constructions nuisibles au voisin, fosses d'aisance, établies, forges, fours et fourneaux ; — aux vues sur la propriété du voisin ; — à l'égout des toits ; — enfin au droit de passage dans le cas où un propriétaire est enclavé, c'est-à-dire séparé de tous côtés d'une voie publique par des terrains particuliers.

Nous ne signalerons d'une manière spéciale que les règles relatives aux distances à observer pour les plantations d'arbres ou de haies, parce que ces dispositions s'appliquent aux plantations faites sur les routes. L'article 671 du Code porte :

« Il n'est permis de planter des arbres de haute tige qu'à la distance prescrite par les règlements particuliers actuellement existants, ou par les usages constants et reconnus ; et, à défaut de règlements et usages, qu'à la distance de deux mètres de la ligne séparative des deux héritages pour les arbres à haute tige, et à la distance d'un demi-mètre pour les autres arbres et haies vives. »

Ajoutons, quant à l'égout des toits, que l'article 681 reconnaît implicitement aux propriétaires le droit de faire écouler sur la voie publique les eaux pluviales qui tombent de leurs toits.

493. Enfin les servitudes établies par le fait de l'homme ne sont pas énumérées par la loi. Elles peuvent être variées comme les besoins qui les font établir. On peut citer, comme exemples, les conduites d'eau, les égouts, les vues, le droit de passage, le droit de puiser de l'eau, le droit de faire paître des bestiaux, la prohibition de bâtir sur un fonds de terre ou de n'élever de maisons qu'à une hauteur déterminée. Le Code les autorise à la condition que les services établis ne soient imposés ni à la personne, ni en faveur de la personne, comme sous le régime féodal, mais, seulement à un fonds et pour un fonds, et pourvu que ces services n'aient rien de contraire à l'ordre public (art. 686).

Le législateur s'est seulement occupé de préciser les conditions dans lesquelles ces servitudes peuvent s'établir, les droits et les obligations du propriétaire au profit duquel elles sont constituées, enfin les manières dont elles peuvent s'éteindre.

Au point de vue de la constitution et de l'extinction des servitudes, il crée diverses catégories. Il distingue, en premier lieu, les servitudes continues des servitudes discontinues ; puis les servitudes apparentes des servitudes non apparentes.

Aux termes de l'article 688, les servitudes sont continues ou discontinues. « Les servitudes continues sont celles dont l'usage est ou peut être continuel sans avoir besoin du fait actuel de l'homme : telles sont les conduites d'eau, les égouts, les vues et autres de cette espèce. — Les servitudes discontinues sont celles qui ont besoin du fait actuel de l'homme pour être exercées : tels sont les droits de passage, puisage, pacage et autres semblables. »

Puis l'article 689 porte : « Les servitudes sont apparentes, ou non apparentes.

« Les servitudes apparentes sont celles qui s'annoncent par des ouvrages extérieurs, tels qu'une porte, une fenêtre, un aqueduc. Les servitudes non apparentes sont celles qui n'ont pas de signe extérieur de leur existence, comme, par exemple, la prohibition de bâtir sur un fonds, ou de ne bâtir qu'à une hauteur déterminée. »

Et voici les conséquences de ces divisions. Les servitudes continues et apparentes s'établissent par titres ou par la possession de 30 ans (art. 690); ainsi une conduite d'eau, qui s'annonce par un aqueduc. Elles s'établissent encore par la destination du père de famille, c'est-à-dire si l'on prouve que l'ancien propriétaire de deux héritages a destiné l'un au service de l'autre (art 692). On invoque souvent la destination du père de famille dans les contestations relatives à l'usage des eaux.

Au contraire, les servitudes continues non apparentes, comme l'obligation de ne bâtir qu'à une hauteur déterminée, et les servitudes discontinues, apparentes ou non apparentes, telles que le droit de passage, même annoncé par une porte, le droit de puisage, ne peuvent s'établir que par titres (art. 691). A raison de la nature de ces servitudes, le législateur a pensé que le propriétaire n'est pas suffisamment averti de l'existence de la servitude, ni suffisamment gêné par son exercice pour qu'on puisse présumer qu'il a consenti à l'établissement de cette charge sur sa propriété. Toutefois la loi ajoute que si la possession immémoriale ne suffit plus à établir cette espèce de servitudes, on ne peut attaquer les servitudes de cette nature déjà acquises par la possession, avant la promulgation du Code, dans les pays où elles pouvaient s'acquérir de cette manière.

Il y a plusieurs modes d'extinction des servitudes. L'un des plus ordinaires, c'est le non-usage pendant trente ans.

S'il s'agit de servitudes discontinues, les trente ans commencent à courir du jour où l'on a cessé de jouir; s'il s'agit

de servitudes continues, ils courent à dater du jour où il a
été fait un acte contraire à la servitude (art. 706 et 707).

On a déjà vu que le droit de propriété peut être fractionné
de différentes manières, qu'il peut être démembré, en ce
sens que les différentes facultés qu'il comprend peuvent être
divisées entre plusieurs personnes, qu'il peut être paralysé en
partie ou gêné par l'établissement de servitudes d'origines diverses. Nous pourrions encore signaler d'autres charges qui grèvent la propriété, d'autres droits réels; nous pourrions indiquer
d'autres restrictions apportées aux droits du propriétaire, par
exemple l'interdiction de disposer d'un immeuble, de l'aliéner,
interdiction qui résulte de certaines combinaisons légales,
comme la constitution des majorats attachés à des titres de
noblesse, ou les contrats de mariage qui établissent pour les
biens de la femme le régime dotal. Mais ces différentes règles
se rattachent à d'autres matières; nous les retrouverons bientôt
à leur véritable place.

CHAPITRE II

DES MOYENS D'ACQUÉRIR LA PROPRIÉTÉ

Section Ire. — Notions générales.

494. Nous avons étudié d'une manière sommaire la propriété, ses attributs et ses démembrements, puis les charges qui peuvent la grever.

Nous passons maintenant aux moyens d'acquérir la propriété, ses démembrements et les charges qui la grèvent, c'est-à-dire aux moyens d'acquérir les droits que l'homme peut avoir sur les biens. Il faut en effet ne pas se laisser égarer par le sens qu'on attribue aux termes juridiques dans la langue vulgaire. Quand on n'a pas l'habitude de la science du droit, on est porté à traduire les mots : acquérir la propriété, par ceux-ci : acheter un immeuble. Mais la propriété, on l'a vu, s'applique aux meubles comme aux immeubles, à une somme d'argent, à une action de société industrielle, comme à une maison et à un fonds de terre. Et un entrepreneur de travaux publics acquiert la propriété de la somme d'argent qui lui a été promise en exécutant le travail qu'il s'est engagé à faire, aussi bien que l'acquéreur d'une maison devient propriétaire en s'engageant à payer le prix de vente.

Il y a, en droit, huit manières d'acquérir ; savoir : l'occupation, — l'accession, — la tradition, c'est-à-dire la livraison, — la convention, — la succession, — la donation, — la prescription, — une disposition de loi.

C'est de ces différentes manières d'acquérir et de toutes les règles accessoires qui s'y rapportent, que le code Napoléon traite dans son livre IIIe. Ainsi, à propos des conventions qui sont l'une des sources d'où naissent les obligations, il règle l'importante matière des obligations. Parcourons rapidement ces notions fondamentales des relations juridiques.

495. L'occupation, c'est-à-dire la prise de possession, est un mode primitif d'acquisition de la propriété qui s'applique aux immeubles dans les îles désertes de l'Océanie ; mais qui, dans nos pays civilisés, ne s'applique plus qu'à certains biens meubles.

C'est par l'occupation que le chasseur devient propriétaire du gibier qu'il a tué, — le pêcheur, du poisson qu'il prend, — les riverains de la mer, des herbes marines jetées par le flot sur le rivage, — le chiffonnier, des objets abandonnés qu'il ramasse.

Nous devons dire ici quelques mots d'un cas d'acquisition par occupation qui peut intéresser spécialement les ingénieurs des ponts et chaussées.

L'administration a acheté une maison pour la faire démolir en vue de l'établissement d'un chemin, — ou bien elle fait pratiquer des fouilles dans un terrain qu'elle a acheté. Un des ouvriers qui démolissent la maison ou qui creusent la terre, met à découvert, par hasard, un objet caché, un objet qui a plus ou moins de valeur, souvent un vase renfermant des pièces de monnaie ancienne. C'est ce qu'on appelle un trésor, quelle que que soit la valeur de l'objet. D'après l'article 716, § 2, « le trésor est toute chose cachée ou enfouie sur laquelle personne ne peut justifier sa propriété, et qui est découverte par le pur effet du hasard. »

A qui le trésor appartient-il ? à l'ouvrier, à l'administration ou à l'ancien propriétaire ? D'après le code Napoléon, il faut distinguer (art. 716, § 1er). Si c'est le propriétaire qui fait la trouvaille, le trésor lui appartient. Si c'est un tiers travaillant dans le fonds d'autrui, par exemple, l'ouvrier dans l'immeuble acheté par l'administration, le trésor appartient pour moitié à l'inventeur (l'ouvrier), pour moitié au propriétaire du fonds (à l'administration) [1].

Mais cette règle ne s'applique qu'au cas où la découverte est faite par l'effet du hasard ; si le propriétaire fait faire des fouilles en vue de trouver l'objet caché, il a seul la propriété du trésor.

Enfin elle ne s'applique que dans le cas où personne ne peut justifier de sa propriété sur l'objet enfoui. Si l'ancien propriétaire justifiait que l'objet a été caché par lui ou par ses auteurs, il pourrait le réclamer.

Quant aux épaves, c'est-à-dire aux choses perdues, elles appartiennent, suivant les cas, tantôt à l'inventeur, tantôt à l'État. Quelquefois elles se partagent entre l'inventeur et l'État. L'article 717 du code Napoléon porte que les droits sur les épaves maritimes sont réglés par des lois particulières et qu'il en est de même des choses perdues dont le maître ne se représente pas.

Pour les épaves maritimes, il faut se référer aux dispositions

---

[1] Quand nous étudierons les clauses des marchés passés pour l'exécution des travaux rentrant dans le service des ponts et chaussées, nous verrons que, par l'article 25 du cahier des clauses et conditions générales arrêté par le ministre

de l'ordonnance sur la marine, d'août 1681 (liv. IV, tit. IX
et liv. V, tit. VII), en tenant compte des modifications qui y
ont été apportées par les lois constitutives de la caisse des inva-
lides de la marine.

Les épaves trouvées dans le lit ou sur le bord des fleuves
appartiennent à l'État, en vertu de l'ordonnance du mois
d'août 1669 (titre XXXI, art. 16 et 17) lorsqu'elles n'ont pas
été réclamées en temps utile par les ayants droit.

Il y a en outre une série de dispositions législatives qui
attribuent à l'État les choses abandonnées dans les greffes
des tribunaux, dans les bureaux de douanes, et les colis confiés
aux entrepreneurs de roulage ou de messagerie, lorsqu'ils
n'ont pas été réclamés dans les délais plus ou moins longs
fixés par ces lois.

Mais, pour les autres objets perdus, par exemple ceux qui
sont trouvés dans les rues et chemins, la loi est muette. Les
auteurs en concluent qu'en principe, ces objets peuvent être
conservés par celui qui les trouve, sous la réserve de l'action
en restitution qui reste ouverte pendant trente ans au propriétaire. Toutefois il est d'usage, surtout dans les villes, de faire
à l'autorité municipale la déclaration des objets qu'on a
trouvés et de les déposer entre les mains de l'autorité qui les
rend à l'inventeur au bout d'un an, si le propriétaire ne les a
pas réclamés.

496. Nous avons parlé des effets de l'accession en traitant des conséquences du droit de propriété. C'est par l'accession que le propriétaire riverain d'un cours d'eau acquiert
la propriété des alluvions qui viennent accroître son fonds.
Il est inutile d'y revenir.

des travaux publics le 16 novembre 1866, l'administration se réserve la propriété des objets d'art de toute nature qui se trouveraient dans les terrains fouillés, sauf indemnité à qui de droit.

497. La tradition, c'est-à-dire la livraison, est une manière d'acquérir qui, dans certains cas, a un effet particulier, distinct de l'effet d'une convention qu'elle a pour objet d'exécuter.

Lorsqu'on vend une maison, c'est la convention même qui transporte la propriété à l'acquéreur et qui l'enlève au vendeur en sorte que si, le lendemain, la maison croulait, c'est l'acquéreur qui ferait une perte. Mais quand on fait une convention en vue de l'acquisition d'une quantité déterminée de choses d'une certaine espèce, comme cela se pratique pour les spéculations qui ont lieu dans les bourses de commerce au moyen des marchés à terme, l'acquéreur n'est pas propriétaire en vertu de la convention ; il ne le sera qu'au moment où la tradition, la livraison de l'objet du marché lui sera faite.

498. La succession, c'est la transmission des biens d'une personne décédée qui s'opère, en vertu des dispositions de la loi, au profit des membres de sa famille que la loi déclare ses héritiers, dans le cas où le défunt n'a pas disposé de ses biens par testament. Nous ne pouvons pas entrer ici dans le détail des règles très-compliquées que le législateur a établies à cet égard dans les articles 718 à 892 du Code.

Disons seulement que la loi règle l'ordre de succéder entre les héritiers légitimes, les enfants et descendants du défunt, les ascendants et les parents collatéraux jusqu'au douzième degré ; à leur défaut, les biens passent aux enfants naturels, ensuite à l'époux survivant, et, s'il n'y en a pas, à l'État.

499. Mais l'ordre de succession réglé par la loi peut être modifié par un testament, c'est-à-dire un acte par lequel le propriétaire dispose, pour le temps où il n'existera plus, de tout ou partie de ses biens. Toutefois la loi a restreint la liberté du testateur au profit des enfants et des ascendants.

C'est à l'occasion des testaments qu'il convient de dire un mot des majorats, qui sont mentionnés dans l'article 15 de la loi du 3 mai 1841, sur l'expropriation pour cause d'utilité publique, parmi les conditions de la propriété qui exigent des règles spéciales. La législation civile moderne, inspirée par les principes de 1789, n'a pas voulu qu'un père de famille pût léguer ses biens à un de ses enfants, à la charge par lui de les transmettre à son tour à un de ses enfants, qui devrait les transmettre dans les mêmes conditions. Les substitutions établies dans ces conditions sont interdites par l'article 896 du code Napoléon. On a vu là une dérogation fâcheuse au principe d'égalité, une entrave à la circulation et à l'amélioration des biens, une atteinte au crédit public. Toutefois une exception à cette règle a été établie pour le cas où les biens substitués forment la dotation d'un titre de noblesse. C'est ce qu'on appelle les majorats, et il y en a de deux espèces, les majorats constitués par le chef de l'État, notamment sous le premier Empire, en vertu du décret du 30 mars 1806 et du sénatus-consulte du 14 août suivant, les majorats constitués avec des biens particuliers. Les lois du 12 mai 1835 et du 7 mai 1849 ont interdit pour l'avenir l'institution des majorats, et pris des dispositions pour éteindre le plus rapidement possible ceux qui ont été constitués avec des biens particuliers. Ceux de la première espèce subsistent encore dans les conditions de leur institution. Les biens majoratisés sont à perpétuité transmissibles de mâle en mâle et dans l'ordre de primogéniture avec le titre auquel ils sont attachés. Ils ne peuvent être aliénés par le titulaire qu'avec l'autorisation de la puissance publique.

Aux testaments le code Napoléon rattache les donations entre-vifs, actes par lesquels une personne se dépouille, de son vivant, à titre gratuit, de tout ou partie de ses biens, en faveur d'une autre personne qui accepte la donation. Il y a là un acte qui, par sa nature, diffère notablement du testament, puisqu'il se réalise au moyen d'un accord entre deux personnes. Mais les donations sont soumises, à certains égards, aux mêmes règles que les testaments, au point de vue notamment de la réserve des droits des enfants, descendants et ascendants. C'est ce qui a conduit le législateur à traiter en même temps, dans les articles 893 à 1100, de ces deux modes d'acquérir la propriété.

Il ne nous reste plus à expliquer, parmi les modes d'acquisition de la propriété, que les conventions et la prescription. Ici nous serons forcément un peu moins bref. Nous rencontrons en effet des notions qui sont d'une application très-fréquente dans les affaires administratives; nous allons les exposer dans deux sections distinctes.

Section 2. — Des obligations.

§ 1er. — DES OBLIGATIONS EN GÉNÉRAL

500. Des obligations. — Définition. Division du sujet.
501. Sources des obligations.
502. Des conventions ou contrats. — Diverses espèces de conventions.
503. Conditions de la validité des conventions.
504. Règles de l'interprétation des contrats.
505. Effets des conventions.
506. Des quasi-contrats.
507. Des délits et quasi-délits.
508. Différentes espèces d'obligations.
509. Effets généraux des obligations.
510. Extinction des obligations.

511. Preuve des obligations. — Différents modes de preuve.
512. De la preuve par écrit. — Des actes authentiques.
513. De la preuve par témoins.
514. Des présomptions. — De la chose jugée.
515. De l'aveu et du serment.

500. La convention est une des sources des obligations. Aussi, à propos des conventions, le Code a-t-il traité des obligations en général. Nous suivrons l'exemple du législateur ; seulement nous ne nous conformerons pas exactement à l'ordre des articles du Code, qui n'est pas très-logique, et qui serait surtout défectueux pour un coup d'œil d'ensemble.

On définit l'obligation : un lien de droit qui nous astreint envers quelqu'un à lui procurer, à faire ou à ne pas faire quelque chose. En d'autres termes, c'est la nécessité juridique où se trouve une personne de procurer à une autre un certain bénéfice.

Nous avons, à cet égard, cinq points à traiter ou plutôt à indiquer : 1° Quelles sont les sources des obligations ; — 2° Quelles sont leurs différentes espèces ; — 3° Quels sont leurs effets ; — 4° Quels sont les modes d'extinction des obligations ; — 5° Quel est le mode de preuve des obligations et de leur extinction [1].

501. Et d'abord il y a différentes sources des obligations. Ainsi un propriétaire s'engage à vendre une maison à l'État, voilà un lien de droit. Mais ce n'est pas la seule manière de s'obliger. Un entrepreneur de travaux publics n'éclaire pas, pendant la nuit, une excavation creusée en travers d'une route. Un passant y tombe, se blesse ou se tue. L'entrepreneur est obligé de réparer, autant que possible, ce malheur causé par sa faute ; de payer une indemnité au blessé ou de dédommager les héritiers, si le passant est mort.

[1] C'est le plan adopté par Marcadé dans son *Explication théorique et pratique du code Napoléon*, t. V, *résumé des titres 3 et 4.*

Distinguons donc les différentes sources des obligations.

Il y a d'abord le contrat ou la convention, c'est-à-dire l'accord de deux ou plusieurs volontés, par exemple la convention passée entre un propriétaire et l'État pour la vente d'une maison, — entre un entrepreneur et l'État pour l'exécution d'un travail.

A la suite du contrat il faut placer le quasi-contrat, c'est-à-dire un fait qui ressemble à un contrat. Ainsi un entrepreneur reçoit, par erreur, une somme qui ne lui était pas due; il est obligé de la rendre (art. 1376). Il n'y a pas eu contrat, convention de rendre, il y a obligation analogue à celle qui résulterait d'un contrat. Voilà des faits licites qui engendrent des obligations, contrats et quasi-contrats.

Il y a, en outre, les faits illicites, les délits et les quasi-délits, qui obligent également, dont on est contraint de réparer les conséquences dommageables. Le délit, c'est le fait volontaire et illicite qui cause à autrui un dommage, lorsqu'il a été commis avec intention de nuire. — Le quasi-délit, c'est un fait également illicite qui cause un dommage, mais qui n'est pas accompagné de l'intention de nuire.

Enfin il y a des obligations qui ne résultent pas directement du fait de l'homme, licite ou illicite, mais d'une disposition de la loi.

502. Il faut indiquer les conditions propres à chacune des sources d'obligations. Étudions d'abord les contrats ou les conventions.

La convention est l'accord de deux volontés qui s'établit pour produire un effet juridique (art. 1101). Et cet effet peut être de produire une obligation, par exemple, quand on s'engage à exécuter un travail, de l'éteindre ou de la modifier, quand un créancier remet une dette à son débiteur. Cet effet

NOTIONS SOMMAIRES DE DROIT CIVIL.

est encore de transférer le droit de propriété ; nous le verrons en parlant de la vente.

Il y a différentes espèces de contrats, qui sont indiquées par le Code dans les articles 1102 à 1106. — Ces distinctions, qui semblent purement théoriques, ont des effets pratiques, tantôt au point de vue de la constitution du contrat, tantôt au point de vue du mode à employer pour le prouver, tantôt au point de vue des obligations mêmes qui naissent des contrats et des moyens de se délier de ces obligations.

Ainsi l'on distingue les contrats bilatéraux ou synallagmatiques et les contrats unilatéraux. Le contrat synallagmatique est celui qui contient des engagements réciproques. Quand un propriétaire vend sa maison à l'administration, il contracte l'obligation de la livrer, l'administration contracte l'obligation de lui en payer le prix. Dans le contrat unilatéral, au contraire, il n'y a qu'une partie qui soit liée. Le contrat de prêt est dans ce cas : l'emprunteur est seul obligé de rendre la somme prêtée. Une des différences saillantes des contrats synallagmatiques et des contrats unilatéraux, c'est que le contrat synallagmatique est réputé fait sous la condition que, si l'une des parties n'exécute pas son obligation, l'autre partie pourra demander la résolution du contrat, ce qui ne peut pas avoir lieu pour un contrat unilatéral. Nous verrons aussi que les actes sous seing privé, destinés à prouver les contrats synallagmatiques, doivent être dressés dans des conditions spéciales.

On distingue encore les contrats de bienfaisance ou à titre gratuit et les contrats à titre onéreux. La différence consiste en ce que, dans le premier cas, l'une des parties rend à l'autre un service sans en recevoir l'équivalent ; comme lorsqu'elle fait une donation entre-vifs, lorsqu'elle accepte un mandat, c'est-à-dire la charge de veiller aux affaires d'un autre, sans en recevoir de salaire ; tandis que, dans le contrat à titre onéreux, chacune des parties entend se procurer un avantage, par exemple dans un marché pour l'exécution de travaux.

En outre, les contrats à titre onéreux se subdivisent en contrats commutatifs et contrats aléatoires : les premiers sont ceux dans lesquels l'engagement de l'un est regardé comme l'équivalent de l'engagement de l'autre; les seconds sont ceux où l'obligation de l'une des parties ou de toutes deux est incertaine, soumise à des chances, à certains événements fortuits, comme dans le contrat d'assurance ou de constitution de rente viagère. L'intérêt de cette division est restreint à un petit nombre de contrats : pour certains contrats commutatifs, comme la vente et le partage, si l'une des parties a été lésée, elle peut faire annuler le contrat ; jamais au contraire l'action en rescision pour cause de lésion n'est admise à l'égard des contrats aléatoires. On a souvent qualifié les marchés de travaux publics de contrats aléatoires, à raison des chances de gain ou de perte que courent les entrepreneurs ; c'est une erreur sur laquelle nous reviendrons.

Signalons encore la différence entre les contrats solennels et les contrats consensuels. Les contrats sont solennels lorsque le consentement des parties ne suffit pas pour établir un lien juridique entre elles, lorsque leur existence légale est subordonnée à l'accomplissement de certaines formalités, par exemple l'intervention d'un notaire ou plutôt d'un officier public ; car on verra que, dans certains cas, la signature du préfet a la même valeur que celle d'un notaire. Les contrats pécuniaires qui sont appelés solennels sont les donations entre vifs, les conventions matrimoniales et la constitution d'hypothèque.

Il suit de là que la seule preuve qu'on puisse apporter pour établir un contrat solennel, c'est l'acte dressé dans les conditions requises par la loi, tandis qu'on peut établir l'existence d'un contrat consensuel par les différents modes de preuve que nous indiquerons bientôt.

Il est inutile d'insister sur les autres divisions purement théoriques des contrats.

503. Les conventions ont une grande puissance. Lorsqu'elles sont légalement formées, elles tiennent lieu de loi à ceux qui les ont faites. Aussi le législateur s'est-il attaché à préciser les conditions de la validité des contrats.

Quatre conditions sont nécessaires, d'après l'article 1108, pour la validité du contrat : 1° Le consentement des parties, l'accord des volontés, et bien entendu, l'accord libre et éclairé. Le consentement serait imparfait s'il était vicié par l'erreur, la fraude ou la violence (art. 1109 à 1117).

Il ne faut pas confondre le consentement imparfait avec le consentement apparent, mais non existant, donné par suite d'un malentendu. Quand il n'y a pas consentement du tout, quand les deux volontés ne se sont pas rencontrées, il n'existe pas d'obligation. Quand le consentement est imparfait, l'obligation est, non pas nulle de plein droit, mais annuable. Et la différence est grande. Ce qui est nul, n'existe pas, ne peut produire aucun effet et ne peut pas être validé par le temps ou par la ratification; le temps ne donne pas l'être au néant. Au contraire, une obligation annulable peut être ratifiée explicitement ou implicitement, quand les causes de l'imperfection du consentement ont cessé. Ainsi celui qui avait été induit en erreur ou violenté peut ratifier l'acte, quand il a découvert l'erreur ou quand il s'est trouvé à l'abri de la violence. La première condition est donc le consentement libre et éclairé des parties.

2° Il faut la capacité de toute partie qui s'oblige (art. 1123 à 1125). Ainsi on sait que, en principe, l'homme qui n'a pas atteint l'âge de vingt et un ans, qui est mineur, ne peut contracter que par l'organe de son tuteur. Nous aurons plus tard quelques détails à donner sur la capacité des personnes. Ici encore la ratification est possible quand l'incapacité a cessé.

3° Il faut que l'obligation ait un objet licite et déterminé, au moins quant à son espèce (art. 1126 à 1130). En conséquence, un contrat, qui aurait pour objet la vente d'une partie du domaine public, ne serait pas valable, parce que le domaine public n'est pas dans le commerce ; il n'est pas licite de le vendre.

4° Enfin il faut une cause également licite (art. 1131 à 1133), et par cause on entend, non pas le motif qui détermine à passer un contrat, mais le but qu'on se propose d'atteindre en le passant. Si, par exemple, une maison, prise à loyer pour une certaine époque, brûle avant que le locataire ait été mis en possession, l'obligation qu'il avait contractée de payer un loyer au propriétaire disparaît, parce qu'elle n'a plus de cause.

504. Le Code a tracé des règles pour l'interprétation des contrats. On les trouve dans les articles 1156 à 1164. Elles peuvent se résumer en un principe unique, à savoir qu'il faut rechercher, par tous les moyens possibles, la commune intention des parties contractantes.

C'est pour arriver à ce but que la loi porte qu'il ne faut pas s'attacher judaïquement au sens littéral des termes (art. 1156), — que les termes susceptibles de deux sens doivent être pris dans le sens qui convient le plus à la matière du con-

trat (art. 1158), — que ce qui est ambigu s'interprète par ce
qui est d'usage dans le pays où le contrat est passé (art. 1159),
— que toutes les clauses des conventions s'interprètent les unes
par les autres, en donnant à chacune le sens qui résulte de
l'acte entier (art. 1161).

Enfin une règle très-importante à signaler et qui ne se rattache pas au même ordre d'idées, c'est que, dans le doute, la
convention s'interprète contre celui qui a stipulé et en faveur
de celui qui a contracté l'obligation (art. 1162). Il importe
donc que ceux qui sont appelés à rédiger les marchés de travaux publics énoncent avec la plus grande clarté les obligations qu'ils entendent imposer aux entrepreneurs ; car, en
cas de doute, la clause ambiguë devrait être interprétée dans
le sens le plus favorable à l'entrepreneur.

505. Aux termes de l'article 1134, les conventions lient
les parties contractantes comme ferait la loi. Elles ne peuvent
être révoquées que de leur consentement mutuel ou pour les
causes que la loi autorise. Elles doivent être exécutées de
bonne foi. C'est un principe fondamental. On verra que l'administration peut, dans certains cas, se délier, se dégager
d'une convention, autrement que les particuliers ne pourraient le faire. Mais il n'est pas besoin de dire qu'elle n'est
jamais dispensée d'être de bonne foi.

Elles obligent non-seulement à ce qui y est exprimé, mais
à toutes les suites que l'équité, l'usage ou la loi donnent à
l'obligation d'après sa nature (art. 1135). C'est un des cas
rares où l'équité, c'est-à-dire le droit naturel, trouve une
sanction dans le droit civil. Voilà pour les parties contractantes.

Les conventions engagent également les ayants cause de
ceux qui s'obligent et peuvent leur profiter, sauf exception.

la vente faite par un propriétaire tient à l'égard de ses héritiers. Ainsi encore les héritiers d'un entrepreneur décédé, les créanciers d'un entrepreneur en faillite peuvent débattre le décompte des sommes dues par l'État à l'entrepreneur (art. 1156). Mais, au contraire, l'obligation d'exécuter des travaux est personnelle à celui qui l'a contractée, parce que son aptitude personnelle était une des raisons de l'obligation.

Quant aux tiers, aux étrangers, en principe, les contrats ne peuvent ni leur nuire ni leur profiter (art. 1165). Toutefois on peut stipuler au profit d'un tiers, lorsque telle est la condition d'une stipulation que l'on fait pour soi-même ou d'une donation que l'on fait à un autre (art. 1121). C'est ainsi que dans les marchés de travaux des ponts et chaussées, l'administration stipule, d'après les nouvelles clauses et conditions générales, que l'entrepreneur payera le salaire de ses ouvriers tous les mois, ou même à des époques plus rapprochées, si elle le juge nécessaire.

Voilà l'essence des règles relatives aux contrats.

506. Les quasi-contrats sont, nous l'avons dit, des faits volontaires et licites, d'où résultent des engagements, sans qu'il soit intervenu aucune convention ni de la part de celui qui s'oblige, ni de la part de celui envers lequel il est obligé. Les principaux quasi-contrats sont : en premier lieu, la gestion d'affaires, qui se rapproche par ses effets du mandat, c'est-à-dire du contrat par lequel une personne donne à une autre la mission de la représenter pour une affaire déterminée ; on en trouve les règles dans les articles 1372 à 1375. En second lieu, la restitution des sommes indûment payées. D'après l'article 1376, celui qui reçoit par erreur ou sciemment ce qui ne lui est pas dû s'oblige à le restituer à celui de qui il l'a indûment reçu.

507. Enfin les délits et les quasi-délits sont encore des sources d'obligation. C'est en effet un principe dont l'application est très-fréquente que celui qui est écrit dans l'article 1382 du code Napoléon en ces termes : « Tout fait quelconque de l'homme, qui cause à autrui un dommage, oblige celui par la faute duquel il est arrivé à le réparer. » Et l'article 1383 ajoute : « Chacun est responsable du dommage qu'il a causé, non-seulement par son fait, mais encore par sa négligence ou par son imprudence. » Toutefois, pour bien comprendre ce second article, il ne faut pas le séparer du premier ; il ne faut pas oublier qu'il se trouve sous la rubrique des délits et quasi-délits. Ce n'est donc pas tout fait quelconque de l'homme qui entraîne une réparation au profit de celui qui peut en souffrir un dommage, c'est tout fait illicite, toute faute commise, avec ou sans intention de nuire, de propos délibéré ou par imprudence et négligence. Il y a beaucoup de cas dans lesquels on peut causer un dommage à un tiers sans avoir à le réparer, parce qu'on a fait un usage très-légitime de son droit. Ainsi un propriétaire qui creuse un puits dans son terrain peut détourner à son profit les eaux qui alimentaient le puits du propriétaire voisin ; il lui cause un dommage et cependant il ne lui doit pas de réparation, parce qu'il n'a fait qu'user du droit qui appartient à tout propriétaire de creuser dans son fonds.

Du reste, il faut dire que, dans le langage du droit civil, lorsqu'il s'agit d'appliquer les articles 1382 et 1383 du code Napoléon, le mot délit n'a pas le sens qu'il a dans la langue du droit pénal. Nous avons dit que les infractions à la loi qui sont réprimées par les peines édictées dans le code pénal, se divisent en trois catégories, suivant la gravité des peines qu'elles font encourir : les crimes, les délits, les contraventions. En droit civil, tout fait illicite commis avec intention de nuire et dommageable est qualifié de délit, quelle que soit la peine qu'il fasse encourir. Il se peut, d'autre part, qu'un fait qui donne lieu à l'application d'une peine ne constitue pas un délit civil, parce qu'il n'a pas causé de dommage. Il se peut encore qu'un fait déclaré illicite par la loi civile ne soit pas punissable. Cette distinction a de l'intérêt au point de vue de la durée de l'action en réparation du dommage résultant d'un fait illicite.

Indépendamment de cette responsabilité personnelle qui pèse sur tout homme pour les faits illicites commis avec intention ou sans intention, par négligence ou imprudence, la loi impose la responsabilité bien plus étendue du dommage causé par les enfants mineurs qui dépendent de leur père, ou tuteur; par les préposés, qui dépendent de leur maître, par les animaux qu'on possède, ou même par une maison qui s'écroule.

Le principe de cette responsabilité est la présomption que celui qui est tenu de surveiller ou de diriger les personnes ou les choses, a fautivement omis d'exercer sa surveillance ou bien qu'il a été négligent en choisissant des préposés inhabiles ou imprudents. La responsabilité est plus ou moins étendue selon les cas (art. 1384 à 1386).

Il est essentiel de remarquer que les maîtres et les commettants ne sont responsables du dommage causé par leurs domestiques et préposés que pour les faits accomplis dans l'exercice des fonctions auxquelles ils les ont employés. Ainsi un entrepreneur de travaux publics est responsable des dégâts causés par ses ouvriers dans l'accomplissement du travail auquel il les emploie, mais non des voies de fait commises par eux en dehors du travail.

On invoque ces principes pour les contraventions aux lois

sur la grande voirie et sur la police du roulage contre les propriétaires des voitures ou des bestiaux qui ont causé une dégradation à une route. Le préposé, le charretier, est poursuivi personnellement et le maître comme civilement responsable. L'article 13 de la loi du 30 mai 1851, sur la police du roulage, l'indique en termes formels.

C'est encore par application de ce principe que les compagnies concessionnaires de chemin de fer sont responsables, ainsi que le rappelle expressément l'article 22 de la loi du 15 juillet 1845, des accidents causés par la négligence ou l'imprudence de leurs agents.

Peut-on se fonder sur l'article 1384 du code Napoléon pour considérer l'État comme responsable des faits dommageables commis par les nombreux fonctionnaires publics et agents qu'il emploie? La Cour de cassation l'a admis dans plusieurs arrêts. Le Conseil d'État a au contraire repoussé constamment cette thèse. Il a toujours décidé que « la responsabilité qui peut incomber à l'État pour les dommages causés aux particuliers par le fait des personnes qu'il emploie dans le service public ne peut être régie par les principes qui sont établis dans le code Napoléon pour les rapports de particulier à particulier ; que cette responsabilité a ses règles spéciales et qui ne sont pas les mêmes dans toutes les parties du service public [1]. »

508. Après les sources des obligations, il faut voir les différentes espèces d'obligations.

L'effet des obligations est différent suivant leur nature. Il y a là des distinctions d'un grand intérêt. Mais nous ne pouvons que les indiquer en renvoyant aux articles 1168 à 1233 du code Napoléon où elles se trouvent établies.

---

[1] Voir notamment les décrets sur conflit du 1er juin 1861 (*Baudry*), — du 7 mai 1862 (*Vincent*), — du 22 novembre 1867 (*Ruault*).

D'abord on distingue les obligations civiles des obligations naturelles. Les obligations civiles sont celles que le
droit positif sanctionne d'une manière complète et dont l'accomplissement peut être réclamé par la voie juridique.
Quant aux obligations naturelles, il peut sembler singulier
que nous en parlions ici, puisque nous exposons les règles du
droit civil et non celles du droit naturel. Aussi ne faut-il pas
entendre par là tous les devoirs qu'imposent les lois de la
morale et qu'une conscience délicate fait remplir, alors même
que la loi civile ne les sanctionne pas. Dans le langage du
code Napoléon, notamment pour l'application de l'article 1235, on désigne ainsi (c'est du moins l'opinion de la
plupart des auteurs) l'obligation qui n'était pas valable civilement par suite d'une présomption légale, mais que le
législateur sanctionne, lorsque l'exécution volontaire ou quelque acte équivalent, inspiré par un scrupule de conscience,
fait tomber la présomption par suite de laquelle elle était
inefficace. Ainsi une obligation contractée directement par
un mineur n'est pas valable ; mais si le mineur, devenu ma-
jeur, ratifie la convention qu'il avait faite, et remplit l'engagement qu'il avait pris, la loi considère qu'il a acquitté une
obligation naturelle et qu'il n'a pas fait une libéralité, ce qui
a une grande importance à certains points de vue. Quant
aux obligations prises contrairement aux prescriptions de la
loi, elles ne peuvent être considérées comme des obligations
naturelles dans le sens restreint qui vient d'être indiqué.

Les obligations peuvent être pures et simples ou condition-
nelles, c'est-à-dire subordonnées à un événement futur et
incertain. Ainsi, dans une adjudication publique de travaux
rentrant dans le service des ponts et chaussées, l'administration s'engage à confier le travail à celui des concurrents

agréés qui aura offert le plus fort rabais sur le prix auquel le travail est estimé; mais elle stipule que l'adjudication ne sera définitive qu'après l'approbation du préfet ou du ministre, selon les cas. Son obligation est donc conditionnelle : elle ne se sera pas formée, si l'approbation n'intervient pas.

Elles peuvent être réalisables immédiatement ou à terme; c'est-à-dire que l'exigibilité peut être suspendue jusqu'à une époque déterminée.

Il y a encore des obligations alternatives ou facultatives ; c'est-à-dire qu'au lieu de n'avoir qu'un objet, elles en ont plusieurs entre lesquels on peut choisir.

On distingue aussi les obligations uniques des obligations multiples. Ici, nous devons définir un mot qu'on rencontre assez souvent dans la pratique des marchés de travaux publics, celui d'obligation solidaire. Parmi les obligations multiples, c'est-à-dire qui lient, à la fois, plusieurs personnes dans un même sens, soit comme débiteurs, soit comme créanciers, se trouve l'obligation solidaire. Elle présente cette particularité que chacun des débiteurs est tenu, non pas d'une part de la dette, mais de la totalité de la dette, et que chacun des créanciers peut demander le payement de la totalité de la créance. Bien entendu, la dette ne se paye pas pour cela plusieurs fois; les débiteurs ou les créanciers, ainsi associés, s'entendent après le payement pour faire leurs parts respectives. Mais, vis-à-vis les uns des autres, c'est comme s'il n'y avait qu'une seule personne. Les règles de la solidarité sont posées par le code dans les articles 1197 à 1200.

Il arrive souvent que des entrepreneurs de travaux publics s'engagent solidairement à l'exécution d'un marché. La solidarité ne se présume pas; il faut qu'elle soit expressément stipulée (art. 1202). Quand cette situation est établie, ce qui est fait avec l'un des entrepreneurs, débiteurs solidaires et créanciers solidaires de l'État, est censé fait avec l'autre.

Ainsi, deux entrepreneurs se sont engagés solidairement. Après la fin des travaux, ils ont réclamé contre leur décompte. Le conseil de préfecture a rejeté leur réclamation. L'un d'eux se pourvoit devant le conseil d'État dans les délais fixés par le règlement de 1806, l'autre se pourvoit après les délais. Le conseil d'État a décidé qu'à raison de la solidarité, le pourvoi du premier profitait au deuxième[1].

Au contraire, voici que des entrepreneurs solidairement engagés, et dont la réclamation avait été rejetée par le conseil de préfecture, laissent passer, sans se pourvoir, le délai de trois mois après la notification faite à l'un d'eux, en la personne de son mandataire, qui avait du reste représenté les associés devant le conseil de préfecture. L'associé qui avait reçu la notification, reconnaît qu'il est déchu ; mais les autres réclament et prétendent que la notification ne peut leur être opposée. Le conseil a décidé qu'en raison de la solidarité, la notification faite à un seul était opposable à tous[2].

Signalons, pour finir sur ce point, les obligations divisibles et indivisibles, — et les obligations principales et accessoires. La principale obligation accessoire, c'est la clause pénale, c'est-à-dire la convention faite par les parties qu'en cas d'inexécution de l'obligation, il sera dû des dommages intérêts dont le chiffre est réglé d'avance (art. 1226). Elle est très-usitée en matière de travaux communaux.

509. Un mot sur les effets généraux des obligations,

[1] *Arr. Cons.* 29 décembre 1859 (*Simon*).
[2] *Arr. Cons.* 10 janvier 1861 (*Artigues*).

quelle que soit leur origine, qu'elles se soient formées par convention ou sans convention.

Le créancier a le droit d'employer les moyens légaux de coercition pour contraindre son débiteur à exécuter l'engagement, c'est-à-dire à lui procurer ce dont il est tenu ; ou bien, au refus de celui-ci, pour se faire procurer satisfaction, si cela est possible, malgré ce débiteur et à ses frais ; ou enfin, si c'est impossible, il a le droit d'obtenir des dommages-intérêts. Et même le retard peut donner lieu à des dommages-intérêts (art. 1142 à 1147).

Les dommages-intérêts comprennent, en droit civil, la réparation des pertes que le débiteur a fait subir au créancier et des bénéfices dont il a été privé (art. 1149). Toutefois, il y a des exceptions à cette règle, même en droit civil. Ainsi, d'après l'article 1152, « lorsque la convention porte que celui « qui manquera de l'exécuter payera une certaine somme à « titre de dommages-intérêts, il ne peut être alloué à l'autre « partie une somme plus forte ni moindre. » Il y a aussi une exception, écrite dans l'article 1153, pour les obligations qui se bornent au payement d'une certaine somme. Il est vrai que, dans ce cas, si les dommages-intérêts sont limités par la loi, ils sont dus sans que le créancier soit obligé de justifier d'aucune perte.

En droit administratif, pour les marchés passés par l'État, il y a en général, dans les contrats, une dérogation expresse à cette règle. L'État stipule que, dans le cas où il n'exécuterait pas le marché, il n'indemnisera que des pertes faites et non des bénéfices dont l'entrepreneur serait privé. Mais quand on se trouve en dehors des cas prévus par le marché, la règle générale du droit civil s'applique. Nous reviendrons plus tard sur ce point.

Les dommages-intérêts ne sont dus par celui qui manque à exécuter une obligation qu'autant qu'il a été mis en demeure d'exécuter son obligation. C'est le principe général auquel le Code apporte quelques exceptions (art. 1139), et auquel on peut déroger par des conventions particulières.

Ils ne sont dus qu'autant qu'il y a faute du débiteur, qu'autant que celui-ci n'a pas fait tout ce qu'il devait faire. Mais à l'impossible nul n'est tenu : si le débiteur a été empêché par une force majeure ou un cas fortuit, il ne doit pas de dommages-intérêts (art. 1147).

Enfin, il importe de signaler spécialement une règle qui s'applique dans toutes les contestations relatives aux décomptes des entrepreneurs de travaux publics, et aux dommages causés par l'exécution des travaux publics ; c'est la règle posée dans l'article 1153 et à laquelle nous avons déjà fait allusion.

D'après cet article, en cas de retard dans le payement d'une somme d'argent, le débiteur ne peut être condamné qu'au payement des intérêts au taux fixé par la loi, sauf les règles particulières au commerce. La loi du 3 septembre 1807 fixe l'intérêt légal, en matière civile, à 5 p. 0/0.

Mais, d'après le paragraphe final de l'article 1153, les intérêts ne sont dus, en général, que du jour de la demande ; ce qui s'entend d'une demande spéciale des intérêts et d'une demande en justice. Il peut toutefois être dérogé à cette prescription par les contrats ; nous le verrons en expliquant les clauses des marchés de travaux publics.

A l'article 1153 s'en rattache un autre qui ne tient pas à la matière des dommages-intérêts. L'article 1154 établit dans quelles conditions les intérêts échus peuvent produire des intérêts.

510. Arrivons à l'extinction des obligations.

Il s'agit ici des causes générales de l'extinction des obligations, sans préjudice des causes spéciales à chaque matière.
On en compte dix. Nous nous bornons à les énumérer :

1° Le payement, dans le sens large du mot, ou l'exécution
directe de l'obligation (art. 1255 à 1270) ;

2° La novation ou le remplacement d'une obligation par
une autre (art. 1271 à 1281) ;

3° La remise de la dette (art. 1282 à 1288) ;

4° La compensation ou la neutralisation de deux obligations
qui s'éteignent réciproquement, parce que le créancier de
l'une est le débiteur de l'autre et *vice versa* (art. 1289
à 1299) ;

5° La confusion ou la réunion sur la tête de la même personne des qualités de débiteur et de créancier d'une même
obligation (art. 1300 et 1301) ;

6° L'arrivée d'un événement qui rend l'exécution impossible ; par exemple la perte de la chose due (art. 1302) ;

7° L'effet d'une condition qui devait, d'après les prévisions
du contrat, entraîner sa résolution, si elle se produisait ; par
exemple, l'annulation d'une vente ou la résiliation d'un
marché de travaux publics (art. 1183 et 1184) ;

8° La prescription opposée par le débiteur, c'est-à-dire
l'expiration d'un certain délai, passé lequel la dette est
censée avoir été payée, et ne peut plus être réclamée. Nous
parlerons plus loin de la prescription libératoire.

9° L'expiration du terme, dans le cas où l'obligation a été
imposée jusqu'à une certaine époque ;

10° Enfin, dans certains cas, la mort du débiteur ou du
créancier, par exemple, en cas de louage d'ouvrage (art.
1795).

Nous retrouverons dans l'étude du droit administratif un grand nombre de règles relatives à l'extinction des dettes et des créances de l'État, notamment en ce qui touche le payement, la remise des dettes, la résiliation des marchés, la prescription. Tantôt les dispositions du code Napoléon s'appliquent purement et simplement, tantôt elles sont modifiées dans une mesure plus ou moins large.

511. Enfin vient la preuve des obligations, des droits en général, et de leur extinction.

Un principe fondamental domine cette matière. C'est à celui qui avance une allégation qu'incombe la charge de la preuve. On invoque ordinairement à ce sujet un brocard du droit romain : *onus probandi incumbit ci qui dicit, non ei qui negat.* Ce brocard a été parfois traduit d'une manière fort inexacte. On a cru en donner le sens en disant : c'est à celui qui affirme et non à celui qui nie à prouver ce qu'il affirme. Il s'en suivrait que celui qui met en avant un fait négatif, ne serait jamais tenu de le prouver. Il est vrai que la preuve d'un fait négatif est parfois plus difficile que celle d'un fait positif. Mais peu importe ; le vrai sens de la règle est celui-ci : toute allégation qui tend à modifier l'état actuel des choses entre deux parties, doit être prouvée par celui qui la met en avant, sans qu'il y ait à distinguer si elle vient du demandeur ou du défendeur, et si elle consiste dans une affirmation ou dans une négation.

On pourrait classer les différents modes de preuves autrement que n'a fait le Code.

Il en indique cinq :

La preuve littérale ou par écrit, celle qui résulte soit de l'écriture proprement dite, soit des *tailles*, qui sont une espèce d'écriture; — la preuve testimoniale; — les présomptions, c'est-à-dire les conséquences conjecturales tirées d'un fait connu à un fait inconnu; — l'aveu; — et le serment en justice.

512. Parmi les règles relatives à la preuve par écrit, nous devons signaler la différence qui existe entre les actes authentiques et les actes sous seing privé.

Aux termes de l'article 1317 du code Napoléon, les actes authentiques sont ceux qui sont reçus par un officier public ayant le droit d'instrumenter dans le lieu où l'acte a été rédigé, et avec les solennités requises.

On pense ordinairement, quand on lit cet article, aux notaires chargés de dresser les conventions entre parties. Mais il ne faut pas oublier que les maires, que les préfets sont aussi des officiers publics, et qu'ils ont parfaitement qualité pour donner l'authenticité à un acte. Aussi on verra que les contrats relatifs à la gestion des biens de l'État, à l'exécution des marchés de travaux publics, sont passés sans l'intermédiaire des notaires. La signature du préfet leur donne l'authenticité.

L'acte authentique fait pleine foi — c'est-à-dire preuve jusqu'à inscription de faux — de sa date, des conventions, déclarations, aveux et payements qui y sont relatés, pourvu qu'il s'agisse de choses que l'officier public a pu et dû constater. Il fait foi absolument et vis-à-vis de toutes personnes.

Il ne faut pas confondre l'authenticité avec la force exécutoire. Généralement la force exécutoire s'ajoute à l'authenticité, c'est-à-dire que celui qui est armé de l'acte authentique, peut, sans avoir besoin de recourir à la justice, procéder à l'exécution forcée de son acte, poursuivre et faire saisir son débiteur. C'est le cas des actes émanés du notaire et du préfet. Mais il y a des actes authentiques qui n'emportent pas par eux-mêmes force exécutoire, comme les actes des maires.

Au contraire, l'acte sous seing privé passé entre des parties, sans l'intervention d'un officier public, n'a sa valeur que lorsqu'il est reconnu émaner de celui à qui on l'attribue (art. 1322 et suiv.). Il n'est pas nécessaire de former une action en inscription de faux pour le faire tomber. Il suffit de le dénier. On peut procéder alors à la vérification d'écritures.

L'acte sous seing privé ne fait foi de sa date qu'entre les parties. Elles pourraient nuire aux tiers en s'accordant pour mettre une date fausse ; ce qui n'est pas possible avec l'intervention du notaire. On pourrait vendre une maison deux fois en donnant à la deuxième vente une date antérieure à la première. Aussi l'acte sous seing privé n'a date certaine à l'égard des tiers que du jour où il est enregistré par les employés de l'administration de l'enregistrement, ou du jour de la mort d'un des signataires (art. 1328).

Du reste, indépendamment des actes authentiques et sous seing privé, certaines écritures qui ne sont pas des actes, peuvent faire preuve. Le Code indique les registres des marchands, les registres et papiers domestiques (art. 1329 à 1332). Nous pouvons y ajouter les carnets tenus par les conducteurs des ponts et chaussées, et qui constatent jour par jour tous les faits qui se passent sur les chantiers des travaux.

513. La preuve par témoins n'est admise que dans des cas rares. Le législateur moderne se méfie des faux témoignages. Tout fait présentant un intérêt supérieur à 150 francs, ne peut être prouvé par témoins. La preuve testimoniale est également prohibée, même pour un fait soulevant un intérêt supérieur à 150 francs, dès qu'il s'agit d'aller à l'encontre ou au delà de ce qui est dit dans un écrit (art. 1341).

Cependant il a fallu admettre des exceptions à cette règle, notamment quand il a été impossible au réclamant de se procurer une preuve écrite, par exemple, si on allègue une fraude, un délit ou quasi-délit, ou quand la preuve écrite qui a été obtenue n'a pu être conservée par suite d'un cas fortuit imprévu et résultant d'une force majeure (art. 1348).

514. Les présomptions sont de diverses natures.

Il y a des présomptions de droit absolues contre lesquelles aucune preuve n'est admise en principe.

Au premier rang des présomptions de droit absolues se trouve l'autorité de la chose jugée. La chose jugée, c'est la vérité. Le juge a pu se tromper, mais il faut avoir quelques points fixes en ce monde pour servir de base aux relations juridiques.

C'est un principe qui s'applique en matière de justice administrative, comme en matière de justice civile et criminelle. Seulement, il faut bien prendre garde aux conditions de la chose jugée. Il n'y a chose jugée que si l'objet de la demande est le même, — si la demande est fondée sur la même cause, — si la contestation s'élève entre les mêmes parties, agissant dans la même qualité (art. 1351).

Il y a des présomptions légales contre lesquelles la preuve contraire est admise.

Enfin il y a des présomptions de fait qui ne sont consacrées par aucun texte de loi, et que le juge est autorisé à déduire des faits et circonstances du procès. Il faut que les présomptions soient graves, précises et concordantes pour que le juge puisse les admettre (art. 1353).

515. On peut encore invoquer deux espèces de preuves,

fondées sur la parole même de l'adversaire : l'aveu et le serment. L'aveu peut être extra-judiciaire, ou judiciaire, c'est-à-dire fait devant la justice qui en prend acte (art. 1354 à 1356). L'aveu judiciaire fait pleine foi contre celui qui l'a fait; mais il ne peut être divisé contre lui, c'est-à-dire qu'on ne peut en considérer comme exacte la partie qui constate son obligation, en laissant de côté la partie qui constaterait sa libération.

Le serment, est, selon les cas, décisoire ou supplétoire: décisoire, quand il est déféré par l'une des parties qui s'en rapporte à la conscience de son adversaire; le serment tranche alors le litige ; — supplétoire, quand il est déféré d'office par le juge, pour compléter une preuve déjà commencée (art. 1357 à 1369).

Il est bon d'indiquer ici que le serment décisoire ne peut être déféré devant la juridiction administrative. Un arrêt du Conseil d'État en date du 29 novembre 1851 (*Pélissier*) l'a décidé, en se fondant sur ce que les articles 1358 et suivants du code Napoléon ne s'appliquent qu'aux contestations portées devant les tribunaux de l'ordre judiciaire, qu'aucune disposition légale n'en a étendu les effets à la juridiction administrative, et que des raisons d'ordre public s'opposent à ce qu'un tel serment soit déféré devant cette juridiction. Les agents de l'administration ne peuvent pas en effet être supposés de mauvaise foi quand ils défendent les intérêts du public. Et il est à remarquer que, dans cette affaire, il ne s'agissait pas d'un procès entre l'administration elle-même et un particulier: c'était un propriétaire qui actionnait une compagnie concessionnaire de chemin de fer pour obtenir la réparation du dommage que lui causait l'établissement d'un remblai qui interceptait un chemin servant à l'exploitation de son domaine. Le propriétaire soutenait que la compagnie

s'était engagée à établir un viaduc sous le remblai et il défé-
rait au directeur de la compagnie le serment décisoire sur ce
point. Les conclusions relatives au serment ont été écartées
comme non recevables.

§ 2. — RÈGLES RELATIVES A CERTAINS CONTRATS SPÉCIAUX

516. Après ces règles générales sur les obligations, et
notamment sur les conventions, le Code place les règles relatives à certains contrats spéciaux.

Nous ne parlerons ici que de ceux qui ont un intérêt spécial au point de vue du droit administratif, c'est-à-dire des
contrats de vente, d'échange, de louage ; encore nous borne-
rons-nous à en indiquer l'objet et les éléments essentiels.
Nous avons mentionné, en parlant de la procédure civile, le
contrat de transaction régi par les articles 2044 à 2058 du
code Napoléon.

517. La vente est la convention par laquelle une des parties transfère ou s'engage à transférer la propriété d'une
chose à l'autre partie, moyennant un prix que l'autre s'engage à payer (art. 1582 et suiv.).

Trois éléments sont de l'essence de la vente : — l'accord des
volontés des parties, — une chose, — un prix en argent. Le
prix peut être soit déterminé par les parties, soit laissé par
elles à l'arbitrage d'un tiers (art. 1591 et 1592). Quand
ces trois éléments se rencontrent, la vente est réalisée à
l'égard des parties. Et cet effet de la convention a de l'impor-

tance : j'achète une maison ; avant que j'aie pu en prendre possession, la maison s'écroule, non par un fait imputable au vendeur, mais par un tremblement de terre, ou bien elle est brûlée sans que le vendeur soit en faute ; c'est moi qui subis la perte.

En principe, quand la vente a pour objet une chose déterminée, telle maison, telle pièce de terre, la propriété est transférée immédiatement du vendeur à l'acheteur.

Dans le système du Code, la translation de propriété avait lieu immédiatement et par le seul consentement, aussi bien à l'égard des parties qu'à l'égard des tiers. Mais le Code a été récemment modifié par une loi du 23 mars 1855, qu'il est très-important de signaler. On a remarqué, en ce qui touche les tiers qui auraient acquis des droits sur un immeuble, que le défaut de publicité donnée à la vente pouvait leur nuire gravement ; qu'un propriétaire pouvait vendre deux fois sa maison, constituer des hypothèques sur une maison qu'il avait vendue, tromper les tiers en feignant d'être encore propriétaire. Il a donc été décidé que la vente resterait parfaite entre les parties par leur seul consentement, mais qu'à l'égard des tiers, ayant acquis du chef du vendeur des droits sur l'immeuble, elle n'aurait son effet que par la *transcription* de l'acte sur un registre tenu par le conservateur des hypothèques.

L'obligation de faire transcrire son titre, pour pouvoir l'opposer aux tiers, n'est pas applicable seulement à la vente ; elle l'est aussi à la constitution du droit d'usufruit. Elle a été de plus étendue aux actes constitutifs de servitude, d'usage, d'habitation, et même aux baux d'une durée de plus de dix-huit années. On a voulu constituer ainsi, comme on l'a dit, l'état civil de la propriété immobilière. On a voulu permettre à ceux qui contractaient au sujet d'un immeuble de savoir exactement quelle était la condition de cet immeuble, quelles étaient les charges qui le grevaient.

Tout acquéreur doit donc s'empresser de faire transcrire son acte de vente pour assurer ses droits à l'égard des tiers. Mais, de plus, il doit prendre la précaution de ne jamais payer le prix de la vente avant d'avoir vérifié si l'immeuble n'aurait pas été vendu à un autre, et si les charges lui ont été exactement révélées par son vendeur. Les conservateurs des hypothèques sont tenus de délivrer, lorsqu'ils en sont requis, l'état des transcriptions.

La précaution est bonne à prendre pour l'État comme pour tout acquéreur. Aussi une circulaire du ministre des travaux publics, en date du 24 août 1863, invite les préfets et les ingénieurs en chef à prendre soin, lorsqu'ils auront à délivrer un mandat de payement du prix d'une acquisition d'immeubles, de requérir du conservateur des hypothèques l'état des inscriptions délivré en exécution de la loi de 1855. Bien entendu, cet état peut être négatif.

L'acheteur et le vendeur ont chacun leurs obligations. Le vendeur est obligé de livrer la chose et de garantir à l'acheteur la possession paisible et utile de la chose vendue; c'est-à-dire de le garantir contre les revendications des tiers qui voudraient déposséder l'acquéreur en totalité ou en partie, ou prétendraient avoir des servitudes que le vendeur n'aurait pas énoncées. Il est encore tenu de le garantir des défauts cachés de la chose vendue.

L'acquéreur a pour obligation principale de payer le prix de la vente et de prendre livraison de la chose vendue.

518. L'échange diffère de la vente en ce que les deux parties se donnent réciproquement ou s'engagent à se donner une chose pour une autre, au lieu de donner, la première une chose et l'autre un prix. Ainsi dans l'échange, chaque partie vend et achète.

Les règles de la vente sont applicables à l'échange (art. 1702 à 1707).

519. Il y a deux espèces principales de contrats de louage, le louage des choses, — le louage d'ouvrage (art. 1708).

Le louage des choses est un contrat par lequel l'une des parties s'oblige à faire jouir l'autre d'une chose pendant un certain temps, et moyennant un prix que celle-ci s'engage à lui payer (art. 1709).

Le louage d'ouvrage est un contrat par lequel l'une des parties s'engage à faire quelque chose pour l'autre, moyennant un prix que celle-ci s'engage à payer (art. 1710).

Les ingénieurs des ponts et chaussées ont à préparer des contrats de ces deux espèces.

Pour l'exploitation de la pêche dans les rivières navigables et flottables et les canaux de navigation, l'État passe des contrats de louage, des baux avec des fermiers, qu'il s'engage à faire jouir du droit de pêche en échange d'un prix que ceux-ci promettent de lui payer.

Pour l'exécution des travaux publics, l'État passe des contrats de louage d'ouvrage avec des cantonniers, des ouvriers, chargés de l'entretien des routes, — avec des entrepreneurs chargés de la construction des ouvrages neufs.

520. Le contrat de louage des choses se divise en différentes espèces. Sans entrer dans les détails des règles posées dans les articles 1713 à 1778 du Code, il nous suffira d'indiquer les règles essentielles de ce contrat.

D'une part, il se forme par le consentement des parties sur la chose et sur le prix du bail.

Quant aux obligations respectives du bailleur et du fermier, les voici en deux mots :

Le bailleur est obligé de procurer au preneur la jouissance de la chose louée, de le faire jouir. Par conséquent, il doit délivrer la chose en état de servir à l'usage pour lequel elle a été louée, — l'entretenir dans cet état, — et garantir le preneur contre les troubles, non pas de fait, mais de droit, que les tiers causeraient à sa jouissance de locataire. S'il n'accomplit pas ses obligations, il est tenu de souffrir, soit la résiliation du bail, soit une diminution de prix. Dans certains cas, il doit des dommages-intérêts.

Le preneur, de son côté, doit payer le prix convenu, — se servir de la chose suivant l'usage convenu; — jouir de la chose louée en bon père de famille, c'est-à-dire en propriétaire soigneux et attentif; — la rendre dans l'état où il l'a reçue, moins ce qui a été dégradé par vétusté ou par force majeure.

Le preneur peut sous-louer ou céder son bail, si cette faculté ne lui est pas interdite.

Le contrat de louage des choses n'est point résolu par la mort du bailleur, ni par celle du preneur (art. 1742). C'est l'application des principes généraux sur les conventions. De plus, aux termes de l'article 1743, si le bailleur vend la chose louée, l'acquéreur ne peut expulser le locataire ou fermier qui a un bail authentique ou dont la date est certaine, à moins que cette faculté ne lui soit réservée par le contrat de bail. Le droit du locataire, sans être un droit réel proprement dit, est donc une charge qui grève temporairement la propriété.

Enfin l'article 1712 du Code rappelle que les baux des biens de l'État, des communes et des établissements publics sont soumis à des règlements particuliers.

521. Le louage d'ouvrage s'effectue dans trois conditions différentes: 1° le louage des gens de travail qui s'engagent au service de quelqu'un; 2° celui des voituriers, tant par terre que par eau, qui se chargent du transport des personnes et des marchandises; 3° celui des entrepreneurs qui se chargent d'exécuter un travail par suite de devis et marchés.

A l'égard de cette dernière espèce de contrat, le Code explique que, lorsque l'on charge un entrepreneur de faire un ouvrage, on peut convenir qu'il fournira seulement son travail ou son industrie, ou bien qu'il fournira aussi la matière.

Cette distinction est importante pour le cas où l'ouvrage vient à être détruit avant la livraison. Si l'ouvrier fournissait la matière, c'est lui qui subirait la perte, à moins que celui pour lequel il travaillait, et que le Code appelle le maître, ne fut en demeure de recevoir la chose (art. 1788 à 1790).

Un principe d'une haute importance et que nous retrouverons dans l'étude du droit administratif, c'est que les architectes et entrepreneurs sont responsables de la ruine totale ou partielle d'un édifice provenant du vice de la construction ou même du vice du sol, si l'édifice périt dans le délai de dix ans à dater de son achèvement et de sa réception définitive (art. 1792 et 2270).

D'après l'article 1794, le maître peut résilier, par sa seule volonté, le marché à forfait, quoique l'ouvrage soit déjà commencé, en dédommageant l'entrepreneur de toutes ses dépenses, de tous ses travaux et de tout ce qu'il aurait pu gagner dans l'entreprise. Nous verrons dans quelle mesure cette disposition s'applique aux marchés de travaux des ponts et chaussées.

Enfin, d'après l'article 1795, le contrat de louage d'ouvrage est dissous par la mort de l'ouvrier, de l'architecte ou de l'entrepreneur, qui avaient été choisis à raison de leur aptitude personnelle; mais le propriétaire est tenu de payer à leur succession la valeur des ouvrages faits et même celle des matériaux préparés, lorsque les travaux ou matériaux peuvent lui être utiles.

§ 3. — DES GARANTIES DE L'EXÉCUTION DES OBLIGATIONS

522. Nous avons dit qu'on pouvait obtenir différentes garanties pour assurer l'exécution des obligations. Ces garanties sont : le cautionnement proprement dit, le nantissement, l'hypothèque, le privilége.

523. Le cautionnement (on sait que le mot latin *cautio* veut dire sûreté), est un contrat par lequel un tiers promet à un créancier de lui payer ce qui lui est dû, si le débiteur ne paye pas lui-même (art. 2011).

Dans la pratique de l'administration des ponts et chaussées, on a quelquefois recours à ce contrat compliqué. Ce n'est pas ordinairement pour le service de l'exécution des travaux; c'est pour les baux relatifs à l'exploitation de la pêche dans les fleuves et rivières navigables et à l'exploitation des bacs et passages d'eau.

Dans le service de l'exécution des travaux, on donne généralement le nom de cautionnement à ce que le Code appelle un gage. L'article 2041 porte que celui qui ne peut pas trouver une caution est reçu à donner à sa place un gage ou nantissement suffisant.

524. Le nantissement, d'après l'article 2071, est un contrat par lequel un débiteur remet à son créancier une chose pour sûreté de la dette.

Le nantissement d'une chose mobilière s'appelle *gage*.

Le nantissement d'une chose immobilière s'appelle *antichrèse*.

Le gage confère au créancier le droit de se faire payer sur la chose qui en est l'objet par privilége et préférence aux autres créanciers (art. 2073).

Ainsi un entrepreneur de travaux publics est tenu de verser une certaine somme ou des valeurs, des titres de rente, comme garantie de l'exécution de ses obligations. S'il ne les exécute pas, son cautionnement répondra pour lui.

Pour que le privilége du créancier-gagiste soit valable à l'égard des tiers, il faut qu'il soit dressé acte public ou sous seing privé du contrat de gage, et que cet acte soit dûment enregistré (art. 2074).

Le débiteur ne peut retirer son gage qu'après l'entier accomplissement de ses obligations (art. 2082).

525. Une dernière garantie, très-considérable, résulte du privilége et de l'hypothèque.

En principe, les biens du débiteur, corporels ou incorporels, meubles et immeubles, forment le gage de ses créanciers, qui peuvent les faire vendre pour obtenir le payement de ce qui leur est dû. Mais les créanciers peuvent être nombreux, et le prix des biens du débiteur peut être inférieur au montant de ses dettes. Un créancier a donc intérêt à acquérir un droit de préférence sur d'autres créanciers.

C'est une sûreté de cette nature qu'on se procure avec le

gage; mais le gage ne s'applique qu'aux choses mobilières, et d'autre part le gage doit être déposé entre les mains du créancier.

Le privilége et l'hypothèque donnent droit à être payé par préférence sur le prix des meubles et des immeubles dont le débiteur est resté en possession jusqu'au terme fixé pour l'acquittement de la dette. De plus, le privilége, portant sur des immeubles, et l'hypothèque permettent au créancier de suivre l'immeuble en quelques mains qu'il passe (art. 2166).

Dans plusieurs cas, la loi elle-même donne de plein droit une hypothèque à certains créanciers, même à des créanciers éventuels comme le mineur qui aura à demander des comptes à son tuteur. Mais, en outre, la loi confère elle-même des priviléges à divers créanciers qui, à raison de la nature de leur créance, passent avant les créanciers hypothécaires, quoiqu'ils soient inscrits après eux. Ainsi les frais de justice, les frais de dernière maladie, les frais funéraires sont priviligiés; ainsi le vendeur a un privilége sur la chose vendue dont le prix ne lui a pas été payé.

Disons donc deux mots des priviléges d'abord, — puis des hypothèques.

Le privilége n'a qu'une source : la loi. Il ne peut dériver d'une convention, sauf dans le cas de contrat de gage.

Il y a des priviléges qui s'étendent sur la généralité des meubles d'un débiteur ; — d'autres qui n'atteignent que certains meubles. Par exemple, le propriétaire d'un immeuble loué a un privilége sur les meubles qui garnissent l'appartement. Les ouvriers employés par les entrepreneurs de travaux publics exécutés pour l'État et les fournisseurs de matériaux ont aussi un privilége sur les sommes dues aux entrepreneurs par l'État. Ce dernier privilége n'est pas écrit dans le code Napoléon : il résulte d'une loi du 28 pluviôse an II qui est encore en vigueur. C'est pour assurer l'exécution des travaux que la loi réserve un privilége à ceux qui fournissent leurs bras ou leurs matériaux à l'entrepreneur.

Il y a d'autres priviléges qui s'étendent sur les immeubles en totalité ou en partie, — d'autres enfin qui s'étendent à la fois sur les meubles et sur les immeubles.

Les priviléges qui s'étendent aux immeubles ne produisent leur effet, en principe, qu'autant qu'ils ont été inscrits sur les registres du conservateur des hypothèques, et à dater de cette inscription.

Entre les créanciers privilégiés, l'ordre de préférence pour la distribution du prix des biens du débiteur, se règle par les différentes qualités des priviléges. C'est la loi elle-même qui fixe l'ordre des préférences. Si deux créances sont placées sur la même ligne, elles viennent en concurrence. C'est dans les articles 2095 à 2113 du Code qu'on trouve les règles dont nous venons d'indiquer les principaux traits.

526. L'hypothèque, qui ressemble par certains côtés au privilége, s'en éloigne par certains autres. Elle ne s'applique qu'aux immeubles.

Elle a trois sources distinctes : la loi, — les jugements, — les conventions.

L'article 2121 définit l'hypothèque légale ; l'article 2123 l'hypothèque judiciaire ; enfin l'hypothèque conventionnelle est définie dans l'article 2124.

Dans quelles formes se constitue l'hypothèque conventionnelle? On le voit dans l'article 2127. Elle doit être constituée par acte notarié. Toutefois, en vertu de l'article 14 (titre II) de la loi des 28 octobre-5 novembre 1790, l'hypothèque conventionnelle est valable lorsqu'elle est stipulée dans un acte passé par le préfet. Nous reviendrons sur ce point.

Quelles sont les conditions d'existence de l'hypothèque?

Il faut qu'elle soit inscrite (art. 2134), de quelque origine qu'elle provienne. Elle n'a de rang qu'à dater de l'inscription, sauf certaines exceptions pour l'hypothèque légale accordée aux mineurs et interdits sur les biens de leurs tuteurs, et à la femme mariée sur les biens de son mari. On ne pouvait pas rendre ces incapables responsables de la faute qu'auraient commise ceux qui doivent veiller à l'administration de leurs biens, en ne remplissant pas leur devoir.

Aussi l'effet des hypothèques entre les créanciers est différent de celui des priviléges. C'est d'après l'ordre d'inscription sur le registre du conservateur des hypothèques, ou d'après la date de l'événement qui tient lieu de l'inscription que les rangs sont établis. Les créanciers inscrits à la même date viennent en concurrence.

L'inscription, soit pour les priviléges, soit pour les hypothèques, n'a d'effet que pendant dix ans ; au bout de dix ans, elle doit être renouvelée, et, si elle était périmée, la nouvelle inscription que le créancier aurait le droit de prendre perdrait sa date ancienne.

L'hypothèque s'éteint naturellement quand la créance à laquelle elle servait de sûreté est éteinte. Mais elle peut s'éteindre, bien que la créance subsiste, par différents moyens, notamment par la renonciation du créancier.

L'inscription prise est rayée soit du consentement du créancier ayant capacité à cet effet, et donné par acte authentique, soit, en cas de refus mal fondé du créancier, en vertu d'un jugement passé en force de chose jugée (art. 2157 et 2159). C'est ce qu'on appelle donner ou ordonner main-levée de l'hypothèque.

Voilà les sûretés que les créanciers trouvent dans les hypothèques.

Mais, par cela même, on voit l'importance qu'il y a pour l'acquéreur d'un immeuble à bien s'assurer, avant de payer le prix au propriétaire, si cet immeuble n'est pas grevé d'hypothèques qui assurent une partie ou la totalité du prix aux créanciers. Pour se mettre en règle avec les créanciers hypothécaires, il a à sa disposition une procédure qu'on appelle la purge, dans les détails de laquelle nous n'entrerons pas, mais dont le résultat est celui-ci, qu'après les formalités de cette procédure, il remet son prix de vente aux créanciers du vendeur, entre lesquels on le distribue, et qu'il n'a plus rien à démêler avec eux ; la purge fait disparaître les hypothèques qui grevaient son immeuble (art. 2181 et suivants).

§ 4. — DE LA PRESCRIPTION

527. Nous avons dit que la prescription est une manière de suppléer aux titres, par la justification d'une jouissance, d'une situation prolongée pendant un certain temps, dans certaines conditions.

Mais il y a deux espèces de prescription : la prescription à fin d'acquérir ; la prescription à fin de se libérer.

La première a pour fondement cette présomption, que celui qui jouit d'un droit, qui le possède, en a été réellement investi par une juste cause d'acquisition ; qu'on ne l'aurait pas laissé jouir paisiblement et aussi longtemps, si sa possession n'eût été légitime.

La deuxième est fondée sur cette présomption, que celui qui cesse d'exercer un droit, qui reste dans l'inaction pendant de longues années, en a été dépouillé par quelque juste cause d'extinction; que le créancier, qui est resté si longtemps sans exiger sa créance, en a été payé ou a fait la remise de la dette.

Ces présomptions peuvent être fausses ; mais il ne faut pas que la propriété soit perpétuellement incertaine, et que le débiteur soit obligé de conserver éternellement ses quittances.

La règle est généralement juste, et elle est très-utile pour protéger des droits légitimes, si elle consacre quelquefois des usurpations.

Nous traiterons séparément de la prescription à fin d'acquérir, — et de la prescription à fin de se libérer.

528. La prescription acquisitive se compose de deux éléments principaux : un certain laps de temps et la possession.

Quelquefois des éléments nouveaux, qui viennent s'y ajouter, permettent de diminuer le laps de temps. Mais un élément essentiel qui doit s'y joindre, c'est que la prescription soit invoquée par celui qui en profite. Si sa conscience ne lui permet pas d'invoquer ce moyen, le juge ne pourra pas le suppléer d'office.

On peut en outre y renoncer, non pas pour l'avenir, mais pour le passé (art. 2220).

La prescription acquisitive s'applique à la plupart des droits, par exemple, au droit de propriété et à ses démembrements; elle s'applique aussi à certaines servitudes. Mais on n'acquiert pas par prescription une créance ou une rente en en recevant les arrérages. On n'acquiert pas non plus une hypothèque par prescription. Voilà les droits qu'on peut et ceux qu'on ne peut pas acquérir par la prescription.

Mais tous les biens ne sont pas susceptibles d'être acquis par prescription. Les biens qui sont hors du commerce ne peuvent être prescrits (art. 2226). Ainsi les biens du domaine public sont imprescriptibles, et cela s'entend du domaine public national, comme du domaine public départemental et communal. On ne peut en acquérir ni la propriété, ni l'usufruit, ni les grever de servitudes, par prescription.

Il en est différemment des biens du domaine de l'État, des départements et des communes, qui ne sont pas compris dans le domaine public (art. 2227). Et, d'autre part, l'État, les départements, les communes, les établissements publics peuvent invoquer la prescription contre les particuliers.

Il faut insister maintenant sur les deux éléments essentiels de la prescription acquisitive : la possession, — le laps de temps.

En traitant de la propriété, nous avons dit que la possession peut se définir : la détention physique ou morale qu'une personne exerce, à titre de propriétaire, par elle-même ou par un tiers qui la représente, sur un bien corporel ou incorporel.

On a déjà vu que la possession, accomplie dans certaines conditions, procure le bénéfice des actions possessoires.

Quelles sont les conditions qu'elle doit réunir pour produire cet effet considérable de conduire à l'acquisition de la propriété ?

Il faut la détention jointe à l'intention de posséder. Il faut de plus qu'elle soit : 1° continue, 2° non interrompue, 3° paisible, 4° publique, 5° à titre de propriétaire, 6° non équivoque ;

Elle doit être continue, eu égard à la nature de la chose ; évidemment on n'est pas obligé de cultiver le jour et la nuit ;

— non interrompue, et ce mot s'entend d'interruptions de fait ou de droit : il y a interruption naturelle, quand le possesseur abdique sa possession ou se la laisse enlever pendant plus d'un an par un tiers; il y a interruption civile, quand le propriétaire fait des poursuites judiciaires contre le possesseur, et quand le possesseur reconnaît le droit du propriétaire ;

— paisible ; c'est-à-dire qu'elle ne doit pas être acquise ou entravée par la violence ;

— publique ; c'est-à-dire que le possesseur ne doit rien faire pour la cacher à l'intéressé ;

— à titre de propriétaire ; ce qui exclut ceux qui détiennent pour un autre, fermiers, locataires, dépositaires; ils prescrivent pour lui et non pour eux-mêmes ;

— non équivoque ; il ne doit y avoir rien de douteux dans les divers faits qu'il est nécessaire de prouver.

Mais, en outre, la prescription peut être suspendue dans certains cas. La suspension n'a pas les mêmes effets que l'interruption. Quand la possession est interrompue, le temps qui s'est écoulé est comme non avenu. Quand la prescription est suspendue, c'est seulement un temps d'arrêt. Au moment où la cause de suspension aura cessé, elle reprendra son cours ; l'ancienne possession entrera en ligne de compte.

La prescription est suspendue à l'égard des mineurs et des interdits pendant leur minorité et leur interdiction. Elle l'est aussi à l'égard des femmes mariées, dans certains cas. Le législateur n'a pas voulu punir les incapables de la négligence des administrateurs de leurs biens.

Il y a quelques autres exceptions analogues.

Voilà la possession, premier élément de la prescription. Le deuxième, c'est le temps. Ici la règle est simple.

En règle générale, il faut trente ans de possession pour prescrire (art. 2262).

La prescription acquisitive peut s'obtenir par un laps de temps plus court. Celui qui acquiert un immeuble de bonne foi et par juste titre, c'est-à-dire un titre qui pouvait lui faire croire à la translation de la propriété, mais qui l'acquiert d'un autre que celui qui en était propriétaire, est protégé par sa bonne foi. Il prescrit la propriété par dix ans, si le véritable propriétaire habite dans le ressort de la cour impériale où l'immeuble est situé, et par vingt ans, s'il est domicilié hors de ce ressort (art. 2265).

Il suffit que la bonne foi ait existé au moment de l'acquisition (art. 2270).

Telles sont les règles fondamentales de la prescription acquisitive pour les immeubles.

529. Pour les meubles, il y a une règle très-simple (art. 2279). En fait de meubles, possession vaut titre.

Cette règle est équitable et nécessaire pour l'ordre public. On transmet la propriété des meubles sans acte écrit et très-rapidement.

Elle ne s'applique cependant pas aux meubles incorporels, comme les créances et les rentes.

Elle ne peut d'ailleurs être invoquée que par ceux qui possèdent de bonne foi, en vertu d'un juste titre, d'un titre donnant droit à la propriété. Mais la règle cesse d'être applicable aux choses qui auraient été perdues ou volées. Le propriétaire a un délai de trois ans pour reprendre sa chose avec ou sans indemnité, selon les cas (art. 2280).

530. La prescription libératoire s'applique aux créances et aux rentes, aux servitudes, au droit d'usufruit et d'usage.

Les conditions de la prescription libératoire sont très-simples. Il suffit de deux éléments : l'inaction du créancier et le laps de temps.

Bien entendu, il faut qu'elle soit invoquée par le débiteur.

Le juge ne peut pas la suppléer d'office, pas plus que la prescription acquisitive.

De l'inaction du créancier, rien à dire pour l'expliquer.

Le laps de temps varie. Dans certains cas, il faut trente ans. Dans d'autres cas, il suffit de dix ans. Nous avons dit que, au bout de dix ans, les architectes et entrepreneurs sont déchargés de la garantie des gros ouvrages qu'ils ont dirigés (art. 2270). Dans plusieurs cas il suffit de cinq ans (art. 2277 et 2276); ou bien même de deux ans, — un an, — six mois.

Il y a des prescriptions libératoires spéciales pour l'État. Nous en parlerons prochainement.

Il existe des différences entre les longues prescriptions et les prescriptions de courte durée ; c'est-à-dire celles qui s'accomplissent par cinq ans et au-dessous. Pour les longues prescriptions, il suffit de réunir le laps de temps et l'inaction du créancier. Pour quelques-unes des courtes prescriptions, celles qui s'accomplissent par six mois, un an et deux ans, le créancier peut déférer le serment à celui qui l'oppose, sur la question de savoir si la chose a été réellement payée, et si le débiteur ne prête pas le serment qu'il a payé, sa prétention doit être repoussée (art. 2275).

En outre, les longues prescriptions sont suspendues pendant la minorité ou l'interdiction du créancier. Les courtes prescriptions, de cinq ans à six mois, courent même contre les mineurs et les interdits (art. 2278), sauf leur recours contre leurs tuteurs.

Il y a, en matière criminelle, des prescriptions qui mettent à l'abri des poursuites ou des peines. Nous en parlerons en traitant des contraventions de grande voirie et des délits de pêche.

CHAPITRE III

DE LA CAPACITÉ DES PERSONNES ET DU DOMICILE

§ 1er. — DE LA CAPACITÉ DES PERSONNES

531. On vient de voir quels sont les droits que l'homme peut avoir sur les choses, sur les biens. Nous avons maintenant à traiter de la capacité des personnes, à dire quelles sont les conditions variées dans lesquelles les personnes peuvent jouir de ces droits ou les exercer.

Nous n'avons plus à revenir sur les conditions dans lesquelles les personnes morales, telles que l'État, les départements, les communes, exercent leurs droits ; nous ne parlons ici que des personnes physiques.

La situation juridique des personnes varie suivant un certain nombre de circonstances : la nationalité, — l'âge, — le sexe, — l'état de l'esprit plus ou moins sain, — les peines qui ont été prononcées par les juges.

A notre point de vue, voici ce qu'il importe de retenir. Les personnes peuvent avoir ou n'avoir pas la jouissance des droits civils en totalité ou en partie. Les personnes qui ont la jouissance des droits civils peuvent n'en avoir pas l'exercice et n'être pas capables de faire par elles-mêmes les actes qu'exige ,e maintien de leurs droits.

Et la conclusion pratique de cette distinction, c'est qu'il ne faut pas traiter avec ceux qui n'ont pas la jouissance de leurs droits, ou qui, en ayant la jouissance, n'en ont pas l'exercice; qu'avec les premiers, il ne faut pas traiter du tout ; que lorsqu'on est en rapport avec les seconds, il faut chercher leur représentant légal pour négocier avec lui.

Rappelons ici qu'on entend par droits civils les facultés que les personnes sont appelées à exercer dans leurs rapports privés, par opposition aux droits politiques et aux droits publics. Ainsi parmi les droits civils, nous citerons le droit d'être propriétaire, le droit de puissance paternelle, le droit d'acheter, de vendre, d'hériter.

532. Tous les Français ont la jouissance des droits civils, sauf le cas où ils en sont privés en partie par des peines. Ainsi un individu qui s'est rendu coupable de certaines infractions à la loi peut être privé, par le jugement qui le condamne à la dégradation civique ou à une peine entraînant la dégradation civique, non-seulement de l'aptitude aux fonctions publiques, du droit d'être électeur ou éligible, ou juré ; mais encore du droit de faire partie d'aucun conseil de famille et d'être tuteur, subrogé tuteur ou conseil judiciaire, si ce n'est de ses propres enfants, et sur l'avis conforme de la famille (art. 34 du code pénal).

Ainsi encore la loi du 31 mai 1854 dispose que les individus condamnés à des peines afflictives perpétuelles ne peuvent disposer de leurs biens en tout ou en partie par donation entre-vifs ou testament, ni recevoir à ce titre, si ce n'est pour cause d'aliments, et elle annule les testaments faits par ces condamnés antérieurement à leur condamnation.

Avant cette loi, la situation faite au condamné par le code Napoléon était bien plus rigoureuse. Il était mort civilement, sa succession était ouverte, son mariage était dissous (art. 22 à 35). On a supprimé cette institution barbare ; néanmoins on n'a pas laissé au condamné la jouissance de tous ses droits civils.

Quant aux étrangers, il faut distinguer entre ceux qui ont été autorisés à fixer leur domicile en France et ceux qui n'ont pas obtenu cette autorisation. La situation des premiers se rapproche beaucoup de celle des Français, tandis que la situation des seconds s'en éloigne sur un certain nombre de points.

Mais nous n'avons pas besoin d'insister à cet égard.

533. Voyons maintenant quelles sont les personnes qui, en ayant la jouissance de leurs droits civils, n'en ont pas l'exercice et ne peuvent les exercer que par un représentant.

La classe la plus nombreuse d'incapables, ce sont les mineurs.

Le législateur, dans tous les pays, dans tous les temps, a jugé que, jusqu'à un certain âge, l'homme ne pouvait pas être présumé capable de bien administrer sa fortune. Et, en conséquence, il a décidé que, tant qu'il n'avait pas atteint cet âge, qui varie suivant les pays, qui a varié en France suivant les époques, il n'exercerait pas par lui-même les droits dont il a la jouissance.

Celui qui est mineur, c'est-à-dire plus petit que l'âge légal de la capacité, ne peut, en principe, exercer par lui-même ses droits civils ; il ne les exerce que par l'organe d'un représentant, et la loi a établi des précautions pour garantir la fidèle gestion de ce représentant.

D'après notre législation actuelle, tout individu des deux sexes, qui n'a pas l'âge de vingt et un ans accomplis, est mineur (art. 388 du code Napoléon). Il peut avoir des propriétés, mais il ne peut les louer, les vendre, en acheter de nouvelles que par l'intermédiaire de son représentant.

Le représentant du mineur est ou bien le père, agissant dans l'exercice de la puissance paternelle, tant que dure le mariage, ou bien un tuteur.

Tantôt la tutelle est confondue avec la qualité de père ou de mère, dans le cas où l'un des deux parents est décédé; tantôt elle appartient à une personne désignée soit par le dernier survivant des père et mère, soit par la loi, soit enfin par un conseil composé d'un certain nombre de membres ou d'amis de la famille, et présidé par le juge de paix.

A côté du tuteur, se trouve placé un subrogé tuteur chargé de contrôler ses actes, de le remplacer dans le cas où ses intérêts seraient en opposition avec ceux du mineur, et au besoin de provoquer sa destitution, s'il administrait mal.

Le tuteur, qui est responsable des actes qu'il fait au nom du mineur, et qui doit rendre des comptes à la fin de sa gestion, peut faire seul certains actes. Pour d'autres actes, ceux qui ont plus d'importance, il doit se faire autoriser par le conseil de famille. Pour quelques-uns, il doit obtenir l'autorisation du conseil de famille et en outre l'homologation du tribunal. Enfin, il y a certains actes qui lui sont absolument interdits.

Il peut seul et sans autorisation faire les actes de simple administration et de conservation, — percevoir les revenus, recevoir ou payer les capitaux dont le mineur est créancier ou débiteur, et même, dans certaines limites, passer bail des immeubles et vendre les meubles.

Il a besoin de l'autorisation du conseil de famille pour accepter ou répudier les donations ou les successions et pour former en justice une demande relative aux droits immobiliers du mineur; quand il s'agit de défendre à une action, il peut le faire sans autorisation.

Enfin il a besoin à la fois de l'autorisation du conseil de famille et de l'homologation du tribunal pour emprunter, hypothéquer, aliéner les immeubles (dans le cas où il s'agit d'aliénation volontaire) ou transiger.

En dernier lieu, il lui est interdit de disposer à titre gratuit des biens du mineur et d'acheter lui-même les biens de son pupille.

Voilà la situation légale du mineur et de son tuteur telle qu'elle est réglée par les articles 389 à 475 du code Napoléon.

534. Il y a une situation intermédiaire entre la minorité pure et simple et la majorité, c'est l'état du mineur émancipé, réglé par les articles 476 à 487 du Code.

L'émancipation a pour effet d'affranchir le mineur de la puissance paternelle et de lui donner le droit de se gouverner lui-même et d'administrer ses biens. Elle ne donne pas pourtant une capacité complète.

L'émancipation peut résulter d'abord de la déclaration des personnes qui ont qualité à cet effet; c'est-à-dire le père pendant le mariage, le survivant des père et mère ou le conseil de famille en cas de décès des père et mère.

L'enfant qui a ses père et mère, ou l'un des deux, peut être émancipé à quinze ans. Celui qui ne les a plus ne peut l'être qu'à dix-huit ans.

L'émancipation peut encore résulter implicitement du mariage du mineur.

Mais elle n'attribue pas au mineur une capacité complète. En effet, il n'a capacité que pour les actes de pure administration, c'est-à-dire recevoir ses revenus, vendre ses récoltes, passer des baux de neuf ans et au-dessous.

Pour les autres actes, la loi place à côté de lui un curateur, qui le conseille, le dirige, et sans l'assistance duquel ses actes ne seraient pas valables; du moins ils pourraient être annulés, dans le cas où les intérêts du mineur seraient lésés. Ainsi il ne peut, sans l'assistance de son curateur, recevoir un capital et en donner décharge; le curateur est tenu de surveiller l'emploi du capital reçu. Enfin, pour les actes les plus graves, le mineur émancipé a besoin de l'autorisation du conseil de famille, et même quand il s'agit d'emprunter, d'aliéner les immeubles, d'hypothéquer, de transiger, cette autorisation doit être soumise à l'homologation du tribunal.

535. Après les mineurs, la catégorie la plus nombreuse des incapables se compose des femmes mariées.

La femme, à l'âge de vingt et un ans, devient majeure comme l'homme, et, si elle n'est pas mariée, elle a capacité pour administrer ses biens et en disposer. Après la dissolution du mariage, elle a également cette capacité pleine et entière, si elle est majeure. Mais, pendant le mariage, le législateur a jugé nécessaire de donner au mari, chef de la famille, la gestion des biens de sa femme.

Il peut intervenir entre le mari et la femme différentes conventions quant au régime des biens de la femme; nous en parlerons tout à l'heure.

Quelles que soient ces conventions, la femme mariée ne peut, aux termes de l'article 217 du code Napoléon, — donner, — aliéner, — hypothéquer — acquérir à titre gratuit ou onéreux sans le concours du mari dans l'acte ou son consentement par écrit. Elle ne peut plaider en justice sans son autorisation.

Si le mari refuse l'autorisation sans raison légitime, la femme peut la demander au tribunal. Dans certains cas même, le juge est de plein droit substitué au mari frappé d'incapacité, ou placé dans l'impossibilité physique de donner une autorisation.

Sous le régime des conventions matrimoniales qui sont le plus usitées, non-seulement la femme ne peut disposer de ses biens, ainsi que nous venons de le dire, mais elle ne peut les administrer.

Certaines conventions, en maintenant l'incapacité de la femme quant à la disposition de ses biens, lui conservent la libre administration de sa fortune dans le sens restreint du mot, c'est-à-dire le droit de percevoir ses revenus et d'en disposer, le droit de faire des baux de courte durée.

Sous tous les régimes, la femme est capable de faire un testament sans l'autorisation de son mari (art. 226).

Il nous paraît utile à cette occasion de signaler les conditions spéciales dans lesquelles se trouvent parfois les biens d'une femme mariée, et qui intéressent les tiers appelés à traiter avec elle.

Il y a plusieurs régimes indiqués dans le code, comme types des conventions matrimoniales, des contrats de mariage, et ces régimes peuvent être ou acceptés purement et simplement, ou modifiés et combinés ensemble par les époux. Ce sont : 1° le régime de communauté, qui est une véritable société de biens, soumise à des règles spéciales, dans laquelle le mari a des pouvoirs très-étendus, le pouvoir de disposer seul des biens de la communauté (art. 1421); 2° le régime de non-communauté, dans lequel il n'y a pas de société de biens, le mari ayant seulement pouvoir de percevoir les revenus de la femme et d'administrer ses biens (art. 1530 à 1535); 3° le régime de séparation de biens, dans lequel la femme conserve l'administration et la jouissance de ses biens, en contribuant pour une part aux charges du mariage (art. 1536 à 1539); 4° enfin le régime dotal.

Ce qu'il est utile de signaler ici, c'est que, dans le régime dotal, les intérêts du mari et de la femme sont moins séparés que dans le régime de la séparation de biens, et cependant il est pris des précautions considérables pour la conservation de la dot de la femme. Ainsi le mari a l'administration et la jouissance des biens dotaux, il en emploie les revenus aux besoins du mariage; mais ni le mari, ni la femme ne peuvent aliéner et hypothéquer les immeubles dotaux, sauf dans des cas très-exceptionnels, prévus par le code (art. 1555 et sui-vants). Quant aux biens meubles qui font partie de la dot, si le mari peut en disposer, à charge de rendre l'équivalent, la jurisprudence de la cour de cassation a décidé que la femme ne peut les aliéner, même avec l'autorisation de son mari et celle du tribunal.

De plus, la femme peut se réserver l'administration et la jouissance d'une partie de ses biens, en ne les comprenant pas dans la dot. On appelle ces biens paraphernaux (art. 1575).

Il est donc très-important, quand on traite avec une femme mariée, non-seulement d'exiger le consentement et le concours du mari, sauf dans les cas exceptionnels où la femme en est dispensée ; mais, en outre, de vérifier dans quelle situation légale se trouvent placés ses biens, par suite de son contrat de mariage.

En effet, dans le cas où le mari est obligé de faire un remploi, c'est-à-dire de substituer un placement sûr au placement antérieur qu'une circonstance de force majeure fait cesser, ou bien d'acheter un immeuble en remplacement d'un autre immeuble, celui qui traite avec le mari agissant pour le compte de la femme ne doit se dessaisir de son argent qu'autant que le remploi est assuré. Car si le remploi n'était pas fait, le payement serait nul, et le tiers serait exposé à payer une seconde fois.

Cela peut arriver à l'État comme à un particulier, si ses agents ne prennent pas les précautions nécessaires en faisant des payements. On peut citer, à titre d'exemple, les faits qui ont donné lieu à un arrêt du conseil d'Etat, en date du 4 mai 1854 (*dame Largey*).

Pour que les tiers qui traitent avec les femmes mariées fussent à même de savoir exactement sous quel régime leurs biens sont placés, la loi du 10 juillet 1850 exige que le maire, en dressant l'acte de mariage, interpelle les époux et ceux qui autorisent le mariage, sur le point de savoir s'il a été fait un contrat et, dans le cas de l'affirmative, sa date ainsi que les nom et lieu de résidence du notaire. On peut ainsi savoir si la femme est capable d'aliéner ses biens et de s'obliger ; une fausse déclaration tournerait contre la femme.

536. Après les mineurs et les femmes mariées, ces deux catégories d'incapables qui ne doivent leur incapacité qu'à leur âge ou à leur sexe, circonstances normales, viennent les incapables que des circonstances exceptionnelles ont fait priver de l'exercice d'une partie de leurs droits.

Les personnes qui ont complétement perdu la raison, qui sont en état d'imbécillité, de démence ou de fureur, peuvent être interdites par jugement du tribunal, et elles sont placées sous l'autorité d'un tuteur qui agit pour elles, dans les mêmes conditions que le tuteur d'un mineur (art. 489 et suivants).

On peut prendre, en vertu de la loi du 30 juin 1838, une demi-mesure pour les personnes qui sont aliénées. Au lieu de faire prononcer l'interdiction, qui exige une procédure compliquée et pénible pour celui dont l'état mental est discuté, on peut faire placer la personne dans une maison spécialement affectée au soin des aliénés, et dans ce cas, ses biens sont gérés par un administrateur provisoire que la loi désigne ou que le tribunal nomme; mais ce représentant ne peut faire que des actes d'administration.

537. Quant aux personnes dont on ne peut pas dire qu'elles soient aliénées dans le sens scientifique du mot, mais qui ont l'esprit tellement faible, ou qui sont tellement emportées par ce besoin de dépenser que l'on appelle la prodigalité, qu'elles compromettraient leurs intérêts et ceux de leur famille, la loi permet que le tribunal leur donne un conseil judiciaire sans lequel elles ne pourront plaider, emprunter, transiger, recevoir un capital mobilier et en donner décharge, aliéner, enfin grever leurs biens d'hypothèques (art. 513).

538. Enfin toute personne qui a été condamnée à la peine de mort, des travaux forcés à perpétuité ou à temps, de la déportation, de la détention ou de la réclusion est, de plein droit, pendant la durée de sa peine, en état d'interdiction. Il lui est donné un tuteur et un subrogé tuteur pour administrer ses biens (art. 29, 30, 31 du code pénal).

On retire au condamné, dans ce cas, l'exercice de ses droits civils pour qu'il ne puisse pas trouver dans la disposition de ses biens le moyen de se procurer des ressources qui pourraient faciliter son évasion, ou, s'il n'est pas prisonnier, qui pourraient faciliter sa contumace.

539. Nous ajoutons aux incapables, comme l'a fait l'article 15 de la loi du 3 mai 1841 sur l'expropriation, des personnes qui ne le sont pas à proprement parler, mais dont la situation a fait établir des formes spéciales pour protéger leurs droits, nous voulons parler des absents.

Il ne faut pas prendre ici ce mot dans le sens du langage usuel ; le code Napoléon désigne ainsi les personnes qui restent absentes de leur domicile sans donner de leurs nouvelles pendant un temps qui permet de douter qu'elles existent encore.

Voici les mesures prescrites par les articles 114 à 140 du code Napoléon, pour le cas où cette situation se produit.

Pendant les cinq premières années à dater de la disparition d'une personne qui n'a pas laissé de mandataire et qui ne donne pas de ses nouvelles, la justice peut, en cas de nécessité, nommer un mandataire pour prendre les mesures de conservation qu'exigerait la situation des biens du présumé absent.

Au bout de cinq ans, on est assez fondé à croire qu'il n'existe plus. Un jugement du tribunal déclare l'absence et envoie ses héritiers présomptifs ou autres ayants droit en possession provisoire de ses biens. Cet envoi en possession provisoire n'est prononcé qu'après onze ans, si le présumé absent avait laissé un mandataire.

Enfin, trente ans après la déclaration d'absence ou bien lorsque l'absent aurait atteint sa centième année, son décès est considéré comme certain ; les ayants droit sont envoyés en possession définitive de ses biens, sauf à eux à les restituer, s'il vient à reparaître, dans l'état où ils se trouveront à ce moment.

En résumé, voici l'énumération des incapables :

Les mineurs en tutelle, — les mineurs émancipés, — les femmes mariées, — les personnes qui, ayant complétement perdu la raison, sont interdites et placées en tutelle; — les personnes placées dans une maison d'aliénés sans être interdites et qui ont un administrateur provisoire : — les prodigues qui n'ont qu'une partie de leur raison et qu'on soumet à une demi-tutelle, auxquels on donne un conseil judiciaire; — les condamnés à certaines peines qui, pendant la durée de la peine, sont en état d'interdiction légale; — enfin on peut assimiler aux incapables les absents, en ce sens qu'ils sont représentés pendant une certaine période de temps par des tiers que désigne la justice ou la loi.

§ 2. — DU DOMICILE.

540. Il est nécessaire de signaler encore, parmi les règles relatives aux personnes, celles que le Code a posées au sujet du domicile, qui a une grande importance, au point de vue des rapports juridiques. Ainsi lorsqu'on veut notifier un acte administratif ou judiciaire, il peut arriver qu'on ne trouve pas la personne à qui l'acte doit être remis; la notification sera valable si elle est faite à son domicile. Aux termes de l'article 102 du code Napoléon, le domicile est au lieu où une personne a son principal établissement. On pourrait critiquer cette définition. La pensée du législateur apparaît néanmoins avec une clarté suffisante : le domicile est le lieu où une personne est toujours censée présente au point de vue de ses affaires. Il faut bien remarquer que le domicile n'est pas la résidence : la résidence est un fait, — le domicile est une situation juridique, et le domicile ne change pas toujours par cela qu'on change de résidence.

Il peut y avoir un domicile réel et un domicile d'élection.

541. Le domicile réel ou domicile général résulte soit d'une disposition de la loi, soit de la volonté d'une personne.

Ainsi le domicile des enfants mineurs en tutelle, celui des interdits est chez leur tuteur, en vertu de l'article 108 du Code.

Les fonctionnaires nommés à vie et non révocables ont leur domicile au lieu de l'exercice de leurs fonctions : c'est encore la loi qui le dit (art. 107).

Mais les individus majeurs dont le domicile n'est pas réglé par la loi, comme il l'est pour les fonctionnaires nommés à vie, peuvent fixer leur domicile réel où il leur convient en s'installant dans une commune avec l'intention d'y fixer leur principal établissement.

La preuve de l'intention peut résulter d'une déclaration faite à la mairie de la commune que l'on quitte et à la mairie de la commune où l'on arrive. Mais, à défaut de déclaration, le juge apprécierait l'intention par l'ensemble des circonstances (art. 105 à 106).

542. En outre d'un domicile réel, on peut avoir un domicile d'élection pour une affaire spéciale, afin d'éviter des retards et des déplacements en cas de négociations et de contestations.

Ce domicile d'élection et ses conséquences sont prévus et réglés par l'article 111 du code Napoléon. Aux termes de l'article 111, lorsqu'un acte contiendra, de la part des parties ou de l'une d'elles, élection de domicile, pour l'exécution de ce même acte, dans un autre lieu que celui du domicile réel, les significations, demandes et poursuites relatives à cet acte pourront être faites au domicile convenu et devant le juge de ce domicile.

On peut avoir autant de domiciles d'élection qu'on a d'affaires distinctes.

Nous verrons que l'administration des ponts et chaussées a l'usage d'imposer aux entrepreneurs de travaux qui traitent avec elle l'obligation d'élire domicile dans un lieu voisin des travaux, afin qu'il ne se produise pas de retard dans les communications qu'elle aurait à leur faire.

Ce serait sortir de notre cadre que d'insister davantage sur les notions de droit civil. Nous croyons avoir donné toutes les indications indispensables pour l'étude des matières du droit administratif que nous avons à traiter. Si bref que soit ce résumé, nous espérons qu'il ne sera pas inutile.

LIVRE II

RÈGLES GÉNÉRALES RELATIVES A L'EXÉCUTION DES TRAVAUX PUBLICS

---

543. Division du sujet.

543. Le service des ponts et chaussées comprend les mesures de gestion et de police relatives à la voirie, du moins à presque toutes les branches de la voirie, et aux eaux. Notre travail ne semblerait donc plus devoir comporter que deux grandes divisions ; mais il y a dans les règles relatives à ces deux matières des parties communes ; ce sont celles qui touchent à l'exécution des travaux. Il nous paraît donc utile de les présenter dans un livre préliminaire, avant d'arriver aux règles spéciales. C'est ainsi que nous étudierons d'abord le régime des finances publiques en ce qui concerne les travaux des ponts et chaussées ; puis les rapports de l'administration avec les entrepreneurs chargés de l'exécution des travaux ; puis ses rapports avec les propriétaires auxquels l'exécution des travaux fait souffrir des préjudices de diverses sortes ou apporte au contraire des bénéfices.

TITRE PREMIER

Des travaux des ponts et chaussées au point de vue des finances publiques

---

CHAPITRE PREMIER

DES TRAVAUX EXÉCUTÉS SUR LES FONDS DE L'ÉTAT

Section 1re. — Du budget de l'État.

544. Raisons qui nous conduisent à traiter en premier lieu des règles relatives aux finances publiques.

545. Notions historiques sur le budget de l'État.

546. Préparation et vote du budget sous le régime actuel. — De l'exercice. — De la spécialité des crédits.

547. Des virements et des crédits supplémentaires et extraordinaires.

544. On comprend aisément pourquoi nous commençons par étudier les règles qui régissent les travaux publics dans leurs rapports avec les finances publiques.

Un travail ne peut pas s'exécuter s'il n'existe des ressources pour le payer, et celui qui crée les ressources a, par cela même, le droit de déterminer l'emploi qui en sera fait. C'est donc dans l'étude des règles relatives aux finances publiques que nous verrons comment les dépenses des ponts et chaussées sont décidées, comment les travaux sont ordonnés ; et cela nous conduira à voir comment ces dépenses sont effectuées. Il nous a paru qu'il était avantageux de laisser de côté l'ordre chronologique des opérations et de nous attacher plutôt à l'ordre logique des idées.

545. Les garanties nécessaires pour assurer le bon emploi des deniers publics, qui se composent presque exclusivement de prélèvements opérés sur la fortune de chaque citoyen, entraînent des complications dans la fixation des dépenses publiques.

Et d'abord il faut distinguer deux phases successives : dans la première, la dépense est prévue et autorisée; dans la seconde elle est ordonnée. Maintenir l'équilibre entre les recettes et les dépenses est une obligation aussi impérieuse pour les États que pour les particuliers. Et, pour arriver à cet équilibre, une des premières conditions est de rechercher d'avance les dépenses à faire, de les comparer aux recettes probables et de n'engager les dépenses qu'après avoir arrêté ces prévisions.

Cette mesure d'ordre si essentielle avait été comprise sous l'ancienne monarchie. Sully en a le premier fait l'application d'une manière générale. Colbert a repris et définitivement fait entrer dans la pratique l'habitude de dresser chaque année un état des ressources et des dépenses du Trésor royal. C'est ce qu'on appelait les *États du roi*, arrêtés par le roi en son conseil, sur la proposition du contrôleur général des finances.

Ces traditions ne pouvaient que s'affermir après la Révolution de 1789. Un nouvel élément venait en même temps s'introduire dans la gestion des deniers publics ; c'était le contrôle des députés élus par la nation. C'est en effet un des principes constitutionnels proclamés en 1789 que le droit de diriger la gestion de la fortune nationale, de voter les contributions nécessaires à l'accomplissement des services publics, et par suite d'apprécier les dépenses qui peuvent exiger les contributions des citoyens, appartient aux députés

de la nation, au même titre que le droit d'établir par les lois
les règles de conduite imposées aux citoyens dans leurs rapports réciproques ou dans leurs rapports avec la société.
Aussi, depuis 1789 et surtout depuis 1814, l'état des recettes
et des dépenses prévues pour chaque année est-il présenté
aux assemblées législatives sous le nom de budget.

L'Assemblée constituante de 1789, poussant le principe
jusqu'à ses dernières conséquences, avait, dans les premiers
temps, décidé que chaque article de dépenses devait être autorisé distinctement par elle ; elle y renonça bientôt, du moins
pour les dépenses courantes. Mis de nouveau en pratique par
la Convention et sous la constitution de l'an III, ce système
n'a plus été reproduit depuis l'an VIII.

On a reconnu que l'étendue, la variété des dépenses qu'entraîne l'administration d'un grand État ne permettait pas
au Corps législatif de fixer d'une manière définitive, par ses
prévisions, les moindres détails des dépenses publiques, et
qu'il était nécessaire de laisser au pouvoir exécutif une certaine latitude, sauf à lui à rendre compte de sa gestion.

Seulement la mesure de la délégation accordée au pouvoir exécutif et de la spécialité des crédits qui lui étaient
accordés a beaucoup varié suivant les époques. Ainsi le
budget des dépenses se divise par ministères et les dépenses
de chaque ministère sont réparties en un certain nombre de
subdivisions. Or, à certaines époques, le vote des assemblées
législatives n'a porté que sur l'ensemble du chiffre affecté
à chaque ministère ; à d'autres moments, il a porté sur de
grandes divisions, appelées sections, dans lesquelles étaient
groupées une série de dépenses plus ou moins analogues ;
puis il s'est appliqué à de plus petites divisions qui ne com-
prenaient que des services de même nature et qu'on appelait

tièrement des dépenses de travaux publics, ne sont faites qu'autant qu'il existe des ressources pour y pourvoir.

Comment sont arrêtées les dépenses dans le budget?

Un point capital, qui s'applique aux dépenses comme aux recettes, c'est qu'elles sont votées pour une année déterminée. Mais les opérations qui s'y rattachent ne pouvant pas se compléter exactement dans l'année même, on a établi une période plus étendue qu'on appelle exercice, dans laquelle toutes les opérations doivent être régulièrement terminées.

Voici en quoi l'exercice diffère de l'année. Un crédit est voté pour les travaux ordinaires des routes, en 1870. En principe, on ne pourra payer avec cette somme que des travaux exécutés du 1er janvier au 31 décembre 1870. C'est ce qu'indique le décret du 31 mai 1862, sur la comptabilité publique [1], dans son article 6 : « Sont seuls considérés comme appartenant à un exercice, les services faits et les droits acquis du 1er janvier au 31 décembre de l'année qui lui donne son nom. » Toutefois on ne peut pas avoir terminé au 31 décembre la liquidation et le payement des dépenses. La vérification des décomptes, l'examen de la situation des créanciers de l'État, l'ordonnancement et le payement exigent des délais. Il y a même quelques services du matériel pour lesquels des causes de force majeure peuvent empêcher l'achèvement du service au 31 décembre. Pour laisser à l'administration le temps d'achever ces opérations, on a dû donner à l'exercice ou année financière, une durée plus longue que celle de l'année.

Le décret du 31 mai 1862 porte, dans son article 33 :

« La durée de la période pendant laquelle doivent se con-

---

[1] Nous avons déjà signalé (t. Ier, p. 488) les avantages et les inconvénients du système de rédaction adopté pour ce décret.

sommer tous les faits de recette et de dépense de chaque exercice se prolonge : 1° jusqu'au 1er février de la seconde année, pour achever, dans les limites des crédits ouverts, les services du matériel dont l'exécution n'aurait pu être terminée avant le 31 décembre précédent, pour des causes de force majeure ou d'intérêt public, qui doivent être énoncées dans une déclaration de l'ordonnateur jointe à l'ordonnance ou au mandat ; — 2° jusqu'au 31 juillet, pour la liquidation et l'ordonnancement des sommes dues aux créanciers ; — 3° jusqu'au 31 août de cette seconde année, pour compléter les opérations relatives au recouvrement et au payement des dépenses. »

Ainsi, on le voit, la commande et la livraison doivent se faire du 1er janvier au 31 décembre ; la livraison peut être retardée jusqu'au 31 janvier dans certains cas exceptionnels. La liquidation et l'ordonnancement doivent être faits avant le 31 juillet. Puis le créancier de l'État doit se présenter à la caisse avant le 31 août.

Si le mandat n'a pas été délivré avant le 31 juillet, si le créancier porteur du mandat ne s'est pas présenté avant le 31 août, il y a des moyens de régulariser la situation, nous le verrons tout à l'heure. Nous nous bornons ici à indiquer ce que c'est que l'exercice et comment les dépenses se décident.

Ainsi voilà une première règle essentielle : les crédits ouverts pour les dépenses de chaque exercice ne peuvent être employés à l'acquittement des dépenses d'un autre exercice.

Voici un second ordre de spécialité. Le budget des dépenses est divisé d'abord par ministères. Les crédits d'un ministère ne peuvent être employés pour les dépenses d'un autre ministère.

Puis, dans l'intérieur du budget de chaque ministère, il y

a différentes divisions. D'après le sénatus-consulte du 31 décembre 1861, il y avait des sections, des chapitres, des articles : plusieurs articles dans un chapitre, plusieurs chapitres dans une section. D'après le sénatus-consulte du 8 septembre 1869, les sections ont disparu.

Le budget est présenté au Corps législatif, puis au Sénat, avec sa division en chapitres et articles.

Le Corps législatif et le Sénat, après avoir discuté les détails des dépenses, votent le chiffre de chaque chapitre, mais ils s'arrêtent là. Les ministres font eux-même la répartition par articles.

Précisons par un exemple la nature de ces différentes subdivisions. Le budget du ministère des travaux publics pour l'année 1871, préparé sous l'empire du sénatus-consulte du 8 septembre 1869, se divise en dix-huit chapitres. Les huit premiers comprennent les traitements des différents agents attachés à ce ministère. Le chapitre xi est relatif aux dépenses des routes et ponts ; les chapitres xii et xiii aux dépenses de la navigation intérieure ; le premier spécial aux rivières, le second spécial aux canaux ; le chapitre xiv aux dépenses des ports maritimes, phares et fanaux. Les chapitres relatifs aux dépenses des travaux se reproduisent dans le budget extraordinaire. Avant de voter en bloc le chiffre de chaque chapitre, le Corps législatif et le Sénat se rendent compte, par une discussion approfondie, des besoins du service; mais ils n'entrent pas dans les détails de la dépense nécessaire pour la construction, l'entretien et la réparation de chacune des routes, de chacun des ponts, canaux, ports maritimes et phares qui existent dans toute la France. Cette œuvre de détail est laissée au ministre, sauf pour les travaux neufs, au sujet desquels nous donnerons tout à l'heure des explications.

Ainsi les ministres sont liés, en principe, par le vote des Chambres sur le chiffre de chaque chapitre; mais il leur appartient d'employer, sous leur responsabilité, les crédits ouverts pour la catégorie de dépenses à laquelle se rapporte le chapitre. Tel est l'état normal et habituel de la prévision des dépenses.

547. Toutefois il peut se produire des éventualités qui dérangent les prévisions d'après lesquelles le budget avait été arrêté à l'avance. Une dépense prévue exige une somme plus considérable qu'on n'avait pensé ; il faut un crédit supplémentaire. Une dépense imprévue devient nécessaire; il faut un crédit extraordinaire.

Il y a deux manières de faire face à ces événements : d'abord les virements de crédits, puis les crédits supplémentaires et extraordinaires.

En vertu du sénatus-consulte du 25 décembre 1852, article 12, l'Empereur a le droit d'autoriser, par décret délibéré en Conseil d'État, des virements de fonds d'un chapitre à un autre chapitre du même ministère. Si, en même temps que le ministre constate la nécessité de pourvoir à des dépenses imprévues, il reconnaît que certaines dépenses prévues ne se feront pas, il propose et l'Empereur autorise, sur l'avis du Conseil d'État, un changement d'affectation dans les crédits ouverts. Et il est remarquable que, pour ces cas imprévus, on déroge à la règle en vertu de laquelle les ministres sont liés par le vote des Chambres sur les chapitres. Le sénatus-consulte du 8 septembre 1869 n'a apporté aucune modification au droit de virement, et l'article 38 de la loi de finances du 27 juillet 1870 a confirmé ce droit, sauf certaines restrictions.

Mais il peut arriver que le droit de virement ne procure

pas des ressources suffisantes pour subvenir aux besoins imprévus ; dans ce cas, il faut ouvrir un crédit supplémentaire, ou un crédit extraordinaire. Ces crédits, qui viennent s'ajouter à ceux du budget, sont ouverts par le Corps législatif. Ils sont généralement compris dans ce qu'on appelle le budget rectificatif. Pendant longtemps le gouvernement a eu le droit d'ouvrir, dans certaines conditions, des crédits supplémentaires ou extraordinaires, en cas d'absence des Chambres. Mais l'Empereur a renoncé à ce droit pour assurer l'ordre dans les finances, et depuis le sénatus-consulte du 31 décembre 1861, il n'a plus que le droit de virement pour pourvoir aux dépenses imprévues en cas d'absence des Chambres.

Voilà le mécanisme général du budget au point de vue de la fixation des dépenses.

Section 2. — Comment sont ordonnées les dépenses des ponts et chaussées et comment les fonds sont distribués

548. Distinction entre les travaux neufs, de grosses réparations et d'entretien.
549. Des travaux neufs.
550. Des travaux de grosses réparations.
551. Des travaux d'entretien.
552. Dépenses diverses, relatives aux travaux, que le préfet peut approuver.

548. Comment les dépenses des ponts et chaussées sont-elles décidées dans le détail ? Comment les crédits individuels destinés au payement de chaque dépense, de chaque route, de chaque pont, de chaque canal, sont-ils ouverts ?

Il faut distinguer trois catégories : les travaux neufs, les travaux de grosses réparations, les travaux d'entretien et de réparations ordinaires.

549. Pour les travaux neufs, la législation a varié suivant nos institutions politiques.

La loi du 8 mars 1810 avait posé en principe qu'un décret impérial pouvait seul ordonner des travaux publics.

En 1832, la Chambre des députés avait attiré entre les mains du pouvoir législatif la décision des travaux qui avaient une certaine importance. L'article 10 de cette loi portait que « nulle création, aux frais de l'État, d'une route, d'un canal, d'un grand pont sur un fleuve ou une rivière, d'un ouvrage important dans un port maritime n'aurait lieu qu'en vertu d'une loi spéciale ou d'un crédit ouvert à un chapitre spécial du budget. »

Les lois du 7 juillet 1833 et du 3 mai 1841, sur l'expropriation pour cause d'utilité publique, confirmaient cette règle. « Tous grands travaux publics, porte cette dernière loi, routes royales, canaux, chemins de fer, canalisation des rivières, bassins et docks entrepris par l'État, les départements, les communes ou par les compagnies particulières, avec ou sans péage, avec ou sans subside du Trésor, avec ou sans aliénation du domaine public, ne peuvent être exécutés qu'en vertu d'une loi qui ne sera rendue qu'après une enquête administrative. — Une ordonnance royale suffira pour autoriser l'exécution des routes départementales, celle des canaux et chemins de fer d'embranchement de moins de 20,000 mètres de longueur, des ponts et de tous autres travaux de moindre importance. Cette ordonnance devra être également précédée d'une enquête. »

L'expérience qui a été faite de ce système, depuis 1832 jusqu'à 1852, a montré qu'il avait des inconvénients graves au point de vue du développement des travaux et de la satisfaction des intérêts publics. Les tiraillements qui se sont produits au sujet de la création des chemins de fer, et qui avaient mis la France en retard sur la plupart des nations voisines, ont amené, en 1852, à un autre système, qui était d'ailleurs en harmonie avec la Constitution de cette époque.

Aux termes de l'article 4 du sénatus-consulte du 25 décembre 1852, « tous les travaux d'utilité publique, notamment ceux désignés par l'article 10 de la loi du 21 avril 1832, et l'article 3 de la loi du 3 mai 1841, toutes les entreprises d'intérêt général, sont ordonnés et autorisés par décrets de l'Empereur. Ces décrets sont rendus dans les formes prescrites pour les règlements d'administration publique. Néanmoins, si ces travaux et entreprises ont pour condition des engagements ou des subsides du Trésor, le crédit devra être accordé ou l'engagement ratifié par une loi avant la mise à exécution. »

L'application de ce système a facilité le rapide développement des travaux publics, notamment celui des chemins de fer. Les concessions de chemins de fer qui, en 1851, n'étaient encore que de 4,469 kilomètres, s'élèvent aujourd'hui à 25,669 kilomètres, sur lesquels 17,116 sont à l'état d'exploitation.

Mais l'esprit de la constitution du 21 mai 1870 devait ramener le législateur au système adopté en 1832 et confirmé en 1841. Tel est en effet l'objet de la loi du 27 juillet 1870. Cette loi rétablit la distinction entre les grands travaux publics, qui ne peuvent être autorisés que par une loi, et les travaux de moindre importance, qui peuvent être autorisés par décret impérial. Seulement elle diffère, sur trois points, de la loi du 3 mai 1841. En premier lieu, elle exige que les décrets impériaux, qui statuent sur les travaux dont l'autorisation est réservée à l'Empereur, soient rendus dans la forme des règlements d'administration publique, c'est-à-dire sur l'avis de l'assemblée générale du Conseil d'État. En second lieu, elle dispose que, même pour ces travaux, lorsque la dépense doit être supportée en tout ou en partie par le Trésor, ils ne peuvent être mis à exécution qu'en vertu d'un crédit préalablement inscrit à un des chapitres du budget. Enfin elle ne s'applique pas aux travaux des départements et des communes, qui continuent à être régis par les dispositions des lois sur l'administration départementale et communale, combinées avec l'article 4 du sénatus-consulte du 26 décembre 1852 ; mais nous n'avons pas à insister ici sur ce dernier point, puisque nous ne nous occupons en ce moment que des travaux de l'État.

L'enquête préalable, exigée par la loi de 1841, est toujours nécessaire. Les formes de l'enquête ont été réglées par deux ordonnances, l'une, du 18 février 1834, pour les travaux de l'État et des départements ; l'autre, du 23 août 1835, pour les travaux des communes. Nous retrouverons ces règles quand nous traiterons de l'expropriation pour cause d'utilité publique. L'enquête est considérée comme une garantie pour les propriétaires aussi bien que pour les finances publiques.

Ainsi, à l'égard des travaux neufs, la décision est prise soit par une loi, soit par un décret de l'Empereur, après enquête, pour chaque travail. En exécution de la loi de finances, le ministre des travaux publics fait la répartition entre les départements et la sous-répartition entre les travaux de diverses natures entrepris dans chaque département, des crédits ouverts au budget. Chaque route, pont, rivière, port a ainsi son article (ordonnance du 10 mai 1829, art. 2).

550. Pour les travaux de grosses réparations, aux termes de l'article 7 de l'ordonnance du 10 mai 1829, « les projets doivent être soumis à l'approbation du directeur général des ponts et chaussées (aujourd'hui le ministre) ; mais lorsque l'estimation n'excède pas 5,000 francs, ils peuvent être approuvés immédiatement par le préfet, sur la proposition de l'ingénieur en chef. Toutefois, l'exécution n'en peut avoir lieu qu'autant que les fonds auront été crédités. »

Il n'est procédé à une enquête, pour les travaux de grosses réparations, que lorsque le travail équivaut à une reconstruction.

La répartition et la sous-répartition des fonds sont faites comme pour les travaux neufs.

551. Enfin, pour les travaux d'entretien et de réparations ordinaires, voici comment il est procédé, aux termes des articles 3 et 4 de l'ordonnance du 10 mai 1829.

Le ministre des travaux publics arrête la répartition des fonds entre les départements. Dans chaque département, la sous-répartition est faite suivant les besoins particuliers, dans un conseil local présidé par le préfet, et composé de l'inspecteur général de la division, de l'ingénieur en chef, de deux membres du conseil général désignés par le ministre. Les ingénieurs ordinaires sont admis dans ce conseil avec voix consultative seulement.

Puis le préfet approuve les projets des travaux à exécuter sur ces fonds. Il en présente chaque année le compte au conseil local, et ce compte est transmis au ministre.

Les travaux d'entretien et de réparations ordinaires ne sont pas précédés d'une enquête.

552. Ce ne sont pas les seules dépenses afférentes aux travaux publics que les préfets puissent approuver.

Le décret du 25 mars 1852, sur la décentralisation administrative, leur a donné, en outre, par les dispositions du tableau D annexé à ce décret, le droit d'approuver, dans la limite des crédits ouverts, les dépenses dont la nomenclature suit : Acquisition de terrains, d'immeubles, dont le prix ne dépasse pas 25,000 francs, — Indemnités mobilières, — Indemnités pour dommages, — Frais accessoires aux acquisitions et indemnités précitées, — Loyers de magasins, terrains, etc., —Secours aux ouvriers réformés, blessés, etc., dans les limites déterminées par les instructions.

Les autres dépenses doivent être décidées par le ministre des travaux publics.

C'est ainsi que sont ordonnées les dépenses du service des ponts et chaussées.

Section 3. — Comment sont effectuées les dépenses des ponts et chaussées.

§ 1er. — DES RESSOURCES AFFECTÉES AUX DÉPENSES DES PONTS ET CHAUSSÉES

553. La question de savoir comment sont effectuées les dépenses des ponts et chaussées est complexe. Il faut rechercher d'abord quelles sont les ressources affectées à ces dépenses.

L'administration des ponts et chaussées a-t-elle, pour subvenir à ses dépenses, des ressources propres? Le législateur a successivement adopté à cet égard des systèmes différents.

Avant 1789, les travaux des ponts et chaussées s'exécutaient, en partie, au moyen d'un prélèvement sur les ressources générales de l'État ou des localités intéressées, en partie, au moyen de ressources propres. En résumant l'histoire de l'administration des ponts et chaussées, nous avons signalé les péages dont les produits servaient, ou du moins devaient servir à l'entretien d'ouvrages publics, notamment des ponts.

Nous avons dit aussi que, pendant la plus grande partie du dix-huitième siècle, l'administration a usé, sauf dans les pays d'États, de la corvée, c'est-à-dire des bras des paysans, pour créer les grandes routes. L'une des raisons qu'alléguait le contrôleur général des finances Orry, pour appliquer ce système, malgré les vives réclamations auxquelles il donnait lieu, c'est qu'il craignait qu'une contribution perçue en argent, qui serait versée au Trésor, ne fût employée à d'autres services.

Au moment de la révolution de 1789, la corvée venait d'être abolie et remplacée par une contribution pesant sur toutes les terres du royaume. Les résistances opposées par les parlements n'avaient fait que retarder de quelques années le succès des mesures si équitables proposées par Turgot.

554. Le système des ressources spéciales disparaît avec la Révolution. Mais les routes, qui devaient être entretenues par les soins des administrations départementales, tombèrent rapidement dans un état déplorable. La loi du 24 fructidor an V créa une taxe, imposée à tous ceux qui passaient sur les grandes routes, et dont le produit était spécialement affecté aux dépenses de l'entretien, de la réparation et de l'administration des routes. Cette taxe, analogue à celles qui subsistent encore aujourd'hui en Angleterre et en Belgique, étant devenue impopulaire, le gouvernement y renonça. Une loi du 24 avril 1806 la remplaça par une taxe sur le sel, affectée aussi limitativement à l'entretien des routes.

D'autre part, une loi du 30 floréal an X avait créé un droit de navigation perçu dans toute l'étendue de la France sur les fleuves et rivières navigables, et dont les produits étaient affectés au balisage, à l'entretien des chemins et ponts de halage, à celui des pertuis, écluses et autres ouvrages

d'art établis pour l'avantage de la navigation. Ce droit était
également perçu sur les canaux navigables.

Une loi du 14 floréal an X avait suivi le même système
pour une taxe dont les produits étaient destinés à l'entretien
des ports. La même loi permettait l'établissement de péages,
pour payer les frais de construction des ponts.

555. Mais tout ce système de ressources spéciales a été supprimé, en principe, par la loi de finances du 23 septembre
1814. On a pensé que le contrôle des dépenses publiques
serait d'autant plus sûr et plus facile que la comptabilité serait plus simple. L'impôt du sel, les droits de navigation se
perçoivent toujours, mais le produit en est versé dans les
caisses du Trésor public, et c'est au moyen d'une partie de
l'ensemble des ressources du Trésor qu'il est fait face aux dépenses des ponts et chaussées.

556. La spécialité des ressources n'existe plus que pour des
travaux isolés. Il n'y a même, à vrai dire, qu'un seul cas où
elle subsiste pour des sommes versées au Trésor : c'est le cas
où les départements, communes, particuliers ou associations
de particuliers offrent volontairement leur concours pour le
payement des frais d'un travail à l'exécution duquel ils ont
intérêt. Les fonds de concours doivent nécessairement conserver leur affectation spéciale[1].

Une loi du 24 mars 1825 avait semblé admettre le rétablissement de la spécialité des ressources pour les travaux
exécutés sur les rivières navigables et dans les ports de commerce ; et quelques applications de ce système ont été faites,
notamment par une loi du 29 juin 1829, qui autorisait
l'établissement d'un droit de tonnage dans le port du Havre,
pour concourir aux frais des travaux d'amélioration du port.

[1] Loi du 6 juin 1843, art. 13.

Dans ces derniers temps, la même pratique a été remise en vigueur d'une manière indirecte. Plusieurs villes ou chambres de commerce ont été autorisées à avancer à l'État les sommes nécessaires pour exécuter d'importants travaux d'amélioration de ports maritimes, notamment des bassins à flot et des docks, et à percevoir, pour se couvrir de leurs avances, des droits de tonnage sur les navires entrant dans ces ports[1].

557. On peut encore considérer, comme ressources spécialement affectées à l'exécution des travaux publics, le produit des péages perçus par des concessionnaires; mais le produit de ces péages n'entre pas dans les caisses du Trésor, et ne profite qu'indirectement à l'État. Dans le système des concessions de travaux publics, système employé pour les ponts, pour les chemins de fer, l'entrepreneur est chargé d'exécuter un travail, et il est rémunéré par le droit de percevoir, pendant un certain nombre d'années, un péage sur tous ceux qui se servent de la voie de communication, qu'il doit rendre en bon état à l'expiration de la concession. Le produit des péages est donc affecté au payement des frais de construction et d'entretien du travail pendant un certain temps.

Il en a été de même pour les canaux de navigation; mais en ce moment, il n'y en a plus qu'un très-petit nombre qui fonctionnent dans ces conditions; la plupart des concessions ont été rachetées par l'État, à la suite des traités de commerce conclus en 1860, et les droits de navigation perçus par le Trésor n'ont plus d'affectation spéciale.

Ainsi, c'est à peu près exclusivement au moyen des res-

[1] Loi du 22 juin 1854, relative au port du Havre. — Loi du 4 juin 1864, relative au port du Havre. — Lois du 20 mai 1868, relatives aux ports de Bordeaux, de Dunkerque et de Gravelines.

sources expressément mises à la disposition du ministre, par la loi de finances, que sont exécutés les travaux des ponts et chaussées.

558. Le décret du 31 mai 1862 sur la comptabilité publique, qui réunit les principales règles posées dans la constitution, les sénatus-consultes, les lois et décrets sur cette matière, rappelle, dans son article 43, que, d'après l'ordonnance du 14 septembre 1822, les ministres ne peuvent accroître par aucune ressource particulière le montant des crédits affectés aux dépenses de leurs services respectifs.

Cet article ajoute : « Lorsque quelques-uns des objets mobiliers ou immobiliers à leur disposition ne peuvent être réemployés et sont susceptibles d'être vendus, la vente doit en être faite avec le concours des préposés des domaines, et dans les formes prescrites. Le produit de ces ventes est porté en recette au budget de l'exercice courant.

« Ces dispositions ne sont point applicables aux matériaux dont il aura été fait un emploi dûment justifié pour les besoins du service même d'où ils proviennent. »

L'importance de cette règle a été signalée aux ingénieurs par une circulaire du 8 novembre 1841, qui a interdit toute cession directe de vieux matériaux aux entrepreneurs, en déduction du prix des travaux.

§ 2. — COMMENT SONT CONSTATÉES LES DÉPENSES.

559. Sources des règles relatives à la comptabilité du service des ponts et chaussées.

560. Esprit du système suivi dans le règlement du 28 septembre 1849 pour la constatation des dépenses.

561. Du carnet des conducteurs des ponts et chaussées.

562. Des registres de comptabilité tenus par les ingénieurs et des états de situation mensuels, trimestriels et annuels.

559. L'emploi des ressources affectées au service des ponts et chaussées donne lieu, pour le ministre des travaux publics et les agents placés sous ses ordres, à une série d'opérations dont chacune a ses règles propres. Tout d'abord, il faut constater les faits qui constituent des droits pour les créanciers de l'État, des obligations pour le Trésor public. Il faut ensuite délivrer au créancier de l'État le titre ou mandat au moyen duquel il pourra se présenter à la caisse du Trésor pour recevoir la somme qui lui est due. Il faut enfin tenir note de tous les mandats délivrés, pour former les éléments du compte moral qui doit être rendu aux Chambres. Nous n'avons pas à parler ici des opérations auxquelles peuvent donner lieu les payements effectués par les agents placés sous la direction du ministre des finances. On se rappelle, en effet, que les comptables, qui manient les deniers de l'État, sont dans une situation toute différente de celle des ordonnateurs, qui se bornent à donner des ordres pour l'accomplissement des dépenses et pour le payement des créanciers de l'État.

Les règles qui doivent être suivies par l'administration des ponts et chaussées, pour la constatation et l'ordonnancement des dépenses et pour la tenue des écritures de comptabilité, se trouvent dans trois actes séparés. En premier lieu, les principes généraux sont rassemblés dans le décret du 31 mai 1862, dont on connaît l'origine composite. Il faut y joindre un règlement du 16 décembre 1843, spécial au ministère des travaux publics, qu'on s'occupe de reviser en ce moment pour le simplifier et le mettre au courant de la législation. Enfin il est intervenu, à la date du 28 septembre 1849, un règlement qui a pour but principal de déterminer les écritures que doivent tenir les conducteurs des ponts et chaussées, les ingénieurs ordinaires et les ingénieurs en chef.

Nous présenterons ici un résumé très-succinct de ces règles, et nous nous attacherons plus à en faire ressortir l'esprit qu'à rapporter des textes qu'il est facile de consulter.

560. Et d'abord, comment les dépenses sont-elles constatées ? C'est dans le règlement du 28 septembre 1849 que se trouvent les règles relatives à la constatation des dépenses. Les premiers articles du règlement en indiquent très-nettement l'esprit dans les termes suivants : « La comptabilité des divers services ressortissant au ministère des travaux publics a pour base des écritures élémentaires constatant tous les faits de dépense à mesure qu'ils se produisent. Les écritures élémentaires sont tenues par les agents chargés de la surveillance immédiate des travaux, et font l'objet de *journaux* ou *carnets d'attachements*, sur lesquels tous les faits de dépense sont inscrits successivement par ordre de date. Les articles inscrits sur le journal sont rapportés et classés sur un *sommier* où sont ouverts autant de comptes qu'il y a de crédits distincts. Les résultats des comptes du sommier sont arrêtés à la fin de chaque mois et résumés dans une situation mensuelle, qui est remise au fonctionnaire immédiatement supérieur dans l'ordre hiérarchique. Les résultats de toutes les situations mensuelles fournies par les agents secondaires sont résumés dans un état récapitulatif adressé à l'administration centrale. »

Ce système d'écritures s'applique à deux ordres de faits qu'il importe de distinguer : d'abord, à la constatation de ce que le règlement appelle les faits de dépense, par exemple les journées d'ouvriers à payer directement par l'État, les travaux exécutés par les entrepreneurs, les matériaux apportés par les fournisseurs ; puis à la constatation des mandats délivrés aux ayants droit. Il s'agit, dans le premier cas, de fournir une base solide à la liquidation et à l'ordonnancement des dépenses, de justifier les obligations de l'État envers ses créanciers; dans le second cas, il s'agit de réunir les éléments à l'aide desquels le ministre pourra, dans le cours de l'année, donner des ordres pour la répartition des fonds mis à sa disposition entre les travaux exécutés sur tous les points de la France, et, à la fin de l'année, ou plutôt de l'exercice, rendre compte de sa gestion.

561. Nous n'avons besoin d'insister que sur la constatation des faits de dépense. La pièce essentielle, dans cette partie de la comptabilité, c'est le carnet du conducteur des ponts et chaussées. Les articles 9, 10 et 11 du règlement de 1849 ont soigneusement déterminé comment doivent être tenus ces carnets. Tout conducteur attaché à l'exécution des travaux tient un journal, ou carnet d'attachements, sur lequel il inscrit tous les faits de dépense à mesure qu'ils se produisent, par ordre chronologique, sans lacune, sans classification, quels que soient les ateliers confiés à sa surveillance auxquels ces faits se rapportent.

A raison de l'autorité que doit avoir le carnet, les feuillets en sont numérotés par l'ingénieur ordinaire, qui les paraphe par premier et dernier.

Puis, les faits de dépense inscrits chronologiquement par le conducteur sur son journal ou carnet, sont rapportés sur un sommier, où un compte particulier est ouvert à chacun des crédits dont ce conducteur est chargé de surveiller l'emploi (art. 16).

Enfin, au moyen des éléments extraits du journal et rapportés au sommier, le conducteur établit, à la fin de chaque mois, une série d'états des sommes dues aux tâcherons, aux cantonniers et agents inférieurs, et de la situation des travaux en cours d'exécution, qu'il envoie à l'ingénieur ordinaire et qui servent de base à la comptabilité que ce fonctionnaire doit tenir pour l'ensemble de son service, et aux propositions de payement qu'il doit adresser à l'ingénieur en chef (art. 17 à 21).

Quand nous étudierons les règles relatives aux rapports des entrepreneurs de travaux publics et de l'État, nous retrouverons un certain nombre de prescriptions du règlement de 1849, dont il ne nous paraît pas opportun de parler en ce moment. Il nous suffit d'avoir signalé le mode de procéder établi par ce règlement, pour la constatation des dépenses, et indiqué les textes auxquels on peut recourir pour les règles de détail.

562. En ce qui concerne les registres de comptabilité que doivent tenir les ingénieurs ordinaires et les ingénieurs en chef, les états de situation mensuels, trimestriels ou annuels qu'ils doivent fournir, nous ne pouvons que renvoyer au texte du règlement. Des prescriptions de cette nature ne comportent pas une analyse, et il serait inutile de les reproduire.

Nous avons maintenant à dire comment les fonds s'appliquent aux dépenses. Nous rencontrerons là, en même temps que des règles d'administration, d'importantes règles de droit.

§ 3. — DE L'ORDONNANCEMENT ET DU MANDATEMENT DES DÉPENSES.

563. Comment est-il procédé à l'ordonnancement et au mandatement des dépenses?

On a vu que la loi de finances annuelle ouvre à chaque ministre des crédits divisés en chapitres, dont chacun s'applique à une catégorie spéciale de dépenses, et que c'est au ministre à répartir les crédits entre les différents articles compris dans un même chapitre.

Chaque mois, un décret de l'Empereur, rendu sur la proposition du ministre des finances, fait entre les ministres la distribution des fonds dont ils peuvent disposer pendant le mois suivant (décret du 51 mai 1862, art. 61).

Le ministre des travaux publics ordonnance directement celles des dépenses qui se font par les soins de l'administration centrale. Mais, pour les travaux publics, elles sont en petit nombre; la plupart des dépenses s'effectuent dans les départements.

Voici la marche qui est suivie dans ce cas : Le ministre, par une ordonnance de délégation, autorise le préfet de chaque département à disposer d'une partie du crédit qui lui a été alloué pour tel ou tel service. Le préfet doit, en vertu de l'article 7 du règlement du 28 septembre 1849, sous-déléguer cette ordonnance aux ingénieurs en chef. C'est l'ingénieur en chef qui délivre les mandats de payement aux créanciers de l'État, sur les certificats de payement rédigés par les ingénieurs ordinaires (art. 29), et c'est lui, par conséquent, qui doit réunir les pièces justificatives de la dépense.

564. La nomenclature de ces pièces justificatives, qui varient suivant les dépenses, est annexée au règlement du 18 septembre 1845, spécial au ministère des travaux publics.

La nécessité de la production des pièces justificatives à

l'appui des mandats est la sanction d'une règle essentielle, rappelée dans l'article 10 du décret du 31 mai 1862, à savoir que les payements ne peuvent être effectués qu'au véritable créancier justifiant de ses droits et pour l'acquittement d'un service fait.

Il y a toutefois une exception à cette règle, dans le cas, exceptionnel aussi, où l'administration, au lieu de confier l'exécution de ses travaux à un entrepreneur, les exécute directement, par économie ou en régie.

Certaines dépenses, par leur nature, ne peuvent être acquittées que sur le chantier et sans obliger les créanciers de l'État à un déplacement. En pareil cas, il est institué un agent spécial, sous le nom de régisseur, qui reçoit les avances sur un mandat de l'ingénieur en chef, et qui doit rapporter, dans le délai d'un mois, les pièces justificatives de la dépense, c'est-à-dire les quittances (art. 10 et 94 du décret du 31 mai 1862). Mais, en pratique, l'administration des ponts et chaussées use le moins possible de cette faculté, et, souvent même, pour le salaire des ouvriers, elle préfère qu'il soit délivré des mandats nominatifs afin d'éviter les maniements de fonds par ses agents.

565. Chaque mandat doit, aux termes de l'article 11 du décret du 31 mai 1862, énoncer l'exercice, le crédit, ainsi que le chapitre, et, s'il y a lieu, l'article auxquels la dépense s'applique.

En ce qui touche la question de savoir quel est l'exercice auquel la dépense s'applique, il peut y avoir quelquefois des difficultés. C'est un des points qui donnent le plus souvent lieu aux observations de la Cour des comptes sur les opérations des ordonnateurs.

La règle générale est posée, nous l'avons dit, dans l'article 1er de l'ordonnance du 14 septembre 1822, reproduit dans l'article 6 du décret du 31 mai 1862 : « Sont seuls considérés comme appartenant à un exercice, les services faits et les droits acquis du 1er janvier au 31 décembre de l'année qui lui donne son nom. »

Mais qu'est-ce que les droits acquis ? à quel moment les droits sont-ils acquis ? L'article 2 du règlement du 16 septembre 1843, spécial au ministère des travaux publics, l'indique en ces termes :

« Les indemnités, à raison de dépossession de terrains, maisons, etc., pour cause d'utilité publique, appartiennent à l'année pendant laquelle, la dernière des formalités voulues par la loi ou par les instructions ayant reçu son accomplissement, le certificat pour payement peut être délivré, et ce n'est pas l'époque de la prise de possession qui détermine l'exercice sur lequel ces indemnités doivent être imputées.

« Si une circonstance exceptionnelle retarde la délivrance du certificat, l'imputation est déterminée par l'époque à laquelle il aurait pu être délivré sans cette circonstance[1].

« Les indemnités pour dommages ou pour occupation temporaire de terrains, se rattachent à l'exercice de l'année pendant laquelle le dommage ou l'occupation a eu lieu.

---

[1] Cette disposition n'est pas conforme à la règle posée dans le nouveau règlement spécial du ministère des finances, en date du 26 décembre 1860, qui paraît devoir être le type des règlements qu'on s'occupe en ce moment de remanier.

L'article 13 § 10 de ce règlement porte : « Les prix d'acquisition d'immeubles s'imputent suivant les règles ci-après :

« Lorsqu'il y a eu adjudication publique, d'après la date du jugement ou du procès-verbal d'adjudication ;

« Lorsqu'il y a eu acquisition amiable ou cession amiable après expropriation, d'après la date de l'approbation donnée au contrat ou d'après celle du contrat, en cas d'approbation préalable ;

« Lorsqu'il y a eu expropriation non suivie de convention amiable, d'après la date de l'ordonnance du magistrat directeur du jury dont la délibération a réglé le montant de l'indemnité due à l'exproprié.

« Toutefois, lorsque les titres d'acquisition stipulent exceptionnellement des termes de payement, l'imputation est déterminée par l'époque des échéances.

« L'exercice des intérêts dus, soit à des entrepreneurs sur le solde des travaux (dans le cas de l'application de l'article 34 des clauses et conditions générales), soit à des vendeurs à raison de cession d'immeubles, est fixé par l'échéance de ces intérêts, suivant les stipulations.

« Les retenues de garantie faites aux entrepreneurs des travaux des ponts et chaussées se rapportent à l'année pendant laquelle, le certificat de réception définitive ayant été délivré, le payement en devient exigible. »

566. Lorsque l'ingénieur en chef a signé le mandat, il doit, avant de le délivrer au créancier de l'État, le communiquer au trésorier payeur général, avec les pièces justificatives exigées par les règlements pour établir la régularité de la dépense (décret du 1ᵉʳ mai 1867). En effet, le trésorier payeur général n'a pas seulement pour mission de payer sur le vu du mandat. Il doit, sous sa responsabilité, vérifier le mandat, et, s'il est irrégulier, par exemple, si une dépense du personnel est imputée sur un crédit ouvert pour le matériel, ou si les pièces justificatives ne sont pas toutes jointes, il doit refuser de payer et mettre l'ordonnateur ou le sous-ordonnateur en demeure de régulariser la situation. Toutefois sa responsabilité est couverte si, malgré son refus motivé, l'ordonnateur requiert par écrit qu'il soit passé outre au payement (art. 91 du décret de 1862).

Quand le trésorier payeur général n'aperçoit pas d'irrégularité, il renvoie le mandat avec son visa, qui signifie bon à payer.

Jusqu'au décret du 1ᵉʳ mai 1867, la communication préalable des mandats au trésorier payeur général n'avait pas lieu dans le cas où les mandats étaient payables à la résidence du payeur. Le décret du 31 mai 1862 (art. 85), exigeait seulement, pour ce cas, qu'il fût prévenu de la délivrance du mandat et que les pièces justificatives lui fussent adressées. On avait pensé que le trésorier payeur général aurait le temps de faire les vérifications nécessaires entre le moment où il aurait reçu ces pièces et le moment où le mandat lui serait présenté. Il a paru plus sûr de prescrire la communication préalable dans tous les cas.

567. Quand le mandat est revêtu du visa, il peut être délivré au créancier ou à son fondé de pouvoir ; mais l'administration supérieure a eu récemment occasion de rappeler qu'il fallait le lui remettre directement et non le faire passer par l'intermédiaire des agents inférieurs de l'administration. La circulaire du ministre des travaux publics, en date du 4 octobre 1867, signale les faits regrettables auxquels cette pratique irrégulière avait donné lieu.

Les mandats sont payables, non-seulement à la caisse du trésorier payeur général qui réside au chef-lieu du département, mais aussi aux caisses des receveurs particuliers, des percepteurs des contributions directes, et même des receveurs des contributions indirectes, lorsqu'il n'y a pas de percepteur dans la localité. On a voulu éviter aux créanciers de l'État l'obligation de déplacements onéreux [1].

568. En cas de perte d'un mandat, il en est délivré un duplicata sur la déclaration motivée de la partie intéressée, et d'après une attestation écrite du trésorier payeur général, portant que le mandat n'a été acquitté ni par lui, ni, sur son visa, par un autre comptable. Une copie de la déclaration de perte, revêtue du certificat de non-payement, doit être conservée par l'ordonnateur secondaire, qui aurait à la repro-

---

[1] Voir la circulaire du ministre des travaux publics, en date du 5 novembre 1857 et les circulaires du directeur général de la comptabilité publique, en date du 22 mars et du 27 avril 1867.

duire pour couvrir sa responsabilité, dans le cas où le certificat aurait été inexact[1].

569. Les mandats ont été délivrés; ils ont été touchés, toutes ces opérations sont consommées. Elles ont été constatées dans les diverses comptabilités des ordonnateurs et des payeurs qui se contrôlent l'une l'autre. Arrivent les délais de la clôture de l'exercice indiqués, comme nous l'avons vu, dans l'article 53 du décret du 31 mai 1862.

L'exercice est clos. Le pouvoir législatif doit intervenir de nouveau pour régler définitivement le budget et recevoir les comptes des ministres. C'est un principe fondamental, établi dans la loi de finances du 15 mai 1818 et rappelé par les articles 107 et suivants du décret du 31 mai 1862.

Mais que se passe-t-il, si un créancier de l'État n'a pas produit ses mémoires avant le 31 juillet de l'année qui suit celle qui donne son nom à l'exercice, et si, par suite, le mandat n'a pas été délivré à temps? Que se passe-t-il, si le mandat, délivré à temps, n'a pas été présenté à l'une des caisses du Trésor public, avant le 31 août?

La clôture de l'exercice est une mesure d'ordre. Elle ne peut pas avoir pour effet d'anéantir les droits des créanciers de l'État.

Les crédits non employés de l'exercice clos sont annulés. Les mandats qui ont été délivrés à temps, mais qui n'ont pas été présentés à la caisse, sont annulés. Toutefois il est tenu une note exacte de toutes les dépenses restant à payer; et les ministres peuvent les ordonnancer de nouveau sur les fonds de l'exercice courant. Puis, s'il s'agit d'une dépense des ponts et chaussées, le crédit est délégué au préfet et

---

[1] Règlement du 16 septembre 1843, art. 72, — circulaires du ministre des travaux publics en date du 5 novembre 1857 et du 19 juillet 1858.

par le préfet à l'ingénieur en chef, qui délivre un mandat.

Quand la dépense se rattachant à un exercice clos n'avait pas fait partie des restes à payer, dûment constatés, il faut un crédit supplémentaire. On prend plus de précaution pour ces dépenses liquidées ou ordonnancées en dehors des délais réguliers que pour les autres.

Voici les dispositions de l'article 130 du décret du 31 mai 1862 : « Les rappels des dépenses des exercices clos, imputables sur les budgets courants, sont ordonnancés nominativement. Les ordonnances ne sont valables que jusqu'à la fin de l'année pendant laquelle elles ont été émises. L'annulation en a lieu d'office par les agents du Trésor, et les ministres ne peuvent réordonnancer les rappels que sur une nouvelle réclamation des créanciers [1].

Mais cette situation ne peut se prolonger indéfiniment. La loi a établi que l'État était libéré à l'égard de ses créanciers, quand ceux-ci laissaient passer un délai de cinq ans sans faire liquider et payer les sommes qui peuvent leur être dues. C'est ce qu'on appelle la déchéance quinquennale; cette règle importante demande quelques explications.

---

[1] Les conséquences de la clôture de l'exercice ne sont pas les mêmes dans le cas exceptionnel où certaines dépenses sont couvertes par des ressources spéciales. Ainsi, d'après l'article 13 de la loi du 6 juin 1843, les fonds versés par des départements, des communes et des particuliers, pour concourir avec ceux de l'État à l'exécution des travaux publics, sont portés en recette et en dépense au budget de l'État ; mais la portion des fonds, qui n'a pas été employée pendant le cours d'un exercice, peut être réimputée, avec la même affectation, aux budgets des exercices subséquents, en vertu de décrets du chef de l'État. Cette faculté de *report* a été également donnée par diverses lois qui affectaient à des dépenses déterminées les ressources provenant d'emprunts, notamment par la loi du 1er août 1868, art. 4.

§ 4. — DE LA DÉCHÉANCE QUINQUENNALE.

570. Des déchéances établies antérieurement à la loi du 29 janvier 1831

571. Règle posée par les articles 9 et 10 de la loi du 29 janvier 1831. — Ses motifs.

572. A quelles créances s'applique la déchéance quinquennale. — Exception à l'égard des capitaux de cautionnement.

575. Autorité compétente pour opposer la déchéance.

574. Du point de départ de la déchéance et de l'exercice auquel appartient une créance.

575. De la réclamation qui doit être faite pour interrompre la déchéance et des pièces justificatives qui doivent y être jointes.

570. Le mot de déchéance désigne un mode de libération des dettes établies au profit de l'État. Mais il faut distinguer soigneusement les applications abusives qu'on en a faites dans les temps où le Trésor public était épuisé, et l'application normale que la législation en fait encore aujourd'hui.

La Révolution française, on le sait, a eu pour occasion un grave embarras dans les finances de l'État, embarras qui a amené le roi à convoquer les états généraux. Les troubles de la Révolution, en paralysant toute l'activité agricole et industrielle du pays, ont tari la source des revenus publics. Les dépenses énormes qu'a entraînées la guerre de la France contre toute l'Europe, pendant la période révolutionnaire et sous l'Empire, ont encore augmenté la masse des dettes de l'État.

Pour délivrer l'État de ce fardeau, sous lequel il se débattait en vain, le législateur a employé des procédés que ses embarras expliquent sans les justifier. A l'égard des rentiers, il a réduit sa dette des deux tiers en leur imposant, par la loi du 9 vendémiaire an VI, un remboursement partiel en papiers sans valeur; le tiers des rentes a seul été consolidé. A l'égard des autres créanciers de l'État, par exemple, de ceux qui avaient livré des fournitures ou exécuté des travaux en vertu de marchés, ou de ceux qui avaient subi un dommage, diverses lois, dont la première est du 24 frimaire an VI, et la dernière du 4 mars 1854, ont établi des déchéances et déclaré définitivement éteintes, d'abord les créances antérieures à l'an V, puis les créances antérieures à l'an IX, enfin celles dont l'origine remontait au delà du 1ᵉʳ janvier 1816. Tantôt ces lois, relatives à la liquidation de l'arriéré, établissaient, pour la production des titres de créances, un délai, passé lequel la déchéance était encourue. Tantôt la déchéance était prononcée sans avertissement : tous ceux dont les titres n'étaient pas produits, ou tous ceux dont la situation n'avait pas été arrêtée à telle époque, étaient déclarés déchus. Ces mesures transitoires ont soulevé de vives réclamations.

571. Mais, en 1851, on a pris une mesure d'un tout autre caractère, une mesure permanente d'ordre financier qui ne frappe que des gens avertis, et qui est connue à l'avance de tous ceux qui contractent avec l'État.

Il y a dans le code Napoléon, pour les règles des rapports entre particuliers, un article 2277 qui porte : « Les arrérages de rentes, pensions alimentaires, loyers de maisons, intérêts de sommes prêtées, et, généralement, tout ce qui est payable par année ou à des termes plus courts, se prescrivent par cinq ans. » Pourquoi cette règle a-t-elle été établie? parce qu'il a paru injuste de laisser le débiteur d'une somme payable annuellement sous le coup d'une réclamation de six, sept, huit années d'arrérages de rentes ou d'intérêts auxquels il pouvait croire que son créancier avait renoncé.

Cette règle, la loi du 29 janvier 1831 l'a appliquée, et dans le même esprit, aux créances sur l'État, même aux

créances de capitaux. Il est impossible d'établir l'ordre dans
les finances, si les créanciers de l'État ne viennent pas réclamer, dans un délai raisonnable, la liquidation et le payement de leurs créances. Au bout d'un certain temps, d'ailleurs, l'État ne pourrait plus conserver les moyens de
vérification et de contrôle des prétentions de ses créanciers.

L'article 9 de la loi du 29 janvier 1831 porte : « Seront
prescrites et définitivement éteintes au profit de l'État, sans
préjudice des déchéances prononcées par les lois antérieures ou consenties par les marchés ou conventions,
toutes créances qui, n'ayant pas été acquittées avant la clôture des crédits de l'exercice auquel elles appartiennent,
n'auraient pu, à défaut de justifications suffisantes, être
liquidées, ordonnancées et payées dans un délai de cinq
années, à partir de l'ouverture de l'exercice, pour les
créanciers domiciliés en Europe, et de six années pour les
créanciers résidant hors du territoire européen. Le montant des créances frappées d'opposition sera, à l'époque de
la clôture des payements, versé à la caisse des dépôts et consignations. »

Mais il était juste de n'appliquer cette déchéance qu'aux
créanciers qui seraient en faute. Aussi le législateur a-t-il
introduit une exception à la règle établie par l'article précédent. D'après l'article 10, les dispositions de l'article 9 ne
sont pas applicables aux créances dont l'ordonnancement et le
payement n'auraient pu être effectuées dans les délais déterminés, par le fait de l'administration ou par suite de pourvois
formés devant le Conseil d'État.

Le même article donne à tout créancier le droit de se
faire délivrer, par le ministère compétent, un bulletin

énonçant la date de sa demande et les pièces produites à l'appui. »

Lorsque les créanciers ont, par suite de cette exception, échappé à la déchéance, et que la liquidation est faite plus de cinq ans après la clôture de l'exercice, il y a des formes spéciales à suivre. L'exercice est dit *périmé*. La somme qui avait été premièrement affectée à cette dépense, ne peut plus être remise à la disposition du ministre ordonnateur qu'en vertu d'une loi (articles 139 et 140 du décret de 1862).

572. Malgré la généralité de ses termes, la disposition de l'article 9 de la loi du 29 janvier 1831 ne s'applique pas à toute espèce de créances. L'esprit même de la disposition indique qu'elle ne s'applique qu'aux créances ordonnancées et payées sur des crédits ouverts par les lois de finances.

Elle s'applique aux demandes d'indemnité formées par les propriétaires qui sont lésés par les travaux publics. Elle s'applique aux demandes de payement formées par les entrepreneurs de travaux publics ou les fournisseurs de l'État, en exécution de leurs marchés [1].

Mais elle ne s'applique pas aux capitaux des sommes déposées au Trésor public, à titre de cautionnement, pour la garantie de l'accomplissement des obligations imposées aux comptables de deniers publics, aux fournisseurs, aux entrepreneurs de travaux. On en aperçoit aisément la raison. Le cautionnement est un dépôt sur lequel l'État n'aura de droit qu'autant que les obligations des comptables et entrepreneurs ne seraient pas remplies. Il doit être restitué quand les opérations sont terminées. Il n'a pas paru juste de per-

[1] Voir en ce sens les arrêts du 21 juillet 1855 (*Jucqueau-Galbrun*) et du 26 juillet 1855 (*Hayet*).

mettre à l'État d'opposer la déchéance à celui qui venait réclamer, non plus la liquidation d'une créance, mais la restitution d'un dépôt, d'une propriété. D'ailleurs la déchéance
ne pourrait pas matériellement être opposée pour le cautionnement fourni en immeubles ni même pour le cautionnement
fourni en valeurs ; elle ne pourrait l'être que pour celui qui
est fourni en numéraire. Il y aurait eu iniquité à établir une
pareille inégalité. Seulement le législateur a senti que l'État
ne pouvait pas toujours rester débiteur. Il lui a donné par
l'article 16 de la loi du 9 juillet 1836 le droit de se libérer
en restituant le montant du cautionnement à la caisse des
dépôts et consignations, un an après le terme fixé pour le
retrait du cautionnement.

Le Conseil d'État a reconnu, par un arrêt du 4 mai 1854,
(*Largey*), que cette disposition de la loi du 9 juillet 1836
avait implicitement exclu l'application de la déchéance aux
capitaux de cautionnement. Il a de plus décidé, dans le même
arrêt, qu'il n'y avait pas à distinguer entre les réclamations
formées au nom du comptable ou de l'entrepreneur qui aurait fourni le cautionnement de ses fonds personnels, et celles
du bailleur de fonds qui aurait mis les fonds à sa disposition.
C'est la nature du dépôt qui entraîne la solution de la question, quel que soit le réclamant.

Mais ce qui est vrai des capitaux des cautionnements eux-
mêmes, ne le serait pas des intérêts des capitaux versés à ce
titre, parce que ces intérêts ne sont pas un dépôt ; ils sont
ordonnancés et payés sur les crédits ouverts par la loi de finances. Par suite, ils tombent, d'après l'arrêt précité, sous
l'application des lois de déchéance.

573. A qui appartient-il d'opposer la déchéance ?

C'est exclusivement au ministre compétent pour ordonnancer la créance. Le Conseil d'État l'a établi par de nombreuses décisions [1].

Aussi il a annulé pour excès de pouvoirs des décisions de conseils de préfecture qui, statuant sur les réclamations présentées par des entrepreneurs ou par des propriétaires au sujet de l'exécution de travaux publics, avaient opposé à leur demande la déchéance établie par la loi du 29 janvier 1831 [2].

De même, il n'appartient pas aux tribunaux civils de prononcer sur cette question, quand ils sont saisis de réclamations formées par les créanciers de l'État. Les juridictions civiles peuvent, comme les juridictions administratives, reconnaître une créance sur l'État, quand la loi leur attribue compétence à cet égard, mais leur décision ne fait pas obstacle à ce que, lorsque le créancier se présentera devant le ministre ordonnateur pour demander son payement, le ministre n'oppose la déchéance [3].

La décision du ministre, en pareil cas, peut être attaquée devant le Conseil d'État, par la voie contentieuse.

Toutefois, si une décision d'une juridiction civile ou d'une juridiction administrative avait statué sur le moyen tiré de la déchéance, et si elle n'avait pas été attaquée, il est évident que le principe du respect dû à la chose jugée, devrait faire exécuter, par exception, la décision devenue inattaquable [4].

574. Pour l'application de la déchéance, il y a une question capitale à examiner, c'est la question de savoir quel est le

---

[1] Voir notamment les arrêts du 8 mars 1851 (*Rivron*) et du 12 août 1854 (*Reig*).

[2] Arr. Cons. 29 novembre 1842 (*Plossard*), — 12 août 1854 (*Reig*), — 27 novembre 1856 (*Dudon*), — 3 février 1857 (*Charpentier*), — 4 février 1858 (*Hubaine*), — 28 mai 1862 (*Roumagoux*).

[3] Arr. Cons. 26 juin 1845 (*Commune de Voreppe*), — 8 février 1855 (*Commune de Prétin*).

[4] Arr. Cons. 17 mai 1855 (*Benech*).

point de départ du délai de cinq ans, c'est-à-dire à quel
exercice appartient une créance.

   La réponse à cette question se trouve en principe dans
l'article 6 du décret du 31 mai 1862, qui considère comme appartenant à un exercice les services faits et les droits acquis
du 1ᵉʳ janvier au 31 décembre de l'année qui lui donne son
nom.

   Sur le mot de *services faits*, il ne peut s'élever d'équivoque. Mais on a discuté beaucoup sur les mots *droits acquis.*

   Ainsi, on a prétendu que, lorsqu'un procès était engagé
contre l'État par un de ses créanciers devant un tribunal, et
ceci peut s'appliquer aux procès portés devant un tribunal civil comme aux procès soumis aux juridictions administratives,
c'était à dater du jour où était rendu le jugement qui con-
damnait l'État, que le droit était acquis. Le Conseil d'État a
toujours repoussé cette doctrine. Il est de principe que les
jugements n'ont pour effet que de reconnaître les droits et
non pas de les créer. Le droit d'un entrepreneur au payement
de ses fournitures et travaux, est acquis du jour où la fourniture ou bien le travail a été livré et reçu. Le droit d'un
propriétaire qui a souffert un dommage, à une indemnité,
est acquis du jour où le préjudice a été causé. Si le créancier
reste cinq ans sans réclamer, ni devant l'administration, ni
devant la juridiction compétente, peu importe que, après ce
délai de cinq ans, il intente une action et obtienne une condamnation contre l'État ; la déchéance ne lui sera pas moins
opposable [1].

---

[1] Il suffit de citer en ce sens les arrêts du 8 mars 1851 (*Rivron*), du 19 mai 1853
(*Touillet*), du 21 juillet 1853 (*Jucqueau Galbrun*), du 8 février 1855 (*Commune de
Pretin*), et du 28 mai 1866 (*Bordeaux et Richardière, liquidateurs de la Société
Mirès et comp.*).
   L'ancienne jurisprudence du Conseil d'État avait fait une fausse application de cette
règle dans des cas où elle aboutissait à une véritable iniquité. Un acquéreur d'un bien

575. Dans quelles conditions doit être formée la demande de payement qui empêchera l'application de la déchéance, si elle est présentée dans le délai de cinq ans?

Il n'est pas nécessaire qu'elle soit formée devant une juridiction. L'article 10 de la loi du 29 janvier 1831 l'indique expressément. Il suffit qu'elle soit adressée à l'administration, soit au ministre, soit au préfet, selon les cas. C'est ce que le Conseil d'État a reconnu dans un arrêt du 21 décembre 1854.(*Lebobe*).

La demande est encore régulière à ce point de vue, quand elle est formée devant une juridiction, par exemple, devant le conseil de préfecture, en matière de marché des travaux publics.

Mais il ne suffirait pas de la porter devant une juridiction qui serait incompétente, par exemple, devant le tribunal civil, s'il s'agit d'une difficulté dont le conseil de préfecture est juge. Cette démarche irrégulière n'aurait pas pour effet d'empêcher la déchéance de courir [1].

---

du domaine de l'État était actionné par des tiers qui se prétendaient propriétaires d'une partie du bien vendu ; le tribunal reconnaissait les droits des tiers, l'acquéreur se retournait contre l'État et réclamait la restitution partielle du prix de vente. D'anciennes décisions avaient admis que la créance de l'acquéreur évincé appartenait à l'exercice dans lequel les tiers qui revendiquaient le bien vendu avaient formé leur action, attendu que le jugement qui proclamait leurs droits les avait reconnus comme existant antérieurement, et que, par suite, c'était le jour même où l'action était formée contre 'acquéreur que celui-ci avait le droit d'obtenir de l'État la restitution de son prix de vente. Cette argumentation subtile a été écartée par une nouvelle jurisprudence du conseil d'État. Dans une situation semblable, le droit de l'acquéreur à réclamer la restitution de son prix de vente ne devait être considéré comme acquis que le jour où par le jugement du tribunal, qui tranchait un litige engagé entre lui et des tiers, il avait été évincé du bien indûment vendu par l'État. Jusque-là il était en possession ; il n'avait qu'une créance éventuelle ; c'était ce jugement seul qui pouvait servir de base à son action contre l'État. (*Arr. Cons.* 12 janvier 1854, *Birckel et héritiers Fortier.*)

Mais ce serait complétement méconnaître le sens de cette jurisprudence que d'en tirer, comme l'a fait un auteur généralement exact, la règle générale qu'une créance appartient à l'exercice pendant lequel a été rendu le jugement qui reconnaît les droits d'un créancier contre l'État. Les arrêts de 1855 et de 1866 que nous citons ne peuvent laisser subsister aucun doute à cet égard.

[1] *Arr. Cons.* 19 mai 1853 (*Touillet*).

La loi exige, en outre, que la demande, pour être valable, soit accompagnée de pièces justificatives. Mais elle n'a pas indiqué autrement la nature de ces pièces, et cela était impossible à dire, à raison de l'infinie variété des créances.

Quand on a produit des justifications suffisantes, et quelquefois ces justifications peuvent consister dans de simples explications, même sans pièces à l'appui, si l'administration ne liquide pas, ou ne conteste pas, c'est elle qui est en faute, et, par conséquent, aux termes de l'art. 10, la déchéance ne peut être appliquée.

§ 5. — DE LA CAISSE DES DÉPOTS ET CONSIGNATIONS

576. Des différents buts de l'institution de cette caisse.
577. Des consignations en cas de difficultés au sujet d'un payement de sommes d'argent.
578. Du dépôt des cautionnements.

576. Nous ne pouvons abandonner la série des règles relatives aux finances publiques sans dire un mot de la caisse des dépôts et consignations, qui a un rôle important en matière de payement de sommes d'argent.

Cette caisse a été instituée, à titre d'établissement distinct, par l'article 110 de la loi du 28 avril 1816, et ses attributions ont été fixées, notamment, par deux ordonnances du 5 juillet de la même année. Elle est chargée, à titre exclusif, de recevoir les dépôts et consignations de sommes d'argent qui doivent être faits dans des cas nombreux prévus par les lois et règlements, ou déterminés par des décisions de l'autorité judiciaire ou de l'autorité administrative.

Elle peut recevoir, en outre, des dépôts volontaires.

Enfin, elle est chargée accessoirement du service financier de quelques établissements publics : la Légion d'honneur, la caisse des retraites pour la vieillesse, créée par la loi du 18 juin 1850, les caisses d'assurances en cas de décès et en cas d'accidents, créées par la loi du 11 juin 1868.

577. Ce qu'il est important de signaler ici, c'est le rôle de la caisse en matière de consignations et de dépôts. Un des cas les plus fréquents de consignation à la caisse, c'est le cas où plusieurs personnes se disputent une somme d'argent, ou bien encore celui où un créancier ne veut pas recevoir la somme que lui offre son débiteur, qui voudrait se libérer. La consignation dégage la situation du débiteur.

L'État peut avoir à user de cette ressource dans les difficultés auxquelles donne lieu l'exécution des travaux publics : par exemple, en cas d'expropriation pour cause d'utilité publique.

En effet, l'État ne peut prendre possession d'un immeuble appartenant à un particulier qui ne veut pas le céder volontairement, qu'après lui avoir payé une indemnité qui est fixée par un jury spécial. Si le propriétaire refuse de recevoir l'indemnité, il faut pouvoir vaincre sa résistance : la somme due sera déposée à la caisse des dépôts et consignations, et l'État pourra alors prendre possession du terrain. Telle est la disposition de l'article 53 de la loi du 3 mai 1841.

Il peut encore arriver que le propriétaire de la maison expropriée ait des créanciers qui prétendent avoir droit au prix de l'immeuble. L'État se débarrassera de toute difficulté, aux termes de l'article 54 de la même loi, en consignant la somme fixée par le jury; elle sera ensuite distribuée à qui de droit.

578. La caisse reçoit encore les cautionnements en numéraire que les entrepreneurs et concessionnaires de travaux publics, exécutés pour l'État, fournissent à titre de garantie de leurs engagements.

Il est à noter que, pour les départements autres que celui de la Seine, les trésoriers payeurs généraux sont les correspondants de la caisse des dépôts et consignations.

Tous ces dépôts et consignations doivent être reçus gratuitement, et toutefois les sommes déposées à la caisse portent intérêt dans des conditions spéciales. Mais, de son côté, la caisse, pour pouvoir payer les intérêts, a besoin de faire fructifier les fonds. Elle fait des placements en rentes sur l'État. Elle prête aux départements, communes, établissements publics.

Bien qu'elle verse au Trésor les bénéfices nets provenant de ses opérations, c'est cependant un établissement distinct du Trésor, et la preuve, c'est que son budget ne figure pas au budget de l'État et n'y est même pas rattaché à titre d'annexe. Il en est rendu, chaque année, un compte spécial aux Chambres, par la commission de surveillance de cet établissement.

CHAPITRE II

DES TRAVAUX EXÉCUTÉS SUR LES FONDS DES DÉPARTEMENTS

579. Le mécanisme de la comptabilité départementale doit être aussi familier aux ingénieurs des ponts et chaussées que celui de la comptabilité de l'État, puisqu'ils sont appelés par le décret du 16 décembre 1811, qui est toujours en vigueur, à diriger les travaux des routes départementales. Du reste, les explications que nous venons de donner nous permettront de ne pas entrer dans de grands détails. Nous n'aurons qu'à signaler les points sur lesquels la législation spéciale aux départements s'écarte de la législation relative à la comptabilité des deniers de l'État.

Le budget départemental avait, sous l'empire de la loi du 10 mai 1838, une physionomie assez compliquée. Il y avait une série de dépenses auxquelles correspondaient ou devaient correspondre des ressources particulières. Il y avait six sections: la première comprenait les dépenses ordinaires, qu'on aurait pu appeler obligatoires, au nombre desquelles figurait l'entretien des routes départementales et des ouvrages d'art qui

en faisaient partie; la seconde, les dépenses facultatives :
c'était dans cette section que se rangeaient les travaux neufs
des routes départementales. Dans les autres sections étaient
rangées les dépenses de la voirie vicinale, de l'instruction
primaire, du cadastre, et les dépenses diverses auxquelles il
était pourvu par des impositions extraordinaires autorisées
par des lois spéciales. Mais les résultats n'ont pas répondu
aux prévisions des auteurs de la loi. Les ressources ordinaires, notamment, étaient loin de couvrir les dépenses ordinaires, et la distribution du fonds commun qui devait amener
l'équilibre des recettes et des dépenses pour la première section du budget donnait lieu à de très-vives réclamations.

La loi du 18 juillet 1866 a gravement remanié l'organisation financière des départements.

Le budget est très-simplifié. Il n'est plus divisé qu'en deux
grandes sections, budget ordinaire, budget extraordinaire.
Les dépenses désignées par la loi de 1838 sous les noms de dépenses ordinaires et facultatives et celles qui concernent l'instruction primaire et la voirie vicinale entrent dans le budget
ordinaire ; le budget extraordinaire ne comprend que les
dépenses auxquelles il est pourvu au moyen des ressources extraordinaires qui sont principalement des impositions extraordinaires et des emprunts (art. 6 de la loi du 18 juillet
1866). Chaque partie du budget se subdivise en sous-chapitres et en articles [1].

Le budget est préparé par le préfet, voté par le conseil
général et arrêté par décret impérial. Mais la nouvelle loi a

---

[1] La première de ces subdivisions est appelée sous-chapitre et non chapitre, parce
que le budget des départements se rattache au budget du ministère de l'intérieur (dépenses sur ressources spéciales) dont il forme un chapitre

Le nouveau cadre du budget départemental a donné lieu à plusieurs instructions du
ministre de l'intérieur en date du 29 juillet 1867, du 24 décembre suivant, du 6 août
1868, du 27 juillet 1869 et du 1er août 1869.

modifié sensiblement les pouvoirs dont chacune de ces autorités était investie sous l'ancienne législation. Le conseil général est aujourd'hui à peu près souverain maître des finances du département. Le chef de l'État ne peut en effet apporter de changements au budget que pour y insérer, en cas de refus du conseil général, les crédits nécessaires aux dépenses que l'article 10 de la loi considère comme obligatoires, et ces dépenses sont en très-petit nombre, ou au payement des dettes du département. Mais pour les autres dépenses, les décisions du conseil général sont définitives. C'est lui qui fait la répartition entre les sous-chapitres et les articles, et le préfet ne peut opérer de virements que pour les allocations relatives aux dépenses obligatoires inscrites dans le sous-chapitre Ier du budget actuel.

Il n'y a qu'un crédit pour l'emploi duquel une délégation soit accordée au préfet, c'est le crédit alloué pour les dépenses imprévues, conformément au dernier alinéa de l'article 9 de la nouvelle loi. Une portion de ce crédit est ordinairement réservée pour les routes départementales, afin de permettre la réparation immédiate des dommages causés par des orages ou des inondations.

Il est à remarquer aussi que l'article 9 de la loi de 1866 a autorisé le conseil général à disposer des fonds libres et à leur donner une nouvelle destination, suivant leur origine, dans le budget ordinaire ou dans le budget extraordinaire, tandis qu'antérieurement le conseil général ne pouvait employer, sans une autorisation donnée par une loi spéciale, les fonds restés libres sur le produit d'une imposition extraordinaire.

580. Il y a, pour les recettes et les dépenses du département, un exercice dont les périodes diffèrent de celles qui ont

été adoptées pour le budget de l'État. Jusqu'en 1867, la clôture avait lieu, pour la liquidation et l'ordonnancement, au
31 mai, pour le payement, au 30 juin. Un décret du 18 décembre 1867 a substitué à ces deux dates le 31 mars et le
30 avril. Cette nouvelle combinaison était nécessaire pour
permettre l'application du premier alinéa de l'article 9 de la
nouvelle loi, aux termes duquel les fonds qui n'ont pu recevoir leur emploi dans le cours de l'exercice, sont reportés,
après clôture, sur l'exercice en cours d'exécution avec l'affectation qu'ils avaient au budget voté par le conseil général.
Toutes les opérations étant terminées au mois d'avril, le
compte exact peut facilement être rendu au conseil général
dans la session du mois d'août.

581. Les ressources du département sont, pour la plus
grande partie, des centimes additionnels qui s'ajoutent, soit
au principal de la contribution foncière et de la contribution
personnelle et mobilière, soit au principal des quatre contributions directes. Nous n'avons rien à en dire ici. Nous signalerons
seulement des ressources spéciales aux travaux des ponts et
chaussées, qui profitent directement ou indirectement au
budget départemental, à savoir : les produits de péages
perçus, soit au passage des ponts, soit à l'occasion de la rectification des pentes des routes. Mais ces derniers péages ne
s'appliquent que dans un petit nombre de départements
montagneux, par exemple, le département du Doubs.

582. En ce qui concerne l'approbation des travaux, la
loi du 18 juillet 1866 a notablement modifié le système antérieurement établi.

D'après la loi du 10 mai 1838, les travaux étaient votés,
en principe, par le conseil général, sur la proposition du
préfet.

Mais ils ne pouvaient être exécutés sans une approbation qui était donnée, selon les cas, par l'Empereur, le ministre des travaux publics ou le préfet. Les pouvoirs du préfet, qui étaient assez limités, d'après une ordonnance royale du 29 mai 1830, que le décret du 25 mars 1852 n'avait pas modifiée, avaient été étendus par un décret du 24 avril 1864.

Désormais, aux termes de l'article 1er § 6 de la loi du 18 juillet 1866, les conseils généraux ont le pouvoir de statuer définitivement sur les projets, plans et devis des travaux à exécuter pour la construction, la rectification et l'entretien des routes départementales, sauf l'exécution des lois et règlements sur l'expropriation pour cause d'utilité publique.

583. L'ordonnancement et le mandatement des dépenses ont lieu comme pour les dépenses des ponts et chaussées faites au compte de l'État. Les budgets des départements étant rattachés au budget du ministère de l'intérieur, le ministre fait une ordonnance de délégation au profit du préfet, qui délivre les mandats. Mais, pour les dépenses des routes départementales, l'ingénieur en chef est chargé de la délivrance des mandats. Cette attribution lui a été donnée par une décision du Président de la république, en date du 20 décembre 1849, prise sur la proposition du ministre de l'intérieur. Seulement il ne faut pas oublier que la comptabilité des fonds du département est une des branches de la comptabilité du ministère de l'intérieur, et que, par conséquent, les ingénieurs ont à suivre, en pareil cas, les prescriptions du règlement du 30 novembre 1840, relatives à la comptabilité de ce ministère, et non pas celles du règlement du 16 septembre 1843.

584. Mais l'assimilation entre les dépenses du département et celles de l'État s'arrête là.

La déchéance quinquennale, établie par l'article 29 de la loi du 29 janvier 1831, n'est pas applicable en matière de créances sur les départements.

Ce point avait été mis en question autrefois par plusieurs auteurs, à raison des liens qui existaient entre la comptabilité départementale et la comptabilité de l'État. Mais la loi de 1866, plus encore que la loi de 1838, a accentué l'individualité des départements, de façon à ne plus permettre aucun doute sur l'application d'un texte rigoureux qui n'a été fait que pour les dépenses de l'État. Aussi la pratique est-elle constatée expressément par l'article 480 du décret du 31 mai 1862 qui porte : « Les règles prescrites par le présent décret pour les dépenses générales de l'État s'appliquent aux dépenses départementales, sauf en ce qui concerne la déchéance quinquennale, à laquelle les créances départementales ne sont pas soumises. »

Les départements ne peuvent donc opposer à leurs créanciers en retard de réclamer leur payement que la prescription de trente ans établie par l'article 2262 du code Napoléon.

Du mode d'exécution des travaux publics ou des rapports de l'État avec les entrepreneurs et concessionnaires de travaux.

---

585. Il y a trois principaux modes d'exécution des travaux publics : 1° la régie, 2° l'entreprise ou marché, 3° la concession. Ces divisions comportent elles-mêmes des subdivisions.

586. La régie, dans le sens large du mot, comprend les différents systèmes employés par l'État dans le cas où il traite avec les ouvriers et les fournisseurs de matériaux sans employer l'intermédiaire d'un entrepreneur ou d'un concessionnaire qui se charge du travail, moyennant certaines conditions, à ses risques et périls.

Ainsi les travaux d'entretien des routes empierrées sont exécutées en régie, c'est-à-dire que l'État traite avec des fournisseurs qui se chargent d'apporter à pied d'œuvre les matériaux, et qu'ensuite ces matériaux sont employés, sous la direction des ingénieurs des ponts et chaussées, par les cantonniers, qui sont des ouvriers payés à la journée. Les canton-

niers sont assistés, dans certains cas, par des ouvriers auxiliaires payés à la journée, et quelquefois même par des
ouvriers payés à la tâche, notamment pour le gazonnement
des talus des routes.

587. Mais on désigne plus particulièrement sous le nom
de régie le système dans lequel l'administration institue, pour
assurer la marche des travaux, un intermédiaire qui gère ses
intérêts en qualité de régisseur.

Il y a deux sortes de régie : la régie simple ou par économie, la régie intéressée.

La régie simple est la direction d'un travail par un préposé de l'État, ordinairement un conducteur des ponts et
chaussées, qui tient compte, sous le contrôle des ingénieurs,
des dépenses en matériaux, en main-d'œuvre, et qui les fait
solder, qui peut même recevoir des avances pour payer directement celles qui seraient de nature à être payées sur le
chantier. Ce système n'est employé que dans les cas où l'ap-
ministration n'a pu trouver un entrepreneur qui consentît à
se charger d'un travail. Il est donc exceptionnel. Du reste,
l'administration a multiplié les précautions pour assurer
l'emploi régulier des deniers publics confiés aux régisseurs
dans les cas rappelés par les articles 10 et 92 du décret du
31 mai 1862. On verra les prescriptions établies à cet égard
dans le règlement de comptabilité du 10 septembre 1843,
dans la circulaire du 29 novembre 1845, puis dans le règlement du 28 septembre 1849, et dans les circulaires qui l'ont
commenté. En vertu de l'article 12 du règlement de 1849,
les régisseurs comptables sont obligés de tenir un livret de
caisse constatant les avances qui leur ont été faites et les payements qu'ils ont effectués, et ils doivent, en vertu de l'article
31 du même règlement, justifier de l'acquit des parties pre-

nantes auxquelles le montant des sommes dont ils disposaient a été remis[1].

La régie intéressée s'accomplit à peu près dans les mêmes conditions. Seulement le régisseur n'est plus un agent de l'administration, rémunéré par un traitement fixe ; il doit par conséquent être dédommagé de ses soins et peines et des avances de fonds qu'il peut être tenu de faire au moyen d'une indemnité proportionnée aux dépenses. La régie intéressée a été longtemps employée pour les ouvrages accessoires à ceux qui faisaient partie d'un marché et qui, par leur nature, ne pouvaient être compris dans l'adjudication, parce qu'il était impossible d'en prévoir l'importance ; par exemple l'épuisement des eaux qui se rencontraient dans les fouilles faites pour l'exécution des travaux publics. Aujourd'hui ce système n'est plus appliqué que fort rarement.

Il ne faut pas confondre la régie dont nous parlons ici avec la mise en régie d'une entreprise, incident qui se présente dans le cas où l'entrepreneur n'exécute pas ses obligations.

588. L'entreprise ou marché est le mode le plus usité.

L'entreprise diffère de la régie en ce que l'entrepreneur, qui contracte avec l'administration, s'engage, moyennant un prix donné et sous certaines conditions, à exécuter un travail en courant des chances de gain ou de pertes, suivant qu'il aura plus ou moins bien fait ses calculs ou que les circonstances seront plus ou moins favorables. De là peuvent naître, on le comprend, beaucoup de difficultés.

Il y a des marchés de diverses espèces. On distingue, au point de vue de la forme et de la manière de conclure les conventions, les marchés passés à la suite d'une adjudication

---

[1] Voir au sujet du livret de caisse les indications données dans les circulaires du 20 novembre 1849, du 16 mars 1850 et du 25 octobre 1851.

publique à laquelle les concurrents ont été appelés et les marchés passés de gré à gré; — au point de vue du fond et de la nature des engagements réciproques pris par l'administration et par les entrepreneurs, on distingue les marchés à forfait ou en bloc, les marchés sur série de prix, les marchés dits à l'unité de mesure. Nous en donnerons bientôt la définition.

589. Quant à la concession, troisième mode d'exécution des travaux publics, c'est un contrat par lequel une ou plusieurs personnes s'engagent à exécuter un travail à la condition d'être rémunérées de leurs soins et de leurs dépenses, non pas par une somme d'argent que leur paye directement l'administration après l'achèvement du travail, mais par la perception d'une rétribution imposée pour un temps plus ou moins long aux particuliers qui profitent du travail. Nous indiquons ici la condition essentielle du contrat de concession, on verra plus tard qu'il peut s'y joindre des conditions accessoires.

Les concessionnaires ont plus de liberté que les entrepreneurs pour l'exécution des travaux ; ils sont substitués aux droits de l'État.

590. La jurisprudence a rattaché aux marchés de travaux publics les offres de concours faites par les administrations locales à l'État ou par les particuliers aux diverses administrations en vue de l'exécution de certains travaux; nous traiterons de ce contrat après avoir étudié les règles relatives aux marchés et aux concessions.

CHAPITRE PREMIER

DES MARCHÉS OU ENTREPRISES DE TRAVAUX PUBLICS

Section Iʳᵉ. — Notions préliminaires.

§ 1ᵉʳ. — DE LA NATURE DES MARCHÉS DE TRAVAUX PUBLICS

591. Il importe de bien se rendre compte de la nature des marchés de travaux publics et de la situation respective qu'ils font à l'État, d'une part, et à l'entrepreneur, de l'autre.

Dans les marchés de travaux publics, l'entrepreneur s'engage, dans des conditions plus ou moins diverses, que nous indiquerons tout à l'heure, non-seulement à faire exécuter par des ouvriers placés sous ses ordres, les travaux qui font l'objet du contrat, mais aussi à fournir les matériaux nécessaires. Bien que ces marchés aient ainsi un double objet, qu'ils participent du contrat de louage d'ouvrage et de la vente, ils sont considérés comme des contrats de louage d'ouvrage. L'article 1787 du code Napoléon dispose, en effet, que « lorsqu'on charge quelqu'un de faire un ouvrage, on peut convenir qu'il fournira seulement son travail ou son industrie, ou bien qu'il fournira aussi la matière. » Et cette qualification entraîne des conséquences importantes dans la pra-

tique. Ainsi, aux termes de l'article 1795 du code Napoléon, le
contrat de louage d'ouvrage est dissous par la mort de l'ouvrier ou entrepreneur. Cette règle s'applique de plein droit
aux marchés de travaux publics. Néanmoins le code Napoléon lui-même, tenant compte du double objet des contrats
dans lesquels l'entrepreneur fournit la main-d'œuvre et les
matériaux, pose, dans les articles 1788 et 1790, pour le cas
de perte de l'ouvrage, des règles qui découlent des principes
du contrat de vente, à savoir que, si l'ouvrage à exécuter périt
avant d'être livré, la perte est pour l'entrepreneur, à moins
que le maître ne fût en demeure de recevoir le travail.

592. Les marchés qui n'ont pour objet qu'une fourniture
de matériaux ou d'objets fabriqués, sont exclusivement des
contrats de vente. Il est essentiel de le remarquer, non-seulement au point de vue des règles du fond, mais aussi au
point de vue des règles de compétence. Nous reviendrons sur
ce point que nous avons déjà touché en traitant de la compétence des conseils de préfecture.

593. Les marchés de travaux publics engagent l'entrepreneur d'une part, l'État de l'autre. L'un doit livrer son ouvrage exécuté dans certaines conditions, l'autre doit payer le
prix convenu. Il y a donc là un contrat synallagmatique qui
lie également les deux parties, qui crée à chacune d'elles des
droits et des obligations. L'État, pas plus que l'entrepreneur,
ne peut se dégager de ses obligations sans indemniser l'autre
partie du préjudice qu'il lui causerait, et le montant de l'indemnité donnerait lieu à une action devant les tribunaux
compétents. Les principes généraux du code Napoléon sur les
obligations sont applicables en pareil cas, sauf les dérogations
qui auraient pu y être apportées par les conventions faites
entre les parties.

594. On a souvent, dans les discussions relatives à l'exécution des marchés de travaux publics, qualifié ces marchés
de contrats aléatoires, et plusieurs auteurs se sont appliqués
à démontrer l'inexactitude de cette qualification. Il est certain que la qualification est inexacte. Le contrat aléatoire,
d'après l'article 1964 du code Napoléon, est une convention
dont les effets, quant aux avantages et aux pertes, dépendent
d'un événement incertain, comme le contrat d'assurance, le
jeu et le pari. Mais il ne faut pas considérer comme contrat
aléatoire toute convention dans laquelle il existe des chances
de gain ou de perte.

Du reste, nous n'avons pas vu qu'on eût jamais tiré des
conséquences pratiques de cette dénomination erronée. On
ne s'en servait que pour repousser les prétentions des entrepreneurs à obtenir une indemnité dans le cas où des circonstances fâcheuses, qui ne rentraient pas dans les prévisions
du contrat, ou bien des calculs inexacts, leur faisaient subir
des pertes. On aurait dû se borner à leur dire que le marché
leur offrait des chances de gain ou de perte, qu'ils n'auraient
certainement pas rendu à l'État le bénéfice qu'ils auraient
pu faire en dehors de leurs prévisions, et qu'ils n'étaient pas
plus fondés à demander, en dehors des cas prévus par le contrat, la réparation du préjudice qu'ils avaient souffert [1].

595. C'est ici le lieu d'indiquer les différentes conditions
dans lesquelles l'État et les entrepreneurs peuvent se lier réciproquement par les marchés de travaux publics. On distingue les marchés à forfait, les marchés sur série de prix
et les marchés à l'unité de mesure.

Dans le marché à forfait ou en bloc, l'administration fixe
d'une manière définitive l'ouvrage à exécuter ; l'entrepreneur

---

[1] Voir la circulaire du ministre des travaux publics en date du 23 juillet 1851.

s'engage à exécuter l'ouvrage moyennant un prix qui sera invariable, quelles que soient les circonstances qui surviennent et sans qu'on ait à faire aucun mesurage. Ce marché est rarement usité dans le service des ponts et chaussées.

Dans le marché sur série de prix, le procédé est tout différent. Le devis indique les prix de chaque nature d'ouvrage : maçonnerie, terrassement, etc., sans fixer le total auquel on devra s'arrêter. Puis, quand le travail est fini, on paye d'après le métré des travaux exécutés. Ce système a l'inconvénient de ne pas limiter les engagements de l'entrepreneur ni les dépenses de l'administration. C'est le mode usité dans le service du génie militaire. Il est employé souvent pour les grands travaux des compagnies concessionnaires de chemins de fer. Il l'est aussi pour certains travaux en rivière exécutés par le service des ponts et chaussées. Lorsqu'il s'agit, par exemple, d'établir des digues dans le lit d'un fleuve, on comprend que l'évaluation des quantités d'ouvrages à exécuter est ordinairement impossible.

Enfin un troisième mode, et c'est celui qui est principalement usité dans le service des ponts et chaussées pour les travaux neufs, c'est le marché dit à l'unité de mesure, dans lequel on fixe, d'une part, la série des prix de chaque ouvrage, — d'autre part, la quantité des ouvrages à exécuter, tout en réservant à l'administration le droit d'augmenter, dans une proportion donnée, la quantité des ouvrages.

§ 2. — SOURCES DES RÈGLES DES MARCHÉS

596. Des diverses sources des règles qui régissent les marchés au point de vue de la forme et du fond.

597. Des clauses et conditions générales. — Révision de ces clauses en 1866. — Leur esprit.

596. Où se trouvent les règles à suivre pour les marchés de travaux publics ?

Il faut distinguer d'abord ce qui concerne les formes du contrat, et ce qui concerne le fond.

Les formes de ce contrat sont réglées, d'une part, dans l'ordonnance royale du 4 décembre 1836, qui s'applique à tous les marchés passés pour le compte de l'État, et, d'autre part, dans l'ordonnance du 10 mai 1829, spéciale au service des ponts et chaussées.

Quant au fond, les règles sont établies par la loi d'abord, puis par les conventions des parties.

Les dispositions de loi auxquelles nous avons à nous référer sont celles du code Napoléon qui régissent les obligations en général et le contrat de louage d'ouvrage.

Les conventions passées entre l'administration et les entrepreneurs sont contenues dans différentes pièces.

Il y a d'abord des conditions générales, applicables à toutes les entreprises, connues sous le nom de cahier des clauses et conditions générales. Chaque service public a un cahier des clauses et conditions générales qui lui est propre. A côté de celui qui est adopté par l'administration des ponts et chaussées, se trouvent ceux qui sont en usage pour les entreprises des palais impériaux, des bâtiments civils, des travaux du génie et de l'artillerie, des travaux de la marine. Nous ne traiterons ici que du cahier spécial au service des ponts et chaussées.

Les conditions particulières de chaque entreprise au point

de vue technique et au point de vue du prix sont indiquées d'une part dans le devis et cahier des charges, d'autre part dans le bordereau des prix. On y joint quelquefois un avant-métré et un détail estimatif.

Quant aux usages locaux qui, dans certains cas, peuvent être invoqués pour compléter la loi, l'administration des ponts et chaussées écarte formellement l'application de ceux qui sont relatifs au mesurage et au pesage par une disposition expresse des clauses et conditions générales.

Nous devons préciser en quelques mots le caractère et la valeur de chacune des pièces que nous venons d'indiquer.

597. Et d'abord les clauses et conditions générales. Sous l'ancienne monarchie, même avant la création du corps des ingénieurs des ponts et chaussées, l'autorité publique avait arrêté un cahier des charges communes à toutes les entreprises de travaux publics. On en trouve la première rédaction dans une déclaration royale du 7 février 1608 ; elle fut remaniée par une autre déclaration du 7 juin 1708.

En 1811, l'administration des ponts et chaussées, s'inspirant de ces précédents et notamment des clauses établies pour les travaux du pavé de Paris, avait fixé les conditions générales des entreprises. En 1833, ces clauses avaient été remaniées. Mais, pour ne pas troubler les habitudes des ingénieurs et des entrepreneurs, on avait tenu à ne pas modifier la série des articles, tout en y ajoutant de nouvelles dispositions. Aussi l'ordre des articles n'avait rien de conforme aux règles de la logique ; et plusieurs d'entre eux avaient un nombre considérable d'alinéas dont les prescriptions ne se rattachaient par aucun lien. D'autre part, certaines clauses étaient signalées comme trop rigoureuses et même comme contraires aux principes de l'équité.

A diverses reprises, la révision du cahier des clauses et conditions générales joint à la circulaire du 25 août 1833 avait été mise à l'étude. Un premier projet, préparé en 1849, avait été adopté par le conseil général des ponts et chaussées et ensuite par la section d'administration du Conseil d'État. Mais il avait alors été laissé de côté. Seulement ce projet avait été mis à profit pour la rédaction du cahier des charges arrêté en 1854 par le ministre d'État en vue des travaux exécutés dans les palais de la couronne. En 1865, les études ont été reprises au ministère des travaux publics et, après de nouvelles et longues délibérations du conseil général des ponts et chaussées, présidées par M. Béhic, alors ministre de l'agriculture, du commerce et des travaux publics, elles ont abouti. Par arrêté en date du 26 novembre 1866, le ministre a approuvé le nouveau cahier des clauses et conditions générales.

Le cahier des clauses et conditions générales de 1866 diffère sensiblement de celui de 1833 pour la forme. On a suivi dans la distribution des matières un ordre plus logique ; il est divisé en cinq titres relatifs à l'adjudication, à l'exécution des travaux, au règlement des dépenses, aux payements et aux contestations. Il contient cinquante-deux articles au lieu de quarante-deux.

Au fond, il a été également amélioré. Les dispositions rigoureuses qui avaient donné lieu à des plaintes ont été atténuées quand elles n'ont pas tout à fait disparu ; les droits des entrepreneurs ont été mieux mis en relief. L'esprit des nouvelles dispositions est bien indiqué par le passage suivant du rapport des inspecteurs généraux qui ont préparé la révision des clauses et conditions générales : « Dans un haut intérêt public, l'administration doit conserver toute autorité pour diriger, régler, modifier la marche et les conditions de toute entreprise de travaux publics. Mais tout marché est un contrat qui lie au même degré les parties contractantes; l'entrepreneur ne peut être tenu de se conformer aux modifications que dans les limites déterminées par les clauses du marché et, dans ces limites mêmes, il a droit à une indemnité si les prévisions du contrat ont été changées d'une manière préjudiciable à ses intérêts. »

598. Le devis ou cahier des charges, pièce essentielle du contrat, indique l'objet du marché, la nature du travail, les délais de l'exécution, la qualité et les provenances des matériaux à employer, la manière de mesurer les ouvrages. Il arrive quelquefois que certains articles des clauses et conditions générales sont reproduits dans les devis ou cahiers des charges spéciaux. Cette répétition ne peut avoir que des inconvénients et une circulaire ministérielle du 30 juin 1869 a expressément recommandé aux ingénieurs de l'éviter à l'avenir.

599. Le bordereau des prix indique les prix alloués à l'entrepreneur. Il se divise en deux parties : d'abord le bordereau des prix proprement dit, qui indique ce qu'on appelle les prix d'application, c'est-à-dire, par exemple, le prix d'un mètre cube de maçonnerie de moellon ou de pierre de taille; puis le sous-détail qui contient des renseignements sur la composition des prix portés au bordereau, à savoir, pour un mètre cube de maçonnerie, le prix de la pierre, du mortier, le salaire des ouvriers employés à la taille de la pierre, à la pose; le bénéfice de l'entrepreneur.

D'après une circulaire du ministre des travaux publics, en date du 10 juillet 1858, c'est le bordereau des prix qui sert de base au marché au point de vue des prix ; encore faut-il distinguer la première partie de la seconde ; la seconde ne contient que des renseignements de nature à aider l'entrepreneur à se rendre compte des calculs qui ont amené l'administration à proposer les prix du bordereau.

600. Cette circulaire a enlevé à la pièce appelée détail estimatif la valeur qu'elle avait antérieurement dans l'usage. C'était généralement en vue des prix portés au détail estimatif que se passaient les marchés. Aujourd'hui le détail estimatif n'est plus destiné qu'à éclairer l'administration sur les projets qui lui sont soumis ; si cette pièce est encore communiquée à l'entrepreneur, il n'en peut pas tirer parti pour établir les obligations de l'administration envers lui.

601. Il en est généralement de même de l'avant-métré qui contient l'évaluation des quantités d'ouvrage que l'administration se propose de faire exécuter. Toutefois il peut arriver que pour des travaux dont le mesurage effectif est difficile, par exemple pour des déblais et remblais, le devis stipule que les chiffres du cube des déblais et remblais et de la distance des transports, portés à l'avant-métré, seront considérés comme exacts, s'ils n'ont pas été discutés par l'entrepreneur dans un certain délai. Dans ce cas, l'avant-métré est une des parties essentielles du contrat [1].

602. Les différentes pièces qui constituent les conventions entre l'État et l'entrepreneur et qui indiquent les diverses conditions de l'exécution du travail doivent concorder entre elles. Il arrive cependant quelquefois que, par suite de négligences regrettables, certaines indications répétées dans le devis, le bordereau des prix et l'avant-métré sont en contradiction. Pour apprécier quelle est celle des pièces à laquelle

[1] Voir les arrêts du 23 janvier 1868 (*Giordano*), du 13 février 1868 (*Avril et Isouard*) et du 26 décembre 1868 (*Artique*).

on doit s'arrêter en cas de contradiction, il faut rechercher quelle est la pièce qui, dans l'intention commune des parties, d'après les usages, la nature spéciale du marché et la nature du point débattu, devait avoir le plus d'autorité. Ainsi, dans l'état de choses qui résulte de la circulaire du 10 juillet 1858, c'est la première partie du bordereau des prix qui fait loi pour le prix; pour les conditions de l'exécution des travaux, c'est le devis ou cahier des charges. Il a donc été jugé que les indications contenues dans le bordereau des prix relativement à la quantité de mortier à employer dans un mètre cube de maçonnerie ne pouvaient prévaloir sur les dispositions du devis d'après lesquelles les maçonneries devaient être exécutées à plein bain de mortier[1].

603. Il va de soi que les pièces qui constituent le contrat doivent être dans les mains de l'entrepreneur, comme dans celles des agents de l'administration. Aussi l'article 6 des clauses et conditions générales arrêtées en 1866, porte que le préfet délivre à l'entrepreneur un exemplaire imprimé des clauses et conditions générales et une expédition dûment légalisée du devis, du bordereau des prix et du détail estimatif. L'article n'indique pas qu'une copie de l'avant-métré doive être également délivrée ; il nous paraît évident qu'elle doit l'être, lorsque le devis s'y réfère expressément, et qu'ainsi l'avant-métré devient une des pièces constitutives du marché.

---

[1] *Arr. Cons.* 20 juin 1867 (*Godbarge*). — Voir aussi 16 décembre 1864 (*Nercam*). Il serait inutile de citer ici d'autres monuments de la jurisprudence du conseil, parce que les usages de l'administration ont varié et que beaucoup de décisions se rapportent à l'époque où le détail estimatif faisait ordinairement loi pour les prix. D'autre part, en matière de travaux communaux, les conditions des prix sont parfois portées dans le devis, et le détail estimatif ou bordereau n'est qu'une pièce accessoire.

604. Les marchés de l'État peuvent se passer, soit par voie d'adjudication publique, soit de gré à gré. Mais c'est dans des cas exceptionnels seulement que les marchés se passent de gré à gré ; en règle générale c'est par voie d'adjudication publique qu'on doit procéder.

605. La publicité donnée à l'adjudication offre en effet un double avantage. Elle provoque la concurrence qui assure, lorsque les précautions nécessaires ont été prises, l'exécution des travaux dans de bonnes conditions ; elle met les fonctionnaires qui prennent part au marché à l'abri de tout soupçon.

Aussi l'on n'a pas attendu 1789 pour appliquer ce principe. On voit l'adjudication au rabais prescrite par un arrêt du conseil du roi du 10 septembre 1602, relative aux travaux de réparation du pont de Nevers sur la Loire[1]. Le règlement du

---

[1] Cet arrêt cité par M. Vignon dans ses *Études sur l'histoire des voies publiques en France* autorise la ville de Nevers à établir un octroi sur le vin pour subvenir aux frais de la réparation du pont, et ordonne que préalablement « visite dudit pont sera faite par celui qui à ce faire sera commis par Sa Majesté ou par le sieur grand-voyer de France pour les ouvrages être baillés au rabais. »

13 janvier 1605, sur les fonctions du grand-voyer et de ses lieutenants porte qu'aucun marché ne pourra être fait « sans devis, proclamation, et *adjudication à rabais et moins disants.* »

Cette règle ne pouvait manquer d'être mise en pratique par Colbert. La tradition s'en est constamment conservée dans le service des ponts et chaussées, ainsi que l'atteste la déclaration du roi du 7 juin 1708. Elle a été consacrée à nouveau par l'ordonnance royale du 10 mai 1829 spéciale à ce service, et elle est étendue à tous les marchés de l'État par l'ordonnance du 4 décembre 1836, rendue en exécution de l'article 12 de la loi de finances du 31 janvier 1833, ordonnance qui pose les règles générales de la matière.

Aux termes de l'article 1er, tous les marchés au nom de l'État doivent être faits avec concurrence et publicité, sauf les exceptions mentionnées à l'article suivant.

Mais comme la concurrence illimitée pourrait avoir des inconvénients graves dans certains cas, en faisant adjuger une fourniture ou un travail qui exigerait une capacité particulière et certaines ressources à un entrepreneur qui n'aurait pas l'expérience et la solvabilité nécessaires, l'article 3 porte que les adjudications publiques relatives à des fournitures, à des travaux, à des exploitations ou fabrications qui ne pourraient être sans inconvénients livrées à une concurrence illimitée, pourront être soumises à des restrictions qui n'admettront à concourir que des personnes préalablement reconnues capables par l'administration et produisant les titres justificatifs exigés par le cahier des charges.

L'adjudication doit être annoncée un mois à l'avance, sauf les cas d'urgence, par voie d'affiche et par tous les moyens ordinaires de publicité. L'avis doit faire connaître : le lieu où l'on pourra prendre connaissance du cahier des charges, les autorités chargées de procéder à l'adjudication, le lieu, le jour et l'heure fixés pour l'adjudication (art. 6 de l'ordonnance de 1856).

Ce délai permet aux concurrents de prendre connaissance des conditions de l'entreprise, de faire leurs calculs et de préparer leurs moyens d'action.

Suivant les cas, l'administration fait les adjudications au rabais ou aux enchères. En général, quand il s'agit pour elle de faire exécuter un travail ou une fourniture, elle procède par voie d'adjudication au rabais, c'est-à-dire qu'elle fixe le prix auquel elle évalue le travail ou la fourniture, et annonce qu'elle le confiera à celui des concurrents qui fera la plus forte diminution sur le prix indiqué. Quand il s'agit, au contraire, d'aliéner ou de louer un immeuble ou un droit réel, comme le droit de pêche, elle procède par voie d'adjudication aux enchères, c'est-à-dire qu'elle promet de déclarer adjudicataire celui qui offrira la somme la plus élevée[1].

Les concurrents ont deux manières possibles d'indiquer leurs propositions : les soumissions écrites ou les déclarations verbales. Les déclarations verbales s'appliquent principalement aux adjudications aux enchères, et, dans ce cas, elles doivent se faire dans un délai limité par la combustion de trois petites bougies, c'est ce qu'on appelle l'adjudication à l'extinction des feux.

Les soumissions écrites doivent être cachetées et ne sont ouvertes qu'en séance publique. Ce dernier mode offre de grands avantages; les concurrents ne sont pas entraînés par

---

[1] Toutefois l'administration des forêts emploie l'adjudication au rabais pour l'aliénation des futaies domaniales; elle l'employait aussi pour la location du droit de pêche. On comprend que, dans ce cas, le chiffre duquel on part pour provoquer les rabais est beaucoup plus élevé que celui qu'on espère obtenir.

la chaleur des enchères, et ils ont pu mieux réfléchir sur leurs propositions.

Du reste, l'article 7 de l'ordonnance de 1836 indique que l'administration peut arrêter à l'avance un maximum de prix ou un minimum de rabais qui ne devra pas être dépassé par les adjudicataires. Cette limite aux enchères ou au rabais doit être indiquée dans un pli cacheté déposé sur le bureau à l'ouverture de la séance.

Enfin, d'après l'article 11 de la même ordonnance, les adjudications sont toujours subordonnées, sauf exception expresse, à l'approbation du ministre.

Telles sont les règles générales relatives aux adjudications passées pour le compte de l'État.

606. Voyons maintenant les règles spéciales aux marchés des ponts et chaussées. Elle se trouvent pour la plupart dans une ordonnance du 10 mai 1829.

D'après l'article 9 de cette ordonnance, on procède exclusivement par voie de soumissions cachetées. Disons d'abord les conditions imposées aux concurrents; nous indiquerons ensuite les formes de l'adjudication.

En premier lieu, les concurrents doivent présenter une soumission rédigée conformément au modèle donné par une circulaire du ministre des travaux publics, en date du 10 juillet 1858. Les soumissions qui ne seraient pas conformes à ce modèle sont déclarées nulles et non avenues, aux termes de l'article 16 de l'ordonnance de 1829[1].

---

[1] Ce modèle est ainsi conçu : Je soussigné (*nom, prénoms, profession et demeure*) faisant élection de domicile à . . . . , après avoir pris connaissance (*mentionner le devis et les pièces communiquées et désigner les travaux auxquels elles s'appliquent*), lesquels travaux sont évalués ensemble à . . . . non compris une somme à valoir . . . . , me soumets et m'engage (lorsqu'il y a plusieurs entrepreneurs, nous obligeons conjointement et solidairement) à exécuter lesdits travaux conformément aux conditions du devis et moyennant les prix d'application du bordereau sur lesquels je

Il est à noter que, d'après cette formule, les rabais doivent être d'un certain nombre de francs sans fraction. Dans une circulaire en date du 16 juin 1859, le ministre a insisté sur l'utilité de cette mesure destinée à simplifier les comptes et à éviter des difficultés dans les adjudications.

607. A la soumission rédigée conformément à ce modèle, chaque concurrent doit joindre un certificat constatant sa capacité. D'après l'article 3 du nouveau cahier des clauses et conditions générales, le certificat de capacité doit être délivré par un homme de l'art; il ne doit pas avoir plus de trois ans de date au moment de l'adjudication : il y est fait mention de la manière dont le soumissionnaire a rempli ses engagements, soit envers l'administration, soit envers les tiers, soit envers les ouvriers dans les travaux qu'il a exécutés, surveillés ou suivis. Ces travaux doivent avoir été faits dans les dix dernières années.

Les certificats de capacité doivent être présentés, huit jours au moins avant l'adjudication, à l'ingénieur en chef qui doit les viser à titre de communication. La circulaire du 21 novembre 1866 explique à cet égard que l'ingénieur en chef ne peut refuser son visa, que la communication des certificats a seulement pour but de lui permettre de prendre, en temps utile, sur les concurrents, des renseignements à l'aide desquels il pourra éclairer le bureau chargé de prononcer sur leur admission.

L'article 3 du cahier des clauses et conditions générales ajoute qu'il n'est pas exigé de certificat de capacité pour la

consens un rabais de . . . . (*en toutes lettres*) francs (sans fraction) par cent francs ; — m'engage en outre à payer les frais d'affiches et de publication, ceux de timbre et d'expédition du devis, du bordereau des prix et du détail estimatif, ainsi que du procès-verbal d'adjudication, enfin le droit d'enregistrement auquel la présente soumission pourra donner lieu, si elle est acceptée.

Fait à . . . . . le . . . .   (*Signature.*)

fourniture des matériaux destinés à l'entretien des routes en empierrement, ni pour les travaux de terrassement dont l'estimation ne s'élève pas à plus de 20,000 fr. [1].

608. Les concurrents doivent encore présenter un acte régulier ou une promesse valable de cautionnement destiné à garantir l'exécution de leurs obligations.

L'article 20 de l'ordonnance de 1829 portait que le cautionnement serait mobilier ou immobilier au gré de l'adjudicataire. Mais l'article 5 de l'ordonnance de 1836 avait réservé à l'administration le droit de déterminer dans les cahiers des charges la nature et l'importance des garanties qu'elle entendait exiger. L'article 4 des nouvelles clauses et conditions générales, se conformant à l'ordonnance de 1836, dispose que le cahier des charges détermine, dans chaque cas particulier, la nature et le montant du cautionnement que l'entrepreneur doit fournir. S'il ne stipule rien à cet égard, le cautionnement est fait, soit en numéraire, soit en inscriptions de rentes sur l'État, et le montant en est fixé au trentième de l'estimation des travaux, déduction faite de toutes les sommes portées à valoir pour dépenses imprévues et ouvrages en régie ou pour indemnités dues aux propriétaires dont les terrains devraient être acquis.

Le cautionnement en numéraire ou en rentes est déposé à la caisse des dépôts et consignations. Les sommes d'argent portent intérêt à 3 p. 100 à dater du soixantième jour après le versement.

Le cautionnement immobilier consiste dans une hypothèque prise sur des immeubles appartenant à l'entrepreneur.

Du reste, en vertu de la loi du 4 mars 1793, l'État pour-

[1] L'article 10 de l'ordonnance de 1829 indiquait le chiffre de 15,000 francs.

rait prendre, en vertu de l'adjudication, une hypothèque générale sur les biens immeubles de l'entrepreneur. Mais
l'administration des ponts et chaussées paraît avoir renoncé
dans la pratique au bénéfice de cette disposition[1].

Pour en terminer avec le cautionnement, nous dirons que,
dans le cas où celui des concurrents qui est déclaré adjudicataire n'aurait fait qu'une promesse de cautionnement, il
doit, d'après l'article 2 du cahier des clauses et conditions
générales de 1866, réaliser son engagement dans le délai de
huit jours, à dater de l'adjudication.

Le cautionnement reste affecté à la garantie des engagements contractés par l'entrepreneur jusqu'à la liquidation
définitive des travaux. Toutefois nous verrons que l'administration se crée, en cours d'exécution, un supplément de
garantie par une retenue d'un dixième sur le montant des
à-compte dus à l'entrepreneur. Il a paru convenable de
réserver au ministre la faculté d'autoriser, dans le cours de
l'entreprise, la restitution de tout ou partie du cautionnement. C'est l'objet du dernier alinéa de l'article 4. La circulaire ministérielle du 21 novembre 1866 indique que cette
mesure bienveillante devra être appliquée toutes les fois qu'il
n'en pourra résulter aucun inconvénient pour les intérêts
de l'État.

En vertu du décret du 25 mars 1852 (tableau D), c'est
le préfet qui autorise le remboursement des cautionnements
après la liquidation des entreprises. Les formes à suivre et
les justifications à faire pour le retrait du cautionnement
sont indiquées dans l'ordonnance du 5 juillet 1816.

609. Reprenons maintenant la série des formes de l'ad-

---

[1] La question de savoir si la loi du 4 mars 1793 est encore en vigueur et dans
quelle mesure elle peut être appliquée aujourd'hui a été examinée avec beaucoup de
soin par M. Christophle dans son *Traité des travaux publics,* t. I, p. 158 et suiv.

judication. Chaque concurrent doit remettre, au lieu indiqué pour l'adjudication, un pli cacheté renfermant sa soumission, le certificat de capacité et l'acte de cautionnement ou l'engagement de fournir le cautionnement. Mais la soumission doit être sous un second cachet, parce qu'il y a, on va le voir, deux opérations distinctes.

La séance publique dans laquelle il doit être statué sur l'adjudication est tenue par le préfet en conseil de préfecture, en présence de l'ingénieur en chef (art. 12 de l'ordonnance de 1829). Toutefois dans des cas exceptionnels, pour les travaux qui n'excèdent pas 15,000 fr., le préfet peut, d'après l'article 19, déléguer au sous-préfet le soin de passer l'adjudication. Ce fonctionnaire doit alors être assisté du maire du chef-lieu d'arrondissement, de deux membres du conseil d'arrondissement et d'un ingénieur ordinaire.

Les soumissions cachetées sont rangées sur le bureau, et reçoivent un numéro dans l'ordre de leur présentation. Le premier cachet est rompu en présence du public, et il est dressé un état des certificats de capacité et actes ou promesses de cautionnement contenues sous ce premier cachet. Les concurrents se retirent alors de la salle d'adjudication, et le préfet, après avoir consulté les membres du conseil de préfecture et l'ingénieur en chef, arrête la liste des concurrents agréés.

Il est de jurisprudence constante que l'administration a un pouvoir discrétionnaire pour apprécier les certificats de capacité. On comprend, en effet, que la question de savoir si un entrepreneur a donné des preuves suffisantes de sa capacité n'est pas de nature à être appréciée par une juridiction de l'ordre administratif ou de l'ordre judiciaire [1].

[1] *Arr. Cons.* 9 janvier 1843 (*Chovelon*).

Après que la liste des concurrents agréés a été dressée, la séance redevient publique; le préfet annonce sa décision. Les soumissions sont ouvertes publiquement, sauf celles des concurrents qui ont été écartés, et le soumissionnaire qui a fait l'offre d'exécuter les travaux aux conditions les plus avan-tageuses est déclaré adjudicataire (art. 13 de l'ordonnance de 1829).

Toutefois il peut arriver que les prix indiqués dans les soumissions excèdent ceux du projet approuvé et que les concurrents, au lieu de proposer un rabais, demandent une somme plus élevée. Dans ce cas, le préfet doit surseoir à l'adjudication et rendre compte de cet incident au ministre des travaux publics.

D'un autre côté, si plusieurs concurrents ont proposé le même rabais, et s'il n'y a pas de rabais plus considérable, il doit être procédé, séance tenante, à une réadjudication sur de nouvelles soumissions (art. 8 de l'ordonnance de 1836).

Il est dressé pour chaque adjudication un procès-verbal de toutes les opérations qui viennent d'être indiquées. Ce procès-verbal est signé par le préfet et l'adjudicataire. L'adjudicataire est lié désormais à l'égard de l'administration. Mais l'administration n'est pas encore définitivement liée à son égard.

610. L'article 11 de l'ordonnance du 4 décembre 1836 porte, en effet, que les adjudications sont toujours subordonnées à l'approbation du ministre compétent, et ne seront valables et définitives qu'après cette approbation, sauf les exceptions spécialement autorisées et rappelées dans les cahiers de charges. Or l'article 5 des clauses et conditions générales rappelle que l'adjudication n'est valable qu'après l'approbation de l'autorité compétente, et les concurrents se soumettent

complétement à cette condition en se présentant à l'adjudication. La dernière disposition en vigueur sur ce point est
contenue dans le tableau D annexé au décret du 13 avril 1861
(13°), qui donne au préfet le pouvoir d'approuver l'adjudication « dans tous les cas où les soumissions ne renfermeront
aucune clause extra-conditionnelle et où il n'aurait été présenté ni réclamation ni protestation. » Dans les autres cas,
c'est au ministre qu'il appartient d'approuver [1].

L'adjudication ne liant pas l'administration tant qu'elle
n'a pas été approuvée par l'autorité compétente, il s'en suit
que le refus d'approbation ne peut être l'objet d'un recours
devant le Conseil d'État [2]. Par la même raison, ce refus
n'ouvre pas un droit à indemnité au profit de l'adjudicataire
évincé. Cette règle posée dans plusieurs arrêts du Conseil
d'État, écrite dans l'article 3 des clauses et conditions générales de 1833, est reproduite dans l'article 5 des nouvelles
clauses et conditions générales.

611. Les concurrents de l'adjudicataire peuvent-ils demander l'annulation de l'adjudication en soutenant qu'elle
n'était pas régulière? Ils peuvent incontestablement s'adresser
au préfet ou au ministre pour faire valoir les raisons qui
doivent l'empêcher d'approuver une adjudication. Mais au-
raient-ils qualité pour déférer au Conseil d'État par la voie
contentieuse les décisions du préfet et du ministre qui auraient repoussé leur réclamation?

L'administration a plusieurs fois soutenu la négative, en se
fondant sur ce que les entrepreneurs qui se présentaient à une

[1] L'article 3 des clauses et conditions générales de 1833 réservait à l'administration
le droit de modifier le projet ou devis au moment même de l'approbation. Cette disposition, qui n'était sans doute pas appliquée, a disparu du nouveau cahier des clauses
et conditions générales.
[2] *Arr. Cons.* 17 janvier 1849 (*Cosse*).

adjudication n'auraient aucun droit contre l'administration qui n'avait contracté aucune obligation envers eux ; elle ajoutait que la publicité des adjudications était établie dans l'intérêt général, et qu'il n'appartenait pas au premier venu de veiller à l'accomplissement régulier des formalités établies par les lois de la matière. Le Conseil d'État n'a pas admis ce système. Sans doute le principe en vertu duquel les entreprises de travaux et de fournitures, qui intéressent l'État, les départements et les communes, doivent être adjugées avec concurrence et publicité, a été établi pour sauvegarder les intérêts du public et la dignité des administrateurs. Mais les concurrents qui se présentent à une adjudication ne sont pas les premiers venus. Ils sont appelés par les affiches à prendre part à l'adjudication; ils font des démarches, des études ; ils préparent des capitaux, ils déposent des cautionnements. L'administration qui les a dérangés de leurs affaires en leur annonçant qu'elle suivrait certaines formes pour les adjudications, s'est engagée implicitement envers eux à observer ces formes. D'autre part, les concurrents évincés n'agissent pas dans l'intérêt du public, quoique le public puisse profiter de la décision qui sera rendue; ils ont un intérêt personnel à faire tomber l'adjudication prononcée au profit d'un de leurs concurrents dont ils auraient pu prendre la place, si sa soumission avait été écartée pour cause d'irrégularité. Un intérêt de cette nature leur donne qualité pour présenter une réclamation par la voie contentieuse [1].

Toutefois la jurisprudence du conseil n'a pas admis qu'une irrégularité quelconque pût entraîner la nullité d'une adjudication. Le conseil n'a pas cru devoir non plus poser en

---

[1] *Arr. Cons.* 28 janvier 1856 (*Séguin*), — 26 juillet 1851 (*Martin*), — 1er mars 1865 (*Martin*). — 9 janvier 1868 (*Servat*).

principe que toute adjudication dans laquelle les formes essentielles auraient été arbitrairement violées devrait être déclarée nulle, sans qu'il y eut à rechercher si la violation de
ces formes avait pu exercer une influence sur les rapports
respectifs des entrepreneurs.

Dans toutes les affaires qui lui ont été soumises, il a re-
cherché quelle avait pu être l'influence de la violation des
formalités sur les résultats de l'adjudication. Une décision
du 29 novembre 1866 (*Gris*) a même considéré que certaines
formalités, comme la nécessité de produire un certificat de
capacité, ne constituaient qu'une garantie pour l'administration et étaient étrangères aux rapports des soumissionnaires,
les uns vis-à-vis des autres, que dès lors les concurrents
évincés ne pouvaient demander la nullité d'une adjudication
prononcée au profit d'un concurrent qui n'avait pas produit
ce certificat. Mais le conseil nous semble être revenu et avec
raison sur cette doctrine, dans un arrêt en date du 9 janvier 1868 (*Servat*). En effet, dans cette décision, si le conseil
a rejeté le pourvoi qui tendait à faire annuler une adjudication comme irrégulière, c'est en déclarant que les irrégula-
rités alléguées n'avaient d'importance ni au point de vue de
la libre concurrence qui doit exister entre les soumissionnaires, ni au point de vue de la bonne exécution des travaux[1].

612. Nous ne devons pas omettre de signaler les péna-
lités établies par la législation pour réprimer les entraves
apportées à la liberté des enchères. L'article 412 du code
pénal punit d'un emprisonnement de 15 jours au moins, de

[1] Dans cette affaire, on alléguait que le certificat de capacité produit par l'adjudicataire n'avait pas été visé par l'ingénieur en chef avant l'adjudication; mais l'ingénieur
en chef avait déclaré à l'ouverture de la séance publique qu'il pouvait témoigner de la
capacité et de la solvabilité de l'entrepreneur qui avait travaillé antérieurement sous
ses ordres. — On ajoutait que la soumission ne contenait pas élection de domicile dans
la commune déterminée par le cahier des charges.

5 mois au plus et d'une amende de 100 francs au moins et
de 5,000 francs au plus, ceux qui, dans les adjudications,
auraient troublé la liberté des enchères ou soumissions par
voie de-fait, violences ou menaces, soit avant, soit pendant les
enchères ou les soumissions, et ceux qui, par dons ou promesses, auraient écarté les enchérisseurs.

613. Les frais de l'adjudication sont à la charge de l'adjudicataire. L'article 7 des clauses et conditions générales de
1866 porte que l'entrepreneur verse, à la caisse du trésorier
payeur général, le montant des frais du marché. Ces frais,
dont l'état est arrêté par le préfet, ne peuvent être autres que
ceux d'affiches et de publication, ceux de timbre et d'expédition du devis, du bordereau des prix, du détail estimatif et
du procès-verbal d'adjudication et le droit fixe d'enregistrement de 2 francs (c'est par erreur que le nouveau cahier
des charges indique le droit fixe d'enregistrement de 1 franc;
l'article 73 de la loi du 15 mai 1818 a été modifié à cet
égard par l'article 8 de la loi de finances du 15 mai
1850 [1].

614. Nous devons terminer ce qui concerne les formes à
suivre pour les marchés par quelques mots sur les marchés
de gré à gré. On a vu que l'administration ne peut se soustraire au principe de l'adjudication publique que dans des
cas exceptionnels. Ces cas d'exception sont indiqués par
l'article 2 de l'ordonnance royale du 4 décembre 1836. On y
remarque notamment : « 1° les fournitures, transports, ou travaux dont la dépense totale n'excède pas 10,000 francs ou, s'il
s'agit d'un marché passé pour plusieurs années, dont la
dépense actuelle n'excède pas 3,000 francs; 2° les objets dont

---

[1] Pour le mode de payement des frais d'adjudication, voy. la circulaire ministérielle
du 17 avril 1867.

la fabrication est exclusivement attribuée à des porteurs de brevets d'invention, 4° ceux qui n'auraient qu'un possesseur unique ; 5° les ouvrages et les objets d'art et de précision dont l'exécution ne peut être confiée qu'à des artistes éprouvés.... 8° les fournitures, transports ou travaux qui n'auraient été l'objet d'aucune offre aux adjudications, ou à l'égard desquels il n'aurait été proposé que des prix inacceptables. Toutefois lorsque l'administration aura cru devoir arrêter et faire connaître un maximum de prix, elle ne devra pas dépasser ce maximum. »

D'après l'article 12 de la même ordonnance, les marchés de gré à gré sont passés par les ministres ou par les fonctionnaires qu'ils ont délégués à cet effet. Ils ont lieu, soit sur un engagement souscrit à la suite d'un cahier de charges, soit sur soumission souscrite par celui qui propose de traiter, soit sur correspondance, suivant les usages du commerce. Il peut y être suppléé par des achats faits sur simple facture pour les objets qui doivent être livrés immédiatement et dont la valeur n'excède pas 500 francs.

Les marchés de gré à gré passés par les délégués d'un ministre sont toujours subordonnés à son approbation, à moins, soit de nécessité résultant de force majeure, soit d'une autorisation spéciale ou dérivant des règlements.

L'article 1er des nouvelles clauses et conditions générales porte que « tous les marchés relatifs à l'exécution des travaux dépendant de l'administration des ponts et chaussées, qu'ils soient passés dans la forme d'adjudication publique ou qu'ils résultent de conventions faites de gré à gré, sont soumis, en tout ce qui leur est applicable, aux dispositions suivantes. » Il nous paraît résulter de cette disposition que les prescriptions relatives au certificat de capacité, au cautionnement et aux frais du marché sont applicables en cas de marché passé de gré à gré.

Un marché de gré à gré qui aurait été passé par le ministre en dehors des cas où l'ordonnance du 4 décembre 1836 les autorise, devrait être considéré comme nul, mais cette nullité ne pourrait, à notre avis, être prononcée que dans l'intérêt du Trésor et non sur la demande de l'entrepreneur, qui ne peut être recevable à se plaindre de la faveur qui lui a été accordée. C'est l'opinion de la plupart des auteurs qui ont examiné la question. Il en serait de même pour un marché passé par un fonctionnaire subordonné au ministre, sans son approbation.

Section III. — Des obligations qui naissent des marchés.

§ 1. — DU CAS D'EXÉCUTION NORMALE DU MARCHÉ.

615. Division du sujet.

I. — OBLIGATIONS RÉCIPROQUES DE L'ENTREPRENEUR ET DE L'ADMINISTRATION.

616. Obligation imposée à l'entrepreneur d'exécuter personnellement son marché. — Des sous-traités.

617. De la présence de l'entrepreneur sur le lieu des travaux et de l'élection de domicile.

618. Obligations relatives au choix et au nombre des commis et ouvriers.

619. Des règlements faits pour le bon ordre des travaux et la police des chantiers.

620. Obligations de l'entrepreneur relatives à l'exécution des travaux et à la fourniture des matériaux.

621. De la réception, de la mise en œuvre des matériaux. — Remplacement des matériaux rebutés et reconstruction des ouvrages qui ne sont pas conformes au devis ou dans lesquels il existe des vices de construction.

622. Règles relatives aux matériaux d'anciens ouvrages et aux objets trouvés dans les fouilles et démolitions.

623. De la fourniture des outils, ustensiles, équipages et magasins nécessaires à l'exécution des travaux.

624. Fourniture des outils et machines nécessaires aux épuisements.

625. Obligation de l'administration de faire exécuter par l'entrepreneur les travaux compris dans son marché.

626. Obligations de l'entrepreneur relativement au prix des travaux.

627. Du cas où des difficultés imprévues dans l'exécution donnent lieu à l'établissement d'un nouveau prix.

628. Des faux frais, des droits de navigation et d'octroi.

629. Des pertes subies par l'entrepreneur dans le cours de l'entreprise. — Des cas de force majeure.

630. Des pertes causées par le fait de l'administration.

II. — OBLIGATIONS DE L'ENTREPRENEUR ENVERS SES OUVRIERS.

631. Payement des salaires des ouvriers. — Privilége établi au profit des ouvriers.

632. Secours aux ouvriers blessés et malades.

633. Repos du dimanche.

III. — OBLIGATIONS DE L'ENTREPRENEUR ENVERS LES TIERS AUTRES QUE LES OUVRIERS.

634. De la réparation des préjudices causés aux propriétés privées par l'extraction des matériaux et l'occupation des terrains.

635. De la réparation des préjudices causés par les moyens d'exécution des travaux et par le fait des ouvriers.

636. Des subventions spéciales pour dégradations causées aux chemins vicinaux.

615. En indiquant l'esprit des clauses et conditions des marchés de travaux des ponts et chaussées, nous avons dit que l'État et l'entrepreneur étaient liés l'un envers l'autre. Il y a donc des obligations pour l'administration aussi bien que pour l'entrepreneur. Mais il ne serait pas facile, ni même utile de présenter en deux sections distinctes les obligations de chacune des deux parties. Il nous paraît préférable d'examiner la série des obligations de l'entrepreneur et de faire ressortir, sur chaque point, les obligations de l'administration qui y correspondent.

D'autre part, bien que l'ordre des dispositions des clauses et conditions générales de 1866 soit plus conforme à la logique que celui qu'on avait suivi pour les clauses de 1833, nous ne le suivrons pas davantage. Un exposé doctrinal exige des divisions propres à mettre en lumière tous les principes par des distinctions et des rapprochements que ne comporte pas une sorte de règlement comme les clauses et conditions générales[1].

---

[1] Nous croyons devoir signaler ici un *Commentaire des clauses et conditions gé-*

Les obligations respectives de l'entrepreneur et de l'administration peuvent être divisées en trois catégories : celles qui correspondent au cas d'exécution normale du marché, celles qui correspondent au cas de modification apportée au marché, celles qui correspondent à la rupture du marché.

Pour le cas d'exécution normale du marché, l'entrepreneur a des obligations envers l'administration, envers ses ouvriers, envers les tiers autres que ses ouvriers.

616. L'entrepreneur a d'abord, à l'égard de l'administration, des obligations qui concernent sa personne et le personnel qu'il emploie.

Il doit exécuter personnellement son marché, à moins d'une autorisation expresse de l'administration. Ce principe, écrit dans l'article 9 des clauses et conditions générales, dérive de la nature même du contrat de louage d'ouvrage. C'est en vue de sa capacité et de sa solvabilité personnelle que l'entrepreneur a été choisi ; il ne peut pas transmettre son marché sans le consentement de l'administration. L'ancien cahier des clauses et conditions générales interdisait d'une manière absolue la cession totale ou partielle de l'entreprise; l'article 9 des clauses nouvelles, plus conforme aux nécessités de la pratique, admet les sous-traités, pourvu que l'administration donne son consentement. Mais il ajoute que, dans tous les cas, l'entrepreneur demeure personnellement responsable, tant envers l'administration qu'envers les ouvriers et les tiers, de l'exécution de son marché.

L'article ajoute une sanction pénale à l'interdiction de céder l'entreprise sans autorisation. L'administration peut rompre le marché, et cela dans deux conditions différentes,

nérales, publié par M. Chatignier, avocat au Conseil d'État. Ce travail est de nature à rendre des services dans la pratique des affaires. Une nouvelle édition a paru en 1869.

soit le résilier purement et simplement, soit procéder à une nouvelle adjudication, à la folle enchère de l'entrepreneur, c'est-à-dire en lui faisant supporter la dépense supplémentaire qui résulterait de la différence de rabais entre les deux adjudications.

Du principe de la responsabilité personnelle de l'entrepreneur, la jurisprudence a tiré cette conséquence que lui seul peut discuter avec l'administration le décompte de son entreprise, et que ni les sous-traitants, ni les cautions, ni, d'une manière générale, les créanciers n'ont qualité à cet effet[1]. Cette jurisprudence a été critiquée par plusieurs auteurs. On soutient que le Conseil d'État fait une application inexacte de l'article 1166 du code Napoléon qui porte que les créanciers peuvent exercer tous les droits et actions de leur débiteur, à l'exception de ceux qui sont exclusivement attachés à la personne. En effet, le droit de demander le payement du prix d'un travail est pécuniaire et ne peut être considéré comme exclusivement attaché à la personne. Le Conseil d'État paraît avoir pensé qu'il y avait lieu de distinguer entre le droit qui appartient aux créanciers ou sous-traitants de l'entrepreneur de réclamer, en son lieu et place, le payement du montant des travaux, d'après le décompte régulièrement réglé et le droit de discuter contre l'administration les éléments d'un décompte, qui, d'après la procédure spéciale organisée par les clauses et conditions générales, doit être soumis par parties à l'entrepreneur, au domicile qu'il a dû élire dans ce but, et qui ne peut être l'objet d'une révision que si une réclamation dûment motivée a été présentée dans un délai très-bref. Le droit de discussion des éléments du décompte dans ces condi-

---

[1] *Arr. Cons.* 14 février 1834 (*Raquin*), — 12 février 1841 (*Best*), — 15 mars 1849 (*Rouvillois*), — 6 mars 1856 (*Corduriès*), — 10 février 1859 (*Brenon et consorts*).

tions lui a sans doute paru une action exclusivement attachée
à la personne.

617. L'entrepreneur doit toujours être présent sur le lieu
des travaux, ou du moins il ne doit s'éloigner pendant la durée
de l'entreprise qu'après avoir fait agréer par l'ingénieur un
représentant capable de le remplacer, de manière qu'aucune
opération ne puisse être retardée ou suspendue à raison de
son absence (article 12 des clauses et conditions générales).
C'est à l'ingénieur ordinaire sous la direction duquel sont
immédiatement placés les travaux que l'entrepreneur doit
s'adresser pour faire agréer son représentant, en cas
d'absence.

L'article 5 des clauses de 1833 interdisait à l'entrepreneur
de s'éloigner du lieu des travaux, sauf pour affaires relatives
à son marché. Il y avait là une rigueur qui n'était pas justifiée et à laquelle on ne pouvait tenir dans la pratique ; la
nouvelle rédaction l'a fait disparaître avec raison.

L'entrepreneur accompagne les ingénieurs dans leurs tournées toutes les fois qu'il en est requis.

Il doit, en outre, élire domicile à proximité des travaux et faire connaître le lieu de ce domicile au préfet.
Le but de cette élection de domicile est de permettre une
notification rapide de tous les ordres de service et décomptes
relatifs à l'entreprise. D'après la formule des soumissions
que nous avons mentionnée plus haut, l'élection de domicile doit être indiquée dans la soumission. L'article 8 des
clauses et conditions générales a cru utile de prévoir le cas
où cette indication aurait été omise. Il porte que, si l'élection
de domicile n'a pas été faite et indiquée au préfet dans un
délai de quinze jours à partir de l'approbation de l'adjudication, toutes les notifications qui se rattachent à l'entre-

prise sont valables, lorsqu'elles ont été faites à la mairie de la commune désignée à cet effet par le devis ou par l'affiche d'adjudication.

618. L'entrepreneur a des obligations relatives au choix du personnel qu'il emploie, au nombre des ouvriers. D'après l'article 13, il ne peut prendre pour commis et chef d'atelier que des hommes capables de l'aider et de le remplacer au besoin dans la conduite et le métrage des travaux.

L'ingénieur a le droit d'exiger le changement ou le renvoi des agents et ouvriers de l'entrepreneur pour insubordination, incapacité ou défaut de probité. Mais on comprend aisément que le droit réservé aux ingénieurs en pareil cas ne doit être exercé qu'à coup sûr et avec beaucoup de ménagements[1].

Du reste, l'article 13 ajoute que l'entrepreneur demeure responsable des fraudes et des mal-façons qui seraient commises par ses agents et ouvriers dans la fourniture et dans l'emploi des matériaux. C'est une application pure et simple de l'article 1384 du code Napoléon.

L'article 14, qui reproduit l'article 20 des clauses de 1833, dispose que le nombre des ouvriers est toujours proportionné à la quantité d'ouvrage à faire, et que, pour mettre l'ingénieur à même d'assurer l'accomplissement de cette condition, il lui est remis périodiquement, aux époques par lui fixées, une liste nominative des ouvriers. Les devis et cahiers des charges ajoutent parfois des stipulations spéciales relatives au nombre des ouvriers.

619. Enfin l'article 11 porte que l'entrepreneur est tenu d'observer tous les règlements qui sont faits par le préfet, sur

---

[1] Voir les articles 18 et 19 des clauses de 1833.

la proposition de l'ingénieur en chef, pour le bon ordre des travaux et la police des chantiers.

Cette rédaction diffère, dans une certaine mesure, de celle de l'article 29 des clauses de 1833. D'après cet article, l'ingénieur en chef faisait tous les règlements nécessaires pour le bon ordre des travaux et pour l'exécution des clauses du devis. Ces règlements devaient être visés par le préfet, lorsqu'il aurait été reconnu par ce magistrat qu'ils n'imposaient pas de nouvelles charges à l'entrepreneur, pour lequel, dès lors, ils étaient obligatoires. Il a paru plus conforme aux attributions respectives des ingénieurs en chef et des préfets d'indiquer que le règlement serait proposé par l'ingénieur en chef et signé par le préfet, qui a seul autorité.

D'autre part, on a restreint soigneusement la portée de ces règlements au bon ordre des travaux et à la police des chantiers. L'ancienne rédaction pouvait prêter à des abus en permettant de faire des règlements pour l'exécution des clauses du devis. Du reste, quoique la rédaction actuelle ne le stipule pas, il est évident que, si les règlements faits pour la police du chantier ou le bon ordre des travaux avaient pour résultat d'imposer à l'entrepreneur des charges que ne lui imposait pas le devis de l'entreprise, il aurait droit à une indemnité. C'est ce que le Conseil d'État a reconnu, sous l'empire de l'ancien cahier des clauses et conditions générales, dans une affaire où les ingénieurs avaient interdit absolument à l'entrepreneur d'employer, pour l'exécution de déblais considérables, le procédé dit des mines sèches, habituellement usité, mais qui, dans l'espèce, avait donné lieu à quelques accidents[1].

620. Indiquons maintenant les obligations de l'entrepre-

---

[1] *Arr. Cons.* 2 juin 1866 (*Fabre*).

neur envers l'administration relativement à l'exécution des travaux, à la fourniture et à l'emploi des matériaux.

D'après l'article 10, § 1er, des clauses et conditions générales, l'entrepreneur doit commencer les travaux dès qu'il en a reçu l'ordre de l'ingénieur. Il se conforme strictement aux plans, profils, tracés, ordres de services, et, s'il y a lieu, aux types et modèles qui lui sont donnés par l'ingénieur ou ses préposés en exécution du devis. L'expédition certifiée des dessins et autres pièces nécessaires à l'exécution des travaux doit, aux termes de l'article 6, § 2, être remise gratuitement à l'entrepreneur.

Les matériaux à fournir doivent être pris dans les lieux indiqués au devis. L'entrepreneur y ouvre, au besoin, des carrières à ses frais (art. 19, § 1). Nous verrons plus loin les obligations imposées à l'entrepreneur à l'égard des propriétaires de carrières.

621. L'article 22 porte que les matériaux doivent être de la meilleure qualité dans chaque espèce, être parfaitement travaillés et mis en œuvre conformément aux règles de l'art et qu'ils ne peuvent être employés qu'après avoir été vérifiés et provisoirement acceptés par l'ingénieur ou par ses préposés. Toutefois l'article ajoute que, nonobstant cette réception provisoire et jusqu'à la réception définitive des travaux, ils peuvent, en cas de surprise, de mauvaise qualité, ou de malfaçon, être rebutés par l'ingénieur et qu'ils sont alors remplacés par l'entrepreneur.

Mais l'appréciation de l'ingénieur ordinaire ni celle de l'ingénieur en chef ne peuvent être souveraines à cet égard. La question de savoir si l'entrepreneur a rempli les conditions de son marché en fournissant les matériaux de la qualité prévue au devis est une question qui, par sa nature, doit être soumise, en cas de contestation, à la juridiction compétente. Le Conseil d'État l'avait déjà reconnu, en présence de l'article 12 de l'ancien cahier des clauses et conditions générales, qui indiquait que, en cas de contestation, il serait statué par l'administration ce qu'il appartiendrait. Les nouvelles clauses et conditions générales ne laissent pas subsister de doute à ce sujet : les articles 50 et 51 organisent, pour les réclamations qui peuvent s'élever au sujet de la réception des matériaux, une procédure qui aboutit au conseil de préfecture.

Ce n'est pas seulement au point de vue de la qualité des matériaux que l'entrepreneur doit se conformer aux prescriptions du devis; c'est aussi au point de vue de leur dimension et de leur mise en œuvre. D'après l'article 23, l'entrepreneur ne peut de lui-même apporter aucun changement au projet. Il est tenu de faire immédiatement, sur l'ordre des ingénieurs, remplacer les matériaux ou reconstruire les ouvrages dont les dimensions ou les dispositions ne sont pas conformes au devis. Toutefois, si les ingénieurs reconnaissent que les changements faits par l'entrepreneur ne sont contraires ni à la solidité, ni au goût, les nouvelles dispositions peuvent être maintenues. Mais alors l'entrepreneur n'a droit à aucune augmentation de prix à raison des dimensions plus fortes ou de la valeur plus considérable que peuvent avoir les matériaux ou les ouvrages; dans ce cas, les métrages sont basés sur les dimensions prescrites par le devis. Si, au contraire, les dimensions sont plus faibles ou la valeur des matériaux moindre, les prix sont réduits en conséquence[1].

Les contestations auxquelles l'application du § 2 de cet article peut donner lieu sont jugées dans les formes prévues par les articles 50 et 51, que nous avons déjà cités.

[1] Le nouvel article 23 correspond à l'ancien article 14.

Enfin, lorsque les ingénieurs présument qu'il existe dans les ouvrages des vices de construction, ils ordonnent, soit en cours d'exécution, soit avant la réception définitive, la démolition et la reconstruction des ouvrages présumés vicieux. Les dépenses résultant de cette vérification sont à la charge de l'entrepreneur, lorsque les vices de construction sont constatés et reconnus (art. 27)[1].

622. Les clauses et conditions générales imposent certaines obligations à l'entrepreneur relativement aux matériaux d'anciens ouvrages. D'après l'art. 24, dans le cas où l'entrepreneur a à démolir d'anciens ouvrages, les matériaux sont déplacés avec soin, pour qu'ils puissent être façonnés de nouveau et réemployés, s'il y a lieu.

Aux termes de l'art. 25, l'administration se réserve la propriété des matériaux qui se trouvent dans les fouilles et démolitions faites dans des terrains appartenant à l'État, sauf à indemniser l'entrepreneur de ses soins particuliers. Elle se réserve également les objets d'art et de toute nature qui pourraient s'y trouver, sauf indemnité à qui de droit. Cette dernière clause est écrite en vue d'échapper à l'application de l'art. 716 du code Napoléon sur le trésor.

623. En outre des matériaux, l'entrepreneur doit fournir, à ses frais, les magasins, équipages, voitures, ustensiles et outils de toute espèce, nécessaires à l'exécution des travaux, sauf les exceptions stipulées au devis. Sont également à sa charge l'établissement des chantiers et chemins de service et les indemnités y relatives, les frais de tracé des ouvrages, les cordeaux, piquets et jalons, les frais d'éclairage des chantiers, s'il y a lieu, et généralement toutes les menues dé-

---

[1] Cet article correspond à l'ancien article 15. — Voy. un arrêt du 28 juillet 1860 (*Guernet*) qui en avait fait l'application.

penses et tous les faux frais relatifs à l'entreprise (art. 18).

Les derniers mots de l'article montrent que l'énumération qui précède n'est pas limitative; mais on ne doit comprendre dans les faux frais de l'entreprise que les frais relatifs aux travaux prévus par le devis [1].

624. L'entrepreneur est encore obligé de fournir les outils et machines nécessaires pour l'exécution des travaux qui se rattachent à son entreprise, bien qu'ils ne rentrent pas dans son marché, par exemple les épuisements et autres travaux qui s'exécutent en régie, parce qu'on ne peut en prévoir l'importance et les frais.

Dans les clauses et conditions générales de 1833 (art. 23 et 24) il y avait à cet égard un système assez compliqué. L'entrepreneur devait faire les travaux; les dépenses étaient constatées par attachement; elles lui étaient remboursées avec un quarantième en sus pour le dédommager de ses avances de fonds. On lui allouait en outre deux quarantièmes pour les frais d'outils, la fourniture et l'entretien des machines.

D'après l'art. 17 des nouvelles clauses et conditions générales, l'entrepreneur doit, s'il en est requis, fournir les outils et machines; le loyer et l'entretien de ce matériel lui sont payés aux prix de l'adjudication, mais il n'a plus à procurer des ouvriers et à faire l'avance de leurs salaires [2].

Telles sont les obligations de l'entrepreneur relatives à l'exécution des travaux, à la fourniture et à l'emploi des matériaux, et à la fourniture des outils, équipages et machines, en cas d'exécution normale du marché.

---

[1] Voy. *Arr. Cons.* 6 juillet 1863 (*Gariel*), — 20 juin 1865 (*Dagieu*).

[2] Voy. à ce sujet la circulaire du 30 juin 1869, dans laquelle le ministre insiste sur le changement de système adopté par l'administration.

625. De son côté, l'administration est obligée de faire exécuter par l'entrepreneur les travaux compris dans son adjudication, à moins qu'elle ne se trouve dans un des cas où elle peut rompre le marché. Mais elle ne pourrait pas arbitrairement lui enlever une partie des travaux qui faisaient l'objet du marché et les confier à un autre entrepreneur. L'entrepreneur qui aurait été privé du droit d'exécuter une portion des travaux adjugés aurait droit à une indemnité[1].

Toutefois l'administration se réserve la faculté d'enlever à l'entrepreneur la fourniture d'une partie des matériaux. L'art. 17 des clauses de 1833 portait que toutes les fois que, pour des motifs d'économie ou de célérité, on croira devoir employer des matières neuves ou de démolition appartenant à l'État, l'entrepreneur ne sera payé que de ses frais de main-d'œuvre et d'emploi, sans pouvoir réclamer de dommages-intérêts pour manque de gain sur les fournitures supprimées. L'art. 26 des nouvelles clauses reproduit la même disposition dans d'autres termes[1].

626. Étudions maintenant les obligations de l'entrepreneur envers l'administration quant au prix des travaux.

L'entrepreneur doit exécuter tous les travaux qu'il a soumissionnés aux prix fixés par le devis et en subissant le rabais qu'il a proposé. Aux termes de l'art. 42, qui reproduit la disposition contenue dans l'art. 11 de l'ancien cahier des clauses et conditions générales, l'entrepreneur ne peut, sous

---

[1] *Arr. Cons.* 30 juin 1859 (*Bernard*), — 28 juillet 1864 (*Genève-Brault*), — 13 août 1867 (*commune de Dangé*), — 13 février 1868 (*Avril et Isouard*).

[2] L'article 8 des clauses de 1833 imposait en outre à l'entrepreneur, dans le cas d'adjudication en continuation d'ouvrages, l'obligation d'accepter, au prix de la nouvelle adjudication, les matériaux approvisionnés par l'entrepreneur sortant et que celui-ci déclarait vouloir céder, si ces matériaux étaient reconnus avoir les qualités requises. Les outils et équipages devaient être payés à dire d'experts.

Cette disposition, qui ne s'appliquait qu'à des travaux spéciaux, comme les travaux d'entretien de canaux, n'a pas été reproduite dans les clauses de 1866.

aucun prétexte, revenir sur les prix du marché qui ont
été consentis par lui. L'ancien art. 11 donnait le motif de
cette disposition en rappelant « que l'entrepreneur avait dû
se rendre préalablement un compte exact des prix, et qu'il
était censé avoir refait et vérifié tous les calculs d'appréciation.»

Les prix du marché se trouvent, nous l'avons déjà indiqué,
dans le bordereau des prix qui, depuis la circulaire du
10 juillet 1858, est la seule pièce qui ait autorité à cet égard.
Il faut distinguer soigneusement, ainsi que le rappelle cette
circulaire, les deux parties de l'analyse des prix. « La première et la plus importante, désignée sous la dénomination
de bordereau des prix, sert de base aux adjudications. Les
prix sont énumérés sans aucun détail, sans le mélange d'aucun
chiffre étranger qui puisse amener une confusion. Une observation, imprimée sur la première page, avertit le lecteur de
la portée de ces chiffres et appelle l'attention des intéressés.
La seconde partie, sous le simple titre de renseignements,
comprend les sous-détails et les calculs au moyen desquels
les ingénieurs sont arrivés à l'établissement des prix. Il est
bien évident qu'en général, il doit y avoir concordance entre
les deux parties ; mais si, par exception, ce fait ne se réalisait
pas, la formule adoptée avertit clairement les entrepreneurs que les prix du bordereau seraient seuls applicables.»

La règle posée dans l'art. 11 des clauses de 1833 et reproduite dans le nouvel art. 42 a été très-fréquemment
appliqué par le Conseil d'État. Vainement les entrepreneurs
ont allégué que, dans le sous-détail, il s'était glissé des erreurs, que les ingénieurs avaient omis, parmi les éléments
du prix d'application, soit l'emmétrage des matériaux, soit le
déchet de la pierre, soit le dixième de bénéfice, ou qu'ils

avaient mal apprécié la distance des carrières ou la valeur des matériaux. Vainement ils ont signalé des erreurs matérielles dans les additions du sous-détail[1]. Toujours il leur a été répondu que c'était sur les prix du bordereau et non sur les renseignements élémentaires contenus dans le sous-détail qu'avait porté le marché.

La réponse a été la même alors que les entrepreneurs ont demandé la modification des prix, en soutenant qu'ils ne répondaient pas à la difficulté du travail qu'ils avaient dû accomplir[2].

627. Toutefois, il s'est rencontré des cas où l'application rigoureuse de cette règle aurait été contraire à l'équité. Ainsi, quand le Conseil d'État a dû reconnaître que les faits qui se rencontraient dans l'exécution des travaux étaient très-sensiblement différents de ceux qui avaient été prévus par l'État et par l'entrepreneur au moment de la conclusion du marché, il a pensé qu'on ne pouvait pas appliquer le prix du marché; qu'il fallait considérer le travail, exécuté avec des difficultés tout à fait imprévues, comme un travail imprévu, et fixer en conséquence un prix nouveau, conformément aux règles que nous indiquerons bientôt pour les ouvrages imprévus. C'est à l'occasion de difficultés exceptionnelles rencontrées dans les déblais que ces décisions ont été rendues. Les entrepreneurs avaient eu à extraire, soit des rochers au lieu de terre ou de glaise, soit des rochers d'une dureté extraordinaire, dont rien n'avait révélé l'existence. Dans une des affaires où la question a été débattue, l'entrepreneur

---

[1] *Arr. Cons.* 9 février 1860 (*Dupeu*),— 24 janvier 1867 (*Agnus*),— 25 avril 1867 (*Pinelli*), — 20 juin 1867 (*Godbarge*), — 7 janvier 1869 (*Flasselière*), — 11 août 1869 (*Dar*).
[2] *Arr. Cons.* 29 mars 1851 (*Caron*), — 14 juin 1855 (*Dixmier*), — 50 juin 1859 (*Bernard*), — 9 avril 1868 (*Martine*).

avait été induit en erreur par des sondages inexacts[1]. Dans d'autres, il n'avait pas été exécuté de sondages, et les appréciations de la nature du terrain avaient été faites d'après l'état de la couche superficielle et l'aspect de tranchées voisines [2].

Dans une affaire de cette nature, le Conseil d'État n'a pas même été arrêté par une clause portant que, quelle que fût la nature du terrain, le prix alloué à l'entrepreneur pour les fouilles était de 0 fr. 60. Comme il lui était justifié par un rapport d'experts que ce prix indiquait qu'on n'avait eu en vue que des fouilles en terre franche, il a alloué un prix supplémentaire à l'entrepreneur pour l'extraction de blocs erratiques qui avaient exigé l'emploi du coin et de la masse[3]. Enfin il faut signaler une affaire dans laquelle l'entrepreneur a obtenu du conseil de préfecture une indemnité très-considérable, mais qui n'a pas été soumise au Conseil d'État, parce que le ministre des travaux publics, conformément à l'avis du conseil général des ponts et chaussées, n'a pas cru devoir former un pourvoi. L'entrepreneur chargé d'un des lots du chemin de fer de Rennes à Brest avait rencontré dans la tranchée de Guerbastion des roches d'une dureté tellement exceptionnelle, que l'administration avait reconnu juste d'élever de 2 fr. à 7 fr. 50 le prix du mètre cube de déblais. Les difficultés s'étant accrues encore, l'entrepreneur a soumis une réclamation au conseil de préfecture, qui, après une expertise dans laquelle le tiers expert était un inspecteur général des ponts et chaussés, a fixé le nouveau prix à 11 fr. 50 pour certains déblais et à 14 fr. 50 pour d'autres.

Toutefois il ne faudrait pas voir dans ces décisions excep-

---

[1] *Arr. Cons.* 8 février 1855 (*Anssart-Manem*).

[2] *Arr. Cons.* 16 décembre 1864 (*Nercam*), — 2 juin 1866 (*Fabre*), — 18 mars 1869 (*Veyret*), — 5 mai 1869 (*Nercam*).

[3] *Arr. Cons.* 23 janvier 1862 (*Oliva*).

tionnelles, si équitables d'ailleurs, une atteinte profonde au principe posé dans l'art. 42 des clauses et conditions générales de 1866. Cet article reste toujours la règle dans tous les cas où l'on ne peut pas justifier que le travail exécuté, quelque onéreux qu'il soit pour l'entrepreneur, fût en dehors des prévisions qui avaient servi de base au marché[1].

L'augmentation des prix des matériaux et de la main-d'œuvre peut être une cause de préjudice pour l'entrepreneur, mais elle ne peut lui donner le droit de demander une indemnité[2]. Seulement, ainsi que nous le verrons plus loin, si cette augmentation est telle que la dépense totale des ouvrages restant à exécuter dépasse d'un sixième les prévisions du devis, l'entrepreneur a le droit, en vertu de l'article 55 des nouvelles clauses, de demander la résiliation du marché.

628. Le prix alloué à l'entrepreneur dans le bordereau est destiné à rémunérer l'entrepreneur de tous les frais de fourniture des matériaux, de celle des outils et ustensiles de toute sorte et de la main-d'œuvre. Il comprend également tous les faux frais de l'entreprise que l'article 18 des clauses de 1866 indique en partie.

Il s'est élevé quelquefois des discussions sur le point de savoir si l'entrepreneur devait payer aussi les droits de navigation et les droits d'octroi.

En ce qui touche les droits de navigation, le Conseil d'État a décidé que ces droits font partie des frais de transport des matériaux ; que, dès lors, l'entrepreneur ne peut en

---

[1] On peut consulter à ce sujet une *Étude sur la jurisprudence en matière de marchés de terrassements*, par M. W. Nordling, un des ingénieurs en chef de la compagnie du chemin de fer d'Orléans. Il importe d'étudier les circonstances dans lesquelles chaque décision a été rendue pour éviter les difficultés et les mécomptes qui se sont produits.

[2] *Arr. Cons.* 28 janvier 1858 (*Marcellin*), — 7 juin 1865 (*Driot*).

demander le remboursement en sus du prix stipulé pour la fourniture des matériaux[1].

Quant aux droits d'octroi, comme ils constituent un impôt essentiellement variable et non un impôt général, le Conseil a décidé que l'intention des parties à cet égard devait être recherchée et que les entrepreneurs devaient en être déchargés, s'il résultait de la manière dont les calculs du prix des matériaux avaient été établis que ces droits n'étaient pas entrés en ligne de compte[2]. Pour éviter toute difficulté, il est utile d'insérer dans le devis des clauses expresses à cet égard.

629. L'article 28 des clauses de 1866, identique à l'ancien article 26, règle les obligations de l'administration au sujet des pertes que peut subir l'entrepreneur en cours d'entreprise.

Il indique, d'abord, et cela ne pouvait donner lieu à aucun doute, qu'il n'est alloué à l'entrepreneur aucune indemnité à raison des pertes, avaries ou dommages occasionnés par négligence, imprévoyance, défaut de moyens ou fausses manœuvres.

Mais il ajoute qu'il n'en est pas de même des cas de force majeure, pourvu que ces événements aient été signalés par l'entrepreneur, dans le délai de dix jours au plus. Passé le délai de dix jours, l'entrepreneur n'est plus admis à réclamer. L'allocation des indemnités doit du reste être approuvée par l'administration supérieure.

Cette disposition est plus favorable aux entrepreneurs que ne le serait celle de l'article 1788 du code Napoléon, qui fait supporter les pertes par l'entrepreneur, tant que la

[1] *Arr. Cons.* 22 avril 1868 (*Niclotte*).
[2] *Arr. Cons.* 12 août 1854 (*Jourdan*), — 27 novembre 1856 (*Seive*), — 15 avril 1858 (*Sarrat*), — 7 juin 1865 (*Driot*), — 10 juin 1868 (*Compagnie générale des asphaltes*).

chose, c'est-à-dire l'ouvrage à exécuter, n'est pas livrée ou en état de réception.

Que faut-il entendre par les cas de force majeure? On désigne ainsi, dans le langage du droit, tous les événements fâcheux dus à des causes naturelles ou au fait de l'homme, en dehors des prévisions ordinaires; les faits calamiteux qui, par leur gravité, apportent un obstacle considérable à l'exécution normale des travaux, dégradent ou enlèvent les matériaux, renversent les ouvrages. Il est nécessaire que les faits aient un caractère anormal et d'une gravité exceptionnelle pour être considérés comme des cas de force majeure. Ainsi des pluies prolongées, lors même qu'elles causent certains dégâts aux déblais ou qu'elles rendent les transports plus difficiles, n'ont pas ce caractère [1].

Mais on doit considérer comme des cas de force majeure une crue de rivière imprévue [2], une trombe et un ouragan qui entraînent des accidents graves [3], une tempête [4]. Néanmoins si l'entrepreneur n'avait pas pris les précautions nécessaires pour éviter les conséquences d'une inondation probable, il ne serait pas fondé à réclamer une indemnité [5]. Sa réclamation ne serait pas plus fondée s'il n'avait subi d'accident que par suite de l'emploi d'un mode de transport que ne lui imposait pas son cahier des charges [6].

Quant au fait de l'homme, il faut que ce soit un de ces faits à raison desquels l'entrepreneur n'aurait pas de recours possible contre leurs auteurs, par exemple, l'invasion d'une armée ennemie. Mais s'il s'agissait d'un vol ou d'un dégât

---

[1] *Arr. Cons.* 19 mai 1864 (*Bacquey*).

[2] *Arr.* 5 janvier 1860 (*Jolly*).

[3] *Arr.* 19 mai 1864 (*Bacquey*).

[4] *Arr.* 30 janvier 1868 (*Masson*).

[5] *Arr.* 8 avril 1858 (*Dalbiez*), — 5 mai 1864 (*Boisard*), — 19 mai 1864 (*Aubert*).

[6] *Arr.* 19 mai 1864 (*Aubert*).

causé par un voisin, l'administration ne serait pas obligée de dédommager l'entrepreneur[1].

Pour être recevable à réclamer une indemnité, il faut que l'entrepreneur signale l'événement dans le délai de dix jours au plus. L'article 28 est formel à ce sujet. On comprend, en effet que, le plus souvent, les conséquences des accidents ne pourraient pas être appréciées si elles n'étaient immédiatement constatées. La jurisprudence du Conseil d'État applique strictement la fin de non-recevoir établie dans les clauses et conditions générales[2]. Mais l'entrepreneur a fait tout ce qui lui était imposé par son contrat, quand il a signalé les événements. Le fait que les ingénieurs n'auraient pas constaté les pertes ne peut être opposé à l'entrepreneur[3].

630. Si l'administration est obligée, aux termes de l'article 28, d'indemniser l'entrepreneur des pertes qu'il subit par suite des cas de force majeure, à plus forte raison est-elle obligée de l'indemniser des préjudices qu'elle lui cause par son fait. Il en est ainsi dans le cas où l'entrepreneur a été obligé par les ordres des ingénieurs d'exécuter, au mois de décembre et de janvier, des maçonneries qui ont été dégradées par les gelées[4]; dans le cas où l'administration a gêné l'exécution des travaux par l'installation d'un atelier organisé pour effectuer des épuisements en régie[5], et encore dans le cas où la mauvaise exécution des épuisements au compte de l'administration a rendu les travaux plus difficiles et plus couteux[6].

631. Venons maintenant aux obligations de l'entrepreneur envers ses ouvriers. Il en a trois qui lui sont

[1] *Arr. Cons.* 19 mai 1864 (*Bacquey*).
[2] *Arr.* 19 mai 1864 (*Jacquelot*).
[3] *Arr.* 19 février 1868 (*Beau*).
[4] *Arr.* 7 juin 1865 (*Driot*).
[5] *Arr.* 30 juin 1866 (*Alazard*).
[6] *Arr.* 19 février 1868 (*Beau*).

imposées par les clauses et conditions générales de 1866.

D'abord, aux termes de l'article 15, il doit payer ses ouvriers tous les mois, ou à des époques plus rapprochées, si l'administration le juge nécessaire. En cas de retard régulièrement constaté, l'administration se réserve la faculté de faire payer d'office les salaires arriérés sur les sommes dues à l'entrepreneur, sans préjudice des droits réservés par la loi du 26 pluviôse an II aux fournisseurs qui auraient fait des oppositions régulières.

Cette disposition est nouvelle. L'ancien article 11 se bornait à indiquer parmi les charges de l'entreprise le payement des salaires d'ouvriers. L'administration a plusieurs fois constaté que, dans diverses circonstances, les ouvriers des entrepreneurs avaient attendu deux ou trois mois le payement de leurs salaires. Il y avait là un fait doublement regrettable au point de vue de l'humanité et au point de vue de la bonne exécution des travaux. Le nouveau cahier des charges fait intervenir l'administration pour assurer le payement des salaires.

L'article 15 réserve le privilége attribué aux fournisseurs par la loi du 26 pluviôse an II. Cette loi accorde en effet aux ouvriers comme aux fournisseurs de matériaux et autres objets nécessaires à l'entreprise le droit d'être payés, avant tous les créanciers particuliers de l'entrepreneur, sur les fonds dus par l'État aux entrepreneurs.

Les priviléges, étant de droit étroit, doivent être appliqués strictement au cas prévu par la loi. Aussi la cour de cassation a-t-elle décidé que celui qui résulte de la loi précitée ne peut être invoqué qu'à l'occasion des travaux exécutés pour le compte de l'État et non des travaux exécutés pour des départements, des communes ou des compagnies concessionnaires [1].

___

[1] *Arr. Cassation*, 18 janvier 1854 (*Febvre*), — 9 août 1859 (*Marionnaud*), —

Et il est bon d'ajouter que l'entrepreneur ne peut, au moyen de conventions particulières, créer au profit de quelques-uns des créanciers privilégiés par la loi du 28 pluviôse an II des causes de préférence que la loi ne reconnaît pas. Les ouvriers et fournisseurs des matériaux de l'entreprise sont tous sur le pied de l'égalité[1].

632. L'entrepreneur doit, en outre, aux termes du nouvel article 16, supporter sur les sommes qui lui sont dues, une retenue d'un centième pour assurer, sous le contrôle de l'administration, des secours aux ouvriers atteints de blessures ou de maladies occasionnées par les travaux, à leurs veuves et à leur enfants et de subvenir aux dépenses du service médical. La partie de cette retenue qui reste sans emploi à la fin de l'entreprise est remise à l'entrepreneur. Si, au contraire, le montant de la retenue n'est pas suffisant, il y est pourvu par l'administration.

L'organisation des secours aux ouvriers blessés ou malades avait été réclamée avec instance, dès 1837, dans une remarquable brochure, par M. Emmery, alors ingénieur en chef directeur du département de la Seine[2], qui faisait connaître les résultats des mesures pratiquées par lui dans l'exécution d'importants travaux, notamment du canal de Saint-Maur. Elle a été réalisée par un arrêté ministériel du 15 décembre 1848, modifié par un autre arrêté du 22 octobre 1851. Les ouvriers sont soignés gratuitement à l'hopital ou à domicile. Pendant la durée de l'interruption du travail, ils reçoivent la moitié du salaire qu'ils auraient pu gagner. Toutefois ceux qui sont soignés à l'hospice ne reçoivent cette

---

16 juillet 1860 (*Gœpfer*), Dalloz, 1854, 1, p. 121; — 1859, 1, p. 454, 1860, 1, p. 387.

[1] *Arr. Cassation*, 22 janvier 1868 (*Berthelot*), Dalloz, 1868, 1, p. 55.

[2] *De l'amélioration du sort des ouvriers dans les travaux publics.*

indemnité que s'ils sont mariés ou s'ils ont des charges de famille. Lorsque, par suite de blessures, ils sont devenus impropres au travail de leur profession, ils reçoivent la moitié de leur salaire pendant une année à partir du jour de l'accident. En cas de mort, la veuve ou la famille reçoivent une indemnité de 300 francs. Les secours peuvent d'ailleurs être augmentés par décision du ministre des ravaux publics.   ·

Il est facile d'apercevoir que l'organisation des secours aux ouvriers blessés, qui semble imposer des charges à l'entrepreneur, au moins jusqu'à concurrence de la retenue du centième qu'il doit subir sur les payements qui lui sont faits, n'impose en réalité de charges qu'à l'administration. Les entrepreneurs, prévenus à l'avance par le cahier des clauses et conditions générales qu'ils auront à subir cette retenue d'un centième, font, en effet, leurs propositions de rabais en conséquence.

C'est ici le lieu de rappeler que les ouvriers peuvent, par des versements à la caisse d'assurance en cas d'accidents ou à la caisse d'assurance en cas de décès, organisées toutes deux par la loi du 11 juillet 1868, obtenir des secours plus considérables pour eux ou pour leurs familles.

D'ailleurs, en outre de ces secours organisés par la prévoyance de l'administration, les ouvriers peuvent obtenir des indemnités par la voie juridique, en se fondant non plus sur le cahier des clauses et conditions générales, mais sur les articles 1382 et 1383 du code Napoléon, lorsque les accidents dont ils ont été victimes sont imputables à la faute, à la négligence ou à l'imprudence de l'entrepreneur. L'administration n'est pas responsable des accidents quand les ouvriers travaillent sous la direction de l'entrepreneur [1].

---

[1] *Arr. Cons.* 23 juillet 1868 (*Nachon*).

633. L'entrepreneur doit encore laisser aux ouvriers le repos du dimanche. Cette mesure a été rendue obligatoire sur les chantiers des travaux du service des ponts et chaussées par deux circulaires ministérielles du 20 mars 1849 et du 10 novembre 1851. Elle était rappelée, depuis cette époque, dans tous les devis. Lors de la révision des clauses et conditions générales, l'obligation de l'entrepreneur a été écrite dans l'article 11, § 2, en ces termes : « Il est interdit à l'entrepreneur de faire travailler les ouvriers les dimanches et jours fériés. Il ne peut être dérogé à cette règle que dans les cas d'urgence et en vertu d'une autorisation écrite ou d'un ordre de service de l'ingénieur. »

634. L'entrepreneur est tenu de réparer directement les dommages qu'il cause aux tiers par le fait de l'exécution des travaux. Toutefois il va de soi qu'il ne s'agit pas ici des dommages qui résultent du plan même des travaux exécutés, par exemple de la dépréciation causée à une propriété par le changement de niveau de la route dont elle était riveraine. L'administration est seule responsable de cette espèce de préjudice. Nous voulons parler des dommages qui résultent soit de la faute ou de la négligence de l'entrepreneur ou bien de la faute et de la négligence des ouvriers dont il est responsable, soit de l'accomplissement des obligations qui lui sont imposées par le marché.

Ainsi, nous avons indiqué déjà que les frais d'établissement des chantiers et des chemins de service pour lesquels il faut occuper temporairement des propriétés privées sont à sa charge, en vertu d'une disposition expresse de l'article 18. De même, en vertu de l'article 19, § 2, il paye, sans recours contre l'administration et en se conformant aux lois et règlements sur la matière, tous les dommages qu'ont pu occa-

sionner la prise ou l'extraction, le transport et le dépôt des
matériaux qu'il est tenu de fournir.

L'article 19, § 4, exige même qu'il justifie, toutes les fois
qu'il en est requis, de l'accomplissement des obligations énoncées dans cet article, ainsi que du payement des indemnités
pour établissement de chantiers et chemins de service.

Nous ne pouvons indiquer ici d'une manière incidente les
règles relatives à l'extraction des matériaux et à l'occupation
des terrains : elles demandent une étude approfondie ; il suffit
de signaler les obligations que le cahier des clauses et conditions générales impose à cet égard à l'entrepreneur. Ajoutons
que l'article 21, conforme à la législation sur la matière, interdit
à l'entrepreneur de livrer au commerce, sans l'autorisation
du propriétaire, les matériaux qu'il a fait extraire dans les
carrières exploitées par lui, en vertu du droit qui lui a été
conféré par l'administration. Cette restriction se justifie par le
caractère tout spécial de la servitude d'extraction de matériaux :
les propriétaires ne doivent la subir qu'en vue de l'exécution des
travaux publics et dans la mesure des besoins de ces travaux.

635. C'est aussi à l'entrepreneur à payer l'indemnité due
pour réparer les dégâts causés par l'éclat d'une mine, quand
l'emploi de la mine est prévu par le cahier des charges et
les dommages causés par la mauvaise exécution des travaux
ou par l'écoulement des eaux pluviales qu'il a détournées de
ses chantiers [1].

636. L'entrepreneur doit également payer les subventions
spéciales dues, en vertu de l'article 14 de la loi du 21 mai
1836, aux communes dont les chemins vicinaux auraient
été dégradés extraordinairement par les transports de maté-

---

[1] *Arr. Cons.* 7 mai 1852 (*Alazard*). — 7 mai 1863 (*Monnin*), — 19 avril 1869
(*Monnin*), — 11 août 1869 (*Alasseur*).

riaux. Depuis la loi du 21 mai 1836, la jurisprudence du
Conseil d'État a constamment repoussé la prétention qu'élé-
vaient les entrepreneurs de n'avoir pas à subir cette charge[1].
Et le Conseil a décidé aussi que les entrepreneurs n'étaient
pas fondés à réclamer de l'administration le remboursement
de ces subventions spéciales qui figuraient nécessairement au
nombre des charges de l'entreprise[2].

§ 2. — DES CHANGEMENTS APPORTÉS AU MARCHÉ.

637. Des diverses espèces de changements qui peuvent être apportés au
marché.
638. De la nécessité des ordres écrits.
639. Du mode de règlement des nouveaux prix dus à l'entrepreneur en cas
de changement.
640. Des changements dans les détails d'exécution, et des ouvrages imprévus.
641. Du changement dans le lieu d'extraction des matériaux.
642. De l'augmentation et de la diminution dans la masse des ouvrages.

637. L'administration se réserve, dans plusieurs articles
des clauses et conditions générales, le droit d'apporter des
changements souvent considérables au marché et de modifier les obligations de l'entrepreneur.

L'administration peut ordonner divers changements en
cours d'entreprise. Elle peut prescrire des modifications dans
les détails d'exécution et ordonner des ouvrages non prévus
au devis, changer les lieux d'extraction des matériaux, enfin
ordonner l'augmentation ou la diminution de la masse des
travaux. Quelles sont les règles qui régissent ses rapports avec
les entrepreneurs dans ces différents cas? Quelles sont les
limites du droit de l'administration ? Comment les entrepreneurs sont-ils rémunérés des travaux supplémentaires qu'ils

[1] Voy. notamment les arrêts du 18 juin 1852 (*Hébert*), — 9 décembre 1852 (*Boiguet*),
— 7 janvier 1857 (*Pelletier*).
[2] *Arr. Cons.* 4 février 1858 (*Colin*).

ont à exécuter ou bien indemnisés du préjudice qu'ils pourraient subir ?

638. Avant tout, signalons une règle essentielle pour les ingénieurs comme pour les entrepreneurs. Les changements doivent être prescrits par des ordres écrits de l'ingénieur. L'entrepreneur ne peut obtenir qu'il lui en soit tenu compte qu'autant qu'il justifie de l'ordre écrit.

Cette règle était déjà indiquée dans l'article 7 des clauses de 1833. Mais elle n'avait pas été suffisamment mise en lumière ; aussi elle était fréquemment méconnue et les entrepreneurs étaient souvent embarrassés pour se refuser à exécuter les ordres verbaux qui leur étaient donnés. Il y avait là de très-graves inconvénients. Si les souvenirs de l'ingénieur et ceux de l'entrepreneur sur la portée du changement ne concordaient pas, si l'ingénieur qui avait donné les ordres avait changé de service au moment où le décompte était dressé, il était très-difficile pour l'entrepreneur d'obtenir justice. Aussi le ministre des travaux publics, dans une circulaire en date du 23 juillet 1851, a-t-il insisté très-vivement pour que cette règle fût strictement observée. Une autre circulaire du 28 juillet 1852 a prescrit la tenue d'un registre d'ordres de service, où tous ces ordres doivent être inscrits suivant leur date, sans lacune et sans classification.

L'article 10 des clauses de 1866 accentue cette règle dans les termes suivants :

« L'entrepreneur se conforme également aux changements qui lui sont prescrits pendant le cours du travail, mais seulement lorsque l'ingénieur les a ordonnés par écrit et sous sa responsabilité. Il ne lui est tenu compte de ces changements qu'autant qu'il justifie de l'ordre écrit de l'ingénieur. »

La jurisprudence du Conseil d'État a fréquemment repoussé,

par application de l'article 7 des clauses de 1833, des demandes de suppléments de prix faites par des entrepreneurs à raison de changements pour lesquels il n'était pas justifié d'ordres écrits. Toutefois lorsque, dans l'instruction, l'ingénieur reconnaissait avoir donné un ordre verbal, le Conseil faisait droit à la réclamation[1].

En présence des termes si formels de l'article 10 des nouvelles clauses et conditions générales, il est certain qu'un ingénieur ne refusera jamais de donner l'ordre écrit qui est désormais la seule sauvegarde des intérêts de l'entrepreneur.

Quelquefois les entrepreneurs ont produit devant le Conseil des ordres écrits donnés par des conducteurs. Dans certaines circonstances, le Conseil a considéré que ces ordres équivalaient à ceux de l'ingénieur, par exemple pour des travaux urgents et indispensables[2]. Nous croyons qu'avec les termes des nouvelles clauses, cette jurisprudence ne serait pas maintenue.

639. Une autre règle générale domine les changements ordonnés par l'administration, c'est le mode de règlement des nouveaux prix dus à l'entrepreneur. Ainsi que l'indique la circulaire ministérielle du 21 novembre 1866, ce point est un de ceux sur lesquels les clauses de 1866 diffèrent le plus de celles de 1833. « L'un des reproches les plus sérieux qui fussent articulés contre l'ancien cahier des charges, dit la circulaire, portait sur la clause relative au règlement des ouvrages non prévus au devis ; cette clause, contenue dans les articles 22 et 9, après avoir posé les bases d'après lesquelles ce règlement aurait lieu, semblait donner à l'administration

---

[1] Voy. notamment l'arrêt du 8 février 1855 (*Lescure*).
[2] Arr. Cons. 25 avril 1857 (*Toussaint*).

seule le droit d'y pourvoir, sans que l'entrepreneur eût en quelque sorte le droit de contester la décision. Dans le nouveau cahier des charges, les bases anciennes sont conservées, mais le droit de l'entrepreneur est placé en regard de celui des représentants de l'administration. S'il n'accepte pas le règlement approuvé par le ministre, la décision définitive est renvoyée au conseil de préfecture (sauf recours au Conseil d'État); l'affaire devient immédiatement contentieuse et il n'est pas besoin d'insister pour faire comprendre combien la situation de l'entrepreneur est améliorée, puisqu'il saura, dans un court délai, à quoi s'en tenir sur le prix des nouveaux ouvrages qu'il doit exécuter, tandis que précédemment il restait dans une incertitude funeste à ses intérêts, quelquefois jusqu'à la liquidation définitive de son entreprise. »

L'article 29 des clauses de 1866 porte en effet : « Lorsqu'il est jugé nécessaire d'exécuter des ouvrages non prévus au devis ou d'extraire des matériaux dans des lieux autres que ceux qui sont désignés dans les devis, les prix en sont réglés d'après les éléments de ceux de l'adjudication ou par assimilation aux ouvrages les plus analogues. Dans le cas d'une impossibilité absolue d'assimilation, on prend pour terme de comparaison les prix courants du pays. Les nouveaux prix, après avoir été débattus par les ingénieurs avec l'entrepreneur, sont soumis à l'approbation de l'administration. Si l'entrepreneur n'accepte pas la décision de l'administration, il est statué par le conseil de préfecture. »

Du reste, bien que l'article 29 des nouvelles clauses, pas plus que l'article 22 des clauses de 1833, ne se soient expliqués à cet égard, la jurisprudence constante du Conseil d'État établit que les nouveaux prix fixés, soit à l'amiable, soit par le conseil de préfecture ne doivent pas être réduits par application du rabais de l'adjudication[1], sauf le cas où ils seraient exclusivement composés des prix du bordereau sur lequel porte le rabais de l'adjudication[2], et le cas où il serait intervenu à cet égard une convention expresse[3].

640. Précisons maintenant les conditions dans lesquelles les différents changements au devis peuvent être ordonnés.

L'administration peut ordonner des changements dans les détails d'exécution du travail. Elle peut aussi ordonner des ouvrages ou parties d'ouvrages non prévues au devis. Les termes très-larges de l'article 10 des clauses de 1866 obligent l'entrepreneur à se soumettre à ces changements, sauf à lui à obtenir de nouveaux prix dans les conditions fixées par l'article 29.

Il serait inutile d'indiquer des exemples de changements prescrits ainsi en cours d'exécution. Nous verrons tout à l'heure qu'il y a une limite au droit de l'administration quand ces changements augmentent ou diminuent la masse des ouvrages qui faisaient l'objet du marché.

Mais il est utile de dire que, si le cahier des charges, qui règle les rapports de l'entrepreneur et de l'administration, met l'entrepreneur à couvert du moment qu'il a reçu un ordre écrit de l'ingénieur, les ingénieurs ne peuvent, à moins d'une urgence extrême, ordonner des modifications aux projets approuvés par l'administration supérieure, sans avoir fait approuver ces changements par la même autorité. La circulaire ministérielle du 23 juillet 1851 est formelle à cet égard.

641. Il peut être apporté des changements dans le lieu

---

[1] Voy. notamment les arrêts du 10 janvier 1856 (*Humbert-Droz*), — 2 juin 1866 (*Fabre*), — 26 juillet 1867 (*Pascal*).

[2] 11 juillet 1867 (*Henry*).

[3] 10 septembre 1855 (*Troyc et Danjou*).

d'extraction des matériaux. L'administration a le droit de prescrire ces changements, en vertu de l'article 29 des clauses de 1866. L'entrepreneur, de son côté, peut obtenir, d'après le nouvel article 20, l'autorisation de substituer une carrière à une autre.

Le droit pour l'administration d'imposer à l'entrepreneur l'exploitation de nouvelles carrières était établi dans l'article 9 des clauses de 1833. Mais les conséquences de ce changement étaient différentes de celles qui sont stipulées dans les nouvelles clauses. L'ancien article 9 disposait que les ingénieurs établiraient de nouveaux prix d'extraction et de transport d'après les éléments de l'adjudication, que les changements, après avoir été soumis à l'approbation du préfet, seraient signifiés à l'entrepreneur qui, en cas de refus, devrait déduire ses motifs dans le délai de dix jours, et qu'il serait statué ensuite, par l'administration, ce qu'il appartiendrait. Il ajoutait que, dans ce même cas de refus, l'administration aurait le droit de considérer l'extraction et le transport des matériaux comme ne faisant pas partie de l'entreprise. On a vu comment les nouveaux prix sont réglés sous l'empire de l'article 29 des clauses de 1866. Ces nouvelles clauses ont enlevé à l'administration le droit de considérer l'extraction et le transport des matériaux à prendre dans les nouvelles carrières comme ne faisant pas partie de l'entreprise. Mais elles ont enlevé aussi à l'entrepreneur le droit de se refuser à extraire des matériaux dans les nouvelles carrières désignées par les ingénieurs. Les garanties qui lui sont données pour le règlement du nouveau prix ont permis de modifier complétement l'ancien système.

De son côté, l'entrepreneur peut être autorisé à substituer des carrières à celles qui sont prévues au devis. L'article 20 des clauses de 1866 porte que, si l'entrepreneur demande à substituer aux carrières indiquées dans le devis d'autres carrières fournissant des matériaux d'une qualité que les ingénieurs reconnaissent au moins égale, il reçoit l'autorisation de les exploiter et ne subit sur les prix de l'adjudication aucune réduction pour cause de diminution des frais d'extraction, de transport et de taille des matériaux.

La jurisprudence du Conseil d'État a décidé que l'entrepreneur ne peut réclamer par la voie contentieuse contre le refus que font les ingénieurs de lui accorder une autorisation de cette nature[1].

642. Les changements ordonnés par l'administration peuvent avoir pour effet d'augmenter ou de diminuer la masse des travaux. N'était-il pas sage de poser ici des limites à l'exercice du droit qu'elle se réserve? L'administration l'a pensé et le nouveau cahier des clauses et conditions générales améliore notablement la situation qui était faite aux entrepreneurs par les clauses de 1833.

L'ancien article 39 ne donnait à l'entrepreneur que le droit d'obtenir la résiliation de son marché, dans le cas où la masse des travaux était augmentée ou diminuée d'un sixième.

Les articles 30, 31 et 32 des nouvelles clauses contiennent à cet égard les dispositions suivantes :

En cas d'augmentation dans la masse des travaux, l'entrepreneur est tenu d'en continuer l'exécution jusqu'à concurrence d'un sixième en sus du montant de l'entreprise. Au delà de cette limite, l'entrepreneur a droit à la résiliation de son marché (art. 30). Nous verrons bientôt les conséquences de la résiliation. C'est une matière qui demande à être étudiée d'ensemble.

[1] *Arr. Cons.* 10 août 1850 (*Lance*).

D'après l'article 31, en cas de diminution dans la masse des ouvrages, l'entrepreneur ne peut élever aucune réclamation tant que la diminution n'excède pas le sixième du montant de l'entreprise. Si la diminution est de plus d'un sixième, il reçoit, s'il y a lieu, à titre de dédommagement, une indemnité qui, en cas de contestation, est réglée par le conseil de préfecture.

Ce qu'il y a de nouveau dans cet article, c'est le droit pour l'entrepreneur d'obtenir une indemnité pour le préjudice que lui cause la diminution de la masse des travaux en laissant improductifs les moyens d'action qu'il avait dû organiser en vue de son marché. L'article n'indique pas que l'entrepreneur a, en premier lieu, le droit de demander la résiliation de l'entreprise. Mais la circulaire ministérielle du 23 novembre 1866 indique formellement que l'on n'a pas voulu modifier sur ce point les droits accordés à l'entrepreneur par les clauses anciennes. Le cahier des charges émanant de la même autorité que la circulaire ministérielle, l'intention de l'administration ne peut être mise en doute.

L'article 32 introduit une disposition nouvelle, inspirée par l'équité. Il ne suffisait pas en effet d'avoir permis à l'entrepreneur de se retirer quand l'administration augmente ou diminue de plus d'un sixième la masse des travaux ; la modification de la masse des travaux peut causer d'assez graves préjudices à l'entrepreneur sans dépasser les limites qui viennent d'être indiquées. Il arrive souvent que, par suite de circonstances diverses antérieures ou postérieures au marché, certains ouvrages procurent à l'entrepreneur un bénéfice notable et d'autres lui causent une perte. L'ensemble du marché peut néanmoins lui être avantageux. Mais si les changements dans la masse des travaux augmentent les ouvrages qui pouvaient être onéreux et diminuent les ouvrages qui donnaient des bénéfices, l'équilibre du marché sera rompu. L'article 32 a prévu ce cas et donné à l'entrepreneur des garanties. Il dispose que, si les changements ordonnés ont pour résultat de modifier l'importance de certaines natures d'ouvrages, de telle sorte que les quantités prescrites diffèrent de plus d'un tiers, en plus ou en moins, des quantités portées au détail estimatif, l'entrepreneur peut, non pas demander la résiliation, mais présenter, en fin de compte, une demande en indemnité, basée sur le préjudice que lui auraient causé les modifications apportées à cet égard dans. les prévisions du projet.

¿ 3. — DE LA MISE EN RÉGIE.

643. Nature de la mise en régie. — Son but.
644. Cas dans lesquels elle est ordonnée.
645. Formes à suivre.
646. Situation du régisseur.
647. Situation de l'entrepreneur pendant la régie.
648. Effets de la mise en régie régulièrement prononcée.
649. Effets de la mise en régie irrégulièrement prononcée.

643. La mise en régie de l'entreprise est une mesure intermédiaire entre l'exécution normale du marché et sa rupture, mesure que l'administration peut prendre dans le cas où l'entrepreneur n'exécute pas ses engagements.

C'est une application, mais dans des conditions spéciales, du principe posé dans l'article 1144 du code Napoléon, aux termes duquel le créancier peut, en cas d'inexécution, être autorisé à faire exécuter lui-même l'obligation aux dépens du débiteur. L'administration substitue, en effet, à l'entrepreneur négligent, un régisseur qui, avec le matériel, les ouvriers de l'entrepreneur, avec les matériaux approvisionnés et en y joignant au besoin d'autres moyens d'action, continue les travaux aux risques et périls de l'adjudicataire.

On comprend que l'administration a souvent intérêt à recourir à cette mesure au lieu de rompre le marché de l'entrepreneur négligent, afin d'éviter les retards qu'entraîneraient une nouvelle adjudication et l'organisation de nouveaux ateliers de travail. Toutefois, lorsque l'entreprise n'en est qu'à ses débuts et que les travaux n'ont pas une extrême urgence, il est souvent préférable de résilier le marché plutôt que de maintenir une situation qui n'est pas sans inconvénients pour l'administration et qui peut être ruineuse pour l'entrepreneur.

Les règles à suivre au sujet de la mise en régie étaient indiquées d'une manière insuffisante dans l'article 21 des clauses de 1833 ; les lacunes de cet article avaient été comblées par la jurisprudence de l'administration et du Conseil d'État. Les nouvelles clauses de 1866 contiennent à cet égard des dispositions plus précises dans l'article 35.

644. D'abord dans quel cas la mise en régie est-elle ordonnée ? C'est dans tous les cas d'inexécution grave des obligations de l'entrepreneur. L'ancien article 21 semblait n'autoriser la mise en régie que dans le cas où un ouvrage languirait, faute de matériaux et d'ouvriers. La jurisprudence avait cependant admis d'autres cas où elle pouvait être ordonnée d'après l'esprit même des marchés. L'article 35 actuel porte qu'elle peut être ordonnée lorsque l'entrepreneur ne se conforme pas soit aux dispositions du devis, soit aux ordres de service qui lui sont donnés par les ingénieurs. Il est bien entendu que la mise en régie serait ordonnée à tort si les ordres de service des ingénieurs imposaient à l'entrepreneur des obligations autres que celles qui résultent des clauses et conditions générales et du devis de l'entreprise[1].

645. Les formes à suivre pour la mise en régie sont réglées ainsi qu'il suit par l'article 35 des clauses de 1866.

Si l'entrepreneur ne se conforme pas aux ordres de service des ingénieurs, un arrêté du préfet le met en demeure d'y satisfaire dans un délai déterminé. Ce délai, sauf les cas d'urgence, n'est pas de moins de dix jours à dater de la notification de l'arrêté de mise en demeure. À l'expiration de ce délai, si l'entrepreneur n'a pas exécuté les dispositions prescrites, le préfet, par un second arrêté, ordonne l'établissement de la régie[2]. Il en est aussitôt rendu compte au ministre qui peut, selon les circonstances, soit ordonner une nouvelle adjudication à la folle-enchère de l'entrepreneur, soit prononcer la résiliation pure et simple du marché, soit prescrire la continuation de la régie.

La décision par laquelle le ministre prescrit le maintien de la régie ne peut être l'objet d'aucun recours. Nous insisterons sur cette règle en étudiant les questions de compétence relatives aux marchés de travaux publics. C'est en cela que la situation de l'entrepreneur, qui contracte avec l'administration, diffère de celle d'un entrepreneur qui aurait contracté avec un particulier. L'administration n'a pas besoin de se faire autoriser par un tribunal pour organiser la régie.

Au moment de l'installation de l'agent nommé régisseur, installation qui suit immédiatement l'arrêté du préfet, il est

[1] *Arr. Cons.* 14 février 1861 (*Dupont*), — 9 avril 1868 (*Martine*).
[2] D'après l'article 21 des clauses de 1833, le préfet n'avait à prendre qu'un seul arrêté qui contenait mise en demeure et prescrivait l'organisation de la régie si, dans le délai fixé, l'entrepreneur n'avait pas satisfait aux injonctions qui lui étaient adressées. Le système actuel, dans lequel le préfet doit prendre deux arrêtés successifs, donne plus de garanties à l'entrepreneur, mais il entraîne des délais assez considérables. Il pourra souvent s'écouler plus d'un mois avant l'organisation de la régie.

procédé, en présence de l'entrepreneur ou lui dûment appelé, à l'inventaire descriptif du matériel de l'entreprise, c'est-à-dire des outils ou machines et des matériaux approvisionnés.

Si ces formes n'avaient pas été suivies, si, par exemple, le délai de dix jours qui doit s'écouler entre la mise en demeure du préfet et l'arrêté de mise en régie n'avait pas été observé, la régie serait irrégulière[1]. Nous verrons tout à l'heure les conséquences de cette irrégularité.

646. Le régisseur désigné par le préfet doit continuer les opérations de l'entrepreneur, maintenir et faire exécuter les marchés qu'il a passés pour les approvisionnements de matériaux, à moins que les matériaux ne fussent pas conformes aux prescriptions du devis. Il ne doit rien faire d'important sans en référer à l'ingénieur. Il doit enfin tenir un compte très-exact de toutes les dépenses.

647. Pendant la régie, l'entrepreneur n'est pas tenu à l'écart des opérations. C'est à ses risques et périls qu'elles s'accomplissent ; il est donc juste qu'il puisse en avoir connaissance pour être en mesure de discuter le compte qui lui en sera présenté. L'article 35 l'autorise formellement à suivre les opérations de la régie, sans qu'il puisse toutefois entraver l'exécution des ordres des ingénieurs.

Il peut, d'ailleurs, d'après le même article, être relevé de la régie, s'il justifie des moyens nécessaires pour reprendre les travaux et les mener à bonne fin. Mais c'est à l'administration seule, au préfet et au ministre, qu'il appartient d'apprécier s'il y a lieu de le faire jouir du bénéfice de cette clause. L'entrepreneur ne peut pas contraindre juridiquement l'administration à le remettre à la tête de son chantier.

648. Les effets de la mise en régie découlent de la nature

---

[1] *Arr. Cons.* 12 août 1848 (*Nobilet*).

même de cette mesure rigoureuse. L'entrepreneur est resté
lié par son marché à l'égard de l'administration. Par conséquent, il s'ensuit, comme le dit le § 6 de l'article 35, que
les excédants de dépense qui résultent de la régie sont à sa
charge. « Ils sont prélevés sur les sommes qui peuvent être
dues à l'entrepreneur, sans préjudice des droits à exercer contre lui en cas d'insuffisance. » Toutefois si l'entrepreneur
justifiait que les excédants de dépense proviennent en tout
ou en partie de fautes lourdes, de négligence ou d'imprudence du régisseur, il devrait en être déchargé [1].

Quant aux bénéfices, aux diminutions de dépenses qui
peuvent résulter de la régie, ils restent acquis à l'administration, d'après le § 7 du même article. L'entrepreneur
devait en effet être puni de sa négligence.

649. Telles sont les conséquences de la mise en régie,
quand elle a été prononcée à juste titre et en suivant les formes prévues par les clauses et conditions générales. Mais il
peut arriver que la mise en régie ait été prononcée à tort ou
irrégulièrement. L'entrepreneur n'a pas pu, nous l'avons
indiqué, faire annuler la décision du ministre qui mainte-
nait la régie. Il ne peut discuter que sur les conséquences de
l'opération. Quelles seront ces conséquences ?

Tout d'abord, il est évident que les augmentations de dépenses ne peuvent pas être mises à sa charge. L'administration devra les supporter.

Quant aux bénéfices qui auraient été faits par la régie, ils
doivent lui être attribués [2]. Mais il ne pourrait, d'après la jurisprudence du Conseil d'État, demander une indemnité à
raison de la privation des bénéfices qu'il aurait faits lui-

---

[1] *Arr. Cons.* 18 janvier 1845 (*Richard*).
[2] *Arr. Cons.* 12 août 1848 (*Nobilet*), — 9 avril 1868 (*Martine*).

même s'il avait dirigé personnellement ses travaux[1]. Le Conseil a sans doute pensé qu'il serait impossible à l'entrepreneur de prouver qu'il aurait réalisé des bénéfices là où le régisseur avait fait des pertes. Mais il nous paraît difficile de maintenir en droit une règle contraire aux principes du droit civil, tels que les indique l'article 1149 du code Napoléon ; en pareil cas, l'administration, qui est en faute, doit indemniser l'entrepreneur de tous les préjudices qu'elle a pu lui causer, sauf à lui justifier ses prétentions[2].

§ 4. — RÉSILIATION DU MARCHÉ.

650. Des différentes manières dont le marché prend fin.

I. — DE LA RÉSILIATION PRONONCÉE AU PROFIT DE L'ADMINISTRATION.

651. Du cas où l'entrepreneur ne remplit pas ses obligations.

652. Du cas où l'administration croit devoir résilier le marché en dehors des circonstances prévues par les clauses et conditions générales.

653. Du cas de cessation absolue ou d'ajournement des travaux pour plus d'une année.

II. — DE LA RÉSILIATION PRONONCÉE AU PROFIT DE L'ENTREPRENEUR.

654. Du cas où les conditions essentielles du marché ne sont pas observées à son égard.

655. Du cas où l'administration augmente ou diminue la masse des travaux.

656. Du cas où les prix subissent une augmentation notable.

657. De la résiliation en cas de décès de l'entrepreneur.

658. De la résiliation en cas de faillite de l'entrepreneur.

650. Le marché peut prendre fin de diverses manières. La fin normale est l'exécution complète des obligations respectives de l'entrepreneur et de l'administration. Mais il peut être rompu avant son accomplissement intégral par divers incidents. Les clauses et conditions générales de 1866, comme celles de 1833, prévoient un certain nombre de cas de rési-

---

[1] *Arr. Cons.* 12 août 1848 (*Nobilet*).

[2] On peut invoquer dans ce sens l'arrêt du 6 juillet 1863 (*Cherier*).

liation du marché, et c'est un des points sur lesquels les clauses nouvelles s'écartent sensiblement des anciennes. Mais il ne faut pas s'attacher étroitement au texte de ces conventions et il faut se rappeler que les règles posées par le code Napoléon sur les obligations et sur le contrat de louage d'ouvrage peuvent être invoquées dans le cas où le cahier des clauses et conditions générales n'a rien stipulé.

Deux points sont à considérer dans la résiliation : d'abord, dans quels cas les parties peuvent-elles se dégager de leurs obligations? En second lieu, quelles sont les conséquences de la rupture du marché? quels dédommagements peut réclamer l'entrepreneur? Ces conséquences varient notablement, on le comprend, suivant la cause qui a amené la résiliation. Étudions successivement ces deux points, en nous plaçant en face de chacun des cas de résiliation prévus par la loi ou par les clauses et conditions générales au profit soit de l'administration, soit de l'entrepreneur.

651. L'administration peut se dégager du marché pour diverses raisons, soit parce que l'entrepreneur n'exécute pas vis-à-vis d'elle ses obligations, soit parce qu'elle y trouve son avantage, sans que l'entrepreneur soit en faute.

Le droit de résiliation, en cas de faute de la part de l'entrepreneur, qui ne se conforme pas aux dispositions du devis ou aux ordres de service donnés à bon droit par les ingénieurs, se fonde sur l'article 1184 du code Napoléon. Il est rappelé par l'article 9 des clauses de 1866, pour le cas où l'entrepreneur passe un sous-traité sans autorisation, et pour les autres infractions au marché ou pour le cas de retard, dans l'art. 35, § 3.

Il est évident que, dans ce cas, l'entrepreneur qui est en faute n'a droit à aucune indemnité[1]. Au contraire, l'admi-

___
[1] *Arr. Cons.* 9 mars 1854 (*Colvée*), — 10 janvier 1856 (*Nepvauet*).

nistration peut, en ordonnant une réadjudication à sa folle-en-chère, lui faire supporter les conséquences de l'augmentation des dépenses qui résulterait d'une diminution du rabais dans la nouvelle adjudication. Toutefois, d'après l'article 45 des clauses de 1866, l'administration peut, si elle le juge conve-nable, reprendre le matériel de l'entreprise, et elle doit acheter, au prix de l'adjudication, les matériaux approvision-nés par ordre et déposés sur le chantier, s'ils remplissent les conditions du devis. Cet achat des matériaux est en effet rendu obligatoire par l'article 45 pour tous les cas de ré-siliation.

652. La résiliation peut encore être prononcée par l'ad-ministration, dans son intérêt, sans que l'entrepreneur soit en faute. Elle puise son droit à cet égard non-seulement dans les clauses et conditions générales qui le lui réservent, mais dans les dispositions de l'article 1794 du code Napoléon, qui porte : « Le maître peut, par sa seule volonté, résilier le marché à forfait, quoique l'ouvrage soit déjà commencé, en dédommageant l'entrepreneur de toutes ses dépenses, de tous ses travaux et de tout ce qu'il aurait pu gagner dans cette entreprise. » L'on peut dire que les différents articles des clauses et conditions générales, qui règlent les cas de résiliation prononcée dans l'intérêt de l'administration, n'ont d'autre but que d'empêcher l'application complète des dispositions du Code quant aux conséquences de la résilia-tion ou d'y ajouter des règles spéciales. Et cela est utile à remarquer, parce qu'il s'ensuit que, si la résiliation est prononcée par l'administration, en l'absence d'une faute de l'entrepreneur et en dehors des cas prévus par les clauses et conditions générales, il y a lieu d'appliquer inté-gralement l'article 1794 quant aux conséquences de la rupture du marché. C'est ce que le Conseil d'Etat a décidé dans plusieurs affaires où le débat portait sur les conséquences de résiliations prononcées en dehors des cas prévus par les clauses et conditions générales. Sans méconnaître le droit de résiliation, il a jugé que l'entrepreneur avait droit à demander non-seulement la réparation des pertes qu'il avait subies, mais une indemnité représentant le bénéfice dont il avait été privé [1].

653. L'administration peut être amenée, parce que les ressources lui manquent, ou parce qu'un travail lui paraît moins urgent que d'autres, à ordonner la cessation absolue d'un travail ou son ajournement indéfini.

D'après l'article 54 des clauses de 1866, qui modifie sur divers points les clauses de 1833, lorsque l'administration ordonne la cessation absolue des travaux, l'entreprise est immédiatement résiliée. Lorsqu'elle prescrit leur ajournement pour plus d'une année, soit avant, soit après un commencement d'exécution, l'entrepreneur a le droit de demander la résiliation de son marché, sans préjudice de l'indemnité qui, dans ce cas comme dans l'autre, peut lui être allouée, s'il y a lieu.

Il y a, dans ces deux circonstances, une résiliation prononcée au profit de l'administration, quoique l'article 54 laisse à l'entrepreneur l'initiative de la demande en résiliation, lorsqu'il s'agit d'ajournement des travaux pour plus d'une année.

Aussi les conséquences de la résiliation sont les mêmes dans les deux cas. Elles sont indiquées d'une manière précise dans l'article 54 et dans l'article 45 des clauses de 1866,

---

[1] Arr. Cons. 6 juillet 1863 (*Charrier*), — 19 mai 1864 (*Bacquey*), — 27 décembre 1865 (*Bacquey*).

plus libéral, plus équitable que l'article 40 des clauses
de 1833.

D'abord les outils et équipages existants sur les chantiers,
et qui eussent été nécessaires pour l'achèvement des travaux, sont acquis par l'État, si l'entrepreneur ou ses ayants
droit en font la demande, et le prix en est réglé de gré à gré
ou à dire d'experts[1]. Ne sont pas comprises dans cette mesure les bêtes de trait ou de somme qui auraient été employées
dans les travaux.

En second lieu, les matériaux approvisionnés par ordre et
déposés sur les chantiers, s'ils réunissent les conditions du
devis, sont acquis par l'État au prix de l'adjudication. Les
matériaux qui ne sont pas déposés sur les chantiers ne sont
pas portés en compte.

Enfin une indemnité doit être accordée à l'entrepreneur
d'après le texte de l'article 34. L'ancien article 40 limitait
d'une manière très-stricte la quotité de cette indemnité. Il
disposait qu'elle ne devait, dans aucun cas, excéder le cin-
quantième du montant des dépenses restant à faire en vertu de
l'adjudication. Cette restriction a été supprimée dans l'article 34 des nouvelles clauses. L'indemnité doit donc être
réglée à l'amiable ou, en cas de difficultés, par le conseil de
préfecture, sauf recours au Conseil d'État, et nous ne voyons
rien dans le nouveau cahier des charges, qui fasse obstacle à
l'application de l'article 1794 du code Napoléon, d'après lequel il y a lieu de tenir compte non-seulement des pertes subies,
mais aussi du bénéfice dont l'entrepreneur a été privé.

654. La résiliation peut être prononcée au profit de l'en-

---

[1] En cas de difficultés sur le point de savoir quels sont les engins nécessaires pour
les travaux qui restent à exécuter, il y a lieu d'ordonner une expertise. (*Arr Cons*
30 janvier 1868 (*Masson*).

trepreneur, et cela dans différents cas. D'abord, et bien que les clauses et conditions générales ne le disent pas, il a droit à la résiliation du marché si les conditions principales, en vue desquelles a été contracté le marché, sont modifiées à son égard. C'est ce que le Conseil d'État a décidé à diverses reprises. Ainsi un syndicat organisé pour l'exécution de travaux de défense contre les inondations de la Loire, avait passé un marché, dans lequel il était indiqué que les travaux seraient exécutés sous la direction des ingénieurs et que les dépenses seraient supportées pour un tiers par l'État. En cours d'exécution et par suite de circonstances étrangères aux entrepreneurs, le ministre des travaux publics avait déclaré qu'il retirait la subvention qu'il avait promise, et que les ingénieurs cesseraient de prêter leur concours aux travaux. Il a été jugé que le contrat, intervenu entre les entrepreneurs et le syndicat, étant modifié dans une des conditions principales en vue desquelles il avait été conclu, les entrepreneurs étaient fondés à en demander la résiliation [1].

655. Aux termes des articles 30 et 31, l'entrepreneur a encore le droit d'obtenir la résiliation du marché quand l'administration augmente ou diminue de plus d'un sixième la masse des travaux. Nous l'avons déjà indiqué en signalant les divers changements qui peuvent se produire dans le marché. Dans les deux cas il a droit, d'après l'article 43, à à ce que l'État reprenne les matériaux approvisionnés pas ordre et déposés sur le chantier. La reprise du matériel est facultative pour l'administration. Dans le cas de diminution dans la masse des ouvrages, il a droit, en outre, d'après l'article 31, à une indemnité.

[1] *Arr. Cons.* 28 mars 1866 (*Syndicat de Varades*).

656. Le marché peut encore être résilié sur la demande
de l'entrepreneur, aux termes de l'article 33 des clauses de
1866, si, pendant le cours de l'entreprise, les prix subissent
une augmentation telle que la dépense totale des ouvrages
restant à exécuter d'après le devis se trouve augmentée d'un
sixième comparativement aux estimations du projet. L'ancien
article 39 avait pris une disposition semblable, mais dans
des termes plus vagues : le droit de résiliation était accordé
pour le cas d'augmentation *notable* des prix ; cette expression
laissait place à des doutes et à des discussions qui désormais
ne pourront plus s'élever.

D'après l'article 43, les conséquences de la résiliation en
pareil cas sont les suivantes : la reprise du matériel est facultative pour l'administration ; les matériaux approvisionnés doivent être achetés aux prix de l'adjudication. Aucune
disposition n'indique qu'une indemnité soit due à l'entrepreneur, et il n'en est pas dû ; la résiliation est une faveur que
le cahier des charges lui accorde en dehors du droit commun
pour ménager ses intérêts. L'entrepreneur pourrait-il du moins
réclamer une indemnité s'il prouvait que l'augmentation des
prix provient de nombreuses adjudications passées dans le voisinage par l'administration ? Nullement. L'administration n'a
fait qu'user de son droit en adjugeant d'autres travaux[1].

Mais si l'administration avait refusé à tort la résiliation
au moment où l'entrepreneur l'a demandée, celui-ci devrait
être indemnisé du préjudice qu'il aurait subi par suite de la
continuation des travaux[2].

Si, au lieu d'augmenter de plus d'un sixième, les prix di-

---

[1] *Arr. Cons.* 19 mai 1864 (*Jacquelot*).
[2] *Arr. Cons.* 8 février 1855 (*Bertrand*), — 19 avril 1859 (*Dupont*), — 13 juillet
1866 (*Lachaud*), — 13 août 1867 (*Bartissol*).

minuaient dans une proportion égale, l'administration aurait-elle le droit de demander à son tour la résiliation du marché ? L'article 39 des clauses de 1833 lui réservait ce droit, mais la disposition n'a pas été reproduite dans les clauses de 1866. L'administration, qui en avait peu usé, a reconnu qu'elle n'avait pas un intérêt sérieux à le maintenir.

657. Il nous reste encore à signaler deux circonstances qui amènent de plein droit la résiliation du marché. D'abord c'est le décès de l'entrepreneur. L'article 1795 du code Napoléon pose cette règle, qui a été rappelée par l'article 36 des clauses de 1866. Cet article ajoute que toutefois l'administration peut accepter les offres qui lui seraient faites par les héritiers pour la continuation des travaux.

L'article 43 dispose que, dans ce cas, l'administration doit acquérir le matériel de l'entreprise, si les ayants cause de l'entrepreneur le lui demandent. Quant aux matériaux, la règle est la même pour tous les cas de résiliation.

658. En cas de faillite de l'entrepreneur, le contrat est également résilié de plein droit, d'après l'article 37 des clauses de 1866, sauf à l'administration à accepter, s'il y a lieu, les offres qui peuvent être faites par les créanciers pour la continuation de l'entreprise. La reprise du matériel est, dans ce cas, facultative pour l'administration. Les matériaux approvisionnés doivent être acquis, comme dans tous les autres cas.

Section IV. — Règlement des dépenses.

I. — DE LA RÉCEPTION DES TRAVAUX.

659. La réception des travaux est la première des opérations que comporte le règlement des dépenses. Elle se fait
en deux fois : il y a d'abord une réception provisoire, puis,
après un certain délai, pendant lequel on peut se rendre
compte de l'exécution des travaux, une réception définitive.

Aux termes de l'article 46 des clauses de 1866, immédiatement après l'achèvement des travaux, il est procédé à
une réception provisoire, par l'ingénieur ordinaire, en présence de l'entrepreneur ou lui dûment appelé par écrit.
En cas d'absence de l'entrepreneur, il en est fait mention
au procès-verbal.

Le modèle du procès-verbal de réception des travaux a été
donné à la suite du règlement du 28 septembre 1849, sur
la comptabilité du ministère des travaux publics. D'après
l'article 28 de ce règlement, le procès-verbal doit être dressé

en triple expédition. L'une d'elles est envoyée à l'ingénieur en chef, une autre remise à l'entrepreneur, la troisième est conservée dans le bureau de l'ingénieur ordinaire.

660. Après l'expiration du délai de garantie, il est procédé de la même manière, en vertu de l'article 47, à la réception définitive.

Le délai de garantie varie suivant la nature des ouvrages.
Il peut être indiqué d'une manière spéciale dans le devis de
l'entreprise. A défaut de stipulation expresse dans le devis,
il est de six mois pour les travaux d'entretien, les terrassements et les chaussées d'empierrement, et d'un an pour les
ouvrages d'art [1].

Pendant la durée de ce délai, l'entrepreneur demeure
responsable de ses ouvrages et est obligé de les entretenir.

661. Le procès-verbal de réception définitive, dressé par
l'ingénieur ordinaire, après une visite attentive des travaux,
dans laquelle il s'assure si ces travaux satisfont aux conditions du devis et sont en bon état d'entretien, est adressé
à l'ingénieur en chef pour être vérifié et approuvé par lui,
s'il y a lieu (article 28 du règlement de 1849).

En présence des prescriptions très-formelles du règlement
de 1849 et des nouvelles clauses et conditions générales, il
est inutile de relever les discussions auxquelles a pu donner
lieu la question de savoir si la prise de possession des travaux ne pouvait pas suppléer à la réception définitive. Cette
question ne peut se présenter pour les travaux des ponts et
chaussées.

Si l'administration ne procédait pas à la réception définitive après l'expiration du délai de garantie, l'entrepreneur

---

[1] D'après l'ancien article 35, le délai de garantie était de trois mois pour les travaux
d'entretien, de six mois pour les terrassements et chaussées d'entretien, d'un ou deux
ans pour les ouvrages d'art, suivant les stipulations du devis.

aurait le droit de réclamer cette réception. C'est pour lui le seul moyen de se soustraire à la responsabilité de l'entretien des travaux[1].

662. La réception définitive entraîne non-seulement le payement fait dans les conditions que nous allons examiner tout à l'heure, mais aussi le remboursement du cautionnement et, s'il y a lieu, la main levée des hypothèques inscrites sur les biens immeubles de l'entrepreneur. C'est au préfet qu'il appartient d'ordonner ces mesures, en vertu des dispositions du décret du 25 mars 1852 (tableau D).

L'entrepreneur est-il déchargé de toute obligation à l'égard de l'État par la réception définitive de ses travaux? Reste-t-il encore sous le coup des dispositions des articles 1792 et 2270 du code Napoléon, aux termes desquels les entrepreneurs et architectes demeurent responsables, pendant dix ans, des travaux qu'ils ont exécutés, s'ils périssent en tout ou en partie par vice du sol ou par vice de construction?

Plusieurs auteurs ont exprimé l'opinion que les dispositions des articles 1792 et 2270 du code Napoléon étaient inapplicables aux travaux des ponts et chaussées, à raison des précautions spéciales qui sont prises pour la bonne exécution des travaux, de la surveillance incessante des ingénieurs, et des formalités de la réception provisoire et de la réception définitive. En fait, l'administration des ponts et chaussées n'invoque pas cet article dans la pratique; et elle n'y fait pas allusion dans les clauses et conditions générales. Nous pensons même qu'en admettant que cette disposition fût applicable pour le cas où des vices de construction, qui auraient échappé à l'attention des ingénieurs, amèneraient dans le délai de dix ans la ruine d'un ouvrage, l'entrepre-

---

[1] *Arr. Cons.* 3 février 1859 *Batisse et Ronat*).

neur ne saurait être responsable des vices du sol sur lequel
il a dû bâtir en vertu des ordres de l'administration, ni de·
la qualité des matériaux qui lui ont été imposés. par le devis.

Mais, dans une affaire de travaux communaux auxquels
les clauses et conditions générales des travaux des ponts et
chaussées avaient été déclarées applicables par un article
spécial du cahier des charges, le Conseil d'État a décidé
que la réception définitive n'a d'effet qu'au point de vue du
payement du solde, de la retenue de garantie, et qu'elle
ne décharge pas l'entrepreneur des obligations qui pèsent
sur lui en vertu du droit commun[1].

Quant à l'ingénieur des ponts et chaussées, lorsqu'il tra-
vaille pour le compte de l'État, il n'a qu'une responsabilité
morale. C'est seulement dans le cas où, par suite d'un contrat
particulier passé avec une commune, il travaillerait dans les
conditions d'un architecte, qu'il encourrait la responsabilité
pécuniaire établie par l'article 1792 du code Napoléon.

663. Après la réception des travaux, dans l'ordre logique,
vient le décompte. Il va de soi que les éléments ont dû en
être recueillis dans le cours de l'exécution des travaux.

Aux termes de l'article 38 des clauses de 1866, à défaut
de stipulations spéciales dans le devis, les comptes sont
établis d'après les quantités d'ouvrages réellement effectuées,
suivant les dimensions et les poids constatés par des métrés
définitifs et des pesages faits en cours ou en fin d'exécution,
sauf les cas prévus par l'article 23, et les dépenses sont réglées d'après les prix de l'adjudication. L'entrepreneur ne
peut, dans aucun cas, pour les métrés et pesages, invoquer en
sa faveur les us et coutumes.

L'article réserve les stipulations expresses du devis de

[1] *Arr. Cons.* 21 juillet 1853 (*Bouillant*).

chaque entreprise. Il y a, en effet, nous l'avons dit, pour le métré des déblais et remblais, des clauses particulières.

Quant au cas prévu par l'article 23, c'est celui où l'administration a, par tolérance, accepté des matériaux d'une dimension supérieure ou inférieure à celle qui était prescrite par le devis. Il y a à cet égard des règles spéciales auxquelles il faut se reporter.

664. Telles sont les bases du compte. Quant aux quantités d'ouvrages réellement effectuées, aux dimensions et aux poids constatés, on les trouve dans les attachements tenus par les conducteurs, conformément au règlement de 1849. L'article 59 rappelle les règles relatives aux attachements, et prescrit les mesures nécessaires pour que l'entrepreneur ne puisse pas en contester la sincérité. « Les attachements sont pris au fur et à mesure de l'avancement des travaux par l'agent chargé de leur surveillance, en présence de l'entrepreneur et contradictoirement avec lui ; celui-ci doit les signer au moment de la présentation qui lui en est faite [1]. Lorsque l'entrepreneur refuse de signer ces attachements ou ne les signe qu'avec réserves, il lui est accordé un délai de dix jours, à dater de la présentation des pièces, pour formuler par écrit ses observations. Passé ce délai, les attachements sont censés acceptés par lui, comme s'ils étaient signés sans réserves. Dans ce cas, il est dressé procès-verbal de la présentation et des circonstances qui l'ont accompagnée. Ce procès verbal est annexé aux pièces non acceptées.

Toutefois, il est expressément stipulé que les résultats des

---

[1] Un arrêt du 30 janvier 1868 (*Masson*) a décidé qu'en signant les carnets d'attachement qui constatent la quantité et la nature de blocs de pierre fournis en vertu d'un ordre de service, mais en dehors des prévisions du devis, l'entrepreneur ne peut être considéré comme ayant renoncé à demander un prix spécial pour cet ouvrage imprévu.

attachements inscrits sur les carnets ne sont portés en compte qu'autant qu'ils ont été admis par les ingénieurs.

665. D'après ces bases, il est dressé deux espèces de décomptes, qui ont une valeur toute différente. A la fin de chaque mois, il est dressé, d'après l'article 40, un décompte des ouvrages exécutés et des dépenses faites, pour servir de base aux payements à faire à l'entrepreneur. Ceci n'est qu'une mesure d'administration prescrite déjà par l'article 29 du règlement du 28 septembre 1849, sur la comptabilité du ministère des travaux publics, qui ne constitue aucun droit à l'entrepreneur[1].

Mais les décomptes qui ont une grande importance au point de vue des droits de l'entrepreneur sont : 1° les décomptes de fin d'année ; 2° les décomptes définitifs partiels ; enfin le décompte général et définitif de l'entreprise, qui sont communiqués à l'entrepreneur avec les pièces à l'appui, et qu'il doit accepter ou contester dans un délai de vingt jours, sous peine de déchéance. C'est dans l'article 41 des nouvelles clauses que se trouvent les règles à suivre à cet égard.

L'administration n'attend pas, on le verra bientôt, la fin de l'entreprise pour payer l'entrepreneur ; elle lui donne des à-compte. Elle ne peut pas attendre non plus l'achèvement du travail pour dresser les décomptes. La vérification des faits serait trop souvent impossible, par exemple, s'il s'agit des fondations d'un pont. Il est donc nécessaire de dresser, indépendamment du décompte général et définitif de l'entreprise, des décomptes définitifs partiels pour certains ouvrages, et, en tout cas, des décomptes de fin d'année.

Les décomptes de fin d'année doivent être divisés en deux parties : la première comprend les ouvrages et portions d'ou-

---

[1] *Arr. Cons.* 16 avril 1851 (*Brouillet*), — 12 juillet 1851 (*Syndics Lespinasse*).

vrages dont le métré a pu être arrêté définitivement, et la seconde les ouvrages et portions d'ouvrages dont la situation n'a pu être établie que d'une manière provisoire. Cette division a pour but de faire connaître à l'entrepreneur tous les faits relatifs à l'exécution des travaux, et toutes les appréciations de prix faites par les agents de l'administration, sans cependant l'engager définitivement par son acceptation, ou le forcer à réclamer à l'égard de ceux dont la situation ne permet pas encore une appréciation définitive. C'est le seul point par lequel ils diffèrent des décomptes définitifs partiels et du décompte général.

Tous ces décomptes, auxquels sont joints les métrés et les pièces à l'appui, sont présentés, sans déplacement, à l'acceptation de l'entrepreneur ; il est dressé procès-verbal de la présentation et des circonstances qui l'ont accompagnée. L'entrepreneur, indépendamment de la communication qui lui est faite de ces pièces, est, en outre, autorisé à faire transcrire par ses commis, dans les bureaux des ingénieurs, celles dont il veut se procurer des expéditions.

Si l'entrepreneur accepte, son acceptation est définitive (sauf bien entendu à l'égard de la partie du décompte qui n'a qu'un caractère provisoire), tant pour l'application des prix que pour les quantités d'ouvrages, et il ne pourra plus réclamer, lorsque les chiffres, acceptés dans un décompte partiel, se reproduiront dans le décompte général de l'entreprise.

S'il refuse d'accepter, ou s'il ne signe qu'avec réserves, il doit déclarer ses motifs par écrit, dans les vingt jours qui suivent la présentation des pièces. Il est expressément stipulé, nous empruntons ici les termes de l'article 41, que l'entrepreneur n'est point admis à élever des réclamations au sujet des pièces qui viennent d'être indiquées après le délai de vingt jours, et que, passé ce délai, le décompte est censé accepté par lui, quand bien même il ne l'aurait pas signé ou ne l'aurait signé qu'avec des réserves dont les motifs ne seraient pas spécifiés.

L'article 41 des clauses de 1866 ne fait que reproduire, avec quelques modifications, une disposition qui se trouvait dans l'article 32 des clauses de 1833, et qui a reçu de très-nombreuses applications. Il est utile d'insister en quelques mots sur les différentes conditions dans lesquelles les entrepreneurs doivent présenter leurs réclamations contre les décomptes qui leur sont signifiés.

666. Le délai donné à l'entrepreneur pour faire ses réserves contre les décomptes qui lui sont notifiés est fixé, par l'article 41 des clauses de 1866, à vingt jours. L'ancien article 32 le fixait à dix jours seulement. On a voulu faire droit aux vives réclamations qu'avait soulevées l'insuffisance de ce dernier délai.

Le point de départ des vingt jours est la présentation des pièces à l'entrepreneur ; si celui-ci n'est pas présent sur les chantiers, il doit être averti, à moins qu'il n'ait donné mandat exprès à son principal commis de le représenter pour la communication des décomptes [1]. A la rigueur, la notification du décompte au domicile élu par l'entrepreneur, suffirait pour faire courir le délai de vingt jours [2].

667. Il ne suffit pas que l'entrepreneur fasse des réserves

[1] Arr. Cons. 14 décembre 1843 (Richard). Mais l'acceptation d'un simple commis qui n'aurait pas une autorisation spéciale n'engagerait pas l'entrepreneur. Arr. Cons. 30 juin 1842 (Beslay).
[2] C'est ce que le conseil d'État a admis dans un arrêt du 13 février 1868 (Avril et Isouard). — Il est vrai qu'il avait décidé dans un arrêt du 13 janvier 1859 (Roussel, que la signification du décompte faite seulement à un domicile élu par l'entrepreneur pour y recevoir les ordres de service ne saurait faire courir le délai des réclamations contre un décompte général et définitif. Mais en général l'élection de domicile est faite en vue de toutes les opérations et notifications qui se rattachent à l'entreprise.

contre le décompte qui lui est présenté : il faut que ces réserves soient écrites et motivées, afin que l'administration
puisse immédiatement vérifier les prétentions de l'entrepreneur, avant que les faits soient modifiés. Cette règle a été
très-fréquemment appliquée par la jurisprudence du Conseil
d'État[1]. Toutefois, l'entrepreneur n'est pas obligé de faire,
dans le bref délai qui lui est donné, un mémoire complet
contenant tous les développements à l'appui de sa réclamation. Il suffit qu'il indique nettement, sur chaque point, quelle
est sa prétention, et en quoi il pense que le décompte est erroné.

Mais il va de soi que les réserves faites sur un point ne suf-
firaient pas pour conserver à l'entrepreneur le droit de
réclamer sur d'autres points après le délai fixé par l'article 44[2].

D'un autre côté, quand l'entrepreneur a fait une réclamation à l'occasion d'un décompte partiel, et qu'aucune décision
n'a été prise sur sa réclamation, il n'est pas obligé de la
renouveler au moment où le décompte définitif lui est présenté[3].

668. La déchéance est applicable en principe à toutes les
réclamations que les entrepreneurs auraient à présenter
contre les comptes de leur entreprise. Ainsi elle peut être
opposée, non-seulement aux demandes qui tendent à faire rec-
tifier les chiffres portés dans le décompte pour les travaux
qui y sont indiqués, mais en outre aux demandes d'indemnité
présentées pour des préjudices subis par l'entrepreneur en
cours d'exécution des travaux[4].

---

[1] Voy. notamment les arrêts du 8 août 1805 (*Boistelle*), — 22 février 1866 (*As-tier*).

[2] *Arr. Cons.* 21 février 1867 (*Gouvenot*), — 28 juillet 1869 (*Lassus*).

[3] *Arr. Cons.* 4 mai 1854 (*Bertrand*), — 20 juillet 1867 (*Pascal*). — Voy. aussi l'arrêt du 1er avril 1868 (*Lefièvre*).

[4] *Arr. Cons.* 8 août 1865 (*Boistelle*).

Toutefois on ne pourrait considérer comme non recevable, parce qu'elle aurait été présentée en dehors du délai prévu par l'article 41, une demande qui tendrait, non à faire modifier le prix ou les quantités des matériaux acceptés et portés au décompte, mais à faire reconnaître que l'administration aurait employé, en dehors des prévisions du contrat, et en sus des matériaux acceptés par les ingénieurs, d'autres matériaux antérieurement rebutés, et en conséquence à obtenir une indemnité pour la valeur de ces matériaux [1].

La déchéance n'est pas opposable non plus aux réclamations fondées sur des erreurs matérielles, sur des faux ou doubles emplois. C'est une règle fondamentale, établie dans l'article 541 du code de procédure civile et que le Conseil d'État a plusieurs fois appliquée [2]. Mais il ne faut pas se méprendre sur le sens des mots erreurs matérielles et faux emplois : il s'agit ici d'erreurs de calcul ou de transcription des articles du décompte, et non de fausse application du devis ou d'erreurs de métrage [3].

669. Il est remarquable que les décomptes acceptés par l'entrepreneur et contre lesquels il ne peut plus réclamer après son acceptation, ne sont pas encore définitifs à l'égard de l'administration.

L'administration supérieure peut les modifier tant qu'elle ne les a pas approuvés [5]; mais l'entrepreneur serait recevable à contester, dans le délai de vingt jours, les modifications apportées ainsi au décompte qu'il aurait accepté [4].

670. Arrivons enfin au payement des sommes dues à l'en-

---

[1] *Arr. Cons.* 7 mars 1858 (*Laval*). — Voy. aussi 24 février 1853 (*Cressonnier*) et 10 janvier 1856 (*Humbert-Droz*).

[2] Voy. notamment les arrêts du 26 juillet 1851 (*Emery*). — du 27 juin 1865 (*ville de Poitiers*) et du 21 février 1867 (*Gouvenot*).

[3] *Arr. Cons.* 12 janvier 1855 (*Courrière*), — 31 mai 1855 (*Loustalot*).

[4] *Arr.* 16 février 1860 (*Trône*), — 7 avril 1865 (*Barthe*).

trepreneur. En droit strict, l'administration ne serait tenue
de payer l'entrepreneur qu'après l'achèvement des travaux.
Mais les entrepreneurs auraient rarement des ressources suffisantes pour faire ainsi les avances de la totalité des frais de
main-d'œuvre et des frais d'acquisition des matériaux. Aussi,
dans la pratique, l'administration a toujours alloué aux entrepreneurs des à-compte, en attendant l'achèvement des
travaux, qui amenait le payement du solde de l'entreprise.

Dans le nouveau cahier des charges, l'administration ne se
borne pas à promettre des à-compte; elle s'engage à les payer
tous les mois. Aux termes de l'article 44, les payements d'à-
compte s'effectuent tous les mois, en raison de la situation des
travaux exécutés, sauf retenue d'un dixième pour la garantie,
et d'un centième pour la caisse de secours des ouvriers. Nous
reviendrons tout à l'heure sur la retenue de garantie.

L'administration ne se borne pas à donner des à-compte
à raison des ouvrages exécutés; elle en donne aussi sur le
prix des matériaux approvisionnés jusqu'à concurrence des
quatre cinquièmes de leur valeur.

Néanmoins l'article 49 fait une réserve qui enlève une
certaine valeur à l'engagement de payer des à-compte tous les
mois; il stipule que les retards de payement d'à-compte ne
pourront donner lieu à une indemnité, attendu que les payements ne peuvent avoir lieu qu'au fur et à mesure des fonds
disponibles. Mais, dans la pratique, la règle est suivie, au
grand avantage des entrepreneurs.

671. La retenue de garantie ne doit être payée à l'entrepreneur, aux termes de l'article 48, qu'après la réception
définitive des travaux faite dans les conditions qui ont été
indiquées plus haut, et lorsqu'il a justifié de l'accomplissement des obligations énoncées dans l'article 19, c'est-à-dire

du payement des indemnités dues aux propriétaires pour les dommages causés par la prise ou l'extraction, le transport et le dépôt des matériaux, ainsi que pour l'établissement des chantiers et des chemins de service.

Toutefois, d'après l'article 45, si la retenue du dixième est jugée devoir excéder la proportion nécessaire pour la garantie de l'entreprise, il peut être stipulé au devis, ou décidé en cours d'exécution, qu'elle cessera de s'accroître lorsqu'elle aura atteint un maximum déterminé. L'ancien article 57 n'indiquait pas que la limitation de la retenue de garantie pourrait avoir lieu, en cours d'exécution des travaux.

672. Le payement du solde de l'entreprise, accepté sans réserves par l'entrepreneur, a pour effet de libérer complétement l'administration[1]. D'un autre côté, il dégage complétement l'entrepreneur, et l'administration ne pourrait pas réclamer le reversement de sommes qu'elle prétendrait avoir indûment payées[2].

673. Nous venons de dire, à propos du payement des à-compte, que le retard dans les payements ne pouvait pas, d'après l'article 49, donner lieu à une indemnité. Mais il n'en est pas de même, aux termes de cet article, pour le cas de retard dans le payement du solde de l'entreprise.

Si l'entrepreneur ne peut être entièrement soldé dans les trois mois qui suivent la réception définitive régulièrement constatée, il a droit, à partir de l'expiration de ce délai de trois mois, à des intérêts, calculés d'après le taux légal, pour la somme qui lui reste due. Il y a une différence notable entre ce texte et la disposition correspondante de l'ancien article 54. D'après les clauses de 1833, en cas de retard dans le paye-

<hr>

Arr. Cons. 16 novembre 1854 (Thiaux).

Arr. Cons. 16 juillet 1857 (Gidel), — 22 septembre 1859 (Vinyes), — 4 août 1866 (Dufils).

ment du solde de l'entreprise, l'entrepreneur pouvait prétendre à des intérêts; mais ces intérêts ne couraient à son
profit qu'autant qu'il en avait fait la demande, conformément à l'article 1153 du code Napoléon [1]. D'après les nouvelles clauses, les intérêts courent de plein droit, sans qu'il
soit besoin de faire une demande, lorsqu'il s'est écoulé trois
mois à partir de la réception définitive.

Mais les intérêts ne peuvent être dus quand le retard tient
à ce que l'entrepreneur n'a pas justifié, conformément à l'article 48, du payement des indemnités dues aux propriétaires
lésés par l'exécution des travaux [2]; ou bien à ce que l'entrepreneur n'a pas cru devoir toucher le mandat qui lui avait
été remis, parce qu'il craignait de compromettre ses droits,
alors qu'il suffisait de faire des réserves entre les mains du
préfet [3].

Ajoutons que, par application de l'art. 1154 du code Napoléon, l'entrepreneur a droit aux intérêts des intérêts qui
lui sont dus depuis plus d'une année, lorsqu'il en a fait la
demande expresse en justice. Mais les intérêts des intérêts
ne courent qu'à dater de cette demande et ne sont alloués
que pour des années entières [4].

Nous n'avons pas besoin de revenir ici sur ce que nous
avons dit de la déchéance quinquennale, établie par l'article 9
de la loi du 29 janvier 1831. Il suffit de rappeler qu'elle
serait opposable aux entrepreneurs de travaux publics comme
à tous autres créanciers de l'État, pour le montant des sommes

---

[1] Voy. entre autres arrêts ceux du 13 février 1868 (*Avril et Isouard*) et du 18 mars
1868 (*Lamotte*).

[2] *Arr. Cons.* 16 février 1860 (*Trône*).

[3] *Arr. Cons.* 13 mars 1867 (*Chaigneau*).

[4] Voy. notamment les arrêts des 19 février 1868 (*Beau*), — 9 avril 1868 (*Martine*), —
22 avril 1868 (*Niclotte*) etc.

dues à raison de l'entreprise; mais qu'elle ne le serait pas pour la demande en restitution du cautionnement.

674. Nous venons de passer en revue les différentes règles établies par les clauses et conditions générales de 1866, pour les rapports de l'administration avec les entrepreneurs. On a pu voir les modifications notables apportées aux clauses de 1833. Désormais, l'on ne pourra plus adresser, aux conditions des marchés des travaux des ponts et chaussées, les critiques amères dont elles ont été l'objet. Voici, par exemple, ce qu'écrivait en 1862 M. Christophle, avocat au Conseil d'État, dans son *Traité des travaux publics :* « Les cahiers de charges rédigés par l'administration contiennent les dispositions les plus exorbitantes et les plus contraires à la justice et à l'équité. Le bon plaisir y règne en souverain, et la situation de l'entrepreneur est telle, dans certains cas, que s'il a à lutter contre la malveillance des agents administratifs, sa ruine est certaine et inévitable... Les entrepreneurs de travaux publics voient dans l'administration une ennemie : ils n'attendent d'elle (à tort, sans doute), aucune bienveillance et aucun intérêt. Le succès de leurs spéculations (tant est grande la latitude d'interprétation que l'administration s'est réservée), dépend le plus souvent du caractère personnel des ingénieurs, beaucoup plus que des conditions mêmes du marché. Cette latitude autorisant tous les abus, un sentiment de défiance réciproque anime les contractants. L'entrepreneur s'attend à voir repousser les réclamations les plus légitimes ; il cherche, par tous les moyens en son pouvoir, à tromper la vigilance des ingénieurs, et à regagner d'un côté ce qu'il doit perdre de l'autre. De là un antagonisme continuel, des difficultés, des lenteurs dans l'exécution qui rendent nécessaire l'application de mesures coercitives, telles que les retenues, la mise en régie, etc.,

enfin une irritation toujours croissante des deux côtés, qui
amène nécessairement la résiliation du marché, et se donne
satisfaction par un procès[1]. » Nous croyons que ces critiques,
qu'il nous a paru utile de relever, à raison de la valeur de
l'ouvrage où elles se sont produites, étaient exagérées même
avant la réforme qui a été opérée en 1866; nous avons lieu
de penser que l'auteur, en faisant la peinture des rapports
des entrepreneurs avec les ingénieurs, a généralisé des exceptions regrettables. Mais assurément, les dispositions actuelles
des clauses et conditions générales, relativement au règlement
du prix des ouvrages imprévus, à la mise en régie, à la résiliation et à ses conséquences, ne laissent plus de prétexte à dire
que « le bon plaisir y règne en souverain. » Nous avons la
confiance que la manière dont ces clauses seront appliquées
ne permettra plus jamais aux entrepreneurs de voir dans
l'administration une ennemie. Les ingénieurs savent bien que
l'État doit être, comme on l'a dit, le plus honnête homme de
France. C'est son devoir, d'abord parce qu'il n'y a pas deux
morales, l'une pour les particuliers, l'autre pour les intérêts
collectifs. C'est aussi son intérêt; car le seul moyen qu'ait
l'État d'attirer à lui les honnêtes gens, c'est de les traiter loya-
lement. Quant aux ruines qui viennent parfois frapper les
entrepreneurs, on en trouve souvent l'origine, non pas dans
la rigueur avec laquelle les clauses des marchés sont appliquées, mais dans l'imprudence avec laquelle les entrepreneurs
ont consenti des rabais excessifs. Dans ce cas, une bienveillance qui enlèverait à l'État les bénéfices du marché contracté
en pleine connaissance de cause, serait contraire, il ne faut
pas l'oublier, à la justice. Les clauses de 1866 assurent à

---

[1] *Traité théorique et pratique des travaux publics*, par Albert Christophle, avocat
au Conseil d'Etat et à la Cour de cassation, t. II, p. 593 à 595.

l'entrepreneur un recours contre toute décision qui léserait ses droits; elles lui garantissent la justice, elles ne contiennent plus de dispositions contraires à l'équité; sans prétendre qu'elles sont parfaites, nous croyons qu'elles constituent un progrès notable et qui mérite d'être mis en relief.

Section V. — Règles de compétence.

675. Des difficultés qui s'élèvent entre l'administration et l'entrepreneur. — Règles générales.

676. Règles spéciales au cas de mise en régie.

677. Règles spéciales au cas de résiliation.

678. Règles relatives au cas de responsabilité des entrepreneurs et architectes.

679. Des difficultés qui s'élèvent entre l'entrepreneur et les tiers.

680. Règles de procédure.

675. Recherchons maintenant quelle est l'autorité compétente pour statuer sur les réclamations auxquelles peuvent donner lieu les marchés de travaux publics.

On a vu que c'est au conseil de préfecture qu'il appartient, en vertu de l'article 4 de la loi du 28 pluviôse an VIII, de statuer sur les difficultés qui pourraient s'élever entre les entrepreneurs des travaux publics et l'administration, concernant le sens ou l'exécution des clauses de leurs marchés.

Par conséquent, le conseil de préfecture méconnaît l'étendue de ses pouvoirs, lorsque, saisi par un entrepreneur d'une demande en payement de travaux, il se déclare incompétent, par le motif qu'il existe une décision ministérielle portant rejet de la réclamation [1]. Les décisions du ministre, en pareil cas, ne sont en effet que l'acte d'une partie qui refuse à son adversaire de lui accorder ce qu'il demande.

Il lui appartient encore de statuer sur la demande d'un en-

[1] Arr. Cons. 22 novembre 1855 (Lebrun). — 10 janvier 1856 (Bellisson).

trepreneur tendant à faire décider que les travaux seront reçus par l'administration, et que le prix lui en sera payé, contrairement aux dispositions d'un arrêté de préfet, qui, se fondant sur ce que les matériaux n'auraient ni la qualité ni les dimensions exigées par le devis, le mettait en demeure de démolir les travaux et de remplacer les matériaux défectueux[1].

Ainsi difficultés relatives au décompte, au prix des travaux, à la réception, aux demandes de suppléments de prix pour changements, pour travaux imprévus, etc., tout cela est de la compétence du conseil de préfecture.

676. Toutefois il y a quelques distinctions à faire, lorsqu'il s'agit de la mise en régie et de la résiliation d'un marché.

L'arrêté de mise en régie est un acte de pure administration, qui ne peut être déféré au Conseil d'État ni par la voie contentieuse, ni pour excès de pouvoirs, en ce sens du moins que l'entrepreneur ne peut pas contraindre l'administration à lui rendre la direction de son entreprise, alors même qu'il établirait devant le conseil de préfecture et devant le Conseil d'Etat que cette mesure a été prise à tort contre lui ou que les formalités prescrites n'ont pas été observées[2].

Mais il appartient au conseil de préfecture d'apprécier si la régie a été régulièrement ordonnée pour infractions au cahier des charges, et, en cas de négative, de fixer l'indemnité due à l'entrepreneur indûment évincé, d'après les bases que nous avons déjà indiquées[3].

677. Il en est de même en cas de résiliation, du moins

[1] Arr. Cons. 29 mars 1855 (Rembaux-Brielmann), — 15 décembre 1869 (Joret).
[2] Arr. Cons. 19 juillet 1833 (Commission syndicale des digues de la Saône). — 23 février 1844 (Dufour), — 7 janvier 1864 (Raoult).
[3] Arr. Cons. 11 janvier 1837 (Chanard), — 12 août 1848 (Nobilet), — 19 mars 1849 (Daussier), — 29 mars 1855 (Gaté), — 12 juillet 1855 (Lavagne), — 14 février 1861 (Dupont), — 30 juillet 1863 (Daumer).

lorsque la résiliation est prononcée par l'administration. Dans ce cas, le conseil de préfecture ne serait pas compétent pour annuler l'acte par lequel l'administration se dégage des liens du marché. Il ne peut qu'apprécier si les conséquences de la résiliation doivent être mises à la charge de l'entrepreneur, et fixer les indemnités qui peuvent lui être dues selon les cas[1].

Mais quand la demande de résiliation est formée par l'entrepreneur, en vertu des dispositions du cahier des charges, la situation change. Il est évident que c'est au conseil de préfecture qu'il appartient de prononcer sur la question de savoir si l'entrepreneur a le droit de demander la rupture du marché qui le liait envers l'administration[2].

678. C'est encore le conseil de préfecture qui est compétent pour statuer sur la responsabilité encourue par l'entrepreneur, par application des articles 1792 et 2270 du code Napoléon, en cas de ruine totale ou partielle de la construction dans le délai de dix ans après l'achèvement des travaux.

On a vainement contesté cette règle, sous le prétexte que les travaux étaient achevés. Il s'agit toujours de savoir s'ils ont été bien faits, conformément au marché[3].

La même règle s'applique à la responsabilité de l'ingénieur des ponts et chaussées dans le cas exceptionnel où, en dehors de ses fonctions, il remplit les fonctions d'architecte pour des travaux communaux[4].

679. Les difficultés qui s'élèvent entre l'entrepreneur et

---

[1] *Arr. Cons.* 26 juin 1856 (*Murgues*).

[2] *Arr. Cons.* 19 mars 1849 (*Daussier*), — 10 avril 1850 (*héritiers Lance*), — 18 avril 1856 (*Billamboz*), — 30 décembre 1858 (*Mauge*), — 29 juin 1869 (*Fabre*).

[3] *Arr. Cons.* 9 décembre 1852 (*Legrand*), — 16 mars 1857 (*Mathieu*).

[4] *Arr. Cons.* 30 juillet 1863 (*Commune de Champlive*), — 23 janvier 1864 (*Mary et Devanne*).

les propriétaires auxquels il cause des dommages dans l'exécution des travaux doivent être appréciées par le conseil de préfecture, en vertu du même article 4 de la loi du 28 pluviôse an VIII. L'entrepreneur est ici l'ayant cause de l'administration. C'est en vertu de son autorisation qu'il a extrait des matériaux dans les propriétés privées et occupé des terrains pour y établir des chantiers ou des chemins de service [1].

Il n'y aurait d'exception à cette règle que s'il avait agi sans autorisation de l'administration, sans désignation du devis, par suite d'un accord amiable avec le propriétaire ou d'une voie de fait. Nous reviendrons bientôt sur ces règles, ce n'est pas le lieu de les développer.

C'est encore le conseil de préfecture qui est compétent pour statuer sur les contestations entre un ancien entrepreneur et un nouvel entrepreneur, qui est obligé de reprendre le matériel laissé par celui qui l'a précédé. Cela se rattache à l'exécution du marché. Pour apprécier les prétentions réciproques des deux parties, il est nécessaire de déterminer les droits et les obligations que l'administration a entendu leur conférer ou leur imposer ; et c'est à l'autorité administrative seule qu'il appartient de déclarer le sens des clauses des cahiers des charges arrêtés pour les entreprises de travaux publics [2].

Mais les difficultés qui s'élèvent entre l'entrepreneur et les tiers dans les autres cas sont du ressort de la juridiction civile ou commerciale. Il en est ainsi des contestations entre l'entrepreneur d'une part et, d'autre part, ses sous-traitants ou ses associés [3]; ou bien un fournisseur de matériaux employés

---

[1] On peut voir une intéressante application de cette règle dans un arrêt du 25 juin 1804 (Castor), où il s'agissait des dommages causés par l'établissement d'un chemin de fer que l'entrepreneur avait été autorisé à organiser pour le transport de déblais très-considérables.

[2] Arr. Cons. 21 août 1845 (Girardeau).

[3] Arr. Cons. 2 février 1854 (Révolte). — 1er mars 1866 (Lamare et Ballot).

dans l'entreprise [1], ou bien encore un agent salarié qui aurait rendu des services à l'entrepreneur et lui aurait fait des
avances [2]. Il en est de même des contestations entre l'entrepreneur et ses ouvriers au sujet soit du payement de leurs
salaires, soit des indemnités qu'ils réclameraient pour les
accidents dont ils auraient été victimes [3].

680. Nous n'avons pas à signaler de règles spéciales de procédure pour le jugement des difficultés qui s'élèvent entre
l'administration et les entrepreneurs au sujet de l'exécution
de leurs marchés. Quand les juges ne sont pas éclairés sur
les faits contestés, ils ordonnent des expertises [4], mais la jurisprudence n'est pas définitivement fixée sur les règles à suivre dans les expertises. Elle a seulement établi que les formalités prescrites par l'article 56 de la loi du 16 septembre
1807, pour le cas de dommages causés par l'exécution de
travaux publics, ne sont pas applicables de plein droit, non
plus que les formalités prescrites par les articles 302 à 323
du code de procédure civile, à l'exception du serment préalable des experts. Mais elle laisse au conseil de préfecture
une certaine latitude qui n'est pas sans inconvénients. Au
surplus, la matière sera prochainement l'objet d'une législation spéciale [5].

Il est bon seulement d'indiquer qu'en vertu de l'article 51
des clauses et conditions générales de 1866, l'entrepreneur
semble obligé, lorsqu'il a saisi l'administration d'une réclamation contre les ordres de service des ingénieurs ou les dé-

---

[1] 7 mai 1857 (*Lepaulle*).
[2] 17 mars 1859 (*Barrier*).
[3] *Arr. Cons.* 4 février 1858 (*Maugeant*). — 23 juillet 1868 (*Nachon*).
[4] *Arr. Cons.* 13 août 1867 (*Boccacio*).
[5] Le sénat vient en effet d'être saisi, à la date du 10 juin 1870, d'un projet de loi
relatif à la procédure à suivre devant les conseils de préfecture, et plusieurs articles de
ce projet ont pour objet de régler les expertises.

comptes qui lui sont signifiés, d'attendre, pour saisir le conseil de préfecture, l'expiration du délai de trois mois à dater de la remise de son mémoire au préfet, à moins bien entendu que la décision qui rejette sa réclamation ne lui soit antérieurement notifiée.

CHAPITRE II

DES CONCESSIONS DE TRAVAUX PUBLICS

681. Le mot de concession a, dans la langue administrative, différents sens. Ainsi l'art. 41 de la loi du 16 septembre 1807 permet au gouvernement « de concéder, aux conditions qu'il aura réglées, les marais, lais et relais de la mer, les droits d'endigage, les accrues, atterrissements et alluvions des fleuves, quant à ceux de ces objets qui forment propriété publique et domaniale. » Le mot de concession, en pareil cas, désigne une vente amiable de biens dépendant du domaine de l'État, vente qui ordinairement est subordonnée à l'exécution de certains travaux. Ainsi encore l'acte par lequel l'État attribue la propriété d'une mine, dans les conditions prévues par la loi du 21 avril 1810, est une concession. On donne aussi le même nom à la permission révocable que l'administration accorde aux propriétaires qui demandent à faire des prises d'eau dans les cours d'eau navigables et flottables. On qualifie enfin concessions, les actes par lesquels les communes abandonnent aux familles la jouissance, dans des conditions spéciales et pour un temps plus ou moins long, d'un terrain dans un cimetière.

La concession de travaux publics est un contrat par lequel l'administration attribue, aux personnes qui s'engagent à exécuter un travail, le droit de percevoir, pour la rémunération de leur industrie et de leurs dépenses, une rétribution de ceux qui profiteront du travail. L'administration, au lieu de payer directement le concessionnaire comme elle fait pour l'entrepreneur, le substitue au droit qu'elle aurait elle-même de percevoir un péage, un prix de transport, une indemnité de plus-value.

L'ancienne monarchie, qui n'avait pas généralement de grandes ressources à affecter aux travaux publics, a usé fréquemment des concessions, notamment pour les canaux de navigation, dès les règnes d'Henri IV et de Louis XIII[1].

682. La concession s'applique à différentes natures de travaux, à ceux qui comportent le plus aisément la perception d'une rétribution imposée à ceux qui en profitent : ainsi l'administration concède la construction des ponts moyennant la perception d'un péage ; elle concède la construction de chemins de fer en autorisant les compagnies concessionnaires à percevoir un droit qui a un double caractère : droit de péage correspondant à la rémunération des travaux exécutés par la compagnie, droit de transport correspondant à l'usage du matériel mis à la disposition du public. Il y a aussi des concessions de canaux de navigation, mais elles sont aujourd'hui en petit nombre. L'administration peut encore concéder

[1] Édit de septembre 1638 pour la concession du canal de Briare — Édit de mars 1644 pour la concession d'un canal de navigation et de desséchement entre Beaucaire et Agde. Édit d'octobre 1666 pour la concession du canal du Midi, — de mars 1679 et de novembre 1719 pour la concession des canaux d'Orléans et du Loing, etc.

.e desséchement des marais appartenant à des particuliers ; après l'exécution des travaux, le concessionnaire est autorisé à réclamer aux propriétaires une indemnité de plus-value.

683. Le contrat de concession est une convention qui a un caractère spécial et qui n'a pas d'analogue en droit civil. Il se rapproche beaucoup, par certains côtés, du marché de travaux publics, mais il s'en éloigne aussi par des côtés essentiels. Les règles qui régissent ce contrat ne se trouvent le plus souvent ni dans des textes de lois, ni dans des règlements. Elles ne se trouvent, en général, que dans les conventions passées avec les concessionnaires, dans les cahiers des charges spéciaux à chaque entreprise.

On comprend aisément que les conditions imposées aux concessionnaires varient suivant la nature des travaux. Nous nous proposons, en traitant des ponts considérés comme dépendances des routes, des chemins de fer, des canaux de navigation, du desséchement des marais, d'indiquer les conditions spéciales de chaque concession. Mais il est utile d'indiquer ici les conditions qui se retrouvent dans toutes ces entreprises, sauf dans les concessions de desséchement de marais qui ont un caractère particulier.

684. Voyons d'abord les formes à suivre pour les concessions.

Les concessions se donnent soit de gré à gré, soit par voie d'adjudication. Les règles posées par l'ordonnance du 4 décembre 1836 ne sont pas applicables en pareil cas. L'administration est libre de prendre, suivant les circonstances, le parti le plus convenable.

En général, pour les entreprises qui n'ont pas une grande importance et pour lesquelles on trouve facilement des concurrents sérieux, on recourt à l'adjudication. C'est le cas

pour les concessions de ponts à péage. Du reste, à diverses
reprises, l'adjudication a été employée même pour des concessions de chemins de fer; mais, dans ce cas, l'administration
se réserve une grande latitude pour l'appréciation de la capacité et de la solvabilité des concurrents admis à l'adjudication.

La concession doit être faite par décret impérial. S'il y a
eu adjudication, l'adjudication doit être approuvée par un
décret. De plus, les clauses financières qui imposent des charges au Trésor public doivent être ratifiées par une loi[1]. Ces
règles résultent de l'article 4 du sénatus-consulte du 25 décembre 1862 que nous avons déjà exposées[2].

Le concessionnaire doit fournir un cautionnement qui répond de l'accomplissement de ses obligations. S'il manque à
ses engagements, le cautionnement appartient à l'État.

685. Les obligations du concessionnaire peuvent se résumer en quelques mots : exécuter les travaux concédés, — les
achever dans le délai fixé par le cahier des charges, — les
entretenir en bon état, — les rendre en bon état à l'expiration de la concession.

Quant au premier point, à l'exécution des travaux, l'administration détermine les travaux à exécuter; les projets sont
soumis à son approbation; mais elle n'exerce qu'une surveil-

---

[1] Il suffit de signaler, comme type de ces adjudications, celle qui a eu lieu pour le chemin de fer d'Orléans à Châlons-sur-Marne. On trouvera dans les *Annales des ponts et
chaussées* et dans le *Journal officiel*, le décret du 29 mai 1869 portant qu'il sera
procédé à l'adjudication, par voie de publicité et de concurrence, de la concession de ce
chemin de fer; — l'arrêté du ministre des travaux publics, en date du 16 juin 1869, qui
a réglé les conditions d'admission à ladite adjudication; — le procès-verbal d'adjudication en date du 10 août 1869; — le décret du 16 février 1870 qui approuve l'adjudication, — enfin la loi du même jour qui fixe le chiffre de la subvention à fournir par
l'État.

[2] Un projet de loi dont le Corps législatif est saisi au moment où ces lignes s'im-
priment tend à remettre en vigueur le système établi par l'article 3 de la loi du 3 mai
1841, d'après lequel les décisions sont prises, en pareil cas, par une loi ou par un décret,
suivant l'importance des travaux. Voy. plus haut p. 106.

lance générale sur l'exécution : elle ne peut s'immiscer dans le détail des opérations, comme elle le fait à l'égard des entrepreneurs. Elle n'a pas le droit d'exiger des changements entraînant des dépenses imprévues, à moins de payer une indemnité[1]. Elle procède à la réception des travaux, quand ils sont achevés.

Faute par le concessionnaire d'avoir achevé les travaux dans le délai fixé par le cahier des charges, il peut être déclaré déchu. Une nouvelle adjudication est alors faite à ses risques et périls, et l'administration n'est tenue de lui payer que le prix des travaux exécutés, tel qu'il résulte de la nouvelle adjudication.

Le concessionnaire est tenu, comme l'entrepreneur, de réparer les dommages qui résultent de l'exécution des travaux, mais, en outre, les cahiers des charges lui imposent ordinairement l'obligation de réparer les dommages causés par l'existence même et les dispositions des travaux qu'il exploite.

686. Si le concessionnaire n'entretient pas les travaux, l'administration peut, selon les cas, soit prélever sur les produits du péage la somme nécessaire pour l'appliquer aux dépenses qu'exige l'entretien, soit faire exécuter les travaux et en poursuivre le remboursement par voie de mandat exécutoire délivré par le préfet.

Le concessionnaire est tenu de reconstruire le travail, lors même qu'il serait enlevé par un cas de force majeure. Cette obligation résulte pour lui de ce qu'il est obligé de rendre le travail à l'expiration de la concession [2].

687. Les concessionnaires ont des droits de diverses espèces.

---

[1] Arr. Cons. 7 décembre 1850 (Jeannez), — 9 août 1851 (Société civile des ponts Napoléon, à Lyon), — 5 janvier 1854 (Jeannez).
[2] Arr. Cons. 16 juin 1853 (Gabaud), — 3 juin 1858 (Ruiz), — 15 mai 1860 (Compagnie du pont de Cournon).

Pour l'exécution des travaux, ils sont substitués aux droits de l'administration. Ainsi ils peuvent user du bénéfice de l'expropriation pour cause d'utilité publique, en vertu de l'article 63 de la loi du 3 mai 1841.

Une fois les travaux exécutés, ils ont la perception du péage dû par le public qui profite du travail.

Ils ont droit encore à la subvention que généralement l'administration s'engage à leur payer en sus du péage qui leur est concédé. Quelquefois l'État s'oblige en outre à garantir l'intérêt, à un taux déterminé, du capital engagé dans l'entreprise.

Il y a aussi des cas où l'administration exécute une certaine partie des travaux qui devront être achevés et exploités par les concessionnaires.

Mais ils ne sont pas propriétaires des travaux qu'ils ont exécutés et qu'ils exploitent. D'abord les concessions sont limitées à une durée qui ne dépasse plus 99 ans. Mais, en outre, il est de principe que, même pendant la durée de la concession, les travaux dépendent du domaine public, ainsi que la loi du 15 juillet 1845 l'a déclaré expressément pour les chemins de fer. Le Conseil d'État n'a jamais hésité à proclamer cette règle et à décider que les concessionnaires n'avaient sur les travaux exécutés par eux qu'un droit d'exploitation et non un droit de propriété [1].

Toutefois il existe, par exception, des concessions antérieures à 1789, qui sont perpétuelles et qui constituent de véritables propriétés affectées perpétuellement à un service public. Il en est ainsi du canal du Midi, du canal de Givors et du canal du Lez [2].

---

[1] *Arr. Cons.* 16 avril 1852 (*Daviaud*), — décret sur conflit, 1er mars 1860 (*Canal Saint-Martin*), — voy. les conclusions données par M. le commissaire du gouvernement Leviez à l'occasion de ce décret.

[2] Voy. les arrêts du Conseil d'État du 30 décembre 1858 (*Canal de Givors*), —

Tels sont, en résumé, les droits du concessionnaire. L'État ne doit rien faire qui nuise à la concession, quand il a expressément déterminé les actes dont il devrait s'abstenir, par exemple lorsque, en concédant un pont à péage, il s'est engagé à ne pas laisser établir un autre pont ou un passage d'eau dans un certain rayon.

688. Le contrat de concession peut finir de plusieurs manières.

D'abord le concessionnaire encourt la déchéance, s'il ne remplit pas ses obligations.

En second lieu, la résiliation peut être prononcée sur la demande du concessionnaire, si l'administration ne remplit pas les obligations qu'elle avait prises envers lui. C'est l'application du principe posé dans l'article 1184 du code Napoléon, pour tous les contrats synallagmatiques. Mais nous n'en connaissons pas d'exemple.

Vient ensuite le rachat par l'administration. Le droit de rachat est ordinairement réservé dans les cahiers des charges. Quand il n'a pas 'été réservé, l'administration peut déposséder les concessionnaires, moyennant une indemnité, en vertu d'une loi spéciale; on en trouve des exemples dans les lois du 25 mai 1845 et du 28 juillet 1860 relatives au rachat des canaux de navigation, lois sur lesquelles nous reviendrons.

Enfin la concession cesse par l'expiration du terme fixé dans l'acte qui l'a accordée.

Mais la mort du concessionnaire n'entraîne pas la fin de la concession, comme pour une entreprise de travaux publics. La concession n'est pas un simple contrat de louage d'ouvrage : les droits et les obligations du concessionnaire sont

du 10 avril 1860 (*Compagnie du Canal du Midi*), et du 19 mai 1864 (*Canal du Lez*).

plus étendus que ceux d'un entrepreneur. L'article 1795 du code Napoléon n'est pas applicable en pareil cas.

689. Quelle est l'autorité compétente pour statuer sur les difficultés qui s'élèvent entre les concessionnaires de travaux publics et l'administration? C'est le conseil de préfecture, en vertu de l'article 4 de la loi du 28 pluviôse an VIII. A cet égard, les concessionnaires chargés de l'exécution d'un travail sont comme des entrepreneurs de travaux publics[1].

Les décisions du préfet et du ministre, qui prescrivent de faire des travaux, en exécution des clauses du cahier de charges, ne peuvent être attaquées directement devant le Conseil d'État, et ne font pas obstacle à ce que les concessionnaires fassent valoir leurs droits devant le conseil de préfecture[2].

Il en est de même de la décision par laquelle le ministre prononce la déchéance d'un concessionnaire[3]. Mais il nous semble qu'ici la compétence du conseil de préfecture et du Conseil d'État est plus étendue qu'en matière de résiliation de marchés de travaux publics. Le pouvoir de la juridiction administrative ne se borne pas à fixer une indemnité pour le cas où elle reconnaîtrait que la déchéance a été prononcée irrégulièrement ou en dehors des cas prévus par le contrat; il va jusqu'à rétablir le concessionnaire dans ses droits, droit d'exécuter le travail, droit de l'exploiter ensuite. Cette

[1] *Arr. Cons.* 23 août 1843 (*Commune de Saint-Pierre-les-Nemours*), — 13 juillet 1850 (*Compagnie du chemin de fer de Strasbourg*), — 20 juillet 1854 (*Compagnie du chemin de fer d'Orléans*), — 1ᵉʳ mars 1860 (*Compagnie du Canal Saint-Martin*), — 26 août 1865 (*Compagnies des chemins de fer de l'Est, de Lyon à la Méditerranée*), etc.

[2] *Arr. Cons.* 16 août 1861 (*Canaux de Beaucaire et de la Radelle*), — 29 mai 1867 (*Pont de Cournon*).

[3] *Arr. Cons.* 14 janvier 1869 (*Guerre*).

différence dans les pouvoirs de la juridiction administrative nous paraît découler de la différence qui existe entre la situation de l'entrepreneur et celle du concessionnaire. Toutefois la question est controversée.

Si un concessionnaire demande une indemnité à raison des dommages que lui a causés l'administration en n'exécutant pas les obligations qu'elle avait prises envers lui, et par exemple en autorisant l'établissement d'un autre travail qui fait concurrence à celui dont il est concessionnaire et dont il perçoit les produits, la demande d'indemnité doit être appréciée par le conseil de préfecture[1].

690. Mais les contestations qui s'élèvent entre les concessionnaires de travaux publics et les tiers sont jugées par les tribunaux civils, à moins qu'il ne s'agisse des dommages causés par l'exécution des travaux ou de plus-value réclamée pour le desséchement d'un marais. Ainsi c'est aux juges de paix, aux tribunaux d'arrondissement ou aux tribunaux de commerce, suivant les cas, à statuer sur les difficultés relatives à la perception des péages des ponts, des tarifs des chemins de fer, des tarifs des canaux de navigation, lorsque ces difficultés s'élèvent entre le public et les concessionnaires. Nous aurons à insister sur cette règle quand nous examinerons les règles spéciales aux ponts à péage, aux chemins de fer et aux canaux de navigation.

---

[1] *Arr. Cons.* 26 mai 1853 (*Compagnie du pont de Rognonas*), — 30 juillet 1857 (*Pont de Cubzac*), — 20 mai 1868 (*Grulet*), — 1er avril 1869 (*Guérin*).

CHAPITRE III

691. Il nous reste à traiter d'une dernière espèce de contrat passé en vue de l'exécution de travaux publics. C'est le contrat qui résulte des offres de concours faites par des particuliers, des communes, des départements pour obtenir qu'un travail, auquel ils sont intéressés, soit exécuté dans certaines conditions et dans certains délais.

Ce contrat a une physionomie différente de celle des contrats d'entreprise ou de concession de travaux. Dans les contrats précédents, l'État payait pour faire exécuter les travaux. Ici, au contraire, c'est lui qui est payé. Mais enfin, c'est toujours un contrat relatif à l'exécution d'un travail, et l'on verra tout à l'heure que, d'après la jurisprudence du Conseil d'État, les contestations que soulèvent ces offres de concours sont jugées par la même juridiction que les contestations relatives aux marchés et concessions de travaux.

Quelques exemples feront comprendre la nature de cette convention.

Ainsi un conseil général de département vote une certaine

somme pour concourir à l'exécution d'un chemin de fer d'intérêt général dans telle direction. Une commune offre à l'État de contribuer aux frais de construction ou d'amélioration d'un port dans son voisinage ; ou bien elle offre son concours au département pour la construction d'un chemin de fer d'intérêt local.

Des particuliers peuvent faire des offres de concours dans des conditions analogues à l'État, au département, à la commune. Quelquefois les particuliers offrent, non-seulement de donner de l'argent, mais, en outre, de céder gratuitement les terrains qui seraient nécessaires pour l'exécution du travail sur leur propriété. Les offres de cette nature sont très-fréquentes dans l'exécution des chemins vicinaux.

692. Quelles sont les formes dans lesquelles se passe ce contrat ? Il n'y en a pas qui soient réglées par la législation. Voici comment on procède dans la pratique.

Quand c'est un département, une commune qui fait l'offre de concours, c'est dans une délibération du conseil général, du conseil municipal qu'elle est consignée. Quand c'est un particulier, il adresse une lettre à l'administration ; quand une série de particuliers se réunissent, on dresse une liste de souscription qui contient, en regard de la signature de chaque souscripteur, la somme qu'il s'engage à payer.

Voilà la première partie du contrat, l'offre. Mais le contrat n'est formé qu'autant que l'offre est acceptée. Elle peut l'être de différentes manières. Mais il est essentiel qu'il ne puisse pas s'élever de doute sur ce point. Le plus souvent l'acceptation est faite explicitement par le ministre, au nom de l'État, par le préfet, au nom du département, par le maire et le conseil municipal, au nom de la commune, sauf approbation. Quelquefois elle résulte implicitement de ce que les travaux en vue desquels l'offre a été faite sont autorisés et exécutés[1]. Mais si l'offre a été retirée avant d'avoir été acceptée, le contrat ne s'est pas formé, et l'administration ne serait pas fondée à s'en prévaloir[2].

693. Quelles sont les obligations qui résultent de ce contrat ?

Les offres de concours sont faites en vue d'un travail déterminé, et ordinairement il est stipulé que ce travail sera fait dans un certain délai.

L'État, en acceptant les offres, s'oblige-t-il à exécuter le travail de telle façon qu'il puisse être tenu de payer des dommages-intérêts s'il ne l'exécute pas, ou s'il ne l'achève pas dans les conditions et le délai prévus? Non. Il est libre de ne pas faire le travail, d'en modifier les conditions. C'est du moins la règle générale à laquelle il pourrait être dérogé par les termes exprès d'une convention.

Seulement, il ne pourra réclamer l'accomplissement des obligations des souscripteurs, qu'autant qu'il se sera lui-même conformé aux conditions fixées. Si le travail n'est pas exécuté, ou s'il ne l'est pas suivant les prévisions en vue desquelles les offres avaient été faites, les souscripteurs sont dégagés. Au contraire, si les conditions auxquelles l'offre a été subordonnée étaient remplies, la somme offerte doit être payée[3].

694. On a soutenu fréquemment que c'était à l'autorité judiciaire qu'il appartenait de statuer sur les contestations qui s'élèvent entre l'État et les particuliers, départements ou communes qui ont fait des offres de concours pour l'exécution

---

[1] *Arr. Cons.* 13 août 1850 (*Commune de Chailly*), — 15 novembre 1851 (*Commune de Mont-Saint-Jean*), — 27 juin 1865 (*Lejourdan*).

[2] *Arr. Cons.* 30 avril 1863 (*de Montalembert d'Essé*), — 21 février 1867 (*Laureau*).

[3] Voy. notamment les arrêts du 2 février 1854 (*ville de Bayeux*), — et du 25 mars 1867 (*de Pont-Réaulx*).

d'un travail. Le Conseil d'État a constamment repoussé cette doctrine.

Il a vu dans ces conventions des contrats relatifs à l'exécution des travaux publics. Aussi plusieurs décrets sur conflit ont attribué à l'autorité administrative le pouvoir de statuer sur les litiges de cette nature[1].

Diverses autres décisions du Conseil ont reconnu que, parmi les autorités administratives, c'est le conseil de préfecture qui est compétent pour en connaître[2]; et cela lors même que l'offre porterait à la fois sur des sommes d'argent et sur la cession d'un immeuble[3].

Mais il n'en est pas ainsi lorsque l'offre ne porte que sur la cession d'un immeuble. On suit les règles relatives à la dépossession des propriétés foncières. C'est l'autorité judiciaire qui est seule compétente[4].

Il n'est pas inutile de rappeler que la décision du ministre, qui repousserait la prétention d'une commune relativement au chiffre de la subvention qu'elle s'est engagée à payer à l'État, ne peut être considérée comme une décision juridique susceptible d'être attaquée directement devant le Conseil d'État. Cette décision ne fait pas obstacle à ce que le Conseil de préfecture statue sur les prétentions respectives des deux parties au sujet de l'exécution de la convention qui les lie[5].

Le Conseil d'État a de plus décidé récemment que c'était aussi au conseil de préfecture, par application de l'article 4 de la loi du 28 pluviôse an VIII, qu'il appartenait de statuer

[1] Ordonnances sur conflit des 20 avril 1839 (préfet du Cher), — 7 décembre 1844 (département de la Dordogne), — 18 décembre 1846 (Commune de Nanteuil).
[2] Arr. Cons. 2 février 1854 (ville de Bayeux), — 30 avril 1863 (de Montalembert), — 7 mai 1867 (De la Mare, Thouron et autres). — 21 mai 1867 (Ville de Nice).
[3] Ordonnance sur conflit du 20 avril 1839 (Préfet du Cher), — décret du 5 mars 1864 (Christophini).
[4] Arr. Cons. 17 juillet 1861 (Commune de Craon).
[5] Arr. Cons. 21 janvier 1867 (Ville de la Ciotat).

sur les difficultés relatives à l'engagement qu'aurait pris
l'État d'accorder une subvention à une association syndicale
pour l'exécution de digues le long d'un fleuve. La convention
passée entre l'État et le syndicat a encore été considérée comme
un marché relatif à des travaux publics [1].

[1] *Arr. Cons.* 20 août 1864 (*Syndicat de Varades*).

TITRE III

Des rapports de l'administration avec les propriétaires à l'occasion des travaux publics

---

695. Notions générales. Division du sujet.

695. Nous avons vu à quels procédés divers l'administration a recours pour exécuter les travaux publics, les travaux compris dans le service des ponts et chaussées. Nous avons maintenant à étudier les règles des rapports qu'elle a nécessairement avec les propriétaires, à l'occasion de ces travaux exécutés, soit en régie, soit par des entrepreneurs, soit par des concessionnaires.

Ces rapports sont de deux natures diverses. Les travaux publics causent aux propriétaires un préjudice ou ils leur apportent un bénéfice. Pour les préjudices, l'administration doit en général une indemnité. Pour les bénéfices, elle a, dans certains cas, le droit de réclamer une cotisation. Nous allons donc diviser nécessairement notre sujet en deux parties distinctes : règles relatives aux préjudices; règles relatives aux bénéfices, à la plus-value.

Il n'est pas inutile de rappeler que nous ne traiterons ici que des règles générales applicables à l'exécution des diverses espèces de travaux publics, réservant l'étude des règles spéciales à la voirie, aux cours d'eau, pour le moment où nous étudierons les principes spéciaux à ces diverses ma-tières.

Les préjudices que l'administration peut causer aux parti-culiers, par l'exécution des travaux publics, sont de diverses natures.

Commençons par les faits les moins graves :

1° L'administration peut être amenée à détériorer ou à déprécier une propriété, sans en enlever la jouissance à son propriétaire. Elle peut troubler la jouissance d'un locataire qui reste dans l'immeuble qui lui a été loué. C'est le cas, par exemple, de modifications dans les accès d'une maison riveraine d'une route.

La détérioration des propriétés mobilières peut encore ré-sulter des travaux de l'administration. Un cheval et une voiture tombent dans une tranchée dont les abords ne sont pas interdits par une barrière : le cheval est tué, la voiture est brisée.

2° L'administration peut enlever temporairement, au pro-priétaire ou au locataire, la jouissance d'un immeuble dont elle a besoin pour y établir des chantiers, ou pour y mettre des dépôts de terre provenant d'un déblai : c'est ce qu'on appelle l'occupation temporaire.

3° Elle peut faire des fouilles dans le terrain d'un proprié-taire pour en tirer des terres nécessaires à un remblai, des matériaux de construction pour une route.

4° Elle peut avoir besoin d'un terrain pour y établir un ouvrage public. Elle peut exproprier, pour cause d'utilité pu-blique, le propriétaire du terrain, et déposséder les locataires de leurs droits à la jouissance de l'immeuble.

Indépendamment de ces préjudices causés aux propriétés immobilières et mobilières, les personnes elles-mêmes peuvent subir des préjudices. Une mine, établie pour faire sauter des rochers, éclate et blesse, ou tue, des ouvriers ou des passants.

Telle est la variété des faits qui soulèvent des contestations nombreuses. Nous allons étudier, dans l'ordre que nous venons d'indiquer, les règles du fond, les règles de compétence et les règles de procédure spéciales à chacune de ces diverses natures de difficultés.

CHAPITRE PREMIER

DES DOMMAGES CAUSÉS PAR L'EXÉCUTION DES TRAVAUX PUBLICS

§ 1er. — RÈGLES DU FOND

696. Du sens propre au mot dommages par opposition à expropriation.
697. Exemples. — Dommages causés par les études préalables aux travaux.
698. Id. — Dommages causés par l'exécution des travaux.

I. — QUELS SONT LES DOMMAGES QUI DONNENT LIEU A INDEMNITÉ.

699. Du cas où le dommage est causé par l'usage légitime du droit de tout propriétaire.
700. Des dommages résultant de la force majeure ou de la faute du propriétaire.
701. Des dommages qui ne sont pas directs et matériels.
702. Des dommages résultant de l'atteinte portée à une jouissance précaire.
703. Des dommages futurs et éventuels.

II. — A QUI L'INDEMNITÉ PEUT ÊTRE RÉCLAMÉE.

704. Cas où l'administration est responsable des faits de l'entrepreneur et du concessionnaire.
705. De la responsabilité des entrepreneurs et concessionnaires pour les faits de leurs sous-traitants et ouvriers.

III. — QUI A LE DROIT DE FAIRE RÉGLER L'INDEMNITÉ.

706. Droit du propriétaire, de l'usufruitier ou de l'usager.
707. Droit du locataire à exercer une action directe contre l'administration.
708. De l'initiative prise par l'administration en cas d'inaction de la part du locataire.

IV. — DES ÉLÉMENTS DE L'INDEMNITÉ.

709. Nécessité de réparer aussi complétement que possible le préjudice subi.
710. Du règlement de l'indemnité en argent. — Du cas où des travaux seraient nécessaires.
711. De la compensation de la plus-value.
712. Des intérêts.
713. De la question de savoir si l'indemnité doit être payée préalablement au dommage.

696. Quand on divise en plusieurs catégories les préjudices causés aux propriétés par l'exécution des travaux publics, on comprend, sous le nom de dommages proprement dits, tous les préjudices autres que l'expropriation, c'est-à-dire la cession forcée d'un immeuble. La distinction, on le verra bientôt, a une importance capitale au point de vue du mode de procéder imposé à l'administration, et au point de vue de la compétence. L'indemnité due en cas d'expropriation est réglée par un jury spécial qui est une branche de l'autorité judiciaire; l'indemnité due pour les simples dommages doit être réglée par le conseil de préfecture.

Il y a une série de règles générales applicables à tous les dommages proprement dits. Nous les étudierons dans ce chapitre, réservant pour un chapitre suivant les règles particulières à l'extraction des matériaux et à l'occupation des terrains, qui rentrent dans la classe des dommages au point de vue de la compétence. Mais d'abord il est bon d'indiquer, par des exemples, à quelle nature de préjudice s'appliquent les règles qui vont être exposées.

697. En premier lieu, l'administration peut causer des dommages aux propriétés, lorsqu'elle fait faire les études préalables à l'exécution d'un travail.

En effet, il n'est généralement pas possible de préparer un projet de travail, et de se rendre compte des difficultés et dépenses qu'il entraînera, sans pénétrer dans les propriétés privées, faire des nivellements, des sondages, planter des jalons, quelquefois abattre des arbres, des haies.

Les ingénieurs et leurs agents peuvent pénétrer dans les propriétés privées et y causer des dommages lorsqu'ils y ont été expressément autorisés par le préfet. Cette autorisation régularise leur situation.

La Cour de cassation et le Conseil d'État sont d'accord sur ce point. Ainsi la Cour de cassation a reconnu « que les

agents de l'administration des ponts et chaussées sont suffisamment autorisés à entrer dans les propriétés privées et à se
livrer aux études préparatoires de travaux publics, lorsqu'ils
sont munis des ordres de leurs supérieurs et de l'autorité administrative compétente, sauf la réparation et l'indemnité des
torts et dommages que ces travaux peuvent causer et à la
charge par les agents de justifier de leur qualité et mission
aux propriétaires des terrains sur lesquels ils s'exécutent[1]. »
En conséquence, elle a décidé qu'il y avait lieu d'appliquer en
pareil cas les dispositions de l'article 458 du Code pénal, qui
porte : « Quiconque, par des voies de fait, se sera opposé à la
confection des travaux autorisés par le gouvernement sera
puni d'un emprisonnement de trois mois à deux ans et d'une
amende qui ne pourra excéder le quart des dommages-intérêts ni être au-dessous de 16 francs. Les moteurs subiront
le maximum de la peine. »

De son côté, le Conseil d'État a décidé que les ingénieurs
et agents d'une compagnie concessionnaire de chemin de fer,
autorisés par arrêté préfectoral à entrer dans les propriétés
particulières pour procéder aux études préalables à la détermination du tracé définitif, peuvent procéder à ces études sur
la propriété d'un particulier sans qu'une indemnité préalable
lui ait été payée[2]. Il a également décidé que des coupes d'arbres pratiquées dans une propriété privée, en vertu d'ordres
donnés par l'administration pour arriver à la détermination
du tracé d'un chemin vicinal, étaient des dommages résultant
de l'exécution de travaux publics et dont la réparation devait
être demandée devant le conseil de préfecture[5].

---

[1] *Arr. Cassation,* 4 mars 1825 (*Mayet*). Dalloz, 1825. I, p. 257.
[2] *Arr. Cons.* 23 juin 1857 (*Gougeon*).
[5] Décret sur conflit 22 avril 1858 (*Chavagnac*), — Ordonnance sur conflit 19 octobre
1825 (*Berthelot*).

L'administration a toujours reconnu qu'en pareil cas, une indemnité était due ; et nous tenons à ajouter que, dans une circulaire, en date du 24 octobre 1855, le ministre des travaux publics recommande aux ingénieurs, non-seulement de procéder avec la plus grande régularité, mais d'apporter, dans les opérations qui peuvent être dommageables, tous les ménagements compatibles avec les exigences des études.

698. L'exécution des travaux amène des dommages de nature très-variée.

C'est le cas, par exemple, des modifications apportées dans les accès d'une maison par suite du changement de niveau d'une route. — Les remblais élevés au-devant d'une maison peuvent en outre la rendre humide, en concentrant les eaux entre le pied du talus et la maison. — Un remblai peut supprimer un aqueduc et une prise d'eau. — Les eaux d'un canal qui se trouve un peu élevé au-dessus des propriétés riveraines peuvent s'infiltrer dans ces propriétés et les convertir en marécages. — Nous bornons là nos exemples, puisqu'il ne s'agit en ce moment que de caractériser les faits qualifiés dommages et non d'en donner une énumération limitative. Et d'abord recherchons quels sont les dommages qui donnent lieu à indemnité.

699. Le principe du droit à indemnité en cas de dommage causé par les travaux publics est incontestable. Mais ce principe a des limites établies par la loi ou par la jurisprudence et qui le restreignent sensiblement.

Tout d'abord, il faut que le fait qui cause un dommage ne soit pas l'exercice légitime du droit de tout propriétaire.

L'administration a en effet des droits bien plus étendus que les particuliers ; mais il ne s'en suit pas qu'elle ne puisse user légitimement du droit qu'aurait tout propriétaire. Ainsi

un propriétaire qui, en creusant un puits sur son terrain, diminue la quantité d'eau qui venait au puits du voisin, cause
à celui-ci un préjudice ; néanmoins, d'après les principes du
droit civil, il ne fait qu'user de son droit et il ne devra pas
d'indemnité. Il a été jugé de même que l'administration ne
devait pas d'indemnité à un usinier qui prétendait que les
eaux de son bief s'étaient perdues en partie par filtration, à
travers un sol perméable, pendant la construction d'un canal
de navigation dans le voisinage du bief[1]. Il en est encore ainsi
quand l'administration, par des travaux de fouilles, trouble
les eaux du puits d'un voisin[2], ou que, par une tranchée, elle
intercepte une source qui jaillissait dans une propriété située
au pied du coteau[3].

Il ne faudrait pas, toutefois, abuser de cette théorie et soutenir que l'administration ne doit d'indemnité aux propriétaires qu'autant qu'elle n'usait pas d'un droit en exécutant les
travaux qui leur causent un préjudice, qu'autant qu'elle aurait commis une faute, une négligence ou une imprudence.
Dans la plupart des cas, au contraire, quand l'administration
dépossède les citoyens de leur propriété ou porte atteinte à
leur jouissance, elle agit dans l'exercice des droits conférés à
l'autorité publique en vue de la satisfaction des besoins de la
société. Elle n'en doit pas moins une indemnité, parce qu'il
est de principe que, si l'intérêt privé doit être sacrifié à l'intérêt public, c'est à la condition d'un juste dédommagement.
Mais nous ne voyons pas pourquoi l'administration serait
tenue d'indemniser un particulier quand elle n'use pas des
droits propres à l'autorité publique et se borne à invoquer les

---

[1] *Arr. Cons.* 20 juillet 1856 (*Klein*).
[2] *Arr. Cons.* 14 décembre 1853 (*Heudelot*).
[3] *Arr. Cons.* 16 août 1860 (*Chemin de fer du Midi*).

dispositions du droit civil qui régissent les rapports de particulier à particulier[1].

700. Toutefois, s'il n'est pas nécessaire qu'il y ait faute de l'administration pour qu'une indemnité soit due, au moins faut-il qu'il y ait de sa part un fait qui engage sa responsabilité. Elle ne peut être tenue de réparer les dommages causés par des cas de force majeure, par un de ces événements calamiteux, en dehors des prévisions humaines, dont personne n'est responsable[2].

Mais si le cas de force majeure coïncide avec un fait ou une faute de l'administration, si les conséquences d'un orage ou du débordement d'une rivière ont été aggravées par les dispositions défectueuses des travaux exécutés par l'administration, l'administration doit, au moins pour partie, contribuer à la réparation du dommage[3].

Il va de soi que l'administration n'est pas responsable, si c'est le propriétaire qui est en faute[4].

701. Si l'on parcourt la jurisprudence du Conseil d'État, on verra que la règle qui a donné lieu aux plus fréquentes difficultés est celle-ci : le dommage ne donne droit à indemnité que s'il est « direct et matériel. »

Cette formule n'est pas écrite dans la loi et nous devons même dire que, depuis quelques années, le Conseil d'État l'emploie beaucoup moins; cependant elle caractérise assez nettement tout un système appliqué dans de nombreuses dé-

---

[1] Nous ne croyons pas que la jurisprudence du conseil soit modifiée par une décision en date du 19 décembre 1868 (*Dangé*), qui a accordé une indemnité au propriétaire d'une source d'eau minérale détournée par des travaux exécutés par l'État, en vue de capter et canaliser les sources destinées à l'établissement thermal de Plombières.

[2] *Arr. Cons.* 23 mars 1853 (*de Contades*), — 17 avril 1856 (*Commune de Remilly*), — 2 mai 1866 (*Combes*).

[3] *Arr. Cons.* 4 juillet 1860 (*Chemin de fer du Midi*), — 21 juin 1866 (*Chemin de fer du Midi*), — 5 février 1867 (*Chemin de fer du Midi*), — 28 février 1867 (*Ville de Vernon*), — 19 mars 1868 (*Julien*).

[4] *Arr. Cons.* 30 novembre 1854 (*Mignot*).

cisions. Quel en est le sens? Il est important de le déterminer, car certains auteurs l'ont combattue comme contraire
à l'équité[1], et il y a des agents de l'administration qui parfois l'appliquent judaïquement et d'une manière inique.

Le Conseil d'État a-t-il voulu dire qu'il faut que la propriété soit touchée par le travail public, par la pioche des
ouvriers ou par l'ouvrage exécuté, de telle sorte qu'un remblai dont le pied touche au mur donne droit à indemnité, et
que ce droit disparaîtrait si le remblai était à quelques centi-
mètres? Non. Le Conseil a voulu dire, par le mot direct,
qu'il fallait que le dommage fût la conséquence immédiate,
et non pas éloignée, du fait de l'administration, et par le mot
matériel, qu'il fallait que le dommage consistât dans une diminution de valeur, ou dans une privation de jouissance
facilement appréciable.

Nous pouvons donner quelques exemples qui montreront
que la formule n'est pas trop étroite pour renfermer tous les
dommages dont la réparation est exigée par l'équité.

Ainsi, dans une affaire jugée en 1863, voici ce qui s'était
passé: Par suite des travaux d'exhaussement d'une route, une
maison riveraine était placée en contre-bas; mais l'administration avait eu soin de maintenir le remblai par un mur de
soutènement, qui s'arrêtait à 0^m,40 de la maison d'un côté,
et à 5 mètres de l'autre. Il résultait de là des préjudices
graves: privation d'air, de lumière pour les fenêtres du rez-
de-chaussée, humidité, impossibilité d'accéder en voiture.
Toutefois on soutenait que le mur de soutènement ne touchant
pas la maison, il n'y avait pas dommage direct et matériel.

---

[1] Notamment M. Christophle dans son *Traité des travaux publics*, t. 2, p. 174.
M. Batbie, dans son *Traité théorique et pratique de droit public et administratif*
(t. 7, p. 254), approuve la jurisprudence du Conseil d'État; mais il pense qu'on la résu-
merait d'une manière plus exacte, en disant qu'une indemnité est due quand le
dommage est *direct et spécial*.

Le Conseil d'État a décidé, au contraire, qu'il y avait, dans toutes ces circonstances, un dommage donnant droit à une indemnité[1].

Le Conseil d'État a encore attribué ce caractère à des dommages résultant, soit pour le propriétaire d'une maison, soit pour les locataires, de l'abaissement du niveau de la rue le long de laquelle cette maison était bâtie, abaissement qui avait obligé à construire un escalier pour rétablir l'accès, et qui, par suite, avait déprécié l'immeuble[2], ou bien avait diminué la clientèle d'un établissement de commerce[3].

Il a encore admis que le dommage causé à une maison par la construction d'un pont biais de chemin de fer qui changeait les conditions de salubrité et d'habitation de ladite maison, en la privant de jour et d'air, était un dommage direct et matériel[4].

Il a jugé de même dans une espèce où il s'agissait de préjudices causés à l'industrie d'un aubergiste riverain d'une route. Les travaux de déplacement et d'exhaussement d'une route avaient eu pour effet de modifier la disposition des locaux affectés à l'exploitation d'un hôtel, et de nécessiter la reconstruction de cet hôtel. Par suite, ils avaient interrompu l'exercice de l'industrie du réclamant, et détérioré son mobilier et ses approvisionnements. Une indemnité lui a été accordée[5].

Il a encore décidé qu'on ne pouvait considérer comme un dommage indirect l'ébranlement d'une maison résultant du battage de pieux à une faible distance[6].

[1] *Arr. Cons.* 26 février 1865 (*Auvray*).
[2] *Arr. Cons.* 30 juillet 1857 (*Laugée*).
[3] *Arr. Cons.* 21 mars 1861 (*Cluzel*).
[4] *Arr. Cons.* 10 décembre 1857 (*Compagnie du chemin de fer de Lyon*).
[5] *Arr. Cons.* 6 juillet 1858 (*Garnier*).
[6] *Arr. Cons.* 28 juillet 1864 (*Adrian*).

Ainsi entendue, la théorie, résumée dans la formule un peu trop étroite de dommages directs et matériels, n'a rien de contraire à l'équité. Nous ne croyons pas qu'il fût juste de condamner l'administration à payer des indemnités pour les dommages indirects, non matériels, c'est-à-dire pour la privation d'avantages dont tout le monde jouit sans y avoir un titre positif, pour les préjudices qui ne sont qu'une conséquence éloignée du travail public.

Ainsi l'établissement des chemins de fer a fait disparaître, sur beaucoup de points de la France, l'industrie des maîtres de poste ; les aubergistes établis sur les routes parallèles aux chemins de fer ont aussi vu diminuer sensiblement leur clientèle. Dans une ville, l'ouverture d'une grande voie publique peut, en détournant le courant de la circulation, diminuer la valeur des propriétés dans des rues voisines, et amener la diminution des bénéfices de nombreux commerçants placés en face de nouveaux concurrents établis dans des conditions plus avantageuses. Voilà des dommages indirects qui ne peuvent donner droit à une indemnité.

Le bruit des sifflets des locomotives doit troubler le repos des voisins d'une gare de chemin de fer. Il en est de même du bruit causé par le passage d'un train de chemin de fer sur un pont métallique[1]. Ce dommage n'est pas matériel.

Appliqué à de pareilles espèces, le principe ne nous paraît pas pouvoir donner lieu à une contestation sérieuse. Mais il y a des cas où l'on se trouve sur la limite du préjudice direct et du préjudice indirect, et où l'on pourrait trouver que l'équité est blessée par le refus d'une indemnité. Ainsi, pour n'en citer qu'un exemple, il a été décidé que dans le cas où, pour l'établissement d'un chemin de fer, une voie publique

---

[1] *Arr. Cons.* 25 mars 1867 (*Chemin de fer du Midi*).

vient à être détournée et remplacée par un chemin plus long et plus difficile, le propriétaire d'une carrière et d'un four à plâtre, qui communiquaient ensemble, n'est pas fondé à réclamer une indemnité pour le préjudice que peuvent lui causer l'allongement du parcours et les difficultés nouvelles de la circulation résultant de l'établissement d'une rampe. Un semblable préjudice n'a pas été considéré comme un dommage direct et matériel [1].

Nous ne voulons pas ici passer en revue les différents cas dans lesquels le Conseil a reconnu qu'un dommage était ou n'était pas de nature à donner lieu à indemnité. Quand nous étudierons les règles relatives aux routes, aux chemins de fer, aux cours d'eau, nous insisterons davantage sur les nuances; ici nous signalons seulement le principe.

702. Alors même qu'il serait la suite directe des travaux, le dommage ne donne pas droit à indemnité, si le fait de l'administration porte atteinte, non pas à un droit certain, mais à une jouissance précaire.

Ainsi un propriétaire n'est pas fondé à réclamer une indemnité, parce que l'administration, en approfondissant un fossé qui reçoit les eaux pluviales provenant de la route, l'aurait privé en partie du bénéfice de l'irrigation de son terrain; la jouissance des eaux pluviales provenant d'une route est un avantage précaire [2].

Ainsi un propriétaire qui a obtenu, par tolérance, l'autorisation d'établir un port d'embarquement sur le bord d'un fleuve n'est pas fondé à réclamer une indemnité, dans le cas où ce port d'embarquement est supprimé par les travaux de construction d'un barrage éclusé [3].

---

[1] *Arr. Cons.* 28 décembre 1854 (*Bélin-Ménassier*), — 26 août 1858 (*Crispon*), etc.

[2] *Arr. Cons.* 12 janvier 1860 (*Babaud-Laribière*).

[3] *Arr. Cons.* 6 janvier 1865 (*Joanne-Rousseray*). — Voir aussi 9 mai 1867 (*Gadot*).

703. Ajoutons que le dommage doit, pour donner lieu à indemnité, être actuel et non pas éventuel. Comment, en effet, liquider une indemnité à raison d'un fait incertain[1]?

Toutefois, si l'on prévoyait le retour d'un dommage actuellement certain, le particulier, comme l'administration, pourrait demander la liquidation d'une indemnité pour les dommages futurs, afin de régler définitivement la situation[2].

Voilà quels sont les dommages qui donnent droit à une indemnité.

704. Maintenant à qui cette indemnité peut-elle être réclamée? qui doit être responsable?

Si les travaux sont exécutés en régie, l'administration est responsable : cela va de soi. Les ouvriers sont ses préposés; on applique ici l'article 1384 du code Napoléon.

Mais si l'administration a traité avec un entrepreneur ou un concessionnaire, il y a deux questions à examiner : 1° l'administration est-elle responsable du fait de ses entrepreneurs ou concessionnaires? 2° les entrepreneurs ou concessionnaires sont-ils responsables du fait de leurs ouvriers?

Sur la première question, il y a peu de précédents.

L'administration a soin de stipuler dans le cahier des clauses et conditions générales imposées aux entrepreneurs des ponts et chaussées et dans les cahiers de charges des concessions, que les entrepreneurs et concessionnaires supporteront toutes les indemnités dues pour dommages causés par l'exécution des travaux. La portée de la clause est moins étendue, nous l'avons vu, pour les entrepreneurs que pour les concessionnaires. L'entrepreneur ne répond que des faits d'exécu-

---

[1] *Arr. Cons.* 1er février 1855 (*Denailly*), — 15 juin 1864 (*Chemin de fer d'Orléans*).

[2] *Arr. Cons.* 21 juin 1855 (*Roussille*), — 15 août 1868 (*Chemin de fer du Midi*). — Voir toutefois, 13 juin 1866 (*de la Loyère*), — 14 avril 1870 (*Thébault*).

tion et non du dommage résultant de l'existence même de
l'ouvrage même qu'il exécute. Le concessionnaire répond des
dommages de toute nature.

Mais ces clauses sont-elles opposables aux tiers? Et si un
particulier, au lieu de s'adresser à l'entrepreneur ou au concessionnaire, s'adressait à l'État, sa demande pourrait-elle être
déclarée non recevable? Dira-t-on que l'entrepreneur et le
concessionnaire ne peuvent être considérés comme les préposés de l'État, dans le sens de l'article 1384 du code Napoléon,
qu'ils agissent à leurs risques et périls? Nous aurions de la
peine à l'admettre. On ne peut pas invoquer ici exclusivement
les règles du droit commun. L'État jouit, pour l'exécution des
travaux publics, de droits particuliers, qui n'appartiennent
qu'à lui, qu'il délègue à des entrepreneurs ou à des concessionnaires. Lui est-il possible de se décharger de la responsabilité qu'entraîne l'exercice de ces droits exceptionnels, en
se substituant un tiers?

Toutefois, nous devons dire que la jurisprudence du Conseil d'État ne paraît pas admettre la responsabilité de l'État
pour tous les faits de l'entrepreneur; elle a admis seulement
que l'État était responsable, en cas d'insolvabilité de l'entrepreneur, lorsqu'il s'agissait d'un fait résultant d'une mauvaise
exécution des travaux ou d'un vice du plan, qui accusait un
défaut de surveillance de la part des agents de l'administration[1].

En ce qui concerne les concessionnaires, un arrêt du 29 novembre 1855 (*Belle*) décide que l'État n'est pas responsable
des dommages causés par les travaux qu'ils exécutent. Cette
décision est fondée sur la clause du cahier des charges de la
concession qui met les indemnités de toute nature à la
charge du concessionnaire.

[1] *Arr. Cons.* 27 mai 1859 (*Mériot*).

Dans la pratique donc, les parties feront sagement de s'adresser tout d'abord à l'entrepreneur ou au concessionnaire. Mais il nous semble incontestable que, en cas d'insolvabilité de l'entrepreneur ou des concessionnaires, la responsabilité de l'État serait engagée.

705. Venons à la seconde question. Un entrepreneur ou concessionnaire est responsable de ses sous-traitants et de ses ouvriers, qui sont ses préposés, lorsqu'il s'agit de faits relatifs à l'exécution des travaux. On doit appliquer ici l'article 1384 du code Napoléon.

Le Conseil d'État a décidé que le concessionnaire ou l'entrepreneur ne peut se décharger de ses obligations par des conventions avec des sous-traitants qui seraient plus ou moins solvables[1]. Cette solution ne serait pas contestable pour les entrepreneurs qui auraient traité sous l'empire des clauses et conditions générales de 1866, puisque, aux termes de l'article 9 de ces clauses, l'entrepreneur, autorisé à céder à des sous-traitants une partie de son entreprise, demeure personnellement responsable tant envers l'administration qu'envers les tiers. La Cour de cassation a admis la doctrine contraire dans une affaire où l'entrepreneur avait traité à forfait[2]. Mais il s'agissait des rapports de l'entrepreneur avec ses ouvriers.

Le Conseil d'État a même décidé qu'un concessionnaire était responsable du préjudice résultant pour une propriété du passage des ouvriers qui allaient au chantier ou en revenaient, parce qu'il devait surveiller ses ouvriers, faire la police du chantier et empêcher le dommage[3].

---

[1] *Arr. Cons.* 16 avril 1863 (*Chemin de fer d'Orléans*).

[2] *Arr. cassation* 20 août 1847 (*Chemin de fer du Nord, C. Pubelier*). Dalloz 1847, 4. p. 421. Voir, dans un sens différent, un arrêt du 17 mai 1865 (*Chemin de fer du Nord*). Dalloz 1865. 1, p. 573.

[3] *Arr. Cons.* 15 décembre 1855 (*Chemin de fer de Lyon à la Méditerranée.*)

Mais il n'en serait pas de même si des vignes avaient été ravagées par des ouvriers, sans qu'il y eut aucun lien entre le travail et le pillage des vignes. Dans une affaire où un fait de cette nature était allégué, le Conseil ne s'est pas prononcé sur le fond. Il a déclaré que l'autorité administrative était incompétente pour en connaître, parce que le dommage ne résultait pas des travaux[1].

706. A qui appartient-il de réclamer l'indemnité? il peut sembler singulier que la question soit posée. On est porté à répondre sans hésitation que l'action en règlement de l'indemnité appartient nécessairement à celui qui a souffert un préjudice par suite de l'exécution des travaux, quelle que soit sa qualité: propriétaire, usufruitier, usager, locataire.

Il n'y a en effet aucune difficulté à l'égard du droit du propriétaire, de l'usufruitier, de l'usager.

707. Mais le Conseil d'État a refusé, pendant un certain temps, de reconnaître aux locataires le droit d'agir directement contre l'administration pour obtenir la réparation du trouble apporté à leur jouissance[2]. Cette jurisprudence se fondait sur ce que le locataire tient ses droits du propriétaire qui s'oblige à le faire jouir et que, en conséquence, il peut, comme le reconnaît la jurisprudence de la Cour de cassation[3], actionner son propriétaire pour faire résilier son bail ou pour faire diminuer le prix du loyer quand les travaux exécutés par l'administration troublent sa jouissance. Toutefois le Conseil d'État a reconnu que ce système avait de graves inconvénients. D'une part, c'était compliquer les procédures, obliger le propriétaire à soutenir un procès devant les tribunaux

---

[1] *Arr. Cons.* 29 décembre 1858 (*Lacroix*).

[2] *Arr. Cons.* 30 juillet 1846 (*Coulongeon*). — 8 décembre 1853 (*Montbrun*), — 22 juin 1854 (*Micé*).

[3] *Arr. cassation* 17 août 1859 (*Ardoin*). Dalloz 1859, I, p. 437.

civils contre son locataire, puis à revenir devant la juridiction administrative pour demander une nouvelle indemnité
à raison de la condamnation prononcée contre lui. D'autre
part, la juridiction administrative ne pouvait se considérer
comme liée par un jugement prononcé au profit du locataire
contre le propriétaire et condamner purement et simplement
l'administration à rembourser au propriétaire le montant de
la somme fixée par le jugement du tribunal civil. C'eût été
s'exposer à rendre l'administration victime d'une collusion [1].
Il a donc paru conforme aux principes d'admettre l'action
directe des locataires contre l'administration [2].

 Le Conseil d'État a même décidé que le propriétaire n'a
pas qualité pour représenter ses locataires et ne peut réclamer pour leur compte ni demander à l'avance à être garanti
des condamnations qui pourraient être prononcées contre lui
à leur profit [3].

708. L'administration pourrait-elle, afin d'éviter toutes les
complications auxquelles donnent quelquefois lieu les procès
introduits par les locataires, prendre elle-même l'initiative du
règlement de l'indemnité et soumettre au conseil de préfecture une demande tendant à faire allouer à un locataire une
indemnité que celui-ci ne réclame pas? Le Conseil d'État a
décidé que l'administration n'avait pas le droit d'enlever au
locataire l'option que la loi lui a laissé et de l'empêcher ainsi
d'agir contre son propriétaire [4].

---

[1] *Arr. Cons.* 1er avril 1869 (*Ardoin*), — 26 mai 1869 (*Labille*).

[2] *Arr. Cons.* 7 janvier 1858 (*Grangier*), — 30 juillet 1863 (*Marchon*), — 17 mars
1864 (*Guérin*), — 28 janvier 1865 (*Bertrand*), — 5 août 1869 (*Monet et Escarra-
guel*). — Plusieurs de ces arrêts ont été rendus en matière d'occupation de terrains
et d'extraction de matériaux.

[3] *Arr. Cons.* 24 janvier 1861 (*Carré*), — 7 mai 1861 (*De la Grange*), — 10 mars
1864 (*Hardy-Passot*), — 12 juillet 1864 (*Souchay*), — 1er avril 1869 (*Ardoin*), — 26 mai
1869 (*Labille*).

Arr. Cons. 15 décembre 1865 (*Ville de Paris*).

709. Quels sont les éléments qui doivent entrer dans le calcul de l'indemnité?

Avant tout, il faut que l'indemnité soit la réparation aussi exacte et aussi complète que possible du préjudice qui a été subi.

Ainsi il faut remettre autant que possible les lieux dans l'état primitif, ou, si cela est impossible, payer la dépréciation subie par l'immeuble.

Il faut également réparer les préjudices accessoires au préjudice principal[1].

710. L'indemnité doit être réglée en argent. Si le juge (nous verrons tout à l'heure à qui il appartient de se prononcer sur ce point) estime que des travaux exécutés, soit sur la voie publique, soit dans la propriété du réclamant seraient nécessaires pour réparer le préjudice et en prévenir le retour, il doit évaluer en argent le montant des travaux et condamner l'administration à payer cette somme, laissant à l'administration la liberté d'exécuter les travaux sur la voie publique et au propriétaire la liberté d'exécuter les travaux dans son immeuble. Cette règle résulte de très-nombreuses décisions du Conseil d'État[2].

711. Y a-t-il lieu de tenir compte, en fixant l'indemnité, de la plus value que les travaux exécutés peuvent procurer à l'immeuble?

Il y a là une question qui a été controversée, mais sur laquelle la jurisprudence du Conseil d'État est très-ferme.

Le principe est celui-ci : l'administration est tenue de réparer le dommage qu'elle a causé par ses travaux ; mais si

---

[1] Voir les arrêts du conseil du 21 janvier 1855 (*Vallaert*), — 24 janvier 1860 (*Laseraye*), — 20 juin 1861 (*Degousse*), — 24 juin 1868 (*Jullien*).
[2] Voir notamment l'arrêt du 29 mars 1860 (*héritiers Hagerman*), et celui du 18 mars 1869 (*Chemin de fer de Paris à Lyon et à la Méditerranée*).

ces mêmes travaux apportent des avantages aux propriétaires, il est juste d'admettre la compensation, car le dommage à réparer est diminué d'autant.

La loi a-t-elle consacré cette théorie de la compensation? En matière de dommages, nous croyons qu'il n'existe pas de texte précis. L'article 54 de la loi du 16 septembre 1807, qu'on invoque ordinairement, nous paraît applicable au cas d'une plus-value qui aurait été réglée conformément aux articles 30 à 32 de la loi de 1807, en dehors du procès relatif aux dommages causés par les travaux. Mais le législateur, en matière d'expropriation, a posé la règle dans l'article 51 de la loi du 3 mai 1841. Il y a là, selon nous, une base légale incontestable pour la jurisprudence du Conseil. Ce que la loi décide pour le plus grave des préjudices, l'expropriation, doit s'appliquer à plus forte raison pour un préjudice moins grave.

Toutefois, c'est avec une grande modération que le Conseil tient compte de la plus-value. Il faut qu'elle soit certaine, immédiate, directe. Nous avons dit que l'administration ne répare pas les dommages indirects; il ne serait donc pas juste de tenir compte des plus-values indirectes, par exemple de la plus value résultant, pour une maison, de l'amélioration des voies publiques auxquelles aboutit celle dont la propriété endommagée est riveraine[1].

712. Au principal de l'indemnité, il faut ajouter les intérêts, mais c'est seulement lorsqu'ils sont demandés et à dater du jour de la demande en justice, ainsi que nous l'avons déjà expliqué[2].

---

[1] *Arr. Cons.* 12 juillet 1864 (*Souchay*). Voy. dans le Recueil des arrêts du Conseil d'État, les conclusions données par M. le commissaire du gouvernement Robert à l'occasion de cette affaire, — 20 juin 1865 (*Ville de Toulouse*), — 3 août 1866 (*May*), — 30 avril 1868 (*Monvezy*), — 26 décembre 1868 (*Rossigneux*).
[2] *Arr. Cons.* 18 février 1864 (*Pellerin*).

Il y a une exception à cette règle, dans le cas où, en fixant l'indemnité due pour la dépréciation de l'immeuble, le juge du premier degré n'aurait pas tenu compte de la privation des revenus pendant le cours du procès. — Dans ce cas, les intérêts seraient dus à dater du jour du dommage, à titre de représentation des fruits de l'immeuble[1].

Les intérêts des intérêts doivent être accordés quand ils ont été expressément demandés, pourvu qu'il y ait une année entière d'intérêts dus au moment de la demande, et ils ne sont alloués que par annuités, sans tenir compte des fractions d'années[2].

713. Nous ne pouvons pas quitter la question du règlement de l'indemnité sans examiner le point de savoir si elle doit être payée préalablement.

La question n'a jamais été soulevée pour la plupart des dommages qui rentrent dans la première catégorie que nous examinons en ce moment. Elle l'a été pour l'occupation temporaire à laquelle il est procédé en cas d'études faites préalablement à la décision à prendre sur un travail. Le Conseil d'État a reconnu, d'une manière générale, qu'il n'est dû d'indemnité préalable que dans le cas d'expropriation pour cause d'utilité publique, conformément à la loi du 3 mai 1841 et à l'article 545 du code Napoléon[3]. Et, en effet, s'il est possible d'apprécier préalablement l'indemnité due quand l'administration exproprie un immeuble, il est impossible de l'apprécier de même quand le dommage, qui laisse l'immeuble entre les mains de son propriétaire, n'est pas consommé.

Il y a toutefois une exception écrite dans l'article 48 de

[1] Arr. Cons. 9 avril 1863 (Deshayes) et autres.
[2] Arr. Cons. 23 juin 1864 (Narjoux).
[3] Arr. Cons. 23 juin 1857 (Gougeon)

la loi du 16 septembre 1807, pour le cas où les travaux exécutés par des concessionnaires (et non par l'État) arrête-raient le travail des usines établies sur des cours d'eau. Mais, dans la pratique, cette disposition ne paraît pas appliquée.

§ 2. — RÈGLES DE COMPÉTENCE

714. Conditions de la compétence des conseils de préfecture.

I. — CARACTÈRE DES TRAVAUX D'OÙ RÉSULTE LE DOMMAGE.

715. Des travaux faits pour le compte de l'administration, mais non autorisés.
716. Des travaux faits pour le compte des particuliers, avec autorisation.

II. — CAS OÙ LE DOMMAGE SE RATTACHE A L'EXÉCUTION DE TRAVAUX PUBLICS.

717. Des dommages résultant du fait, de la négligence ou de l'imprudence des entrepreneurs.
718. Des dommages causés par des travaux en rivière, qui forment des écueils cachés sous les eaux.
719. Des dommages résultant de l'écroulement de travaux après leur exécution complète.
720. Des dommages résultant du refus d'alignement.
721. Des dommages résultant de l'inexécution des travaux publics.

III. — DES FAITS QUI ONT LE CARACTÈRE DE DOMMAGE.

722. De la distinction faite anciennement entre les dommages temporaires et les dommages permanents.
723. De la suppression des servitudes.
724. De la privation de jouissance d'un local loué par bail.
725. Des dommages causés aux propriétés mobilières.

IV. — DU CAS OÙ LES DOMMAGES PROVIENNENT DU FAIT DE L'ADMINISTRATION.

726. Raisons qui ont motivé autrefois des doutes sur ce point. État de la juris-prudence.

714. Quand nous avons exposé les attributions des conseils de préfecture, nous avons dû faire connaître d'une manière générale que le jugement des réclamations relatives aux dom-mages causés par les travaux publics leur a été attribué. Nous avons maintenant à insister sur les différentes applications de cette règle.

La doctrine peut se résumer ainsi : C'est au conseil de préfecture qu'il appartient, en vertu de l'article 4 de la loi du 28 pluviôse an VIII, de statuer sur les réclamations des particuliers qui se plaignent des torts et dommages, autres que l'expropriation, causés aux propriétés par les travaux publics, sans qu'il y ait à distinguer si ces travaux sont exécutés par l'administration en régie, ou s'ils le sont par des entrepreneurs ou des concessionnaires.

Tout le monde est d'accord aujourd'hui sur cette formule. Mais on n'y est arrivé qu'après de très-nombreuses difficultés et des controverses très-vives entre l'autorité judiciaire et l'autorité administrative. Ces controverses, dont les unes étaient nées de préjugés contre la juridiction administrative, qui empêchaient l'autorité judiciaire de reconnaître le véritable sens de la série des dispositions législatives qui ont été rendues sur la matière, dont les autres devaient leur origine à la mauvaise rédaction de l'article 4 de la loi du 28 pluviôse an VIII, sont épuisées aujourd'hui. Nous croyons donc devoir nous borner à en faire un résumé succinct.

Les conseils de préfecture sont compétents, avons-nous dit, lorsque les travaux d'où résulte le dommage ont le caractère de travaux publics, — lorsque les dommages se rattachent à l'exécution des travaux, — lorsqu'il s'agit de préjudices autres que l'expropriation, — et lorsque ces dommages sont causés par l'administration ou par les entrepreneurs ou concessionnaires qu'elle se substitue. Examinons successivement ces quatre points.

715. Voyons, d'abord, dans quel cas on peut dire que les travaux, d'où résultent les dommages, ont le caractère de travaux publics.

Pour que le dommage puisse être considéré comme provenant d'un travail public, il faut, en premier lieu, que le tra-

vail qui l'a occasionné ait été exécuté pour le compte de l'É-
tat, des départements, des communes ou des établissements
publics, en vue des services publics dont la gestion est confiée
à ces différentes personnes morales[1].

Il faut, de plus, que le travail qui cause un dommage ait
été autorisé par l'administration.

Ainsi un entrepreneur, chargé des travaux de curage d'un
cours d'eau non navigable, qui arrache des arbres sur les propriétés riveraines sans y avoir été autorisé par le cahier des
charges de son entreprise, ne doit pas être considéré comme
ayant agi en qualité d'entrepreneur de travaux publics. L'action en indemnité dirigée contre lui doit être portée devant l'autorité judiciaire[2].

Le conseil a jugé de même, à l'occasion d'une réclamation
de propriétaires riverains de la rue de Stockholm, à Paris,
qui demandaient une indemnité à la compagnie du chemin
de fer de l'Ouest, pour le préjudice qu'elle leur avait causé
en supprimant le pont qui faisait partie de la voie publique.
L'instruction établissait que la compagnie avait démoli ce
pont, pour agrandir la gare, sans en avoir obtenu l'autorisation. Il a été décidé que le conseil de préfecture était incompétent pour connaître des conséquences de ce fait[3].

Une décision semblable a été prise à l'occasion d'un
dommage causé par la construction et le maintien d'une
rampe provisoire établie par un entrepreneur chargé de
l'exécution d'une avenue à Paris, sans que l'administration
eût donné à cet égard aucun ordre et aucune autorisation[4].

---

[1] Voy. à ce sujet l s explications données dans le premier volume de cet ouvrage,
p. 427, n° 293.
[2] Arr. Cons. 22 janvier 1857 (Gilbert).
[3] Arr. Cons. 17 mars 1859 (Martell).
[4] Arr. Cons. 28 mai 1868 (Thome et Compagnie, concessionnaires de l'Avenue de
l'Alma).

Il en serait ainsi, à plus forte raison, si le travail était exécuté irrégulièrement sur la voie publique par des particuliers, sans autorisation [1].

716. Toutefois il ne faut pas considérer comme un travail public tout travail autorisé par l'administration. L'administration est souvent appelée à autoriser des travaux qui sont exécutés dans l'intérêt des particuliers, à leurs risques et périls, et l'autorisation n'a pas pour effet, dans ce cas, de changer le caractère du travail. Il en est ainsi, par exemple, des travaux que les riverains de la voie publique peuvent être autorisés à faire sur le sol des rues, au-devant de leurs maisons, pour l'exécution de trottoirs [2]. Il en est de même des barrages que les riverains des cours d'eau non navigables peuvent être autorisés à établir pour élever les eaux en vue de la mise en mouvement des usines, ou de l'irrigation des terres [3]. Nous insisterons sur cette théorie en traitant du régime des cours d'eau.

717. Il faut, en second lieu, pour motiver la compétence du conseil de préfecture, que le dommage provienne des travaux, ou du moins se rattache à l'exécution des travaux.

Il est inutile d'insister sur les cas qui ne peuvent présenter de difficultés. Signalons, au contraire, ceux qui ont donné lieu, ou pouvaient donner lieu, à des doutes.

Ainsi, en principe, les dommages causés par l'entrepreneur, dans l'exécution des travaux, sont considérés comme des dommages résultant de travaux publics. Il en est ainsi

---

[1] *Arr. Cons.* 2 août 1860 (*Fumeau*).

[2] Décret sur conflit 14 février 1861 (*Préfet du Tarn*). — Voy. dans le même sens un arrêt de la Cour de cassation du 25 novembre 1868 (*Cardeau*), Dalloz, 1869, I, p. 33.

[3] Décret sur conflit du 18 novembre 1869 (*Roquelaure*). — *Arr. Cassation* 18 avril 1866 (*Veuve Bonnardon*), et du 22 janvier 1868 (*Crapon*), Dalloz, 1866, I, p. 249. — 1868, I, p. 197.

non-seulement des dommages causés aux propriétés occupées en vue de l'établissement de chantiers ou du dépôt de déblais et à celles où des matériaux sont extraits, mais à celles qui subissent des dommages par suite de la négligence ou de l'imprudence de l'entrepreneur ou de ses ouvriers dont il est responsable. Ainsi on a considéré comme dommage résultant d'un travail public, les avaries causées à un bateau par le choc de caisses à béton employées pour les fondations des piles d'un pont et qui, étant mal amarrées, avaient été emportées par une crue.

Mais tous les actes de l'entrepreneur, faits à l'occasion du travail dont il est chargé, ne se rattachent pas nécessairement aux travaux. Ainsi un voiturier, employé pour le transport de matériaux destinés à l'exécution de travaux publics, avait amené, par sa négligence dans la conduite de sa charrette, un accident dont le conducteur d'une autre voiture avait été victime. Il a été jugé que l'autorité judiciaire seule pouvait statuer sur la demande d'indemnité formée contre ce voiturier et contre l'administration qui l'employait[1].

Ainsi encore le Conseil d'État n'a pas admis que le conseil de préfecture fût compétent pour statuer sur une demande en indemnité formée par un propriétaire à raison du préjudice causé à la récolte de ses vignes par la fumée des fours à briques établis par un entrepreneur de travaux publics, et cela bien que les fours eussent été établis avec l'autorisation du préfet, pour fournir des matériaux nécessaires à l'exécution du travail dont l'entrepreneur était chargé[2].

Quant aux dommages résultant du fait des ouvriers, le conseil de préfecture ne doit en connaître que s'ils peuvent

---

[1] *Arr. Cons.* 23 juin 1848 (*Héritiers Boyer*).
[2] *Arr. Cons.* 11 juin 1868 (*Molinier*).

être considérés comme se rattachant à l'exécution des travaux. Il n'en serait pas ainsi dans le cas où il s'agirait d'un pillage de vignes[1].

718. On doit considérer comme dommage résultant de l'exécution des travaux, les avaries causées à des bateaux qui, faute par les entrepreneurs d'avoir indiqué, au moyen de signaux, l'existence de pieux ou de piles de pont cachées sous les eaux, se heurtent contre ces écueils[2].

Mais il n'en serait pas de même si la perte du bateau était attribuée à la faute qu'aurait commise l'administration des ponts et chaussées en laissant dans le lit d'une rivière une double rangée de pieux provenant d'une ancienne digue détruite[3], ou bien si elle était imputée à la fausse manœuvre d'un éclusier[4]. Dans ces deux cas, la demande d'indemnité devrait être soumise au ministre des travaux publics, sauf recours au Conseil d'État.

719. Il n'est pas nécessaire toutefois que les dommages résultent du fait même de l'exécution des travaux et coïncident avec cette exécution. Ainsi le Conseil a reconnu que les dommages résultant de la chute d'un mur de soutènement d'une gare de chemin de fer, chute survenue plusieurs années après l'exécution des travaux, rentraient dans la catégorie des dommages dont la réparation doit être demandée au conseil de préfecture[5].

Il a également admis que le conseil de préfecture était compétent pour statuer sur une demande d'indemnité for-

---

[1] *Arr. Cons.* 13 décembre 1855 (*Chemin de fer de Paris à Lyon*), — 29 décembre 1858 (*Lacroix*).

[2] *Arr. Cons.* 12 juillet 1855 (*Bourdet*), — 17 février 1859 (*Oger*), — Décret sur conflit 12 mai 1869 (*Beauchamp*), — *Arr. Cons.* 26 mai 1869 (*Chemin de fer de Paris à la Méditerranée*).

[3] *Arr. Cons.* 3 juin 1869 (*Pellerin*).

[4] *Arr. Cons.* 19 juillet 1860 (*Lesage-Goetz*).

[5] Décret sur conflit du 30 décembre 1863 (*Chemin de fer de Paris à Lyon*).

mée à raison des blessures causées à un cheval par le déplacement des madriers composant le tablier d'un pont qui était en mauvais état[1].

720. Le Conseil d'État a même considéré comme se rattachant à l'exécution de travaux publics, le dommage qui résulte, pour un propriétaire, de ce qu'une administration municipale, dans le but de rendre moins onéreuse pour la ville l'acquisition d'un terrain sur lequel elle a le projet d'établir une rue, refuse à ce propriétaire l'alignement nécessaire pour construire, tout en lui refusant d'acquérir le terrain[2].

721. Enfin les dommages résultant du refus que fait l'administration d'exécuter des travaux auxquels les propriétaires intéressés soutiennent qu'elle est obligée de pourvoir, c'est-à-dire les dommages résultant de l'*inexécution* d'un travail public, rentrent aussi dans la compétence du conseil de préfecture[3].

722. Il faut, en troisième lieu, que le fait qui donne lieu à une demande d'indemnité ait le caractère de dommage dans le sens spécial attribué à ce mot par la jurisprudence.

La loi du 28 pluviôse an VIII a chargé le conseil de préfecture de statuer sur les réclamations des particuliers dont les terrains auraient été pris et fouillés pour l'exécution des travaux publics, et dont les propriétés auraient subi d'autres dommages.

A cette époque, l'appréciation des préjudices de toute espèce que les propriétaires pouvaient subir par suite de l'exécution des travaux publics (y compris l'expropriation),

---

[1] Arr. Cons. 30 mars 1867 (*Georges*). — Voy. toutefois l'arrêt du 5 août 1869 (*Nathan*).
[2] Arr. Cons. 15 mars 1868 et 26 mai 1869 (*Labille*).
[3] Arr. Cons. 23 janvier 1862 (*Chemin de fer du Dauphiné*), — 6 décembre 1865 (*Candas*), — 15 mai 1869 (*Ville de Marseille C. Maybon*).

était dans les attributions du conseil de préfecture. Mais, en 1810, il a paru convenable de donner aux propriétaires des garanties spéciales dans le cas où leurs immeubles devaient être pris pour l'exécution des travaux. L'autorité judiciaire a été chargée de fixer les indemnités dues en pareil cas. Les lois du 7 juillet 1833 et du 3 mai 1841 ont maintenu et perfectionné ce système, en créant, dans le sein de l'autorité judiciaire, une juridiction spéciale, le jury d'expropriation, à qui cette mission a été confiée.

Depuis cette époque, depuis 1810, le mot dommage a dans la langue administrative un sens spécial. Tout ce qui n'est pas expropriation est dommage. Les préjudices qui altèrent la propriété, diminuent sa valeur, gênent la jouissance, sont des dommages. L'expropriation, c'est la cession de l'immeuble lui-même, la dépossession du propriétaire au profit de l'administration.

Mais, pendant un temps, la jurisprudence des tribunaux civils a voulu créer une catégorie intermédiaire. On a voulu distinguer les dommages temporaires des dommages permanents, et les dommages permanents étaient assimilés à une expropriation partielle, parce qu'ils altéraient d'une manière permanente la jouissance de la propriété; par exemple, l'abaissement du niveau d'une rue, qui entraînait l'établissement de marches, et qui changeait ainsi les accès, était un dommage permanent.

Le Conseil d'État, après quelques hésitations, a énergiquement soutenu cette thèse que la juridiction administrative avait eu, en l'an VIII, plénitude de juridiction pour statuer sur les préjudices de toute nature, y compris l'expropriation, que les lois de 1810, 1833 et 1841 ne lui avaient enlevé que les contestations relatives à l'expropriation, et que tout ce qui n'était pas expropriation proprement dite lui restait.

Cette thèse a triomphé depuis 1850. Le tribunal des conflits a confirmé la jurisprudence du Conseil d'État, et la Cour de cassation s'est rangée, depuis 1852, à la même doctrine[1].

Ainsi le conseil de préfecture est compétent pour statuer sur les dommages résultant des travaux publics, toutes les fois qu'il ne s'agit pas d'expropriation. Et il n'y a expropriation que dans le cas où la propriété du particulier est cédée à l'administration.

Il ne suffit pas que le propriétaire perde sa propriété; il faut que l'administration l'acquière. Ainsi la corrosion d'une rive par les eaux d'un fleuve n'est pas une expropriation. La propriété est perdue pour le propriétaire; elle n'est pas acquise par l'État[2].

Toutefois, dans une affaire récente, le Conseil d'État n'a pas cru pouvoir appliquer cette règle à la rigueur. Un pont a été construit sur la Penfeld, à Brest, à une grande hauteur. Ce pont est composé de deux volées mobiles qui s'ouvrent pour laisser passer les plus grands navires; afin d'assurer la manœuvre des volées, l'administration a fait déraser les maisons voisines des piles. Les propriétaires ont demandé à être expropriés de la totalité de leurs maisons, conformément à l'article 50 de la loi du 3 mai 1841. On soutenait qu'ils ne subissaient qu'un dommage, parce que l'État n'acquérait rien. Le Conseil a vu là une dépossession de la même nature qu'une expropriation. Il a décidé qu'il n'appartenait pas au conseil de préfecture de régler l'indemnité[3].

---

[1] Décisions du tribunal des conflits. 29 mars 1850 (*Thomassin*), — 3 avril 1850 (*Mallez*), — 18 novembre 1850 (*Papillon*) et autres, — *Arr.* cassation 29 mars 1852 (*Préfet d'Alger C. Pommier*), — Dalloz 1852, 1, p. 91.

[2] Décision du tribunal des conflits, 23 décembre 1850 (*Martin-Merrier*).

[3] *Arr. Cons.* 29 décembre 1860 (*Letessier-Delaunay*), — 9 février 1865 (*Letessier-Delaunay*).

723. Quant à la suppression des servitudes, par exemple, la suppression d'une servitude d'écoulement d'eau qui résulte de l'élévation d'un remblai, elle ne constitue pas une expropriation, elle ne constitue qu'un dommage [1].

724. Il en est de même du cas où un locataire est privé de la jouissance des locaux qu'il occupait en vertu de son bail [2].

Toutefois pour le cas de privation de servitude et de privation de la jouissance des locaux tenus à bail, cette solution n'est exacte qu'autant que le propriétaire du terrain sur lequel s'exerçait la servitude, ou de l'immeuble loué, n'est pas exproprié en vertu de la loi du 3 mai 1841; car, dans ce dernier cas, ainsi qu'on le verra bientôt, le règlement de l'indemnité est fixé par le jury d'expropriation.

Quant aux dommages qui résulteraient de ce que les formalités de l'expropriation n'auraient pas été suivies lorsqu'elles devaient l'être, il y a des règles spéciales à ce cas; nous en traiterons en parlant de l'expropriation.

725. Il n'y a lieu de faire aucune distinction entre les dommages causés aux propriétés immobilières et ceux qui sont causés aux propriétés mobilières. On a pu voir que le conseil de préfecture est compétent dans l'un comme dans l'autre cas. Les mots « torts et dommages, » écrits dans l'article 4 de la loi du 28 pluviôse an VIII, ont en effet, un sens très-étendu.

Ainsi c'est au conseil de préfecture qu'il appartient de statuer sur l'indemnité due à raison de l'accident causé à une voiture et à un cheval, par le défaut d'éclairage de ma-

[1] Décisions du tribunal des conflits, 12 juin 1850 (*Guillot*), — 16 décembre 1850 (*d'Espagnet*), — Arr. Cons. 18 avril 1861 (*Bourquin*).
[2] Arr. Cons. 7 février 1856 (*Garnier*), — 20 juin 1861 (*Degousse*).

tériaux déposés sur la voie publique et destinés à l'entretien de cette voie [1].

C'est encore au conseil de préfecture qu'il appartient de statuer sur la demande en indemnité formée contre un entrepreneur de travaux publics, par un propriétaire, à raison de ce que son cheval serait mort des suites d'une chute dans une excavation qui aurait été pratiquée par l'entrepreneur, dans le champ de ce propriétaire, et qui n'était pas complétement remblayée. Il s'agit là d'un dommage résultant d'un travail exécuté par un entrepreneur de travaux publics [2].

Mais on verra bientôt que, pour les blessures causées aux personnes, la compétence n'est pas la même.

726. Enfin le conseil de préfecture est compétent sans qu'il y ait à distinguer si les travaux ont été exécutés par l'administration en régie, ou s'ils l'ont été par des entrepreneurs ou concessionnaires.

C'est la mauvaise rédaction de l'article 4 de la loi du 28 pluviôse an VIII, qui a donné naissance à des controverses sur un point qui ne devrait amener aucune difficulté. L'article semble en effet formel : il porte que le conseil de préfecture « statue sur les torts et dommages provenant du fait de l'entrepreneur, et non du fait de l'administration. »

Quelques arrêts anciens du Conseil d'État avaient tiré de là cette conséquence que les réclamations dirigées contre l'administration et non contre l'entrepreneur devaient être portées devant le ministre, sauf recours au Conseil d'État. Diverses décisions des tribunaux avaient jugé que la compétence appartenait au contraire à l'autorité judiciaire.

Mais le Conseil d'État a depuis longtemps jugé qu'il n'y

---

[1] *Arr. Cons.* 16 décembre 1863 (*Dalifol*).

[2] *Arr. Cons.* 14 mai 1858 (*Delevenne*), — voy. aussi l'arrêt du 30 mars 1867 (*Georges*) déjà cité.

avait pas lieu de tenir compte d'une rédaction vicieuse dans
laquelle on a, par mégarde, reproduit une disposition de
l'article 5 de la loi des 7-11 septembre 1790 qui n'avait plus
d'intérêt. Il a reconnu, d'une part, que l'autorité administrative, seule compétente pour statuer sur les·réclamations des
propriétaires qui se plaignent de torts et dommages provenant du fait des entrepreneurs, est à plus forte raison compétente pour connaître des réclamations auxquelles le fait
même de l'administration donnerait lieu[1]. Et après avoir
écarté ainsi la compétence de l'autorité judiciaire, il a jugé
que c'était au conseil de préfecture qu'il appartenait de statuer dans tous les cas sur les dommages résultant de l'exécution de travaux publics[2].

Voilà les principales règles de compétence relatives aux
dommages proprement dits. Nous rappelons, en terminant,
que nous n'avons indiqué ici que les règles générales. Nous
reviendrons sur les règles spéciales en traitant des routes,
des chemins de fer et des cours d'eau.

§ 3. — RÈGLES DE PROCÉDURE

727. Règles spéciales établies par l'article 56 de la loi du 16 septembre 1807.
728. Nécessité de l'expertise.
729. Nomination des experts.
730. Mode de procéder des experts.
731. Nomination et mode de procéder du tiers expert.
732. Formalités postérieures à l'expertise.
733. Frais de l'expertise.
734. Constatation de l'état des lieux en cas d'urgence.

727. En matière de dommages causés par les travaux
publics, il existe des règles spéciales de procédure. Tel est
du moins l'état actuel de la législation, tel qu'il résulte de

[1] Voy. notamment le décret sur conflit du 19 juin 1856 (*Tonnelier*).
[2] *Arr. Cons.* 27 août 1833 (*Questel*) et autres.

l'article 56 de la loi du 16 septembre 1807, qui détermine les formes à suivre pour l'expertise destinée à éclairer le conseil de préfecture. La révision de cette législation est à l'étude et il est vraisemblable que l'article 56 sera notablement modifié, s'il n'est pas complétement abrogé[1]. Mais, en attendant que le législateur ait prononcé, nous devons expliquer les règles établies par la loi en vigueur et par la jurisprudence qui a commenté cette loi.

728. Et d'abord le conseil de préfecture ne peut se dispenser d'ordonner une expertise, lorsqu'il est saisi d'une demande en indemnité à raison de dommages causés par des travaux publics. Cette prescription résulte plutôt de la jurisprudence que de la loi; car l'article 56 de la loi de 1807 semble n'avoir été fait, d'après ses termes, que pour l'évaluation des indemnités relatives aux occupations de terrain. Mais la jurisprudence du Conseil d'État a considéré que l'expertise étant une garantie considérable pour les parties, il était conforme à l'esprit de la loi de 1807 de la déclarer obligatoire pour tous les cas de dommages résultant de travaux publics qui sont prévus par cette loi[2].

Toutefois le Conseil d'État admet que, dans le cas où, en prenant pour avérés les faits avancés par le réclamant, il en résulte clairement que le dommage n'est pas de nature à donner droit à une indemnité, le conseil de préfecture peut se dispenser de faire procéder à l'expertise[3].

[1] Le Gouvernement vient de présenter au Sénat, à la date du 10 juin 1870, un projet de loi sur la procédure à suivre devant les conseils de préfecture. Ce projet établit des règles uniformes pour les expertises, sauf pour celles qui sont relatives aux réclamations en matière de contributions directes. Le système proposé aux chambres s'écarte notablement du système de la loi du 16 septembre 1807.

[2] Voy., entre autres décisions, les arrêts du 22 mars 1860 (*Réthoré*), — 26 février 1863 (*Battault*), — 17 janvier 1867 (*Boyron*), — 3 juin 1869 (*Limozin*).

[3] *Arr. Cons.* 5 mai 1859 (*Hubie*), — 25 février 1864 (*Kégel*), — 2 mai 1866 (*Bompois*), — 4 février 1869 (*Lacrouts*), — 10 mars 1869 (*Lartigue*), — 5 août 1869 (*Nathan*).

En effet, dans un cas semblable, les frais d'expertise seraient frustratoires. Mais cette exception à la règle ne peut être étendue.

729. Comment est-il procédé à la nomination des experts? Les parties désignent chacune un expert, et si les experts sont en désaccord, il est procédé à une tierce expertise.

De ce que la loi donne aux parties le droit de désigner, chacune de son côté, une personne qui sera chargée d'éclairer la justice, il ne faut pas conclure que l'expert est le représentant, l'avocat de la partie, et que, par suite, après avoir désigné un expert, un particulier pourrait le révoquer[1]. Les experts, une fois nommés, sont les auxiliaires du juge, appelés à dire consciencieusement leur opinion et non les mandataires des parties.

Ainsi le particulier intéressé nomme son expert. Mais ce particulier a pour adversaire l'administration, un entrepreneur ou un concessionnaire. Comment sera nommé l'expert de ce côté? Les règles sont différentes, selon qu'il s'agit de grande voirie, ce qui comprend les travaux de voirie exécutés par l'État, par les départements et par la ville de Paris ou qu'il s'agit des travaux exécutés par les villes autres que Paris.

Voyons d'abord le cas où il s'agit des travaux de l'État et des départements. Là encore, il faut distinguer suivant que l'administration agit directement, qu'elle emploie un entrepreneur ou qu'elle a eu recours à un concessionnaire.

Si l'administration fait directement le travail en régie, le préfet nomme l'expert de l'administration.

Il en est de même dans le cas où l'administration a confié le travail à un entrepreneur. Il aurait peut-être fallu distin-

[1] *Arr. Cons.* 28 juillet 1864 (*Mongin*).

guer le cas où les dommages résultent du travail lui-même, et celui où ils résultent du fait personnel de l'entrepreneur ; la distinction n'a pas été faite. Le simple entrepreneur n'a pas le droit de désigner un expert ; c'est seulement au concessionnaire que ce droit est attribué par l'article 56 de la loi de 1807.

Quand il s'agit de travaux des villes, le maire nomme l'expert de l'administration.

Si une partie refuse ou néglige de nommer son expert, le conseil de préfecture peut y procéder d'office, après une mise en demeure[1].

D'après l'article 285 du code de procédure civile, les experts peuvent être récusés à peu près dans les mêmes conditions que les juges, quand leur impartialité peut être suspectée. La récusation est-elle applicable dans les expertises administratives ? Nous inclinerions à l'admettre d'une manière générale, et nous espérons que la loi, qui doit intervenir sur la procédure à suivre devant les conseils de préfecture, disposera que les agents de l'administration, surtout ceux qui ont concouru à l'exécution d'un travail, par exemple, les conducteurs des ponts et chaussées, ne peuvent être désignés comme experts. Ils ne peuvent, en effet, avoir une impartialité suffisante. Mais, dans l'état actuel de la jurisprudence, la solution contraire est admise[2].

Voilà les experts nommés. Ajoutons que l'irrégularité de la nomination des experts serait couverte par l'acquiescement des parties, qui assisteraient sans protester aux opérations des experts[3].

730. Avant de procéder à leurs opérations, ils doivent

---

[1] *Arr. Cons.* 15 mai 1862 (*Guilly*) ; jurisprudence constante.
[2] *Arr. Cons.* 11 août 1859 (*Izernes*).
[3] *Arr. Cons.* 10 décembre 1857 (*Compagnie du chemin de fer de Lyon*).

prêter serment. Cette règle n'est pas écrite dans la loi de 1807. La jurisprudence du Conseil d'État l'a tirée de l'article 305 du code de procédure civile et la maintient avec une grande rigueur..

Si les experts se mettent d'accord, ils rédigent un rapport commun. S'ils sont en désaccord, chacun exprime son opinion dans un procès-verbal distinct.

731. Si les experts sont en désaccord, il doit en outre être procédé à une tierce expertise. Le conseil de préfecture ne pourrait pas se dispenser d'ordonner la tierce expertise[1].

Comment le tiers expert est-il désigné? Dans certains cas, il l'est par la loi; dans d'autres, il doit l'être par le préfet.

Quand il s'agit de travaux de grande voirie, exécutés par l'administration ou par un entrepreneur, le tiers expert est de droit l'ingénieur en chef du département (art. 56).

Cette disposition a donné lieu à de nombreuses critiques. En faisant intervenir forcément, comme tiers expert, le fonctionnaire qui a dirigé le travail par suite duquel les dommages ont été causés, alors que déjà l'administration a désigné un expert pour examiner la réclamation contradictoirement avec l'expert de la partie, la loi semble avoir multiplié les précautions pour empêcher que la réclamation du particulier soit favorablement accueillie; elle inspire aux parties de la méfiance contre la juridiction administrative. Les ingénieurs ont eux-mêmes compris que la loi leur faisait une situation fausse et beaucoup d'entre eux ont émis le vœu que cette disposition de l'article 56 de la loi de 1807 fût abrogée. Il y a tout lieu de penser que le système de la tierce expertise ne sera pas maintenu dans la législation nou-

[1] Arr. Cons. 12 juillet 1834 (*Commune de Gorze*)

velle et que, en tout cas, les ingénieurs qui ont dirigé les travaux par suite desquels s'élève une demande d'indemnité,
cesseront de pouvoir être experts.

Mais tant que la loi subsiste, la jurisprudence du Conseil
d'État a dû en exiger l'application à peine de nullité[1].

La loi désigne l'ingénieur en chef du département, comme
tiers expert de droit ; mais il peut y avoir dans un département plusieurs ingénieurs en chef chargés de services différents, — service ordinaire, — navigation, — service hydraulique, — contrôle des chemins de fer. La jurisprudence, se
conformant à l'esprit de la loi, a décidé que c'est l'ingénieur
en chef du service intéressé qui doit être tiers expert[2].

Lorsque le tiers expert est ainsi désigné de droit par la loi,
il n'est pas assujetti à prêter serment[3]. Il remplit un acte de
ses fonctions. Mais il n'a pas droit à des honoraires pour le
travail auquel il se livre.

Si, au contraire, il s'agit de travaux exécutés par un concessionnaire, le tiers expert est désigné par le préfet. L'article 56 de la loi de 1807 est formel à cet égard[4].

Toutefois, le Conseil d'État a admis que, dans le cas où le
conseil de préfecture était saisi directement par les parties
d'une demande en indemnité, il ne violait pas la loi en désignant lui-même le tiers expert. Cette décision est fondée
sur ce que les auteurs de l'article 56 de la loi de 1807 paraissent avoir supposé que l'expertise aurait lieu avant que
le conseil de préfecture fût saisi; et que, dans le cas où
cette prévision ne se réalise pas, il est assez naturel que la

---

[1] *Arr. Cons.* 15 mai 1862 (*Chanudet*), — 2 juin 1866 (*de Cargouët*), — 5 décembre 1866 (*Ministre des travaux publics C. Picard*).

[2] *Arr. Cons.* 14 décembre 1850 (*Briquet*), — 10 septembre 1864 (*Daverton*), —
5 décembre 1866 (*Ministre des travaux publics*), — 4 février 1869 (*Bacon-Franck*).

[3] *Arr. Cons.* 10 septembre 1864 (*Daverton*).

[4] *Arr. Cons.* 24 février 1865 (*Compagnie du chemin de fer d'Orléans*).

juridiction saisie de l'affaire désigne elle-même le tiers expert. D'ailleurs, cette juridiction est présidée par le préfet[1].

Le tiers expert est encore désigné par le préfet, d'après l'article 56 de la loi de 1807, quand il s'agit des travaux des villes. Mais la même exception est appliquée par la jurisprudence du Conseil d'État[2].

Dans les deux derniers cas, le tiers expert, quel qu'il soit, est tenu de prêter serment.

La loi n'a pas dit comment le tiers expert doit procéder. D'après la jurisprudence, il n'est pas tenu de conférer avec les précédents experts, ni avec les parties. Il n'est pas absolument obligé d'aller voir les lieux. Mais il doit discuter les opinions des autres experts, sans être tenu de se rallier à l'une ou à l'autre. De plus, il doit faire lui-même son travail. Il est arrivé plus d'une fois, dans des cas où les ingénieurs en chef étaient tiers experts de droit, qu'ils demandaient à l'ingénieur ordinaire placé sous leurs ordres, un rapport sur l'affaire, et qu'ils se bornaient à s'approprier le travail de l'ingénieur ordinaire. Le Conseil d'État a formellement condamné ce mode de procéder. L'ingénieur en chef, chargé personnellement d'éclairer la justice, doit personnellement apprécier les questions de fait et de droit que soulève l'affaire[3].

732. Si le conseil de préfecture trouve l'expertise insuffisante, il peut recourir à divers moyens supplémentaires pour s'éclairer.

Il peut ordonner une nouvelle expertise dans les formes qui viennent d'être indiquées, ou bien demander des renseignements supplémentaires à un agent de l'administration,

---

[1] *Arr. Cons.* 15 juin 1864 (*Chemin de fer d'Orléans*).
[2] *Arr. Cons.* 21 janvier 1869 (*Ville de Lyon*).
[3] *Arr. Cons.* 13 janvier 1865 (*Cabanès*).

par exemple à un ingénieur. Mais ce dernier moyen, toléré dans certains cas, est d'une régularité douteuse[1].

L'article 57 de la loi du 16 septembre 1807 dispose que le contrôleur et le directeur des contributions directes doivent donner leur avis sur le procès-verbal d'expertise. Mais, dans la pratique, l'avis de ces agents n'est plus demandé depuis longtemps, et le Conseil d'État décide que le défaut d'accomplissement de cette formalité n'entraîne pas la nullité des expertises[2].

733. Si le particulier obtient une indemnité, les frais d'expertise peuvent être mis à la charge de l'État, de l'entrepreneur ou du concessionnaire qui n'aurait pas fait d'offres, ou qui n'aurait fait que des offres insuffisantes[3].

Si, au contraire, la demande du particulier est repoussée, les frais d'expertise restent à sa charge.

Ils peuvent enfin être partagés entre les parties, s'il y avait d'un côté prétention exorbitante, et de l'autre offre insuffisante.

Les honoraires des experts sont réglés par le conseil de préfecture, sauf recours au Conseil d'État. On applique, en général, les tarifs établis pour les expertises faites devant les tribunaux civils. Cependant il n'y a pas là une règle obligatoire pour les juridictions administratives. L'ingénieur en chef, quand il est tiers expert de droit, ne peut réclamer d'honoraires.

734. Il peut arriver, dans certains cas, que les parties

---

[1] *Arr. Cons.* 20 mars 1859 (*Chemin de fer du Midi*). En tous cas, il ne faudrait pas que cette contre-vérification fût destinée à remplacer complétement l'expertise. *Arr. Cons.* 7 janvier 1869 (*Betselère*).

[2] *Arr. Cons.* 24 février 1865 (*Chemin de fer d'Orléans*), — 4 février 1869 (*Bacon-Franck*).

[3] *Arr. Cons.* 26 janvier 1860 (*Commune d'Arpajon*), — 7 juillet 1863 (*Chemin de fer d'Orléans*), — 26 décembre 1868 (*Rossigneux*), — 11 août 1869 (*Alasseur*).

qui subissent un dommage par suite de l'exécution de travaux publics, aient intérêt à faire constater d'urgence l'état des lieux, soit pour établir la différence entre l'état antérieur et celui qui pourra résulter des travaux, soit pour assurer la vérification de faits dont les traces pourraient disparaître. Comment doit-il être procédé en pareille circonstance ?

Les lois administratives n'ont pas établi de formes spéciales pour ce cas d'urgence. Aussi l'on s'est demandé s'il n'y avait pas lieu, pour les parties, de s'adresser au président du tribunal civil, statuant en référé, dans les conditions prévues par les articles 806 et suivants du code de procédure civile. Mais il ne nous paraît pas possible d'admettre que le président du tribunal soit compétent pour prendre des mesures provisoires quand le tribunal ne l'est pas pour prononcer sur le litige. C'est dans ce sens que s'est formellement prononcé le Conseil d'État, à l'occasion d'un arrêté de conflit[1]. La décision du Conseil indique en même temps que c'était au préfet que le réclamant aurait dû s'adresser pour faire ordonner une expertise, conformément aux articles 56 et 57 de la loi du 16 septembre 1807. Mais on doit reconnaître qu'il n'y a pas là des garanties suffisantes pour les cas d'urgence. Il est vraisemblable que la loi, qui doit régler à nouveau la procédure à suivre devant les conseils de préfecture, donnera au président du conseil le pouvoir de désigner, en pareil cas, sur la demande des parties, un expert pour constater l'état des lieux, sans préjudice de l'expertise à laquelle il pourra être procédé postérieurement pour évaluer l'indemnité.

[1] Décret sur conflit, 22 janvier 1867 (*Pajot*).

CHAPITRE II

DE L'EXTRACTION DES MATÉRIAUX DANS LES PROPRIÉTÉS PRIVÉES

§ 1. — RÈGLES DU FOND

735. Lorsque l'administration a besoin, pour l'exécution d'un travail public, de se procurer des matériaux, elle peut, à son gré, et suivant les circonstances, soit traiter à l'amiable avec les exploitants des carrières, ou avec les propriétaires des terrains dans lesquels elle croit pouvoir trouver de bons matériaux, soit appliquer les servitudes établies à son profit sur les propriétés par une législation spéciale.

C'est par une série d'édits et d'arrêts du Conseil du roi antérieurs à 1789, que la servitude, dite d'extraction de matériaux, a été introduite dans notre législation.

On sait que ce n'est qu'à la fin du dix-septième siècle que les travaux des routes ont commencé à prendre un développement sérieux. Le gouvernement, qui ne pouvait affecter que des ressources très-insuffisantes à cette dépense de première nécessité, cherchait à diminuer autant que possible les frais des travaux. Ainsi, pour éviter l'accroissement du prix des matériaux qu'aurait entraîné le transport dans des conditions alors fort onéreuses, il avait autorisé les entrepreneurs à les prendre, moyennant indemnité, dans les propriétés qui seraient les plus proches du lieu des travaux, et qui leur seraient désignées par les agents de l'administration.

Cette servitude, imposée aux propriétaires par les arrêts du Conseil du 3 octobre 1667, 3 décembre 1672 et 22 juin 1706, a été consacrée par deux arrêts du 7 septembre 1755 et du 20 mars 1780, qui forment encore aujourd'hui la loi de la matière. L'ancienne législation a été rappelée et confirmée par la loi des 28 septembre-6 octobre 1791, titre VI, article 1er, la loi du 28 pluviôse an VIII, article 4, l'article 650 du code Napoléon, la loi du 16 septembre 1807, article 55. La loi du 25 juillet 1845, dans son article 3, dispose qu'il en sera fait application pour les travaux de chemins de fer, et l'article 17 de la loi du 21 mai 1836 l'avait déclarée applicable aux chemins vicinaux.

Le droit, attribué à l'administration par cette série de textes législatifs, a plusieurs fois donné lieu à des réclamations. Il a cependant toujours été maintenu.

Dans ces dernières années, malgré la modération avec laquelle le Conseil d'État au contentieux avait appliqué la servitude d'extraction de matériaux, malgré les mesures que l'administration supérieure avait prises, en 1868, pour éviter les abus dans la pratique des travaux, de nouvelles réclamations se sont produites. Et, lors de la discussion du budget de 1870 au Corps législatif, par suite d'un amendement proposé par MM. le marquis de Talhouet et Martel, et pris en considération par la Chambre, le ministre des travaux publics a dû prendre l'engagement d'étudier les réformes qui pourraient être introduites dans la législation.

Ces réformes iraient-elles jusqu'à la suppression de la servitude d'extraction de matériaux pour tous les travaux publics, sans distinction? Ne serait-il pas du moins indispensable de remplacer la servitude par le droit d'expropriation des matériaux organisé dans des conditions spéciales? La discussion de l'amendement n'a pas été assez approfondie et assez précise pour que nous soyons en mesure de discuter ces questions. D'ailleurs, à côté de l'intérêt des propriétaires, se placent l'intérêt des finances publiques et celui du développement des travaux publics, qui seraient atteints par des réformes radicales. Il n'est donc pas encore sans intérêt d'étudier, d'après la législation actuelle, quelle est l'étendue du droit de l'administration, — dans quels cas et à quels travaux il s'applique, — quels sont les terrains auxquels la servitude est applicable, — dans quelles conditions elle est exercée, — comment doit être réglée et calculée l'indemnité. Nous indiquerons ensuite les règles de compétence relatives aux contestations que peut soulever l'application de ces règles.

736. Le droit de l'administration est de désigner des terrains dans lesquels les entrepreneurs de travaux publics puissent prendre des matériaux. Ordinairement, pour prendre les matériaux, il est nécessaire de faire des fouilles dans les terrains, et c'est le cas auquel la législation fait principalement allusion. Mais il ne s'ensuit pas que les propriétaires puissent s'opposer à ce que l'entrepreneur ramasse les pierres qui se trouvent à la surface du sol. La pratique est constante en ce sens, et elle a été justifiée à la Chambre des pairs dans la séance du 7 février 1840, par M. Dufaure, alors ministre des travaux publics.

737. Dans quels cas et à quels travaux s'applique le droit de l'administration ? Il n'était établi primitivement qu'en vue des travaux des routes et du pavé de Paris. L'arrêt du Conseil de 1755 le déclarait applicable pour les travaux des turcies et levées qui bordent la Loire et les affluents de ce fleuve. Il a reçu, à partir de 1789, une application encore plus étendue. La loi des 28 septembre-6 octobre 1791 parle de l'entretien des grandes routes *ou autres ouvrages publics*, la loi du 16 septembre 1807 des routes ou des constructions publiques. Nous avons eu occasion de dire déjà que, en vertu des lois du 15 juillet 1845 et du 21 mai 1836, ce droit pouvait être exercé à l'occasion des chemins de fer et des chemins vicinaux.

En résumé, on peut dire que ce droit s'applique pour les travaux qui rentrent dans le service des ponts et chaussées : travaux de voirie, de navigation, d'endiguement, travaux des ports maritimes, pour les travaux de chemins de fer et en outre pour ceux des chemins vicinaux. Mais, malgré la généralité des termes de la loi de 1791 et de la loi de 1807, nous ne croyons pas qu'on pût invoquer la servitude à l'occasion des travaux de bâtiments construits pour le compte de l'État, des départements et des communes; et, dans la pratique, la servitude n'a jamais reçu cette extension.

738. L'administration peut exercer par elle-même ce privilège ou le transmettre aux entrepreneurs qui se chargent d'exécuter les travaux; et il est évident qu'il n'y a pas lieu à distinguer entre le cas où les travaux sont exécutés par un

entrepreneur et celui où ils sont exécutés par un concessionnaire, puisque le concessionnaire est un entrepreneur substitué aux droits et aux obligations de l'administration.

Mais on a discuté très-vivement la question de savoir si
l'administration pouvait attribuer ce privilége aux simples
fournisseurs de matériaux, qui ont contracté, soit avec
l'administration dans le cas où les travaux s'exécutent en régie, soit avec les entrepreneurs ou concessionnaires.

Plusieurs arrêts du Conseil d'État ont décidé, en se fondant
sur les termes mêmes de l'arrêt du Conseil du 7 septembre
1755, que le droit d'extraire des matériaux dans les propriétés privées n'appartenait qu'aux entrepreneurs de travaux,
c'est-à-dire à ceux qui mettaient en œuvre les matériaux fournis par eux à l'administration. Les cinq premiers arrêts rendus dans ce sens, de 1843 à 1850, étaient relatifs à l'entreprise de la fourniture du pavé de Paris[1]. Un autre arrêt semblable a été rendu en 1854 contre l'entrepreneur de la fourniture d'une grande quantité de chaux hydraulique destinée
aux travaux du port de la Joliette à Marseille[2].

Néanmoins cette règle, vivement combattue par plusieurs
auteurs comme contraire à l'esprit de la législation, n'était
pas appliquée aux adjudicataires de la fourniture des matériaux nécessaires à l'empierrement des routes, parce que les
termes des marchés permettaient de qualifier ces adjudicataires entrepreneurs des travaux d'entretien des routes. En
effet, les formules imprimées, qui sont généralement usitées,
comprennent dans le même marché le soin de fournir les
matériaux destinés à être employés par les cantonniers sous

---

[1] Arr. Cons. 16 août 1845 (Lemoine C. Jobert frères), — 2 juillet 1847 (Savalette).
— 5 juin 1848 (Savalette), — 13 avril 1850 (Anjoran C. Savalette), — 3 mai 1850
(Bacon C. Savalette).
[2] 21 avril 1854 (de Pavin de la Farge C. Alméras).

les ordres des ingénieurs, pour les routes empierrées, et le soin d'exécuter éventuellement les réparations nécessaires aux travaux d'art et les chaussées pavées[1]. Mais dans une affaire où le marché passé pour l'entretien d'une route ne comprenait que la fourniture des matériaux, la question a été soulevée devant le Conseil d'Etat. On a fait remarquer que l'application de la jurisprudence, en pareil cas, aurait pour effet de supprimer la servitude d'extraction des matériaux pour l'entretien des routes, parce que, depuis long-temps, en vertu des prescriptions du décret du 16 décembre 1811 (art. 28 et suiv.), l'administration ne confiait plus aux entrepreneurs chargés de fournir les matériaux d'empierrement le soin de les mettre en œuvre. Or, disait-on, un pareil résultat était essentiellement contraire à l'esprit de l'arrêt du Conseil du 7 septembre 1755; car, si cet arrêt avait autorisé les entrepreneurs des ouvrages rentrant dans le service des ponts et chaussées à prendre dans les propriétés privées les matériaux nécessaires à leurs travaux, c'était pour que les travaux fussent moins coûteux. La servitude était donc établie en définitive au profit de l'administration, et non au profit des entrepreneurs. Depuis cette époque, l'administration a organisé les travaux d'entretien des routes autrement qu'elle ne l'avait fait au moment où l'arrêt de 1755 a été rendu. Il ne se peut pas que le mode d'organisation des travaux qu'elle a adopté la prive du bénéfice de la servitude, et qu'elle soit obligée de payer les matériaux dans d'autres conditions, par cela seul qu'au lieu de les faire mettre en œuvre par des entrepreneurs, elle les fait mettre en œuvre par des ouvriers placés sous les ordres directs des

---

[1] Voy. notamment les arrêts du 7 mars 1861 (*Thiac*), — du 24 avril 1862 (*Dupeyron*), — du 30 juillet 1863 (*Saboureau*), et l'arrêt de la Cour de cassation du 15 juin 1866 (*de Béthune*), Dalloz, 1866, I, p. 427.

ingénieurs. On ajoutait que le texte de l'arrêt de 1755, qui n'établit la servitude d'extraction de matériaux qu'au profit des entrepreneurs de travaux, devait être combiné avec l'article 1er de la section VI de la loi des 28 septembre-6 octobre 1791, qui emploie un terme beaucoup plus général et reconnaît le droit d'extraction de matériaux aux agents de l'administration. Ces considérations ont amené le Conseil d'État à revenir sur sa jurisprudence, et à reconnaître que le préfet, dont l'arrêté était attaqué, n'avait fait qu'user du droit conféré à l'administration par l'arrêt du Conseil du 7 septembre 1755, et par la loi des 28 septembre-6 octobre 1791, en autorisant l'extraction, dans une propriété privée, de matériaux destinés à l'entretien d'une route[1].

739. Il est essentiel de rappeler ici que les matériaux extraits doivent être employés aux travaux publics en vue desquels l'autorisation a été donnée. L'entrepreneur qui en ferait un autre usage et qui les mettrait dans le commerce, perdrait à cet égard sa qualité d'entrepreneur et tous les priviléges attachés à cette qualité. Cette disposition, écrite dans l'arrêt du Conseil de 1755, est rappelée aux entrepreneurs des travaux des ponts et chaussées dans l'article 21 des clauses et conditions générales arrêtées en 1866.

740. Quels sont les terrains auxquels s'applique la servitude?

L'arrêt du Conseil de 1755 recommande d'indiquer, autant que possible, les lieux où l'extraction causera le moins de dommages, et de s'abstenir, autant que faire se pourra, d'en faire prendre dans les bois (art. 2). Mais il n'y a pas là un droit pour les propriétaires de bois. L'administration est

---

[1] *Arr. Cons.* 9 mai 1867 (*Stackler*). — Les conclusions que nous avons données à l'occasion de cette affaire ont été reproduites dans le *Recueil des arrêts du Conseil* de M. Lebon, et dans les *Annales des ponts et chaussées*, 1868, p. 306.

maîtresse d'apprécier ce qui est possible et convenable.

Toutefois il y a des restrictions au droit de l'administration.

D'après l'arrêt du Conseil de 1755, tous les lieux clos de murs ou de clôtures équivalentes, suivant les usages du pays, échappaient à la servitude.

Mais un autre arrêt du Conseil, en date du 20 mars 1780, qui avait été perdu de vue après 1789 et qui a été retrouvé à l'occasion d'une affaire jugée par le conseil d'État le 1er juillet 1840, a modifié notablement l'étendue de cette exemption. Cet arrêt, rendu à l'occasion des difficultés que soulevait l'application de la servitude dans la basse Normandie, où les prairies sont presque toujours closes au moyen de levées dites fossés, ou de murs en pierres sèches, restreint l'exception au cas où la clôture renferme des cours, vergers et jardins. Les cours, vergers et jardins étant les annexes des habitations, le Conseil d'État a interprété l'arrêt de 1780 en ce sens que l'exemption est accordée à l'habitation et à ses dépendances.

Ainsi, il a décidé que l'exemption était applicable à un vaste domaine, qui renfermait sous la même clôture l'habitation du propriétaire, un parc, et en, outre des prairies, des terres labourables, que le propriétaire faisait valoir[1]. Mais il ne faudrait pas aller jusqu'à dire que l'exemption ne peut s'appliquer qu'aux cours, vergers, jardins et autres possessions de ce genre, attenant aux habitations. Un verger clos de murs, mais séparé de l'habitation par un chemin, rentre dans les cas d'exemption prévus par cet arrêt[2].

Qu'entend-on par clôture ? Quand il a un mur, il ne peut s'élever aucune difficulté. Mais l'arrêt de 1755 assimile aux murs les clôtures équivalentes, suivant les usages du pays. Il

---

[1] *Arr. Cons.* 7 mars 1861 (*Thiac*). — Voy. aussi 12 juillet 1864 (*Poullain*).

[2] *Arr. Cons.* 26 décembre 1862 (*Brulé-Grouzelle*). — On cite en sens contraire l'arrêt du 22 mars 1851 (*Blancler*). Mais cet arrêt s'applique à un clos de vigne.

y a là une question de fait. On pourrait se reporter à l'article 6, section IV, de la loi des 28 septembre-6 octobre 1791, qui pose des règles sur les clôtures. Mais c'est au point de vue de la vaine pâture que cet article a été fait et ses dispositions n'ont pas toujours été invoquées avec succès en matière d'extraction de matériaux. La jurisprudence du Conseil d'État exige que la clôture soit organisée de façon à empêcher l'accès de la propriété et non pas uniquement en vue de la séparer des propriétés voisines. Par exemple, des haies présentant des solutions de continuité qui permettent le libre accès de la propriété sur plusieurs points ne constituent pas une clôture équivalente à un mur et entraînant l'exemption[1].

La clôture, établie postérieurement à la désignation du terrain par un arrêté du préfet, aurait-elle pour effet d'affranchir la propriété de la servitude? Plusieurs auteurs l'ont contesté, mais le Conseil d'État l'a admis[2] et nous croyons que sa jurisprudence est conforme aux principes. L'autorisation donnée à un entrepreneur d'extraire des matériaux d'un terrain qui n'était pas dans les cas d'exemption ne peut pas enlever au propriétaire le droit de clore son terrain, et la clôture doit entraîner, pour l'avenir, l'exemption de la servitude établie par la loi, à quelque époque qu'elle soit faite.

Il y a des règles spéciales pour les bois soumis au régime forestier. D'après les articles 170 et suivants de l'ordonnance du 1er août 1827, il doit y avoir un concert entre les ingénieurs et les agents forestiers.

Mais ces dispositions ne sont applicables qu'aux bois soumis au régime forestier et non pas aux bois appartenant à des particuliers[3].

[1] *Arr. Cons.* 21 mai 1867 (*Watel*). — Voy. aussi 6 janvier 1853 (*Lemaire*).[1]
[2] *Arr. Cons.* 5 novembre 1828 (*Pasquier*) et 18 mars 1869 (*Delom*).
[3] *Arr. Cons.* 30 juillet 1865 (*Manté*).

741. Les formes dans lesquelles s'exerce le droit de l'administration, transmis par elle aux entrepreneurs, ont laissé à désirer pendant longtemps. Jusqu'en 1868, la législation générale ne donnait aux particuliers d'autres garanties que la nécessité d'un arrêté du préfet pour désigner le terrain dans lequel les matériaux seraient extraits, et l'obligation, pour l'entrepreneur, d'avertir le propriétaire avant d'user du bénéfice de l'autorisation[1]. Plusieurs préfets avaient pris des arrêtés pour imposer aux entrepreneurs diverses mesures destinées à empêcher les abus ; ces mesures ont été enfin généralisées par un décret du 8 février 1868.

D'après l'article 1er de ce décret, l'occupation des terrains doit être autorisée par un arrêté du préfet, indiquant le nom de la commune où le terrain est situé, les numéros que les parcelles dont il se compose portent sur le plan cadastral et le nom du propriétaire. Cet arrêté vise le devis qui désigne le terrain à occuper ou le rapport par lequel l'ingénieur en chef chargé de la direction des travaux propose l'occupation. D'après l'arrêt du Conseil du 7 septembre 1755, les terrains étaient désignés par les ingénieurs et inspecteurs des ponts et chaussées. En vertu des principes qui régissent notre organisation administrative depuis 1789, les ingénieurs n'ont plus que des propositions à faire au préfet.

Si l'extraction des matériaux doit avoir lieu dans un département autre que celui où s'exécutent les travaux, l'autorisation doit être donnée par le préfet du département où sont situés les terrains[2].

D'après l'article 2 du décret de 1868, le préfet envoie une ampliation de son arrêté à l'ingénieur en chef et au maire de

[1] Loi des 28 septembre-6 octobre 1791. Section VI, art. 1er. — *Arr. Cassation* du 13 juin 1866 (*de Béthune*).
[2] *Arr. Cons.* 31 mai 1866 (*Serre*) et autres.

la commune. L'ingénieur en chef en remet une copie certifiée à l'entrepreneur ; le maire notifie l'arrêté au propriétaire du terrain ou à son représentant.

742. L'entrepreneur doit alors se mettre en relation avec le propriétaire. La circulaire ministérielle du 15 février 1868 indique qu'il est désirable qu'il se mette d'accord avec lui pour régler les conditions de l'extraction des matériaux. Si un accord amiable n'intervient pas, il doit, d'après l'article 4, être procédé, avant toute occupation, à une constatation contradictoire de l'état des lieux qui permettra plus tard de régler l'indemnité due au propriétaire.

Aux termes de l'article 4 du décret de 1868, l'entrepreneur doit, à cet effet, notifier au propriétaire, par lettre chargée, qu'il compte se rendre sur le terrain ou s'y faire représenter à un jour donné. Entre cette notification et la visite des lieux, il doit y avoir un délai de dix jours au moins. Cette notification invite le propriétaire ou, s'il ne demeure pas dans la commune, son fermier, locataire ou gérant, à désigner un expert pour procéder contradictoirement avec celui que l'entrepreneur aura choisi, à la constatation de l'état des lieux. En même temps, l'entrepreneur avertit le maire de la commune.

Si le propriétaire néglige de désigner son expert dans le délai fixé, cet expert est nommé par le maire (art. 6).

Au jour fixé, les deux experts procèdent ensemble à leurs opérations contradictoires, et dressent leur procès-verbal en trois expéditions, dont l'une est remise au propriétaire du terrain, l'autre à l'entrepreneur, la troisième au maire de la commune (art. 5).

Immédiatement après les constatations prescrites par l'article 4, l'entrepreneur peut occuper le terrain et y commencer les travaux autorisés par l'arrêté du préfet, tous les droits du propriétaire étant réservés en ce qui concerne le règlement de l'indemnité. Toutefois s'il existe sur le terrain des arbres fruitiers ou de haute futaie qu'il soit nécessaire d'abattre, l'entrepreneur est tenu de les laisser subsister jusqu'à ce que l'estimation en été faite dans les formes voulues par la loi (art. 7).

En cas d'opposition de la part du propriétaire, l'occupation a lieu avec l'assistance du maire ou de son délégué (même article).

Il n'est pas inutile de rappeler, à cette occasion, que les entrepreneurs doivent observer les règles prescrites à d'autres points de vue pour le creusement des carrières, — par exemple, celles qui interdisent de faire des excavations à une certaine distance des routes et à une certaine distance des places de guerre.

743. Comment doit être réglée et calculée l'indemnité?

Il y a ici plusieurs règles tout à fait spéciales à cette matière.

Une indemnité est due. L'arrêt de 1755, la loi du 28 pluviôse an VIII, la loi du 16 septembre 1807 le proclament.

L'indemnité doit-elle être préalable? On l'a soutenu, en se ondant sur l'article 1er, section VI, de la loi des 28 septembre-6 octobre 1791 ; mais cela est impraticable ; et 'on peut soutenir que la législation postérieure a implicitement abrogé cette règle. Le Conseil d'État a toujours repoussé ce système, combattu par presque tous les auteurs.

Toutefois il avait admis que, si l'occupation du terrain durait longtemps, le propriétaire ne pouvait pas être obligé d'attendre plusieurs années pour obtenir la réparation du dommage qu'il subissait[1]. Le décret du 8 février 1868 a

---

[1] *Arr. Cons.* 15 juin 1861 (*Roubière*), — 28 janvier 1864 (*Dupont*).

confirmé la jurisprudence du Conseil. Il dispose, dans son article 8, que, si les travaux doivent durer plusieurs années, l'indemnité est réglée à la fin de chaque campagne. De cette façon, le propriétaire continue à toucher l'équivalent des revenus annuels de sa terre.

L'indemnité se règle ou à l'amiable ou, en cas de contestation, par le Conseil de préfecture, après expertise, dans les conditions fixées par l'article 56 de la loi du 16 septembre 1807. Depuis le décret du 8 février 1868, les experts ont pour base de leurs opérations la constatation de l'état des lieux faite antérieurement à l'occupation du terrain, en vertu des articles 5 et 6 de ce décret. Mais cette expertise antérieure ne peut pas dispenser d'une expertise postérieure aux travaux[1].

744. Venons maintenant aux bases du calcul de l'indemnité. Il faut distinguer deux cas : ou bien l'administration s'est emparée d'une carrière en exploitation, ou bien elle a fouillé un terrain dont le propriétaire n'exploitait que la surface en la cultivant, sans s'occuper de la valeur des matériaux enfouis.

Dans le premier cas, l'administration doit, d'après l'article 55 de la loi du 16 septembre 1807, payer la valeur des matériaux. Dans le second cas, l'administration ou l'entrepreneur qui la représente ne doit que la réparation du préjudice causé à la terre par les fouilles.

Le législateur semble avoir considéré que, dans ce dernier cas, on ne causait pas de préjudice au propriétaire en lui prenant ses matériaux sans les lui payer, puisqu'il paraissait ignorer la valeur du sous-sol et n'en tirait point parti. Assurément cette législation pourrait être critiquée. Au point de vue de la théorie, la propriété du sol comporte la propriété du

---

[1] *Arr. Cons.* 5 août 1869 (*Monet*).

dessus et du dessous, d'après l'article 552 du code Napoléon. Si donc le propriétaire n'avait pas encore tiré parti des matériaux enfouis dans le sous-sol, il aurait pu en tirer parti le lendemain du jour où l'administration désigne son terrain pour être fouillé. Toutefois, aujourd'hui surtout, on peut dire qu'il n'y a guère de carrière ayant une valeur que l'on n'ait commencé à exploiter, et que, si la loi de 1807 déroge aux principes, elle ne produit pas de résultats contraires à l'équité.

Aussi, en 1864, lorsque le ministre des travaux publics a consulté les conseils généraux sur la question de savoir si les bases du calcul de l'indemnité, telles qu'elles sont fixées par la loi du 16 septembre 1807, devaient être modifiées, la plupart des conseils généraux ont exprimé le vœu que la loi fût maintenue. Quinze d'entre eux seulement ont demandé que, dans tous les cas, il fût tenu compte au propriétaire de la valeur des matériaux. Il ne s'en est trouvé que neuf pour demander que l'article 55 de la loi de 1807 fût complétement abrogé.

Le règlement de l'indemnité, dans le cas où il n'existe pas de carrière en exploitation, est assez simple. On suit les règles générales, relatives aux dommages causés par l'exécution des travaux publics, que nous avons déjà indiquées. Le propriétaire doit être indemnisé de la perte de ses récoltes, de ses plantations et de la dépréciation subie par sa propriété, notamment s'il reste une excavation.

L'indemnité peut être équivalente au prix même du terrain s'il n'est plus exploitable; mais elle ne peut pas le dépasser. C'est sans doute le sens qu'il faut attribuer au premier alinéa de l'article 55 de la loi de 1807 ainsi conçu : « Les terrains occupés pour prendre les matériaux nécessaires aux routes ou aux constructions publiques pourront être payés aux propriétaires, comme s'ils eussent été pris pour la route même. »

Toutefois, quelques auteurs se sont demandé si cette disposition ne pourrait pas être interprêtée comme donnant à l'administration le droit d'exproprier, dans les conditions de la loi du 3 mai 1841, les terrains propres à fournir des matériaux.

745. Il y a plus de complications pour le premier cas. D'abord, c'est une question délicate que celle de savoir dans quel cas il y a carrière en exploitation.

La jurisprudence du Conseil d'État, s'inspirant de cette maxime que les dispositions rigoureuses des lois doivent être restreintes autant que possible, s'est montrée très-favorable aux propriétaires, dans la solution de cette question.

On pouvait soutenir, en effet, que la loi avait entendu par carrière en exploitation une carrière qui donnait un revenu à son propriétaire. Mais, depuis très-longtemps, il a été reconnu qu'il suffisait que le propriétaire eut manifesté, à un moment quelconque, l'intention de tirer parti de cette richesse souterraine pour que sa carrière dût être considérée comme étant en exploitation. Ainsi il n'est pas nécessaire que l'exploitation soit régulière et actuelle. Il suffit que la carrière n'ait pas été abandonnée, c'est-à-dire que le terrain n'ait pas été remis en culture ou planté[1].

On doit même considérer que l'administration s'empare d'une carrière en exploitation, quand les fouilles sont entreprises à proximité d'une carrière déjà exploitée dans la même propriété, et s'appliquent à la même nature de pierre et au

---

[1] *Arr. Cons.* 21 décembre 1849 (*de Rély*), — 18 mai 1854 (*Lebègue*), — 20 juillet 1854 (*Pouplin*), — 23 juillet 1857 (*Evpixent*), — 17 mars 1864 (*Auvray*), — 31 janvier 1867 (*Mougey*).

prolongement du même banc[1]. Sans cela, il serait trop aisé d'éluder le payement d'une indemnité.

Mais il faut qu'il s'agisse, à proprement parler, d'une carrière, c'est-àdire de matériaux enfermés entre deux couches de terrains différents. Si les propriétaires de terrains sablonneux, par exemple des dunes qui bordent, sur certains points, la Manche et l'Océan, ont pris du sable sur ces dunes, on ne peut pas dire qu'ils ont exploité une carrière[2].

De même, si le propriétaire d'une de ces falaises qui bordent la basse Seine, et où la pierre se montre sur une grande étendue, a fait enlever des matériaux sur un coin de sa propriété, il ne s'ensuit pas que la falaise soit une carrière en exploitation[3].

Que devrait-on décider si la carrière n'avait été ouverte que par l'administration elle-même, en vertu du droit spécial que lui donne la loi? L'entrepreneur qui succède à celui qui avait ouvert la carrière, devrait-il payer la valeur des matériaux? Plusieurs décisions ont refusé d'admettre que, dans ce cas, la situation du propriétaire fut changée[4].

Toutefois, le Conseil a décidé qu'il y avait carrière en exploitation dans le sens de la loi, si le précédent entrepreneur avait payé le prix des matériaux au propriétaire, ou bien s'il y avait, entre les deux exploitations par des entrepreneurs, un certain intervalle, et si la carrière avait été remise au propriétaire qui pouvait en disposer comme d'une carrière en exploitation[5].

___

[1] Arr. Cons. 22 décembre 1859 (de Viart), — 16 avril 1863 (Gruter), — 18 février 1864 (Chemin de fer de l'Ouest), — 7 avril 1864 (Pescatore), — 8 mars 1866 (Jany), — 1er avril 1869 (Watel).
[2] Arr. Cons. 8 mars 1866 (Chemin de fer de l'Ouest c. Thébault).
[3] Arr. Cons. 20 août 1864 (de Villequier).
[4] Arr. Cons. 13 avril 1850 (Rouillé).
[5] Arr. Cons. 18 mars 1858 (Fagot-Hervé), — 16 août 1860 (Lecerf).

Mais cette dernière circonstance ne pourrait être invoquée par le propriétaire si, par suite de la disposition des lieux, il lui avait été impossible de l'exploiter pour le commerce[1].

Quant à l'évaluation du prix des matériaux, la loi du 16 septembre 1807, dans son article 55, dispose qu'elle doit être faite d'après les prix courants, sans tenir compte de l'existence et des besoins de la route pour laquelle ils seraient pris, ou des constructions auxquelles on les destine.

Ainsi cette évaluation ne peut être remplacée par l'application des prix stipulés dans un traité passé, plusieurs années auparavant, entre le propriétaire et un entrepreneur de travaux publics[2]. Il n'y a pas non plus à tenir compte de la valeur industrielle qu'auraient les pierres pour le propriétaire qui en faisait le commerce[3].

746. L'exploitation d'une carrière dégrade la superficie du sol, elle supprime les récoltes, elle fait disparaître les arbres. De plus, elle peut causer des dégradations aux parties qui ne sont pas fouillées; des clôtures peuvent être brisées; un chemin de service doit être pratiqué, des débris de pierre sont jetés sur les terrains voisins de l'excavation. L'administration doit-elle la réparation de ces préjudices accessoires? Il faut distinguer.

S'il s'agit des préjudices résultant nécessairement de l'exploitation d'une carrière, par exemple, de la perte des récoltes ou des arbres existant sur le sol fouillé, le propriétaire ne peut en réclamer la réparation. Il obtient le prix des matériaux extraits de sa carrière; s'il avait creusé lui-même une carrière, il aurait dû renoncer à ses récoltes et à ses

---

[1] *Arr. Cons.* 20 février 1868 (*Fauche*).
[2] *Arr. Cons.* 2 avril 1857 (*de Poix*).
[3] *Arr. Cons.* 28 janvier 1864 (*Viaud*).

arbres. De même, il aurait dû créer un chemin de service. Il ne peut tirer d'un sac deux moutures[1].

Mais s'il s'agit de préjudices qui n'étaient pas la conséquence nécessaire de l'exploitation de la carrière, et qui auraient pu être évités par une exploitation soigneuse; par exemple, de dépôts de déblais accumulés dans des conditions qui rendent la culture impossible, l'indemnité doit comprendre la réparation de ces dommages[2].

747. Telles sont les bases du règlement de l'indemnité. Mais il reste un mot à dire de la question de savoir à qui il appartient de réclamer l'indemnité. Le propriétaire de la carrière a évidemment qualité à cet effet. Le fermier le pourrait-il également? Plusieurs arrêts du Conseil ont déclaré non recevables les réclamations présentées par des fermiers[3]. Deux arrêts, plus récents, ont reconnu qualité pour agir à des fermiers dont le bail ne contenait aucune limite, quant au droit d'exploiter la carrière[4]. Du reste, l'entrepreneur doit avoir soin, en pareil cas, de mettre en cause le propriétaire, qui peut avoir droit à une indemnité distincte.

748. C'est l'entrepreneur ou le concessionnaire qui doit payer, sans recours contre l'administration, les indemnités dues pour extraction de matériaux. Cette règle est écrite dans l'article 19 des clauses et conditions générales de 1866, et dans les cahiers de charges des concessions.

Il est bon de rappeler ici que les propriétaires qui fournissent des matériaux à l'entrepreneur par suite de l'appli-

---

[1] *Arr. Cons.* 18 février 1864 (*Chemin de fer de l'Ouest*), — 17 mars 1864 (*id.*), — 14 janvier 1869 (*Guernet*), — 1er avril 1869 (*Watel*).

[2] *Arr. Cons.* 3 mai 1850 (*Debrousse*), — 6 mai 1858 (*Godbarge*), — 27 juin 1865 (*Labourdette*).

[3] *Arr. Cons.* 8 décembre 1855 (*Mombrun*), — 22 juin 1854 (*Micé*).

[4] *Arr. Cons.* 30 juillet 1863 (*Marchon*), — 5 août 1869 (*Monet*). Voir les conclusions du Commissaire du Gouvernement dans cette dernière affaire.

cation de l'arrêt de 1755, ont, en vertu de la loi du 26 pluviôse an II, un privilége sur les sommes qui lui sont dues
par l'administration à raison de l'entreprise[1].

§ 2. — RÈGLES DE COMPÉTENCE

749. C'est au conseil de préfecture qu'il appartient de
statuer sur les contestations relatives aux terrains fouillés
pour l'exécution des travaux publics. Telle est la règle générale qui est posée par l'article 4 de la loi du 28 pluviôse
an VIII. Toutefois, cette règle comporte des exceptions qu'il
faut indiquer avec précision.

Signalons d'abord deux catégories de réclamations, celles
qui portent sur la désignation même du terrain, celles qui
portent sur l'indemnité.

Si le propriétaire du terrain désigné se borne à soutenir
qu'on aurait pu désigner un autre terrain que le sien, et lui
éviter le préjudice qu'il va subir, il ne peut présenter sa
réclamation qu'au ministre des travaux publics, qui l'apprécie souverainement. Mais une semblable question ne peut
être discutée par la voie contentieuse[2].

S'il soutient, au contraire, que son terrain se trouve dans
les cas d'exemption prévus par l'arrêt du conseil de 1755,

[1] Voir l'arrêt du Conseil du 19 juillet 1854 (*Léon*).
[2] *Arr. Cons.* 29 novembre 1848 (*Rolland*).

il peut présenter sa réclamation par la voie contentieuse.

Mais, dans quelles conditions ce recours contre l'arrêté du préfet doit-il formé? Plusieurs arrêts ont décidé qu'il devait être porté devant le conseil de préfecture, et non directement devant le Conseil d'État[1]. Un arrêt plus récent a admis un recours, pour excès de pouvoir, formé directement devant le Conseil d'État[2].

750. Quant aux réclamations qui tendent à obtenir une indemnité, le conseil de préfecture est encore compétent pour en connaître, mais à deux conditions : en premier lieu, il faut que l'entrepreneur ait été autorisé régulièrement par le préfet ou par son devis, et qu'il ne soit pas sorti des limites de son autorisation ; en second lieu, il faut qu'il n'ait pas été fait entre le propriétaire et l'entrepreneur une convention amiable.

751. S'il n'y a pas eu de désignation, ou si l'entrepreneur est sorti des limites fixées par l'arrêté de désignation, les extractions non autorisées constituent des voies de fait. Le propriétaire peut poursuivre l'entrepreneur devant le tribunal de police correctionnelle, et, en tout cas, il peut demander des dommages-intérêts devant le tribunal civil. Cette règle est établie par une jurisprudence constante du Conseil d'État, et il est à espérer que le Conseil aura désormais de moins nombreuses occasions de l'appliquer[3].

Le préfet ne pourrait pas ratifier les actes de l'entrepreneur par une autorisation qui aurait un effet rétroactif[4].

752. Toutefois, si devant le tribunal correctionnel ou civil,

---

[1] *Arr. Cons.* 1er juillet 1840 (*de Champagné*), — 22 mars 1851 (*Blancler*), 7 juillet 1863 (*Lerambourc*), — 7 janvier 1864 (*Guyot de Villeneuve*).

[2] *Arr. Cons.* 9 mai 1867 (*Stackler*).

[3] *Arr. Cons.* 8 mai 1861 (*Leclerc de Pulligny*), — 16 août 1862 (*Nicolas*), 5 mai 1869 (*Dufau*).

[4] *Arr. Cons.* 15 juin 1861 (*Roubière*).

un entrepreneur soutenait qu'il s'est conformé à son devis ou à l'arrêté du préfet, c'est à l'autorité administrative qu'il appartiendrait de reconnaître le sens et la portée des actes administratifs invoqués par l'entrepreneur [1].

Quelle est l'autorité administrative qui doit prononcer sur ce point ? Est-ce au préfet à interpréter son arrêté ou le devis, sauf recours devant le ministre des travaux publics? Le Conseil d'État a décidé que la désignation des carrières ou des terrains à fouiller faisant partie du contrat passé entre l'administration et l'entrepreneur, c'était au conseil de préfecture, juge des contestations relatives soit au sens des marchés de travaux publics, soit à l'extraction des matériaux, qu'il appartenait de statuer à ce sujet [2].

753. Un arrêt déjà ancien avait décidé que l'entrepreneur ne serait pas justiciable des tribunaux civils, par cela seul qu'il aurait omis de prévenir le propriétaire et de justifier de l'autorisation avant de commencer les fouilles; on pensait que, si l'autorisation était antérieure à l'occupation, l'entrepreneur ne pouvait perdre le bénéfice de sa situation régulière par le défaut d'accomplissement d'une formalité [3].

Mais par un décret sur conflit récent, le Conseil a au contraire établi que, lorsque les entrepreneurs ne remplissaient pas les formalités prescrites par le décret du 8 février 1868, le jugement des demandes en indemnité dirigées contre eux ne pouvait être revendiqué par l'autorité administrative [4]. Cette décision est d'autant plus remarquable que si, dans l'espèce, l'occupation des terrains était postérieure au décret du 8 février

---

[1] *Arr. Cons.* 8 mai 1861 (*Leclerc de Pulligny*), — Décret sur conflit 17 juillet 1861 (*Chemin de fer de Paris à Lyon*). — *Arr. Cons.* 26 décembre 1862 (*Brulé*).

[2] *Arr. Cons.* 24 février 1865 (*Watel et Nobilet*), — 8 août 1865 (*id.*).

[3] Ordonnance sur conflit 10 mars 1843 (*Armelin*).

[4] Décret sur conflit du 17 février 1869 (*de Mellanville*).

1868, l'autorisation donnée aux entrepreneurs était antérieure.

754. D'un autre côté, si l'entrepreneur a passé avec le propriétaire une convention pour fixer les conditions de l'occupation et les bases de l'indemnité qu'il lui devrait, les contestations qui peuvent s'élever sur l'application de cette convention doivent être portées devant les tribunaux civils, lors même que l'entrepreneur ne serait entré en relations avec le propriétaire qu'à la suite d'un arrêté qui désignait son terrain pour être fouillé. Il y a de nombreuses décisions du Conseil en ce sens. Elles sont fondées sur ce qu'il n'appartient pas au conseil de préfecture de connaître des difficultés relatives à des conventions privées[1].

D'après une décision plus ancienne du Conseil d'État, il n'en serait pas de même si, après avoir occupé le terrain d'autorité, en vertu de l'arrêté du préfet, l'entrepreneur avait fait une convention avec le propriétaire pour régler les bases de l'indemnité. La compétence de l'autorité administrative a été maintenue pour ce cas[2]. Mais les arrêts postérieurs semblent avoir effacé cette distinction ; quand l'entrepreneur a fait une convention avec le propriétaire, que ce soit pour le principe même de l'occupation, ou pour le prix des matériaux seulement, il se place lui-même dans les conditions du droit civil. C'est donc au tribunal civil à apprécier la convention et à la faire exécuter, en cas de contestations.

Toutefois, l'entrepreneur qui n'a occupé un terrain qu'en vertu de la désignation du préfet, ne pourrait pas opposer au propriétaire une convention qu'il aurait faite avec son fermier[3].

---

[1] *Arr. Cons.* 5 janvier 1860 (*Canterranne*). — 8 mai 1861 (*Leclerc de Pulligny*), — 8 septembre 1861 (*Villequier*), — 18 février 1864 (*département du Morbihan*), — 17 janvier 1868 (*Burnet*), — 5 mai 1869 (*Dufau*).

[2] *Arr. Cons.* 19 juillet 1854 (*Léon*).

[3] *Arr. Cons.* 21 janvier 1869 (*Andigné*).

755. Les tribunaux civils, qui sont compétents pour statuer sur les indemnités dues à raison des extractions non autorisées, le sont également pour fixer le prix des matériaux qui auraient été mis dans le commerce, ou employés à d'autres travaux que ceux pour lesquels l'autorisation avait été donnée [1].

[1] *Arr. Cons.* 11 août 1849 *(Quesnel)*.

CHAPITRE III

DE L'OCCUPATION TEMPORAIRE

756. L'administration peut avoir besoin d'occuper temporairement un terrain pour y établir les chantiers d'une entreprise, y déposer des matériaux, y accumuler des déblais, y établir des chemins de service.

Est-elle obligée, en pareil cas, de recourir à l'expropriation, de déposséder définitivement le propriétaire? Non. La pratique constante de l'administration a admis que les dispositions qui permettent d'occuper les terrains pour en extraire des matériaux, autorisaient, à plus forte raison, l'occupation temporaire de la superficie du sol.

La loi du 21 mai 1836 a confirmé spécialement cette jurisprudence pour ce qui concerne les chemins vicinaux. Elle distingue, dans son article 17, les extractions de matériaux, les dépôts et enlèvements de terre, et les occupations temporaires de terrains.

Ce droit, reconnu à l'administration par une jurisprudence constante, tirant son origine des dispositions relatives à l'extraction des matériaux, doit être exercé, par suite, dans les mêmes conditions.

757. Ainsi, la désignation des lieux par l'autorité administrative, par le préfet, est nécessaire pour l'occupation temporaire, comme pour l'extraction des matériaux. La jurisprudence du Conseil d'État avait assimilé les deux cas, aussi bien pour les travaux de grande voirie que pour les travaux des chemins vicinaux[1]. Le décret du 8 février 1868 a maintenu, avec raison, cette assimilation.

Par suite, les occupations qui n'auraient pas été autorisées devraient être considérées comme des voies de fait, et les entrepreneurs seraient justiciables des tribunaux correctionnels ou civils, ainsi qu'il a été dit à l'occasion des extractions de matériaux.

Les formalités à suivre sont les mêmes. Nous n'avons qu'à renvoyer au décret du 8 février 1868.

758. Toutefois, les règles relatives au calcul de l'indemnité sont celles que l'on suit pour les dommages ordinaires. La nature des choses ne permet pas d'appliquer ici les distinctions établies pour le cas d'extraction de matériaux.

Mais il y a une difficulté, spéciale à cette matière, qui demande quelques explications.

En principe, le propriétaire qui subit un dommage, par suite de l'exécution de travaux publics, a le droit de demander que les lieux soient remis, autant que possible, dans l'état primitif. Mais il arrive assez fréquemment, surtout pour l'exécution des travaux de chemins de fer, que des déblais déposés sur un terrain qui avait été désigné pour être occupé temporairement, ont une telle importance, que les frais d'enlèvement de ces déblais seraient plus élevés que la valeur du terrain.

---

[1] Décrets sur conflit du 15 mai 1856 (*Galet*), — du 4 juin 1858 (*Fénélons*), — du 18 février 1864 (*département du Morbihan*).

Que faire dans ce cas? Le propriétaire peut-il exiger le rétablissement des lieux dans l'état primitif? L'administration, ou le concessionnaire qui lui est substitué, peut-il se borner à payer la valeur du terrain?

Le Conseil d'État a paru adopter la première solution dans quelques arrêts. Mais il faut dire que, dans ce cas, les déblais paraissaient pouvoir être enlevés sans grandes difficultés. On comprend d'ailleurs que le propriétaire qui se trouve n'avoir plus qu'une propriété nominale soit fondé à réclamer plus que le prix de son terrain, puisqu'il a été à peu près exproprié sans l'accomplissement des formalités légales [1].

Toutefois, il ne faut rien exagérer; et le Conseil d'État a suivi, depuis 1858, une doctrine mixte qui paraît avoir échappé à quelques auteurs, parce qu'elle n'est pas indiquée très-explicitement.

Plusieurs décisions n'allouent, en pareil cas, au propriétaire, qu'une indemnité de dépréciation, sans obliger l'administration ou le concessionnaire à enlever les déblais, ou à payer la totalité des frais qu'il faudrait faire pour enlever les matériaux. Seulement l'indemnité de dépréciation est calculée assez largement, et dépasse ordinairement la valeur attribuée au sol par les experts [2].

759. Mais l'administration n'aurait pas le droit de masquer une expropriation sous l'apparence d'une occupation temporaire qui se prolongerait indéfiniment, et d'échapper ainsi à la nécessité de faire régler par le jury d'expropriation l'indemnité due au propriétaire dépossédé.

---

[1] *Arr. Cons.* 8 janvier 1847 (*Reig*), — 19 juillet 1854 (*Léon*), — 18 novembre 1858 (*Société civile de Marseillette*), — 29 décembre 1858 (*Borey*), 1er mai 1862 (*Chemin de fer de l'Est*).

[2] *Arr. Cons.* 14 juillet 1858 (*Chemin de fer du Midi*), — 15 décembre 1859 (*Lavigne*), — 30 juillet 1863 (*Giboulot*), — 31 août 1863 (*Piard*), — 13 juillet 1864 (*de Gualdy*).

Le Conseil d'État, par une jurisprudence protectrice de la propriété, a plus d'une fois reconnu que l'occupation prolongée indéfiniment équivalait à une dépossession dont l'autorité administrative n'était plus compétente pour apprécier les conséquences[1]. Il s'agissait, dans une affaire de cette nature, d'une crique pratiquée sur le terrain d'un particulier pour l'écoulement des eaux d'une route, et qui devait rester ouverte jusqu'à ce qu'il en fut autrement ordonné. Le Conseil a, dans une autre affaire, annulé pour excès de pouvoirs, un arrêté de préfet qui avait autorisé une compagnie de chemin de fer à maintenir ses rails sur un terrain dont l'autorité judiciaire avait décidé que le propriétaire devrait rentrer en possession s'il n'était exproprié dans un certain délai[2].

Mais il a décidé, au contraire, que, dans le cas où l'autorisation d'occuper un terrain pour y établir un chemin de fer de service destiné à relier une carrière de sable avec la voie ferrée était limitée, on ne pouvait la considérer comme une occupation indéfinie par cela seul qu'elle était susceptible d'être renouvelée. Les prévisions et les craintes des propriétaires requérants ne pouvaient en effet suffire pour modifier le caractère de l'occupation[3].

760. Les règles de compétence indiquées à l'occasion des extractions de matériaux trouvent leur application en matière d'occupation de terrains.

Ainsi, en ce qui touche le droit d'occupation lui-même, c'est à l'autorité administrative qu'il appartient d'apprécier si l'occupation est régulière, si elle ne constitue pas une ex-

---

[1] Ordonnances sur [conflit 'du 5 septembre 1856 (*Ledos*), — et du 6 décembre 1844 (*Gallas*).

[2] *Arr. Cons.* 20 février 1868 (*Chemin de fer de Saint-Ouen*).

[3] *Arr. Cons.* 7 janvier 1864 (*Guyot de Villeneuve*), — 31 mai 1866 (*Serre*).

propriation déguisée, et si la propriété n'est pas dans les cas d'exemption établis par les arrêts de 1755 et de 1780[1]. Ces questions peuvent être soumises au conseil de préfecture, sauf recours au Conseil d'État. On ne peut prétendre que la régularité et la validité des arrêtés de préfet ne sauraient être appréciés par le conseil de préfecture[2]. Mais elles pourraient être portées aussi directement devant le Conseil d'État par voie de recours pour excès de pouvoir.

En ce qui touche le règlement des indemnités, la compétence appartient au conseil de préfecture ou au tribunal civil, suivant que les occupations ont été régulièrement autorisées et consommées, ou qu'elles ne l'ont pas été, et suivant que les entrepreneurs ont fait ou n'ont pas fait des conventions avec les propriétaires[3].

---

[1] Ordonnances sur conflit du 5 septembre 1836 (*Ledos*), — du 6 décembre 1844 (*Gallas*).

[2] *Arr. Cons.* 7 janvier 1864 (*Guyot de Villeneuve*), — 31 mai 1866 (*Serre*), — 20 février 1868 (*Chemin de fer de Saint-Ouen*).

[3] Décrets sur conflit 27 juin 1864 (*Cardinal*), — 25 février 1867 (*Sol*), etc.

CHAPITRE IV

DE L'EXPROPRIATION POUR CAUSE D'UTILITÉ PUBLIQUE

§ 1ᶜʳ. — NOTIONS PRÉLIMINAIRES

761. Lorsque l'administration a besoin d'acquérir des terrains pour établir un ouvrage public, une route, un chemin de fer, un canal, elle peut employer des procédés différents.

Elle a d'abord à sa disposition la vente, telle qu'elle est réglée par le code Napoléon. Elle peut traiter de gré à gré avec les propriétaires dans les conditions du droit civil pur, et elle le fait quand il ne s'agit pas d'opérations d'ensemble, quand elle ne rencontre pas de résistances.

Mais les rapports de l'État avec les particuliers ne peuvent généralement pas se régler conformément aux principes du droit civil pur. Des difficultés nombreuses viennent souvent empêcher l'acquisition à l'amiable des terrains nécessaires à l'exécution d'un travail public. Tel propriétaire refuse de vendre quand les autres consentent. Tel autre consent à vendre, mais sans être d'accord avec l'administration sur le prix de son immeuble. D'un autre côté, parmi les propriétaires, on rencontre souvent des mineurs ou des femmes mariées sous le régime dotal. Or, les immeubles des mineurs ne peuvent être aliénés qu'après de longues formalités : une délibération du conseil de famille et l'homologation du tribunal. Quant à la femme mariée sous le régime dotal, ses immeubles sont inaliénables. Il a donc fallu, pour triompher des résistances, pour surmonter les difficultés légales, organiser l'expropriation pour cause d'utilité publique, la dépossession forcée dans l'intérêt public. C'est le droit administratif mis à côté du droit civil.

762. Il ne serait pas sans intérêt et sans utilité pratique de suivre l'histoire de l'expropriation pour cause d'utilité publique. On apprécie bien mieux les garanties données par la législation actuelle à la propriété en voyant pendant combien de temps elles ont fait défaut.

Le droit qui appartient aujourd'hui à la société de forcer le propriétaire à céder sa propriété, pour cause d'utilité publique, a existé de tout temps. Mais le droit du propriétaire à une indemnité n'a pas toujours été respecté et garanti comme il l'est aujourd'hui.

On a mis en lumière, dans ces dernières années, les textes qui établissent que le droit d'expropriation pour cause d'utilité publique était mis en pratique chez les Romains [1]. On peut citer aussi plusieurs textes qui prouvent que, en France, antérieurement au seizième siècle, on avait recours à l'expropriation, sauf indemnité, pour les travaux des églises, des places fortes et des chemins. Montesquieu, dans *l'Esprit des lois*, signale un passage de Beaumanoir, qui établit que, au douzième siècle, on expropriait, moyennant indemnité, pour

---

[1] M. Batbie, dans son *Traité théorique et pratique de droit public et administratif* (t. VII, p. 5), résume les travaux les plus récents sur cette question.

l'établissement des chemins[1]. Une ordonnance de Philippe
le Bel, du mois de février 1303, et des lettres patentes de
mars 1470, appliquaient cette règle pour d'autres ouvrages
publics. Mais c'est surtout au moment où les travaux des
routes et de canaux de navigation ont commencé à s'exécuter
sur une grande échelle, que le droit d'expropriation a été
largement pratiqué.

Il n'y avait pas alors, à proprement parler, de législation
générale sur la matière. Mais lorsque des actes du souverain
intervenaient pour ordonner l'exécution de travaux considérables, comme les canaux de navigation, ils attribuaient aux
entrepreneurs ou concessionnaires le droit de prendre les
terrains nécessaires à l'exécution des ouvrages, à la charge
d'indemniser les propriétaires dans des conditions déterminées. Pour les travaux exécutés directement par les agents de
l'administration, on suivait en principe les mêmes traditions[2]. Seulement, si le droit du propriétaire était reconnu
dans la théorie, il manquait de garanties. L'indemnité était
réglée par les intendants, le propriétaire n'avait pas le droit
d'en obtenir le payement préalablement à sa dépossession, et
souvent, faute de fonds, elle n'était pas payée. D'après un do-
cument officiel émané du directeur du service des ponts et
chaussées en 1790, sur les vingt-six généralités des pays
d'élections, onze seulement avaient, à cette époque, des ressources suffisantes pour le payement des indemnités dues
aux propriétaires expropriés pour les travaux des routes; six
avaient des ressources du même genre, mais insuffisantes; les

[1] *Esprit des lois* (livre XXVI, chapitre xv). D'après Beaumanoir (chap. xxii), les
propriétaires étaient dédommagés aux frais de ceux qui tiraient quelque avantage du
chemin.
[2] On peut voir le mode de procéder suivi au dix-septième et au dix-huitième siècles,
dans un mémoire de l'intendant d'Aube, dont M. Dareste a donné de très-intéressants
extraits dans son livre sur *la Justice administrative en France*, p. 136 et 448.

neuf autres en manquaient absolument. Il paraît au reste que le plus souvent « on ne payait point les terres labourables, mais seulement la plus-value de celles qui étaient en prés, vignes, bois ou jardins [1]. »

763. L'Assemblée constituante de 1789, dans la constitution du 3 septembre 1791 [2], a subordonné la dépossession du propriétaire à la nécessité publique, légalement constatée. Les constitutions qui ont régi successivement la France ont reproduit cette règle fondamentale, en substituant seulement les mots d'utilité publique à ceux de nécessité publique. De plus, ces constitutions ont ajouté que l'indemnité devait être préalable, principe qui est reproduit dans l'article 545 du code Napoléon. C'était un progrès considérable.

Toutefois l'Assemblée constituante avait cru devoir, à raison du principe de la séparation des pouvoirs administratif et judiciaire, laisser à l'autorité administrative seule le droit de déclarer l'utilité des travaux qui entraînaient l'expropriation et celui de régler l'indemnité due au propriétaire dépossédé. D'après l'article 4 de la loi des 7-11 septembre 1790, les indemnités étaient réglées en dernier ressort par le directoire de département ; à la vérité, la loi ajoutait : «conformément à l'estimation qui sera faite par le juge de paix et ses assesseurs. »

La loi du 28 pluviôse an VIII et celle du 16 septembre 1807 avaient maintenu la compétence de la juridiction administrative à cet égard, sans rappeler la nécessité de l'intervention du juge de paix, et cette dernière loi avait en outre organisé, dans ses articles 56 et 57, un système d'expertise que nous avons déjà analysé.

---

[1] Vignon, *Études historiques sur l'administration des voies publiques en France*, t. II, p. 185. — Le même fait est signalé par M. de Tocqueville, dans son livre sur *l'Ancien Régime et la Révolution*, p. 305 et p. 546.
Art. 17 de la *Déclaration des droits de l'homme.*

764. Mais, des plaintes très-vives s'étant élevées sur la facilité avec laquelle les propriétaires étaient dépossédés, en
vertu de décisions des préfets et sans indemnité préalable, la
loi du 8 mars 1810, due à l'initiative personnelle de Napoléon Ier, dont on peut lire la pensée dans une note célèbre
datée de Schœnbrunn le 29 septembre 1809[1], apporta une
modification presque radicale au système suivi antérieurement.

Cette loi ne laissait à l'administration que le droit de déclarer l'utilité publique ; encore concentrait-elle ce droit dans
les mains du chef de l'État. Mais toute la suite des opérations
était attribuée à l'autorité judiciaire. L'article 1er disposait
que l'expropriation s'opérerait par l'autorité de la justice,
qui ne devait la prononcer qu'autant que l'utilité en aurait
été constatée dans les formes prescrites par la loi. L'article
16 attribuait à l'autorité judiciaire, au tribunal civil, le
pouvoir de régler les indemnités.

Ce système a été peu pratiqué sous l'Empire ; un décret
du 18 août 1810 avait, en effet, décidé que la législation antérieure serait appliquée pour tous les travaux ordonnés
avant la promulgation de cette loi. Mais il l'a été sous la
Restauration, et l'on s'est aperçu alors que, si l'intérêt privé
avait été sacrifié par la législation réformée en 1810, la loi
de 1810 imposait de rigoureux sacrifices à l'intérêt public.

765. Dès 1831, les Chambres furent saisies de projets de
loi tendant à modifier la législation. L'exposé des motifs du
projet présenté à la Chambre des députés dans la séance du
21 mars 1832 signalait très-énergiquement la nécessité de
ces modifications. « Vous connaissez les plaintes qui s'élèvent
tous les jours et de toutes parts sur les entraves sans nom-

[1] Voy. cette note dans la *Correspondance de Napoléon Ier*, t. XIX, p. 623.

bre, les délais sans terme, les sacrifices sans limite que l'administration est condamnée à subir, lorsqu'il s'agit pour elle d'obtenir la possession des terrains nécessaires à l'emplacement des travaux qu'elle veut entreprendre. Le mal est arrivé aujourd'hui à ce point, qu'on peut dire avec vérité qu'aucune entreprise de route, de canal ou de chemin de fer n'est plus possible en France si l'on ne trouve le moyen de poser des limites aux exigences de l'intérêt particulier et de faire prévaloir l'intérêt général. »

La réforme proposée à cette époque, et qui a été consacrée par la loi du 22 juillet 1833, consistait principalement à rendre plus rapide la procédure et à enlever aux tribunaux civils le droit de fixer l'indemnité, pour le confier à une nouvelle autorité, un jury de propriétaires, agissant sous la direction d'un membre du tribunal.

Dans le système de la loi de 1810, les procédures portées devant les tribunaux traînaient fréquemment en longueur. A propos de l'indemnité, on soulevait des difficultés de forme, des questions de droit, et l'administration, traînée de juridiction en juridiction, n'obtenait souvent qu'au bout de deux, trois, quatre et même cinq années un arrêt définitif. La loi de 1833 fixait les délais dans lesquels devaient s'accomplir les différentes phases de la procédure et elle permettait à l'administration d'arriver bien plus rapidement à la possession du terrain nécessaire pour les travaux, en confiant le règlement de l'indemnité au jury, qui statue définitivement et en réservant aux tribunaux le soin de statuer sur les questions de droit incidentes qui venaient auparavant embarrasser la marche de la procédure.

D'un autre côté, si le législateur enlevait aux tribunaux l'appréciation des indemnités, c'est qu'il avait remarqué que les juges étaient obligés le plus souvent de s'en rapporter aux experts qui ne donnaient pas, par leur situation, des garanties suffisantes à l'intérêt public et qu'on aboutissait ainsi fréquemment à l'allocation d'indemnités exorbitantes. On espérait que le jury arriverait à des appréciations plus équitables. En effet, disait-on, « des propriétaires qui, tous les jours, réalisent des achats, des ventes, des échanges ne sont-ils pas éminemment propres à résoudre une question de cette nature ? En définitive, c'est à une assemblée d'experts que nous proposons de nous en référer ; mais ces experts sont des gens notables, des propriétaires indépendants, qui n'ont pas, comme les experts ordinaires, d'état à conserver, de clientèle à ménager, qui ne sont placés ni sous l'influence de la crainte, ni sous celle de l'espérance ; qui, comme propriétaires, peuvent avoir inté. rêt à mettre un haut prix à la propriété, mais qui, au même titre, désireront vivement sans doute la prompte exécution de travaux que, peut-être, ils auront eux-mêmes provoqués et dont ils sont appelés à recueillir les avantages que leur position leur permet de bien apprécier[1]. »

Après quelques années d'expérience, la loi du 22 juillet 1833 fut remaniée. Mais cette fois, bien que le jury n'eût peut-être pas complétement répondu aux espérances des auteurs de la loi[2], les remaniements ne portèrent que sur des

---

[1] Exposé des motifs présenté à la Chambre des députés, le 12 mars 1832.

[2] « Quant au jury, disait l'exposé des motifs présenté à la Chambre des pairs le 19 février 1840, tout en reconnaissant ce qu'il y a eu de déplorable dans certains exemples, heureusement assez rares, nous n'avons pas cru que l'ensemble des faits offrît un tel caractère de gravité, qu'il fallût sur ce point renoncer à l'innovation de la loi de 1833. — Voy. aussi le rapport de M. le comte Daru à la Chambre des pairs, présenté le 6 avril 1840.

Lors de la discussion de la loi du 12 juillet 1865 sur les chemins de fer d'intérêt local, de nouvelles plaintes se sont élevées contre le jury. Voici comment s'exprime à ce sujet M. le comte Lehon, dans le rapport présenté à la séance du 17 juin 1865, au nom de la commission chargée d'examiner le projet de loi. « Il est incontestable que, pour l'exécution des grandes lignes (de chemins de fer), les indemnités exorbitantes accordées

points de détail. La loi du 3 mai 1841 a simplifié, dans une certaine mesure, les formalités établies par la loi de 1833 ; elle a encore abrégé les délais des procédures ; elle a modifié quelques règles dont l'application avait donné lieu à des controverses. Mais elle a laissé debout dans son ensemble le système inauguré en 1833. Elle y a seulement ajouté un mode de procéder spécial pour le cas où l'administration aurait un besoin urgent de prendre possession des propriétés privées.

766. Toutefois, il est à remarquer que, entre la loi du 22 juillet 1833 et celle du 3 mai 1841, était intervenue la loi du 21 mai 1836 sur les chemins vicinaux qui, dans son article 16, avait simplifié, à divers points de vue, les formalités d'expropriation en vue de l'ouverture et du redressement de ces chemins et qui avait donné au jury une constitution spéciale pour ce cas. Cette dérogation à la loi organique de l'expropriation méritait d'autant plus d'être signalée ici que, dans ces derniers temps, diverses lois ont appliqué le système de la loi de 1836 à des travaux d'utilité collective, notamment à ceux des associations syndicales organisées, conformément à la loi du 21 juin 1865, pour le desséchement des marais, l'endiguement des rivières, le curage des cours d'eau non navigables ni flottables et autres travaux analogues[1].

par le jury d'expropriation, composé conformément à la loi de 1841, ont contribué et contribuent encore à augmenter les dépenses de construction. L'exagération en ce genre n'a souvent pas de limites ; on peut citer à cet égard bien des exemples. Dans le réseau de l'Ouest, les indemnités ont dépassé quelquefois 80,000 fr. par kilomètre et récemment pour des terrains occupés par le chemin de fer de Toulouse à Bayonne, que l'État exécute, il a été alloué des prix sept fois et demi supérieurs à ceux qui avaient été arrêtés à l'amiable et payés par l'administration à d'autres propriétaires, pour des parcelles contiguës et entièrement identiques. »

[1] Le jury constitué dans les conditions de la loi du 21 mai 1836 n'a pas non plus échappé aux plaintes dirigées contre le jury fonctionnant dans les conditions de la loi du 3 mai 1841, au point de vue de l'exagération des indemnités. Ainsi, antérieurement à la loi du 12 juillet 1865, sur les chemins de fer d'intérêt local, il a été exécuté dans le département du Bas-Rhin des chemins de fer dits vicinaux, et les expropriations nécessaires

Voilà l'esquisse rapide de la législation en matière d'expropriation.

Cette législation est un des plus puissants instruments du développement des travaux publics. Elle est très-fréquemment appliquée. Aussi elle a été l'objet de très-nombreux commentaires.

Nous croyons donc inutile de refaire un commentaire de la loi. Laissant de côté l'ordre des articles, nous étudierons d'abord la série des opérations que comporte l'expropriation, — puis les droits de l'administration et les droits des propriétaires et autres intéressés en face desquels se trouve l'administration, — enfin les règles de comp étence

§ 2. — OPÉRATIONS RELATIVES A L'EXPROPRIATION

I. — RÈGLES RELATIVES AUX TRAVAUX DE L'ÉTAT.

pour l'établissement de ces chemins, ont été opérées dans les conditions de la loi de 1836. D'après le rapport fait par M. Coumes, ingénieur en chef, au Conseil général, « 4,523 propriétaires ont traité à l'amiable, il n'a fallu recourir à l'expropriation que pour 29 parcelles de terrain. Cependant, malgré ce témoignage frappant de l'esprit de conciliation des agents et de la justesse des évaluations, deux jurys sur trois qui ont été convoqués ont accordé, en moyenne, l'un 19 pour cent, l'autre 120 pour cent de plus que les sommes offertes, bien que les indemnités s'appliquassent à des parcelles inter-calées dans une série considérable d'autres de même nature acquises à l'amiable. »

767. Nous avons tout d'abord à exposer la marche normale de l'expropriation pour cause d'utilité publique, et, pour la faire ressortir plus clairement, nous réserverons toutes les dérogations qui sont apportées aux règles générales soit pour les travaux de l'État, soit pour des travaux spéciaux.

Un propriétaire ne peut être dépossédé de sa propriété qu'en cas d'utilité publique, constatée et déclarée dans les formes prescrites par un règlement d'administration publique, rendu en exécution de la loi.

L'utilité publique se constate au moyen d'une enquête. Les avant-projets, les plans des travaux préparés par les ingénieurs, avec une appréciation sommaire des dépenses, sont soumis au public, qui est appelé à donner son avis sur l'utilité du travail projeté, d'une manière générale.

Les formes de cette enquête sont fixées par une ordonnance royale du 18 février 1834, complétée par une ordonnance du 15 février 1835.

Il est formé, au chef-lieu de chacun des départements que la ligne des travaux doit traverser, une commission de neuf membres au moins, et de treize au plus, pris parmi les principaux propriétaires de terres, de bois, de mines, les négociants, les armateurs et les chefs d'établissements industriels. Les membres et le président de cette commission sont désignés par le préfet, dès l'ouverture de l'enquête (art. 4 de l'ordonnance de 1834).

Des registres, destinés à recevoir les observations auxquelles peut donner lieu l'entreprise projetée, sont ouverts pendant un mois au moins, et quatre mois au plus, au chef-lieu de chacun des départements et des arrondissements que la ligne des travaux doit traverser. Les pièces qui doivent servir de base à l'enquête restent déposées pendant le même temps et dans les mêmes lieux (art. 5). Toutefois, quand la ligne des travaux relatifs à une entreprise doit s'étendre sur le territoire de plus de deux départements, ces pièces ne sont déposées, en vertu de l'ordonnance du 15 février 1835, qu'au chef-lieu de chaque département.

D'après le même article 5 de l'ordonnance de 1834, la durée de l'ouverture des registres devait être déterminée, dans chaque cas particulier, par l'administration supérieure, c'est-à-dire le ministre des travaux publics. Le décret du 13 avril 1861 (art. 2, 3°) a chargé les préfets de fixer la durée des enquêtes, lorsqu'elles ont été autorisées en principe par le ministre, et sauf le cas où elles doivent être ouvertes dans plusieurs départements sur un même projet. Mais il n'est pas douteux que les préfets ne soient tenus, aussi bien que l'administration supérieure, de fixer ce délai dans les limites du maximum et du minimum établis par l'article 5 de l'ordonnance de 1834. Dans une circulaire, en date du 5 août 1861, le ministre recommande même aux préfets de ne pas adopter, dans tous les cas indistinctement, le minimum du délai, et d'apprécier soigneusement les exigences de chaque affaire.

L'objet de l'enquête est annoncé au public par des affiches qui en indiquent la durée.

A l'expiration du délai fixé par le ministre ou le préfet, suivant les cas, la commission se réunit; elle examine les déclarations consignées aux registres de l'enquête, elle entend les ingénieurs des ponts et chaussées et des mines employés dans le département, et après avoir recueilli, auprès de toutes les personnes qu'elle jugerait utile de consulter, les renseignements dont elle croirait avoir besoin, elle donne son avis motivé, tant sur l'utilité de l'entreprise que sur les diverses questions qui auraient été posées par l'administration (art. 6 de l'ordonnance de 1834). Ces opérations, dont elle dresse procès-verbal, doivent être terminées dans le délai d'un mois.

L'avis de la commission, ainsi que celui des chambres de commerce qui sont également consultées, est transmis, dans les quinze jours, à l'administration supérieure, avec celui du préfet (art. 7).

L'article 10 de la même ordonnance apporte quelques modifications aux règles qui viennent d'être indiquées pour le cas où la ligne des travaux n'excède pas les limites de l'arrondissement dans lequel ils doivent être exécutés. Le délai de l'ouverture des registres et du dépôt des pièces est alors d'un mois et demi au plus, et de vingt jours au moins. La commission d'enquête est composée de cinq à sept membres, et se réunit au chef-lieu de l'arrondissement.

768. Après l'enquête intervient un acte de l'autorité, qui

déclare l'utilité publique. Nous avons déjà exposé les varia-
tions de la législation sur ce point[1]. D'après l'article 5 de la loi
du 3 mai 1841, tous les grands travaux publics ne pouvaient
être autorisés qu'en vertu d'une loi; c'était seulement pour
l'exécution des routes départementales, des canaux et des chemins de fer d'embranchement de moins de 20,000 mètres de
longueur, des ponts et autres travaux de moindre importance, que la décision pouvait être prise par le chef de l'État.
En vertu de l'article 4 du sénatus-consulte du 25 décembre 1852, c'est par un décret de l'Empereur que cette
déclaration devait être faite dans tous les cas; et le décret
devait être rendu dans la forme des règlements d'administration publique pour les cas où la loi de 1841 exigeait une
loi. La loi du 27 juillet 1870 a remis en vigueur le système
établi par la loi du 3 mai 1841, du moins pour les travaux
de l'État. Seulement elle exige que les décrets qui autorisent
les travaux de « moindre importance, » s ent rendus sur
l'avis du Conseil d'État.

769. Après la déclaration d'utilité publique, si l'acte
qui la prononce n'a pas indiqué les localités où doivent
s'exécuter les travaux, ce qui est rare, il doit intervenir, aux
termes de l'article 2 de la loi de 1841, un arrêté du préfet
qui fait cette indication.

770. Puis il est procédé à une deuxième enquête. L'administration est plus près qu'auparavant de toucher à la
propriété privée; la loi a multiplié les garanties.

Des plans parcellaires indiquant les terrains ou les édifices
dont la cession paraît nécessaire, avec les noms de chaque
propriétaire, tels qu'ils sont inscrits sur la matrice cadastrale, établie pour la répartition de l'impôt foncier, sont

---

[1] Voy. t. II, p. 106.

mis sous les yeux du public (art. 4 et 5 de la loi de 1841).

Les intéressés sont appelés à venir présenter leurs observations sur la direction du travail en ce qui les touche personnellement.

A cet effet, le plan reste déposé pendant huit jours à la
mairie de la commune où les propriétés sont situées. Les
propriétaires sont avertis par une publication faite à son de
trompe ou de caisse dans la commune, et par affiches posées tant à la principale porte de l'église qu'à celle de la
maison commune. L'avertissement est en outre inséré dans
l'un des journaux publiés dans l'arrondissement, et s'il n'en
existe aucun, dans l'un des journaux du département. C'est
seulement à dater de cet avertissement collectif que court le
délai de huit jours (art. 5 et 6).

Les déclarations et réclamations des parties peuvent être
faites verbalement au maire, qui les consigne sur un procès-
verbal tenu à cet effet; elles peuvent également lui être
adressées par écrit. Dans ce cas, elles sont annexées au procès-verbal (art. 7).

Il importe de faire remarquer que, d'après la jurisprudence de la Cour de cassation, le délai de huit jours est franc :
que par suite le procès-verbal d'enquête est nul, ainsi que
les actes qui s'ensuivent, s'il a été ouvert le jour même de
l'avertissement, et clos le huitième jour [1]. La Cour de cassation a de plus jugé que le délai n'expire que le huitième jour
à minuit, qu'ainsi le procès-verbal ne peut être clos que le
lendemain [2].

A l'expiration du délai de huitaine, une commission se
réunit au chef-lieu de la sous-préfecture. Cette commission,

---

[1] *Arr. cassation* 25 février 1856 (*Thomas*). Dalloz, 1856. I, p. 241.
[2] *Arr.* 5 janvier 1869 (*Feinieux-Rougée*). Dalloz, 1869. I, p. 157.

qui a un rôle différent de celui de la commission chargée de présider à la première enquête, a une composition toute différente. Elle est présidée par le sous-préfet, et composée de 4 membres du conseil général ou du conseil d'arrondissement désignés par le préfet, du maire de la commune où les propriétés sont situées, et de l'un des ingénieurs chargés de l'exécution des travaux (art. 8 de la loi). La loi a pris soin d'ajouter que les propriétaires qu'il s'agit d'exproprier ne peuvent être appelés à en faire partie.

Cette commission ne peut délibérer valablement qu'autant que cinq de ses membres au moins sont présents. Dans le cas où le nombre des membres présents serait de six, et où il y aurait partage d'opinion, la voix du président serait prépondérante.

La commission reçoit, pendant huit jours, les observations des propriétaires; elle peut les appeler si elle le juge convenable. Elle doit donner son avis dans le délai de dix jours. Si elle n'avait pas terminé ses opérations dans ce délai, le sous-préfet transmettrait au préfet, dans les trois jours, son avis personnel et les renseignements recueillis (art. 9).

La commission peut proposer quelques changements au tracé indiqué par les ingénieurs (art. 10); dans ce cas, on en donne un nouvel avis aux propriétaires que ces changements peuvent intéresser. Pendant huit jours, à dater de l'avertissement donné conformément à l'article 6, le procès-verbal et les pièces sont déposés à la sous-préfecture; les parties intéressées peuvent fournir leurs observations écrites. Puis dans les trois jours qui suivent l'expiration du délai, le sous-préfet transmet les pièces à la préfecture. L'administration supérieure est alors saisie de nouveau, et elle prononce sur les propositions de changements (art. 11, § 2 et 5).

771. L'enquête terminée, le préfet désigne, par un arrêté motivé, les propriétés qui doivent être cédées, et indique l'époque à laquelle il sera nécessaire d'en prendre possession (art. 11, § 1). On appelle, dans la pratique, cet acte du préfet, l'arrêté de cessibilité.

772. Alors intervient le jugement d'expropriation, rendu ordinairement sur la demande de l'administration, mais que le propriétaire peut provoquer, si l'administration laisse s'écouler une année sans agir, après l'arrêté de cessibilité rendu par le préfet.

Le tribunal ne doit prononcer ce jugement qu'après avoir vérifié si les formes prescrites par l'article 2 du titre Ier, et par le titre II de la loi de 1841, ont été accomplies.

La loi a donné au tribunal ce pouvoir de contrôle pour forcer l'administration à accomplir toutes les formalités qu'elle a organisées comme des garanties pour la propriété. Aussi la Cour de cassation exige, à peine de nullité, que le jugement indique expressément que les formalités prescrites par l'article 2 du titre Ier de la loi de 1841, et par le titre II ont été accomplies[1].

Le tribunal doit prononcer dans les trois jours de la communication des pièces (art. 14).

Les parties ne sont pas appelées à l'audience; mais le tribunal peut les entendre si elles se présentent.

La loi n'a pas voulu que le jugement fût susceptible d'appel. Elle n'admet que le recours en cassation, et seulement pour incompétence, excès de pouvoir ou vice de forme (art. 20).

Le pourvoi doit être formé dans le délai de trois jours, à

---

[1] *Arr. cassation*, 30 août 1859 (*Bureau*), — 14 mars 1865 (*Montbrun*), —10 juillet 1866 (*Stears*). Dalloz, 1869. I, p. 865. —1865: V; p. 176. — 1866, V, p. 204.

dater de la notification du jugement, et la Cour de cassation doit statuer dans un très-bref délai.

773. Le jugement est notifié, par extrait, au propriétaire qui, à dater de ce moment, cesse d'être propriétaire. Par conséquent, il ne pourrait plus disposer de sa propriété; mais, cependant, il reste en possession jusqu'à ce qu'il ait été indemnisé (art. 15).

La loi indique elle-même, dans l'article 15, comment la notification doit être faite. L'extrait du jugement, contenant les noms des propriétaires, les motifs et le dispositif du jugement, leur est notifié au domicile qu'ils auraient élu dans l'arrondissement de la situation des biens, par une déclaration faite à la mairie de la commune où les biens sont situés, et, dans le cas où cette élection de domicile n'aurait pas lieu, la notification est faite en double copie au maire et au fermier, locataire, gardien ou régisseur de la propriété.

Ajoutons que, aux termes de l'article 57, les notifications mentionnées dans les divers articles de la loi de 1841 sont faites à la diligence du préfet du département de la situation des biens; et qu'elles peuvent l'être tant par huissier que par tout agent de l'administration dont les procès-verbaux font foi en justice[1].

774. Mais il ne suffit pas que le jugement ait été notifié au propriétaire; il faut prévenir tous ceux qui peuvent avoir des droits sur l'immeuble. A cet effet, le jugement est publié et affiché, par extrait, dans la commune de la situation des biens, de la manière indiquée à l'article 6. Il est en outre inséré dans l'un des journaux publiés dans l'arrondissement

[1] Il suit de là que la notification faite par un agent assermenté d'une Compagnie concessionnaire de chemin de fer est valable, puisque cet agent a qualité pour dresser des procès-verbaux faisant foi en justice. *Arr. cassation*, 11 janvier 1865 (*Menet*). — Dalloz, 18 5, V, p. 170.

ou, s'il n'en existe aucun, dans l'un de ceux du département (art. 15).

Après ces publications, le jugement est transcrit au bureau
de la conservation des hypothèques, conformément à l'article
2181 du code Napoléon (art. 16). Cette transcription a pour
but principal de déterminer la situation des créanciers hypothécaires et privilégiés qui peuvent avoir des droits sur l'immeuble dont le jugement d'expropriation a attribué irrévoca-
blement la propriété à l'administration. Elle n'a pas absolument à leur égard les mêmes effets que celle qui est ordonnée
par la loi du 23 mars 1855 ; nous l'expliquerons plus
tard.

775. On s'occupe alors du règlement des indemnités.

Le propriétaire est tenu de désigner à l'administration,
dans le délai de huitaine, les locataires, fermiers, usufrui-
tiers et autres qui ont des droits sur l'immeuble, et qui auraient droit à indemnité par suite de la dépossession. Ceux
des intéressés qui ne sont pas désignés doivent intervenir d'office dans le délai de huitaine, sinon l'administration n'a plus
rien à discuter avec eux (art. 21). La loi les considère comme
suffisamment mis en demeure par l'avertissement énoncé en
l'article 6, et l'on peut ajouter par la publication du jugement faite en vertu de l'article 15. Nous verrons plus tard en
détail quels sont les intéressés désignés dans l'article 21, et
quels sont leurs droits respectifs.

776. L'administration offre aux propriétaires et aux autres intéressés les sommes qu'elle croit devoir à titre d'indemnité (art. 23). Ces propositions doivent toujours reposer
sur des bases sérieuses. Pour arriver à calculer la valeur des
immeubles, les ingénieurs se procurent des renseignements
dans les bureaux de l'administration de l'enregistrement et

des domaines où se trouvent enregistrées les ventes, et les baux des propriétés[1].

Les offres de l'administration sont notifiées personnellement aux propriétaires et à tous les intéressés qui ont été désignés ou qui sont intervenus dans le délai de huitaine; elles sont en outre affichées et publiées conformément à l'arcle 6.

Dans le délai de quinzaine, les propriétaires et autres intéressés sont tenus de déclarer s'ils acceptent ces offres, ou, dans le cas contraire, d'indiquer le montant de leurs prétentions (art. 24). Ce délai est porté à un mois pour les femmes mariées sous le régime dotal, les mineurs et autres incapables et pour l'État, les départements, les communes et les établissements publics (art. 27).

Si les offres de l'administration n'ont pas été acceptées, l'administration cite les intéressés devant le jury qui est convoqué à cet effet (art. 28).

777. Le jury chargé de prononcer sur les indemnités dues en cas d'expropriation n'est pas composé de la même manière que celui qui prononce en matière criminelle. Ses membres ne sont pas tirés au sort sur une liste contenant un grand nombre de noms.

Il faut une compétence spéciale pour juger ces questions d'indemnité. Il faut de plus que les intéressés ne puissent pas être appelés à statuer sur une question qui les toucherait personnellement.

Une liste générale, pour chaque arrondissement, est dressée chaque année par le conseil général du département. Elle est composée de personnes ayant leur domicile réel dans l'arrondissement. Leur nombre est de 36 au moins et 72 au

---

[1] Voir la circulaire du ministre des travaux publics, en date du 9 août 1843.

plus. Pour le département de la Seine, il est de 600 (art. 29). Il est de 200 pour l'arrondissement de Lyon.

Chaque fois qu'il y a lieu de recourir à ce jury spécial, la première chambre de la cour impériale, dans le département où elle siége, et, dans les autres départements, la première chambre du tribunal du chef-lieu désigne sur cette liste seize personnes et quatre jurés supplémentaires (art. 30).

La loi indique expressément que le choix de la cour et des tribunaux ne peut porter sur les intéressés, c'est-à-dire les propriétaires, fermiers, locataires, les créanciers ayant inscription sur les immeubles et tous autres intéressés désignés par le propriétaire ou intervenant en vertu des articles 21 et 22. Les septuagénaires sont dispensés, s'ils le requièrent, des fonctions de juré (art. 30, § 2).

D'autre part, le tribunal, en prononçant l'expropriation, a dû nommer un de ses membres pour diriger le jury (art. 14, § 3).

Ce magistrat est assisté, auprès du jury spécial, du greffier ou commis-greffier du tribunal, qui doit appeler les causes et tenir procès-verbal des opérations (art. 34, § 1).

Le préfet envoie la liste du jury au sous-préfet, qui se concerte avec le magistrat directeur du jury et convoque les jurés et les parties huit jours à l'avance en leur indiquant le lieu et le jour de la réunion. La notification adressée aux parties doit leur faire connaître les noms des jurés (art. 31).

L'article 32 règle les obligations des jurés. Ceux qui, sans motif légitime, manqueraient à l'une des séances ou refuseraient de prendre part à la délibération encourraient une amende de 100 francs au moins et de 300 francs au plus, qui est prononcée par le magistrat directeur du jury.

Les jurés excusés ou exemptés légitimement, ou bien encore

ceux qui se trouveraient dans un cas d'exclusion ou d'incompatibilité dont les causes seraient survenues postérieurement à la désignation de la cour ou du tribunal, sont remplacés par les jurés supplémentaires.

En cas d'insuffisance, le magistrat directeur du jury doit prendre lui-même des suppléants dans la liste générale (art. 55).

L'administration a le droit d'exercer deux récusations péremptoires, c'est-à-dire sans avoir besoin d'alléguer ses motifs ; la partie adverse a le même droit. Si le droit de récusation n'est pas exercé ou s'il ne l'est que partiellement, le magistrat directeur retranche lui-même les quatre derniers noms inscrits sur la liste. Le jury est ainsi composé définitivement de douze membres.

Il faut douze membres présents pour constituer définitivement le jury. Mais, après la constitution, des empêchements peuvent survenir. La présence continuelle des douze membres n'est pas rigoureusement exigée; mais il faut au moins neuf membres pour qu'une délibération soit valable (art. 55).

778. Il semblerait résulter des termes de la loi, entendus strictement, que le jury devrait être constitué spécialement pour chacune des causes qu'il a à juger, et qu'il devrait statuer isolément sur chacune d'elles ; mais un pareil système serait contraire aux besoins de l'expédition des affaires. Les jurés désignés pour une session sont ordinairement appelés à prononcer successivement sur un assez grand nombre d'expropriations. Aussi est-il depuis longtemps passé dans la pratique que les magistrats directeurs du jury, avec le consentement explicite ou implicite des parties, divisent les affaires à juger en plusieurs catégories et forment pour chacune d'elles un jury spécial. Les expropriés s'entendent alors pour exercer collectivement leur droit de récusation, et s'ils n'ont pas fait d'observations, ils sont censés l'avoir exercé[1]. On aboutit encore au même résultat en appelant toutes les affaires dès le début de l'audience et en mettant les parties en mesure d'exercer leur droit de récusation, ce qui amène la constitution d'un jury unique ou de plusieurs jurys distincts.

Mais on ne pourrait former un seul jury pour plusieurs expropriations distinctes, malgré l'opposition d'un exproprié[2].

779. Le jury est constitué. Comment procède-t-il? La loi contient à cet égard un très-petit nombre de dispositions. Elle a simplifié autant que possible les formalités. Mais ses prescriptions doivent être observées très-strictement, à peine de nullité des opérations du jury, et il faut que le procès-verbal en mentionne l'accomplissement.

D'abord, aux termes de l'article 36, chaque juré prête serment de remplir ses fonctions avec impartialité. C'est là un préliminaire indispensable de toutes les opérations du jury.

Puis, en vertu de l'article 37, le magistrat directeur met sous les yeux du jury : 1° le tableau des offres et demandes notifiées en exécution des articles 23 et 24 ; — 2° les plans parcellaires et les titres ou autres documents produits par les parties à l'appui de leurs offres et demandes. C'est la base de la discussion contradictoire.

Cette discussion est publique. Les parties ou leurs fondés de pouvoirs, qui ne sont pas nécessairement des avoués ou des avocats, peuvent présenter sommairement leurs observations.

---

[1] La Cour de cassation a reconnu par de nombreux arrêts que ce mode de procéder n'était interdit par aucune disposition de loi. Voir notamment les arrêts du 26 août 1856 (*Gillier*) et 11 janvier 1865 (*Menet*). — Dalloz, 1856, I, p. 333 et 1865. V, p. 170.

[2] *Arr. cassation* 7 juin 1853 (*Forcheron*). Dalloz, 1853, I, p. 285.

L'administration a aussi ses défenseurs ; les ingénieurs des
ponts et chaussées sont appelés souvent à intervenir pour défendre les intérêts de l'État[1].

Pour s'éclairer sur les prétentions des parties, le jury ne
peut ordonner des expertises ou des enquêtes proprement
dites. Cela serait contraire à l'esprit de l'institution. Mais il
peut, d'après la loi, entendre toutes les personnes qu'il croira
pouvoir l'éclairer.

Il peut aussi se transporter sur les lieux, ou déléguer, à
cet effet, un ou plusieurs de ses membres. C'est un moyen
auquel il recourt très-fréquemment ; mais dont il peut se
dispenser s'il se croit suffisamment éclairé. Il est bon de
rappeler que la visite des lieux ne doit pas être faite officiellement par le jury en corps, avant la prestation de serment,
sous peine de nullité de la décision[2]. Toutefois, il a été
admis qu'une visite officieuse, antérieure à la prestation de
serment, mais non consignée au procès-verbal, n'était pas
irrégulière[3].

La visite des lieux interrompt la discussion ; la loi admet
que cette discussion peut être continuée à une autre séance,
qui doit être indiquée immédiatement aux parties.

Mais il faut que les parties soient admises à présenter de
nouvelles observations lorsque le jury a procédé à la visite
des lieux.

Quand les affaires ont été divisées en plusieurs catégories,
soumises à des jurys distincts, les différents jurys peuvent
remettre la visite des lieux au même moment. Mais il importe, dans ce cas, que chaque jury procède isolément, et

---

[1] Voir la circulaire du ministre des travaux publics en date du 20 novembre 1844.

[2] *Arr. cassation* 23 mars 1864 (*Chemin de fer du Midi*), — 7 janvier 1868 (*Forestier*). Dalloz 1864. V, p. 172. —1868. I, p. 123.

[3] *Arr. cassation* 21 août 1861 (*Wuichet*). Dalloz 1861. I, p. 399.

que les membres qui ne sont pas appelés à statuer sur une affaire, ne participent point aux opérations qui précèdent la délibération [1].

La clôture des débats est prononcée, en vertu de l'article 38, par le magistrat directeur du jury. « Les jurés se re- « tirent immédiatement dans leur chambre pour délibérer, « sans désemparer, sous la présidence de l'un d'eux qu'ils « désignent à l'instant même. » Chacun des mots de cet article contient une disposition essentielle. La délibération du jury doit avoir lieu immédiatement après la clôture des débats, et elle doit être prise en secret, sans désemparer, sans communication avec le dehors [2]. Le magistrat directeur lui-même ne pourrait prendre part aux délibérations des jurés. Ceux-ci doivent choisir parmi eux un président.

L'article 44 ajoute que le jury statue successivement, et sans interruption, sur toutes les affaires dont il a été saisi au moment de sa convocation.

780. Le jury fixe l'indemnité à la majorité des voix. En cas de partage, la voix du président est prépondérante (art. 38).

La loi a fixé des règles pour les bases de l'indemnité. Elle ne laisse pas le jury souverain maître, quoiqu'il ait une latitude considérable, et notamment le droit de ne pas motiver ses décisions. Nous reviendrons tout à l'heure sur celles de ces règles qui touchent aux droits des propriétaires et autres intéressés.

Ici nous nous bornons à signaler l'obligation imposée au jury de rendre une décision qui termine la contestation sur le chiffre de l'indemnité. Il doit, dans ce but, prononcer des

---

[1] *Arr. cassation* 2 décembre 1846 (*Lehir*), — 30 janvier 1860 (*Meynard*), — 4 janvier 1870 (*Corne*). Dalloz, 1847, I, p. 59, — 1860, I, p. 412, — 1870, I, p. 12.

[2] Voir, entre autres décisions qui ont appliqué cette règle, l'arrêt du 1er juin 1869 (*Blondeau*). Dalloz, 1869, I, p. 343.

indemnités distinctes en faveur des parties qui les réclament à des titres différents, comme propriétaires, fermiers, locataires, usagers et autres intéressés dont il est parlé à l'article 21 (art. 39, § 1).

Si les parties soulèvent devant lui une question de droit, il ne doit pas la trancher ; il ne doit pas non plus surseoir à statuer jusqu'à ce qu'elle soit tranchée par l'autorité compétente, ainsi que cela est de principe dans toutes les autres contestations. La nécessité de permettre à l'administration d'arriver, dans un bref délai, à prendre possession des terrains nécessaires pour les travaux publics, a fait établir ici une règle toute spéciale. Le jury doit fixer les indemnités, indépendamment de ces litiges, et, par exemple, fixer à telle somme l'indemnité pour le cas où tel droit serait reconnu, à telle autre somme pour le cas où le contraire serait jugé (art. 39, § 4,-art. 49). Sa décision doit pourvoir à toutes les éventualités.

La décision du jury, signée des membres qui y ont concouru, est remise par le président au magistrat directeur (art. 41).

781. Ce magistrat rend la décision exécutoire (art. 41). Il envoie l'administration en possession de l'immeuble, à la charge par elle de verser préalablement le montant de l'indemnité dans les conditions fixées par les articles 53, 54 et suivants.

Il statue en outre sur les dépens. L'article 40 a posé les bases de la condamnation aux dépens. Les frais du procès sont à la charge des parties, si l'indemnité allouée par le jury ne dépasse pas l'offre de l'administration. Si l'indemnité est égale à la demande des parties, l'administration doit, au contraire, supporter les dépens. Enfin, si l'indemnité est à la fois supérieure à l'offre de l'administration et inférieure à la demande des parties, les dépens sont compensés, de façon à être supportés par les parties proportionnellement à la différence qui existe entre leurs prétentions et la décision. Enfin les indemnitaires qui n'ont pas répondu aux offres de l'administration dans le délai de quinzaine prescrit par l'article 24, sont condamnés aux dépens, quelle que soit l'estimation du jury. C'est une sorte de pénalité qui leur est infligée pour le retard qu'ils ont apporté dans les opérations.

La liquidation des dépens est faite conformément au tarif contenu dans l'ordonnance du 18 septembre 1833[1].

782. La décision du jury, relative au chiffre de l'indemnité, est souveraine. Elle ne peut pas être l'objet d'un appel, pas plus que le jugement d'expropriation. Il en est de même de l'ordonnance du magistrat directeur qui rend la décision du jury exécutoire.

La loi n'autorise à attaquer ces décisions que par un recours devant la Cour de cassation, qui n'est pas suspensif; encore ce recours ne peut avoir lieu que pour violation de certaines dispositions de la loi expressément indiquées dans l'article 42. Nous reviendrons sur ces dispositions. Il était seulement essentiel de signaler ici que le législateur a pris soin, tout en donnant des garanties aux parties pour assurer l'observation de la loi, de supprimer les obstacles à la marche de l'expropriation.

783. Enfin arrive la quatrième série des opérations : le payement.

L'administration ne peut se mettre en possession avant d'avoir payé préalablement les ayants droit (art. 53).

Mais il se peut que le payement souffre quelques diffi-

[1] Voir la circulaire du ministre des travaux publics en date du 20 février 1868.

cultés. Ainsi les ayants droit, pour rester en possession, peuvent se refuser à recevoir l'indemnité ; ou bien l'administration peut craindre d'être exposée à payer deux fois, parce que le propriétaire a des créanciers qui ont droit au prix de son immeuble, en vertu d'inscriptions hypothécaires ; ou bien encore elle peut contester le droit de tel ou tel prétendu intéressé à toucher l'indemnité. Dans ces différents cas, aux termes des articles 53 et 54, l'administration se libérerait en déposant la somme due à la caisse des dépôts et consignations, ou à la caisse des trésoriers-payeurs généraux des départements qui sont correspondants de cette caisse.

Quelquefois les propriétaires se laissent déposséder avant payement, moyennant le payement des intérêts. L'administration a recommandé aux préfets de ne pas suivre cette pratique, qui augmente les charges de l'État[5].

Voilà la marche normale de l'expropriation.

784. Cette série d'opérations peut être modifiée de deux façons : 1° en cas d'accord avec le propriétaire ; 2° dans le cas où il y a urgence à prendre possession des immeubles.

Traitons d'abord des cessions amiables. La loi voit avec faveur l'accord avec les propriétaires, la cession amiable qui évite les frais et les pertes de temps. Elle a donc admis que la cession amiable pouvait intervenir dans le cours des opérations et à des moments différents, soit après la déclaration d'utilité publique et la publication du plan parcellaire, soit après le jugement d'expropriation.

La cession amiable qui intervient après la déclaration d'utilité publique, peut contenir à la fois consentement à la dépossession et accord sur la fixation de l'indemnité, ou bien ne contenir que le consentement à la dépossession.

¹ Circulaire du 12 juin 1847.

Dans le premier cas, l'administration est dispensée de faire prononcer le jugement d'expropriation et la décision du jury. Dans le deuxième cas, il lui reste à faire statuer le jury. Le tribunal, au lieu de rendre un jugement d'expropriation, donne acte du consentement et désigne le magistrat directeur du jury (art. 14, § 5).

La cession amiable qui intervient après le jugement d'expropriation dispense de la convocation du jury.

Mais il est à remarquer que ces cessions amiables qui se produisent dans le cours de la procédure d'expropriation, ont le même caractère que les opérations qu'elles auraient remplacées, à très-peu d'exceptions près (art. 19).

L'une des améliorations introduites par la loi du 3 mai 1841 a consisté précisément à faciliter ces cessions amiables pour les biens des incapables, des mineurs, interdits, femmes mariées et pour les biens de l'État, des départements, communes et établissements publics.

La déclaration d'utilité publique qui émane du chef de l'État garantit l'utilité de l'aliénation et couvre la responsabilité des représentants des incapables ; aussi les formalités sont-elles simplifiées. Aux termes de l'article 15, s'il s'agit des biens de mineurs ou autres incapables, les tuteurs, ceux qui ont été envoyés en possession provisoire des biens des personnes déclarées absentes et tous représentants des incapables peuvent consentir amiablement à l'aliénation après autorisation du tribunal, donnée sur simple requête présentée par un avoué[1], en la Chambre du conseil, le ministère public entendu. Le tribunal ordonne les mesures de conservation ou de remploi qu'il juge nécessaire. Les mêmes dispositions sont applicables aux immeubles dotaux et aux majorats.

[1] Voir la circulaire du ministre des travaux publics en date du 17 septembre 1856.

Si les biens appartiennent à des départements, il suffit d'une délibération du conseil général ; s'ils appartiennent à des communes, hospices et autres établissements publics, il suffit d'une délibérateur du conseil municipal ou de la commission administrative approuvée par arrêté du préfet, pris en conseil de préfecture[1].

Enfin le ministre des finances est autorisé à consentir à l'aliénation des biens de l'État et il en est de même pour l'administrateur des biens de la couronne.

Lorsque la cession amiable intervient après le jugement d'expropriation, après la notification des offres faites par l'administration, les mêmes formes sont applicables, d'après les articles 25 et 26, pour les biens des mineurs, des autres incapables, de l'État, des départements, des communes et des établissements publics.

Enfin, aux termes de l'article 56, les contrats de vente, quittances et autres actes relatifs à l'acquisition des terrains peuvent être passés dans la forme des actes administratifs ; la minute reste déposée au secrétariat de la préfecture et une expédition en est transmise à l'administration des domaines.

785. Il nous reste à signaler le mode de procéder spécial au cas d'urgence, qui est réglé par les articles 65 à 75 de la loi de 1841. Ce n'est pas sans difficulté qu'il a été introduit dans cette loi. Le gouvernement faisait remarquer que la procédure habituellement suivie dure environ soixante jours ; qu'il pouvait être désirable, nécessaire dans certaines occasions, de hâter la prise de possession des terrains[2]. Il avait

[1] A l'époque où l'article 13 de la loi de 1841 est intervenu, il réalisait de grandes simplifications dans les formalités relatives à l'aliénation des biens des départements, communes, et établissements publics. Les mesures prises en 1852, 1861, 1866 et 1867 ont enlevé presque tout intérêt à ces dispositions de l'article 13.

[2] Voir les observations présentées par M. Legrand, à la Chambre des pairs, le 24 avril 1841 (*Moniteur* du 25 avril, p. 1108).

proposé un système très-rapide, mais qui n'a pas paru donner assez de garanties ; quand il a consenti à donner plus de garanties, par exemple, en substituant une décision du chef de l'État à une décision du préfet, on lui a reproché de ne pas rendre la procédure aussi rapide que cela pouvait être nécessaire.

Voici le système qui a fini par être adopté :

C'est seulement après le jugement d'expropriation que commencent l'abréviation des délais et la simplification des formalités. L'urgence est déclarée spécialement par un décret impérial qui peut intervenir à toute époque, mais dont on ne peut user qu'autant que le jugement a été rendu. Il est de plus à remarquer que la déclaration d'urgence ne peut s'appliquer qu'aux terrains non bâtis (art. 65).

Les propriétaires et les détenteurs des terrains reçoivent notification de l'acte qui déclare l'urgence et du jugement. Ils sont assignés devant le tribunal civil pour discuter l'offre que leur fait l'administration (art. 66). Le tribunal fixe une indemnité provisoire qui doit être déposée à la caisse des consignations (art. 68). La consignation doit comprendre, outre le principal, la somme nécessaire pour assurer, pendant deux ans, le payement des intérêts à 5 p. 100 (art. 69). Sur le vu du procès-verbal de consignation, le président ordonne la prise de possession (art. 70).

Puis l'indemnité définitive est fixée par le jury dans les formes déjà indiquées (art. 73).

786. Nous avons maintenant à étudier les règles spéciales qui ont été établies pour certains travaux autres que ceux de l'État. Divers articles de la loi du 3 mai 1841 ou de lois postérieures ou antérieures ont modifié les règles établies pour la déclaration d'utilité publique, — pour les enquêtes, — pour la constitution du jury.

Et d'abord, la déclaration d'utilité publique, en ce qui concerne les travaux des départements et ceux des communes (sauf les chemins vicinaux), est toujours faite par le chef de l'État. La loi du 27 juillet 1870 a laissé subsister, à l'égard de ces travaux, le système établi par l'article 4 du sénatus-consulte du 25 décembre 1852. Il a, d'ailleurs, été jugé que l'avis préalable du Conseil d'État, en assemblée générale, n'était nécessaire, d'après ce sénatus-consulte, que dans les cas pour lesquels l'article 3 de la loi du 3 mai 1841 exigeait une loi [1].

Pour les travaux d'ouverture et de redressement des chemins vicinaux, la déclaration d'utilité publique n'est pas faite en général par le chef de l'État. Aux termes de l'article 16 de la loi du 21 mai 1836, c'était exclusivement au préfet qu'il appartenait d'autoriser l'exécution des travaux.

Il y a plus ; d'après l'article 15 de la même loi, en cas d'élargissement d'un chemin vicinal, l'arrêté du préfet équivaut non-seulement à la déclaration d'utilité publique, mais même au jugement d'expropriation. Il attribue au chemin vicinal les parcelles riveraines, et le droit des riverains se transforme en droit à indemnité.

Cette exception a été restreinte, dans une certaine mesure, par l'article 2 de la loi récente du 8 juin 1864. Le pouvoir du préfet est limité, pour les deux cas, à la dépossession des terrains nus. Quand il y a un bâtiment à exproprier, soit dans l'intérieur des agglomérations communales, soit en dehors de ces agglomérations, il faut un décret impérial qui déclare l'utilité publique de l'ouverture, de l'élargissement ou du redressement du chemin.

787. Il existe des règles spéciales pour les enquêtes

[1] *Arr. Cons.* 27 mars 1855 (*Pommereu*), — 16 août 1862 (*de Legge*).

quand il s'agit de travaux communaux ; et ici les travaux des chemins vicinaux y sont compris. On a simplifié la procédure pour ce cas. Les règles à suivre pour la première enquête sont tracées dans une ordonnance royale du 27 août 1835.

Les règles à suivre pour la deuxième enquête sont fixées par l'article 12 de la loi de 1841. Le conseil municipal délibère sur l'enquête ; il n'y a pas de commission ; mais l'arrêté du préfet, dit arrêté de cessibilité, est pris en conseil de préfecture. C'est une garantie pour les parties.

Une difficulté s'est élevée sur l'application de cet article. Il dispose, dans le dernier alinéa, que le préfet en conseil de préfecture, et sauf l'approbation de l'administration supérieure, prononcera comme il est dit à l'article 11. On s'est demandé s'il était nécessaire que l'approbation de l'administration supérieure intervînt dans tous les cas. Pendant longtemps, la tradition a été établie en ce sens. Mais on a reconnu que l'approbation de l'autorité supérieure ne devait intervenir que dans les conditions prévues par l'article 11, c'est-à-dire si le conseil municipal était d'avis de modifier le plan adopté par le préfet ou l'autorité supérieure[1].

788. Il y a des exceptions un peu plus nombreuses pour la constitution du jury.

La loi du 21 mai 1836, dans son article 16, dispose que, en cas d'ouverture ou de redressement des chemins vicinaux, le jury chargé d'apprécier les indemnités dues pour l'expropriation des immeubles, sera constitué de la manière suivante :

Le tribunal, en prononçant l'expropriation, désigne soit l'un de ses membres, soit le juge de paix du canton, pour présider le jury.

---

[1] Circulaire du ministre de l'intérieur en date du 12 janvier 1869, conforme à un avis du Conseil d'État.

Ce magistrat est plus que directeur du jury, il en est le président, et même, en cas de partage, il a voix délibérative. Aussi est-il tenu de participer aux délibérations du jury, tandis que, dans le système de la loi de 1841, le magistrat directeur en est exclu. La délibération du jury serait nulle s'il n'y assistait pas ; il faut en effet qu'il ait suivi la discussion pour être en mesure de se prononcer en cas de partage [1].

Le nombre des jurés, au lieu d'être de douze ou neuf au minimum, est de quatre. Le tribunal désigne quatre jurés et trois jurés supplémentaires ; l'administration et la partie intéressée ont le droit d'exercer chacune une récusation. En fin de compte, les jurés doivent délibérer au nombre de quatre.

789. Comme nous l'avons déjà indiqué, le système de l'article 16 de la loi du 21 mai 1836 a été récemment transporté dans d'autres matières.

Ainsi la loi du 10 juin 1854, sur le drainage, dispose, dans son article 4, que, dans le cas où une association syndicale, constituée pour des travaux collectifs de drainage, serait autorisée à recourir à l'expropriation, les indemnités seraient réglées conformément à l'article 16 de la loi du 21 mai 1836.

La même exception a été étendue d'une manière beaucoup plus générale par la loi du 21 juin 1865, sur les associations syndicales. D'après les articles 14 et 18 de cette loi, lorsqu'il y a lieu de procéder à l'expropriation en vue des travaux de desséchement des marais, d'endiguement, de curage et autres travaux entrepris par les associations syndicales autorisées, l'indemnité est réglée par un jury constitué conformément à l'article 16 de la loi de 1836. De plus, l'article 26 de la loi qui porte que, dans le cas où il ne se serait pas

---

[1] *Arr. cassation* 5 janvier 1869 (V° *Dumas*). Dalloz, 1869, 1, p. 8.

formé d'associations syndicales pour les travaux de desséche-ment de marais, d'endiguement et de curage des cours d'eau navigables, l'administration fera exécuter ces travaux, par application des lois du 16 septembre 1807 et du 14 floréal an XI, ajoute qu'il sera procédé, dans ce cas, à l'expropria-tion conformément à l'article 18, c'est-à-dire conformément au système suivi pour les chemins vicinaux. Ces dispositions n'ont été introduites dans la loi de 1865 qu'après une vive discussion. Il faut dire toutefois qu'une partie de l'opposition faite à ce système paraît avoir tenu à ce que plusieurs orateurs croyaient que l'article 16 de la loi du 21 mai 1856 ne se bornait pas à modifier la constitution du jury, mais qu'il simplifiait outre mesure les mesures d'instruction et les mises en demeure préalables à la décision du jury. Or cette interprétation de la loi, qui avait été indiquée par le ministère de l'intérieur dans une circulaire du 24 juin 1856, a été re-connue erronée lors de la discussion de la loi de 1841, et elle est contraire à la jurisprudence de la Cour de cassation[1].

Il avait été proposé d'appliquer encore ce système aux expropriations nécessaires pour les chemins de fer d'intérêt local régis par la loi du 12 juillet 1865. Mais cette proposi-tion a été repoussée[2].

790. Enfin l'article 15 de la loi du 21 mai 1856, que nous avons déjà mentionné, déroge au principe que l'indem-nité doit être réglée par le jury, dans le cas où il s'agit d'élargir un chemin vicinal. Il dispose, en effet, que l'arrêté

---

[1] Voy. notamment les arrêts du 30 avril 1845 (*Desplats*), — 16 février 1859 (*Cayron*). — et 9 décembre 1863 (*Blanquié*). Dalloz, 1845, I, p. 295. — 1859, I, p. 121. — 1864, V, p. 146. Ce dernier arrêt déclare nulle la décision du jury rendue en cas d'expropria-tion pour l'établissement d'un chemin vicinal, lorsqu'il n'a pas été fait d'offres d'in-demnité antérieurement à la décision du jury.

[2] Voy. le rapport présenté par M. le comte Lehon à la séance du Corps législatif du 17 juin 1865 sur le projet de loi relatif aux chemins de fer d'intérêt local.

du préfet attribue au chemin le sol compris dans les limites qu'il détermine, et que le droit des propriétaires se résout en une indemnité qui est réglée à l'amiable ou par le juge de paix du canton, sur le rapport d'experts.

Y a-t-il, en outre, dans cet article une dérogation au principe que l'indemnité doit être payée préalablement à la dépossession? Nous devons dire que l'affirmative est admise dans la pratique, et que la Cour de cassation a consacré cette pratique[1]. Néanmoins, il nous est difficile d'admettre cette opinion, si autorisée qu'elle soit, parce qu'elle viole un principe qui, à l'époque où la loi du 21 mai 1836 a été rendue, était expressément écrit dans la Charte, et qui figure au nombre des principes de 1789, reconnus et consacrés par la constitution de l'empire. Nous ne voyons pas d'ailleurs que le texte de la loi ait tranché la question. Il dit bien que l'arrêté du préfet attribue au chemin le sol compris dans les limites fixées, et que le droit du propriétaire se résout en une indemnité. Mais c'est aussi l'effet du jugement d'expropriation dans le système de la loi du 3 mai 1841, et cependant, malgré le jugement d'expropriation, le propriétaire reste en possession tant qu'il n'a pas été préalablement indemnisé. Nous faisons des vœux pour que la jurisprudence se modifie dans ce sens.

Du reste, il faut ajouter que la loi du 8 juin 1864 restreint, comme nous l'avons dit, l'application de l'article 15, au cas où il s'agit de terrains nus, et que, même pour l'élargissement des chemins, lorsqu'il y a lieu d'exproprier une construction, on doit procéder dans les formes établies par la loi du 3 mai 1841, combinée avec les cinq derniers alinéas de la loi du 21 mai 1836.

---

[1] Voir notamment l'arrêt du 2 février 1844 (*Louvrier*). Dalloz 1844, I, p. 125.

791. On vient de voir la série des opérations qui constituent l'expropriation.

Nous avons maintenant à caractériser les droits que la loi a donnés à l'administration, puis ceux qu'elle a donnés au propriétaire et aux autres intéressés.

Commençons par les droits de l'administration.

Le premier acte de cette procédure d'expropriation, celui qui entraîne toute la suite des opérations, c'est la déclaration d'utilité publique.

Nous avons dit à qui il appartient de la faire. Mais dans quel cas y a-t-il utilité publique de nature à entraîner l'expropriation ?

Deux questions se soulèvent à ce sujet. En vue de quels objets peut être déclarée l'utilité publique ? Au profit de quelles personnes morales peut être prononcée une déclaration d'utilité publique ?

Sur le premier point, le législateur ne s'est pas expliqué. Il a abandonné complétement à l'autorité, qui déclare l'utilité publique, le soin d'apprécier s'il y a lieu de recourir à ce moyen exceptionnel d'action.

La constitution de 1791 disait « en cas de nécessité publique. » Le Code Napoléon et les lois de 1810, de 1833 et de 1841 se bornent à dire « utilité publique. »

Quel est le degré d'intérêt social qui peut entraîner une déclaration d'utilité publique ? Il y a là des nuances délicates. C'est au Corps législatif ou au chef de l'État à l'apprécier, selon les cas, dans les conditions établies par la loi du 27 juillet 1870, combinée avec l'article 4 du sénatus-consulte du 25 décembre 1852.

Toutefois, d'après une tradition constante dictée par le rôle même que notre législation attribue à l'autorité administrative, et confirmée implicitement par nos lois, c'est seulement en vue d'un service public qu'il appartient à l'administration de recourir à l'expropriation ; elle ne pourrait pas exproprier pour revendre elle-même, déposséder un particulier pour spéculer à sa place, ou pour jouir à titre de propriétaire.

Ainsi elle peut exproprier une maison, soit pour l'affecter à un service public, dans son état actuel, soit pour la démolir et pour établir sur le sol un bâtiment public, ou bien un ouvrage public, route, rue, canal, chemin de fer.

Mais la convenance d'un embellissement ne pourrait pas autoriser une expropriation. Aussi, quand on a cru devoir établir l'avenue de l'Impératrice, à Paris, avec une largeur de 120 mètres, dont une partie était consacrée à des jardins, et imposer aux riverains l'obligation de se clore par des grilles d'un modèle uniforme, et de bâtir à une certaine distance en arrière de la grille, s'ils ne voulaient être expropriés, c'est par une loi spéciale, la loi du 22 juin 1854, que ces mesures exceptionnelles ont été prises.

792. Diverses lois ont dérogé dans un intérêt public, ordinairement dans l'intérêt de la salubrité, au principe qui ne permet pas à l'administration de déposséder le propriétaire, pour revendre ensuite son immeuble.

Celle de ces exceptions qui est le plus fréquemment appliquée, a été introduite par le décret du 26 mars 1852, sur les rues de Paris, décret devenu applicable à un certain nombre d'autres villes qui l'ont demandé, et qui a force de loi.

Aux termes de l'article 2 de ce décret, l'administration a la faculté de comprendre, dans l'expropriation, la totalité d'un immeuble dont une partie est enlevée pour l'exécution d'une rue, lorsqu'elle juge que les parties restantes ne sont pas d'une étendue ou d'une forme qui permette d'y élever des constructions salubres[1].

Les parcelles de terrains acquises en dehors des alignements et non susceptibles de recevoir des constructions salubres, sont réunies aux propriétés contiguës, soit à l'amiable, soit, en cas de refus des propriétaires voisins, par voie d'expropriation, conformément à l'article 55 de la loi du 16 septembre 1807.

L'administration peut aussi, d'après le même article, comprendre dans l'expropriation des immeubles en dehors des alignements, lorsque leur expropriation est nécessaire pour la suppression d'anciennes voies publiques jugées inutiles.

Cette disposition du décret du 26 mars 1852 a donné lieu à des abus. Un règlement d'administration publique, en date du 27 décembre 1858, a établi les formes à suivre pour la déclaration d'utilité publique au point de vue de la salubrité. Elle est prononcée par décret impérial, après l'enquête prévue par le titre Ier de la loi de 1841, si l'instruction est complète au moment où le travail d'ouverture ou d'élargissement de la rue est lui-même déclaré d'utilité publique (art. 3). Si l'instruction n'est pas complète à ce moment, elle est prononcée par le préfet après l'enquête prescrite par le titre II; mais quand les propriétaires s'y opposent, elle ne peut être autorisée que par décret impérial rendu en Conseil d'État (art. 1 et 2).

En outre, la loi du 13 avril 1850 sur les logements insalubres, dispose que, lorsque l'insalubrité est le résultat de causes extérieures et permanentes, ou lorsque ces causes ne peuvent être détruites que par des travaux d'ensemble, les

---

[1] Un décret du gouvernement provisoire, en date du 3 mai 1848, avait autorisé la ville de Paris à faire, dans ces conditions, les expropriations nécessaires pour la prolongation de la rue de Rivoli.

communes peuvent être autorisées à acquérir, dans les conditions de la loi du 3 mai 1841, la totalité des propriétés comprises dans le périmètre des travaux (art. 13).

D'autre part, la loi du 22 juillet 1856, sur les sources d'eaux minérales, dispose que, lorsqu'une source, déclarée d'intérêt public et appartenant à tout autre propriétaire qu'à l'État, sera exploitée d'une manière qui en compromet la conservation, ou qui ne satisfait pas aux besoins de la santé publique, l'État peut exproprier le propriétaire (art. 12).

793. Enfin, le reboisement et le gazonnement des montagnes ont paru tellement nécessaires pour prévenir le fléau des inondations, que la loi du 28 juillet 1860 et celle du 8 juin 1864 ont donné à l'administration le droit d'exproprier les propriétaires qui se refuseraient à exécuter les travaux (art. 7).

794. Au profit de quelles personnes morales peut être prononcée une déclaration d'utilité publique ?

Elle peut l'être au profit de l'État, des départements, des communes. Quant aux autres établissements publics, la jurisprudence de l'administration et du Conseil d'État n'admet pas qu'une déclaration d'utilité publique soit prononcée à leur profit. Elles devraient user de l'intermédiaire de l'État, du département ou de la commune. C'est ce qui se passe pour les travaux nécessaires aux hospices.

Les travaux de l'État, des départements ou des communes peuvent être exécutés par divers moyens. L'un de ces moyens, la concession, substitue le concessionnaire à l'administration. La loi du 3 mai 1841 dispose, dans l'article 63, que, pour ce cas, les concessionnaires exercent tous les droits conférés à l'administration, et sont soumis à toutes ses obligations.

La loi du 21 juin 1865, sur les associations syndicales constituées pour des travaux d'utilité collective, autorise le chef de l'État à déclarer d'utilité publique les travaux exécutés par celles de ces associations qui sont autorisées (art. 18).

795. Voyons maintenant quels sont les droits attribués à l'administration par le jugement d'expropriation, ou par la cession amiable qui dispense du jugement d'expropriation.

Les effets du jugement sont tout exceptionnels à deux points de vue : en ce qui concerne le propriétaire, en ce qui concerne les personnes qui ont des droits réels ou autres sur l'immeuble.

A l'égard de l'ancien propriétaire, il cesse complétement de l'être. C'est l'État qui.le devient et qui le restera, quand même le possesseur, qui a été mis en cause, ne serait pas le véritable propriétaire. L'article 18 de la loi du 3 mai 1841 porte, en effet, que les actions en résolution, en revendication et toutes autres actions réelles ne pourront arrêter l'expropriation, ni en empêcher l'effet.

Désormais, l'ancien propriétaire ne peut plus disposer de sa propriété, ni la grever d'hypothèques ou de servitudes.

Toutefois, par exception, il reste en possession jusqu'au payement de l'indemnité, et il jouit, par conséquent, des fruits jusqu'à cette époque.

796. La situation est également exceptionnelle à l'égard de tous ceux qui ont des droits sur l'immeuble.

Tous ces droits sont anéantis et transformés en une créance contre l'expropriant. Le législateur, éclairé par l'expérience, a voulu éviter les obstacles que les complications des intérêts privés auraient pu apporter aux travaux.

Ainsi les baux sont résiliés, et cela lors même que l'expropriant déclarerait qu'il entend maintenir les locataires dans l'immeuble, jusqu'à l'expiration de leurs baux[1].

On a critiqué cette jurisprudence comme rigoureuse à l'égard de l'administration, mais elle nous paraît conforme aux principes et à l'équité ; car, s'il en était autrement, les locataires industriels pourraient être obligés de rester dans un quartier en partie démoli, et de subir, sans indemnité, la perte de leur clientèle.

Les droits d'usufruit, d'usage, d'habitation, les servitudes disparaissent, sauf indemnité.

797. Les créanciers hypothécaires ne sont pas non plus dans la situation qui leur est faite d'ordinaire.

Quand une vente s'accomplit dans les conditions ordinaires, l'acquéreur n'est pas toujours définitivement propriétaire. Si le vendeur avait des créanciers hypothécaires, ceux-ci ont, aux termes de l'article 2185 du code Napoléon, le droit de soutenir que le prix de vente, qui doit servir à les payer, est insuffisant, et de réclamer une vente aux enchères publiques.

On ne pouvait pas, en matière d'expropriation, permettre à un autre acquéreur de se substituer à l'administration, qui a besoin de l'immeuble pour un travail d'utilité publique. Par le fait du jugement d'expropriation, tous les droits des tiers sur l'immeuble sont anéantis. Ils sont transportés sur le prix, et les créanciers ne peuvent pas réclamer la surenchère (art. 18, § 5).

Seulement, l'État doit faire transcrire le jugement d'expropriation après l'avoir fait publier, afin de mettre les ayants droit en mesure de faire inscrire leurs hypothèques,

---

[1] *Arr. cassation* 16 avril 1862, — 20 juin, 4 juillet, 9 août 1864, — 2 août 1865 (*Préfet de la Seine*). Dalloz, 1862, I, p. 300, — 1864, I, p. 278, p. 443, p. 444, — 1865, I, p. 257.

qui leur donneront droit à une partie du prix (art. 16). Les hypothèques de toute origine, conventionnelles, judiciaires ou légales, doivent être inscrites dans le délai de quinze jours à dater de la transcription (art. 17). Si, passé ce délai, aucune inscription n'a été prise, l'État pourra se libérer entre les mains du propriétaire, sans craindre d'avoir à payer deux fois.

Ces règles, spéciales à l'expropriation, sont différentes de celles qu'a établies la loi du 23 mars 1855. Mais l'opinion de presque tous les auteurs est que cette loi n'a pas abrogé les règles spéciales posées par la loi du 3 mai 1841.

798. Aux termes de l'article 19, les mêmes règles sont applicables aux cessions amiables; à l'égard du propriétaire, des locataires, des créanciers hypothécaires, la cession amiable équivaut au jugement d'expropriation. Ainsi elle entraîne la résiliation des baux, et ouvre aux locataires le droit de réclamer une indemnité d'éviction [1].

Toutefois, les créanciers hypothécaires, bien qu'ils n'aient pas le droit de surenchérir, ont le droit de demander que l'indemnité soit fixée par le jury, au lieu de l'être à l'amiable (art. 17, § 3). Cette garantie de leurs droits se justifie d'elle-même.

D'autre part, l'administration est autorisée à ne pas faire procéder aux formalités de la purge des hypothèques, quand le prix ne dépasse pas 500 francs. Les droits des créanciers ne sont pas atteints par cette mesure. Au contraire, l'administration court le risque de payer deux fois. Mais on a pensé qu'il n'y avait pas d'inconvénient grave à ce qu'elle courût le risque de payer deux fois une somme de 500 francs.

___

[1] *Arr. cassation*, 2 août 1865 (*Préfet de la Seine*), — 28 mai 1867 (*Guillemet*). Dalloz, 1865, I, p. 257. — 1867, I, p. 215.

799. Enfin un autre droit qui appartient à l'administration, c'est celui d'entrer en possession de l'immeuble après avoir payé l'indemnité, ou après l'avoir consignée, s'il y a des difficultés, dans les conditions que nous avons déjà indiquées.

800. Voyons maintenant les droits du propriétaire et des autres intéressés qui se trouvent en face de l'administration.

Il faut rechercher d'abord quels sont les intéressés qui sont les adversaires de l'administration.

Le propriétaire est le premier. Mais comment l'administration saura-t-elle qui est le propriétaire? Elle s'adresse au propriétaire apparent.

D'après l'article 5 de la loi de 1841, c'est contre celui qui est inscrit en qualité de propriétaire sur la matrice cadastrale et qui a la possession, que l'expropriation doit être poursuivie, et c'est aussi avec lui que l'indemnité doit être fixée. En pareille matière, l'administration ne pouvait être tenue de rechercher les véritables propriétaires ; cette recherche aurait entraîné des lenteurs, soulevé des difficultés interminables, et donné lieu à des questions de responsabilité dangereuses. L'administration procède donc contre le propriétaire apparent ; la publicité de ses actes est assez grande pour que le véritable propriétaire soit en demeure de se faire connaître[1]. Mais elle doit tenir compte des réclamations de ceux qui se prétendraient propriétaires ou copropriétaires, et qui justifieraient leurs prétentions en temps utile[2].

801. Après le propriétaire, il y a d'autres intéressés. Les fermiers et les locataires sont les premiers que désigne la

---

[1] *Arr. cassation*, 18 janvier 1854 (*Canal de Pierrelatte*), — 4 juillet 1860 (*Hainguerlot*), — 16 août 1865 (*Dorieux*), — 10 février 1869 (*Sève*). Dalloz, 1854, I, p. 315, — 1860, I, p. 411, — Sirey, 1865, I, p. 460, — Dalloz, 1869, I, p. 175.

[2] *Arr.*, 13 décembre 1865 (*Lohyer*). Dalloz, 1865, V, p. 186.

loi. Il faut que le locataire justifie d'un bail. Cela est incontestable ; mais, pendant longtemps, une vive controverse
s'est élevée sur le point de savoir si l'administration pouvait
devoir quelque chose au locataire qui ne justifiait pas d'un
bail ayant date certaine par l'enregistrement. La Cour de
cassation, en 1847, avait décidé que le bail verbal ne pouvait être opposé à l'administration [1]. Cette solution rigoureuse, adoptée par la cour de Paris, était repoussée par
plusieurs cours, et combattue énergiquement par les auteurs.
La Cour de cassation est revenue sur cette doctrine [2]. D'après
la jurisprudence actuelle, le locataire peut réclamer une
indemnité, s'il justifie d'un bail verbal passé de bonne foi et
sans fraude.

802. Aux locataires et fermiers, la loi ajoute ceux qui ont
des droits d'usufruit, d'habitation ou d'usage, ceux qui peuvent réclamer des servitudes sur l'immeuble.

Ajoutons ceux qui peuvent le revendiquer comme étant
les véritables propriétaires, — enfin les créanciers hypothécaires.

Tous ces intéressés peuvent se trouver en face de l'administration, les premiers, pour obtenir personnellement une
indemnité, à raison de la privation de leurs droits, — les
créanciers hypothécaires, pour discuter le chiffre de l'indemnité offerte à leur débiteur (art. 21, 22, 23 et 24).

La loi reconnaît plusieurs droits à tous ces intéressés, ou à
quelques-uns d'entre eux.

803. D'abord la loi donne au propriétaire le droit de
provoquer le jugement d'expropriation, quand l'administration, après avoir obtenu la déclaration d'utilité publique et

---

[1] *Arr.* 2 février 1847 (*Labbé*). Dalloz 1847. I, p. 75.
[2] *Arr.* 17 avril 1861 (*Chemin de fer du Dauphiné*). Dalloz 1861. I, p. 145.

l'arrêté de cessibilité du préfet, s'arrête et laisse les propriétaires dans une situation d'incertitude qui leur est nécessairement préjudiciable.

Si l'administration, après la déclaration d'utilité publique, ne fait plus d'autres démarches, les propriétaires n'ont pas le droit de réclamer. Cela peut leur être déjà fort nuisible. Aussi, depuis un certain nombre d'années, l'usage s'est établi, d'après l'avis du Conseil d'État, d'introduire, dans chaque décret déclarant qu'un travail est d'utilité publique, une disposition portant que le travail doit être exécuté dans un délai qui ne dépasse généralement pas cinq ans, faute de quoi la déclaration n'a plus d'effet.

Mais si l'administration, après la déclaration d'utilité publique, fait procéder à l'enquête, et si le préfet rend l'arrêté de cessibilité, elle a trop troublé la situation des propriétaires pour n'être pas obligée juridiquement d'aller jusqu'au bout.

Aux termes de l'article 14, § 2, « si, dans année de l'arrêté du préfet, l'administration n'a pas poursuivi l'expropriation, tout propriétaire dont les terrains sont compris audit arrêté, peut présenter requête au tribunal. Cette requête sera communiquée par le procureur impérial au préfet, qui devra, dans le plus bref délai, renvoyer les pièces, et le tribunal statuera dans les trois jours. »

Ce droit n'appartient qu'au propriétaire ; le texte de la loi est formel.

804. De plus, en vertu de l'article 55, si, dans les six mois du jugement d'expropriation, l'administration ne poursuit pas la fixation de l'indemnité, les parties peuvent exiger qu'il soit procédé à cette fixation.

Ce droit appartient à toutes les parties intéressées. La

situation n'est plus la même que dans le cas précédent.

Le propriétaire qui a consenti à la cession de sa propriété sans accepter l'indemnité offerte, peut aussi, la jurisprudence le décide avec raison, réclamer la convocation du jury.

Nous avons déjà indiqué que, en cas de cession amiable, les créanciers hypothécaires inscrits ont le droit de demander que l'indemnité soit fixée par le jury (art. 17, § 2).

805. Les intéressés ont le droit d'obtenir une juste indemnité.

Les bases de l'indemnité sont différentes, suivant qu'il s'agit du propriétaire, de l'usufruitier, de l'usager, du locataire, et, d'après l'article 39, le jury doit prononcer des indemnités distinctes en faveur des parties qui les réclament à titres différents.

Voyons d'abord ce qui concerne le propriétaire.

Il faut remarquer avant tout que le propriétaire a le droit d'obtenir une indemnité dans le sens large du mot, et non pas seulement le prix de son immeuble, tel qu'il aurait été fixé, s'il avait vendu spontanément sa propriété. L'administration, qui force le propriétaire à céder son immeuble, lui doit non-seulement le prix de sa chose, mais un dédommagement pour le préjudice qu'elle lui cause.

Les éléments de l'indemnité sont très-divers.

La jurisprudence admet que le propriétaire est fondé à faire entrer dans sa demande, en outre de la valeur vénale, la valeur de convenance ou d'affection qu'avait pour lui son immeuble.

En cas d'expropriation partielle, l'indemnité doit comprendre, indépendamment du prix des terrains expropriés, la réparation de tous les dommages qui résultent directement et immédiatement de l'expropriation. Ainsi, dans ce cas, le propriétaire a droit à indemnité pour la dépréciation causée à la partie de sa propriété qui reste entre ses mains, soit par le morcellement de la propriété, soit par la modification des communications entre les deux parties de la propriété, soit par les frais à faire pour rétablir les clôtures.

Si le propriétaire avait un établissement industriel, le trouble apporté à l'industrie par le déplacement, la perte de clientèle, entre aussi en ligne de compte.

806. Mais ce n'est pas encore tout : il faut y ajouter les dommages qui peuvent résulter, non-seulement de la dépossession elle-même, mais de l'exécution des travaux en vue desquels elle s'accomplit, pourvu que les résultats de ces travaux soient certains au moment où l'indemnité se fixe.

Telle est la pratique constante consacrée par la jurisprudence de la Cour de cassation, et par celle du Conseil d'État[1].

Ainsi, le jury peut et doit tenir compte des dommages causés par les difficultés d'accès, si le travail doit s'exécuter dans des conditions définitivement arrêtées au moyen de déblais ou de remblais, et encore des risques d'incendie, si un chemin de fer doit passer à quelques mètres des fenêtres d'une filature de coton.

Toutefois, la demande d'indemnité soumise au jury ne devrait pas comprendre les dommages éventuels dont l'existence et l'étendue seraient subordonnées à des travaux ultérieurs, et surtout à la manière dont ces travaux seraient exécutés[2].

---

[1] Voir notamment l'arrêt de la Cour de cassation du 2 juillet 1862 (*Ville de Bordeaux*). Dalloz, 1862, I, p. 581 et les arrêts du conseil d'État du 12 mai 1853 (*de Niort*), — du 7 janvier 1864 (*Chemin de fer de Mons à Hautmont*).

[2] *Arr. cassation*, 26 janvier 1863 (*Boisson*), — 5 mars 1863 (*V⁶ Raboin*). Dalloz, 1863, I, p. 133. — I, p. 254.

Les réclamations motivées par les dommages de cette nature doivent être portées devant le conseil de préfecture, quand les travaux sont exécutés. Nous reviendrons sur ce point.

807. Le propriétaire peut encore faire valoir qu'il avait dans son fonds une masse de pierre à exploiter dont il aurait pu tirer parti. La propriété du sol emporte la propriété du dessus et du dessous[1].

D'autre part, il a été jugé par le Conseil d'État que l'administration ne peut pas, sans le consentement du propriétaire, en désignant un terrain pour l'expropriation, détacher de cette propriété le droit à la redevance sur les produits d'une mine qui se trouve dans cette propriété[2].

Ici se soulève une question délicate. Quand l'administration creuse un tunnel de chemin de fer, peut-elle être obligée d'exproprier la superficie?

Cette question ne s'est présentée qu'assez tard devant la justice. Dans la pratique, les compagnies concessionnaires de chemins de fer ou l'État avaient exécuté beaucoup de souterrains sans exproprier la superficie, et l'on comprend que les propriétaires n'aient pas élevé de contestations quand les souterrains passaient à une profondeur notable. Dans d'autres cas, l'administration avait été conduite à exproprier la superficie pour être plus libre dans l'exécution de ses travaux.

La question a été portée devant le tribunal de la Seine, à l'occasion des travaux du chemin de fer de ceinture de Paris. Un tunnel était établi à 25 mètres de profondeur au-dessous de la propriété d'un sieur Delamarre. L'État n'entendait acquérir par voie d'expropriation que le sous-sol; le sieur Delamarre réclamait en outre l'expropriation de la superficie.

---

[1] *Arr. cassation*, 21 décembre 1858 (*Clerget*). Dalloz, 1859, 1, p. 25.
[2] *Arr. Cons.*, 19 avril 1859 (*Marsais*).

Le tribunal de la Seine et la cour de Paris avaient jugé que le sous-sol ne pouvait être séparé de la superficie; qu'il en faisait partie intégrante; qu'aucune disposition de la loi ne permettait de les distinguer, et d'exproprier l'un sans l'autre.

Mais la Cour de cassation a décidé en sens contraire. Elle s'est fondée sur ce que, si la propriété du sol emporte la propriété du dessus et du dessous, aux termes de l'article 552 du code Napoléon, cette disposition ne fait pas obstacle à ce que, suivant l'article 553 du même code, un tiers puisse acquérir, même par prescription, la propriété d'un souterrain sous le bâtiment d'autrui; d'où il résulte, en principe, que le dessous peut être détaché du sol par fractions qui forment à leur tour, et par elles-mêmes, une chose essentiellement distincte et susceptible d'appropriation particulière; que, dès lors, rien ne s'oppose à ce que l'acquisition d'un souterrain soit faite par voie d'expropriation pour cause d'utilité publique. Elle a d'ailleurs ajouté, dans son arrêt, que le jury reste le maître absolu de fixer une indemnité dont l'importance serait en rapport exact avec les dommages de toute sorte procédant directement de l'expropriation[1]. Cette solution ne sacrifie point les droits des propriétaires, tandis que la solution inverse aurait imposé des charges incalculables à l'État ou aux compagnies de chemins de fer, dans une foule de cas où les propriétaires de la surface n'auraient pas été lésés.

---

[1] *Arr. cassation*, 1er avril 1866 (*Delamarre*). Dalloz, 1866, I, p. 305.
Nous devons mentionner un arrêt de la cour d'Agen, en date du 22 novembre 1861 (*Dalloz*, 1862, II, p. 16), qui décide qu'il n'y a pas lieu de procéder à l'expropriation pour établir un tunnel de chemin de fer. Cette décision est évidemment contraire aux principes, puisqu'il y a translation de propriété, dépossession définitive du propriétaire au profit du domaine public dont le souterrain fait partie comme les autres ouvrages du chemin de fer.

808. Après le propriétaire vient l'usufruitier. Sa situation est réglée par l'article 39, et dans des termes très-simples. L'usufruitier avait la jouissance d'un immeuble; il aura la jouissance de la somme d'argent allouée par le jury au nu propriétaire. Il n'y a donc pas à fixer une indemnité distincte pour lui. Une seule indemnité est fixée par le jury, eu égard à la valeur totale de l'immeuble; le nu propriétaire et l'usufruitier exercent leurs droits sur le montant de l'indemnité, au lieu de l'exercer sur la chose.

809. Quant aux usagers et à ceux qui ont des droits de servitude sur l'immeuble, ils doivent obtenir une indemnité qui les dédommage de la privation de leurs droits. La loi n'a établi aucune règle spéciale à cet égard.

810. Pour le locataire, il a droit à indemnité à raison soit de la privation complète, soit de la privation partielle de jouissance de l'immeuble, avec les conséquences qu'elle entraîne, par exemple, perte des travaux faits dans la propriété, perte ou diminution de clientèle, s'il s'agit d'un industriel.

811. La loi laisse au jury une latitude considérable pour la fixation des indemnités. Cependant elle pose quelques règles dont le jury ne doit pas s'écarter.

Ainsi l'indemnité allouée par le jury ne peut, en aucun cas, être inférieure aux offres de l'administration, ni supérieure à la demande de la partie intéressée (art. 39, § 5).

Il résulte en outre des termes de l'article 38, § 5, que l'indemnité d'expropriation doit être fixée uniquement en argent. Toutefois, la jurisprudence admet qu'il peut être dérogé à cette règle, quand l'exproprié, d'accord avec l'expropriant, a consenti à être payé en d'autres valeurs : abandon de récoltes, arbres, matériaux, exécution de travaux [1].

---

[1] *Arr. cassation*, 16 avril 1862 (*de Saint-Geneys,*, — 29 juillet 1862 (*Chemin de*

812. La loi impose encore au jury l'obligation de tenir compte de la plus value immédiate et spéciale que les travaux qui amènent l'expropriation procureraient à la partie de la propriété qui reste entre les mains du propriétaire (art. 51).

Toutefois, la jurisprudence de la Cour de cassation induit de l'article que le jury doit toujours allouer une indemnité, si faible qu'elle soit, mais que la plus value ne peut pas compenser entièrement la privation d'une partie de la propriété[1]. Le jury est arrivé, dans certaines circonstances, à allouer une indemnité de 1 franc pour respecter cette règle, et la Cour de cassation a reconnu que ces décisions ne violaient pas la loi[2].

813. D'autre part, l'article 52 permet de déjouer les spéculations faites en vue de l'expropriation. Il dispose que les constructions, plantations et améliorations ne donneront lieu à aucune indemnité, lorsque, à raison de l'époque où elles auront été faites, ou de toutes autres circonstances dont l'appréciation lui est abandonnée, le jury acquiert la conviction qu'elles ont été faites dans la vue d'obtenir une indemnité plus élevée.

814. Indépendamment de son droit à obtenir une indemnité pour la propriété qui lui est enlevée et pour le préjudice accessoire que lui cause l'expropriation, le propriétaire a de plus, en vertu de l'article 50 de la loi de 1841, le droit de forcer, dans certains cas, l'administration, qui exproprie une partie de son immeuble, à acquérir la totalité.

---

fer de Paris à Lyon), — 5 avril 1865 (*Commune de la Ferté-Macé*). Dalloz 1862. I, p. 379, — 1865. V, p 175.

[1] *Arr. cassation*, 26 janvier 1857 (*Préfet de la Gironde*). Dalloz, 1857, I, p. 44.

[2] *Arr.*, 1er juin 1864 (*Letierry*), — 31 décembre 1867 (*Santy*). Dalloz, 1864, V, p. 147, — 1868, I, p. 15.

La loi distingue entre le cas où il s'agit de bâtiments, et celui où il s'agit de terrains nus.

Pour les bâtiments, le droit est absolu. Toutefois le texte de la loi de 1841 est moins étendu que celui de la loi de 1833. Le premier texte disait, en effet : « Les maisons et bâtiments dont il est nécessaire d'acquérir une portion, seront achetés en entier si les propriétaires le requièrent. » La loi de 1841 ne parle plus que des bâtiments. On a voulu que l'administration ne fût pas forcée d'acheter en entier une maison dans le cas où elle exproprierait un corps de logis distinct[1].

Quant aux terrains non bâtis, leur morcellement ne permet au propriétaire de requérir l'acquisition totale que dans le cas de réunion des trois conditions suivantes : 1° Si la parcelle se trouve réduite au quart de sa contenance totale ; 2° Si le propriétaire ne possède aucun terrain immédiatement contigu ; 3° Si la parcelle ainsi réduite est inférieure à dix ares. Les auteurs ont fait remarquer que, par suite de cette exigence du législateur, le propriétaire d'une parcelle inférieure à dix ares ne pourrait requérir l'acquisition intégrale, si son terrain était diminué, par l'expropriation, d'une quantité moindre que le quart de la contenance totale.

Le droit de réquisition doit, d'ailleurs, être exercé par une déclaration formelle adressée au magistrat directeur du jury (ou à l'administration qui la transmet à ce magistrat), dans le délai de quinzaine accordé aux parties par l'article 24, pour accepter ou refuser les offres de l'administration. L'administration doit alors faire des offres nouvelles en réponse à cette prétention[2].

815. La loi qui a donné au propriétaire le moyen de pro-

---

[1] Voir l'arrêt de la Cour de cassation du 10 novembre 1868 (*Boulineau*). Dalloz, 1869, I, p. 103.

[2] *Arr. cassation*, 5 avril 1869 (*Lévesque*). Dalloz, 1869, I, p. 543.

voquer le jugement d'expropriation et de faire fixer l'indemnité par le jury, dans le cas où l'administration néglige de poursuivre les opérations commencées, a dû prévoir le cas où l'indemnité fixée par le jury ne serait ni payée ni consignée par l'administration. A titre de moyen de coaction, elle dispose que, si l'administration ne s'est pas acquittée dans les six mois de la décision du jury, les intérêts courront de plein droit à l'expiration de ce délai (art. 55, § 2).

816. Enfin un dernier droit du propriétaire, c'est celui de demander la rétrocession de son terrain, s'il ne reçoit pas la destination en vue de laquelle il a été exproprié. Il y a là une sanction efficace de ce principe que les propriétaires ne peuvent être dépossédés que pour cause d'utilité publique.

C'est dans les articles 60, 61 et 62 que se trouve consacré et organisé le droit à la rétrocession des terrains non employés.

Aux termes de l'article 61, si les terrains acquis pour des travaux publics ne reçoivent pas cette destination, les anciens propriétaires ou leurs ayants droit peuvent en demander la remise. Il est bien entendu que c'est pour eux une faculté.

Le prix des terrains rétrocédés est fixé à l'amiable et, s'il n'y a pas accord, par le jury. La fixation par le jury ne peut, en aucun cas, excéder la somme moyennant laquelle les terrains ont été acquis.

L'article 62 ajoute que ce droit de rétrocession ne peut être exercé pour les terrains que le propriétaire a forcé l'administration d'acquérir en entier, en vertu des dispositions de l'article 50; et cette disposition se justifie d'elle-même.

Diverses questions délicates se sont soulevées à l'occasion de ces articles, et d'abord la question de savoir à qui il appartient d'apprécier si les terrains ont reçu une destination d'utilité publique. Nous la traiterons en étudiant les règles de compétence. Au point de vue du fond, deux questions seulement nous paraissent devoir être signalées.

817. On s'est demandé, en premier lieu, à qui la loi entendait accorder la faculté de demander la rétrocession quand, après avoir nommé les anciens propriétaires, elle ajoutait « ou leurs ayants droit. »

Presque tous les auteurs entendent par là, non-seulement les héritiers naturels ou institués par la loi, mais en outre les acquéreurs du surplus de la propriété restante. Le ministre des travaux publics et le ministre des finances ont émis l'opinion contraire[1]. Ils n'admettent à traiter l'acquéreur à titre particulier qu'autant qu'il aurait été subrogé expressément par l'ancien propriétaire dans l'exercice de ce droit. Plusieurs cours impériales, notamment la cour de Paris, se sont prononcées dans le même sens[2]. La Cour de cassation n'a pas tranché la question.

On doit reconnaître que les principes généraux du droit conduisent à la seconde solution. Mais elle a l'inconvénient grave d'être contraire à l'esprit de la loi et à l'équité. Si la loi a établi le droit de rétrocession, c'est pour reconstituer la propriété indûment morcelée par une expropriation qui n'a plus de raison d'être. Or, le plus souvent, si l'ancien propriétaire rentrait en possession d'une étroite bande de terrain longeant un ouvrage public, il ne pourrait en tirer parti qu'en la revendant à son acquéreur ; et, selon les cas, il abuserait de sa situation en faisant payer très-cher à son acquéreur un accès nécessaire, ce qui serait injuste, ou bien

---

[1] Décisions du 25 octobre et du 8 novembre 1841, — du 27 octobre et du 19 décembre 1857.

[2] *Arr.* Cour de Paris 29 avril 1865 (*Chemin de fer de l'Ouest*). — *Arr.* Cour de Dijon, 17 juillet 1868 (*Carijot*). Dalloz, 1867, I, p. 247, — 1868, II, p. 204.

il revendrait à très-bas prix si la parcelle n'est pas exploitable, et il ferait une perte au lieu d'un bénéfice.

818. Une difficulté s'est encore présentée sur le point de savoir comment doit être fixée la valeur du terrain rétrocédé. La loi dit que la fixation par le jury ne peut, en aucun cas, excéder la somme moyennant laquelle les terrains ont été acquis. Mais il peut arriver que le terrain acquis ait été employé en partie, et qu'une partie seulement doive être rétrocédée au propriétaire. Le jury sera-t-il obligé, dans ce cas, de prendre pour base unique de son évaluation l'étendue de cette parcelle, comparativement à l'étendue du terrain exproprié dont elle faisait partie, et de fixer le prix de cette parcelle dans une exacte proportion avec l'indemnité totale? La Cour de cassation n'a pas admis une interprétation aussi étroite de la loi. Elle décide que le jury peut aussi tenir compte de la situation de la parcelle rétrocédée, et des autres circonstances qui pouvaient lui donner plus ou moins de valeur qu'aux autres[1].

819. L'article 61 indique les formes dans lesquelles s'exerce le droit de préemption accordé aux propriétaires. Un avis, publié de la manière indiquée à l'article 6, fait connaître les terrains que l'administration est dans le cas de revendre. Dans les trois mois de cette publication, les anciens propriétaires, qui veulent réacquérir les terrains, sont tenus de le déclarer, et dans le mois de la fixation, soit amiable, soit judiciaire du prix, ils doivent passer le contrat de rachat et payer le prix.

Cet article est complété par les dispositions de l'ordonnance du 22 mars 1835, qui porte que les terrains sont remis à l'administration des domaines pour être rétrocédés,

---

[1] *Arr. cassation*, 2 mars 1868 (*Bruneau*). Dalloz, 1868, I, p. 181.

s'il y a lieu, et que le contrat de rétrocession est passé devant le préfet ou le sous-préfet, avec le concours d'un agent de l'administration des domaines, et d'un agent du ministre, pour le compte duquel l'acquisition avait été faite.

Il a été jugé que l'administration, lorsqu'elle a renoncé à employer un terrain exproprié, et qu'elle a proposé au propriétaire de le racheter, ne peut plus retirer ses offres et faire rentrer le terrain dans le domaine public. Voici dans quelles circonstances :

L'administration des ponts et chaussées, après avoir reconnu qu'un terrain, acquis par voie d'expropriation pour une route, était inutile, l'avait remis à l'administration des domaines pour être vendu. L'administration des domaines avait commencé la procédure indiquée par l'article 64. Un avis avait été publié. L'ancien propriétaire s'était présenté et avait manifesté son intention de reprendre son terrain; il avait offert un certain prix; l'administration des domaines ne le trouvait pas suffisant. Il restait à comparaître devant le jury, lorsque l'administration des ponts et chaussées se ravisa et prétendit qu'elle pouvait utiliser le terrain comme dépôt de matériaux pour l'entretien de la route. Le préfet avait, en conséquence, pris un arrêté pour décider que le terrain rentrerait dans le domaine public.

Le Conseil d'État a décidé qu'il était trop tard pour que l'administration des ponts et chaussées pût ainsi revenir sur les décisions antérieures; que la procédure, à fin de rétrocession au propriétaire, était tellement engagée qu'il fallait aller jusqu'au terme. L'arrêté du préfet a été annulé pour excès de pouvoirs [1].

820. Il nous reste à dire que, pour faciliter les opérations

---

[1] *Arr. Cons.*, 4 avril 1856 (*Déabriges-Lachaze*).

que comporte l'expropriation, la loi de 1841, dans son article 58, accorde l'exemption des droits de timbre et d'enregistrement pour les plans, procès-verbaux, certificats, significations, jugements, contrats, quittances et autres actes faits en vertu de la loi. Il y a également exemption des droits dus pour la transcription des actes au bureau des hypothèques.

Cette exemption, qui n'aurait pour l'État d'autre intérêt que d'éviter qu'il se payât à lui-même un impôt, a un intérêt sérieux pour les départements, les communes et les compagnies concessionnaires; elle profite également aux particuliers, notamment lorsqu'ils ont à faire, pour l'exercice des droits qui leur sont reconnus par la loi, des significations à l'administration ou aux concessionnaires substitués en son lieu et place, et des pourvois contre les jugements d'expropriation et les décisions du jury.

Mais, comme toutes les exemptions d'impôt, elle doit être appliquée strictement au cas prévu par la loi; elle ne peut être invoquée que lorsqu'il s'agit d'actes faits pour l'exécution de la loi du 3 mai 1841. Par conséquent, il faut avant tout que les actes, significations, contrats, à propos desquels on la réclame, aient été précédés d'une déclaration d'utilité publique.

Toutefois, par suite de la faveur que la loi a entendu accorder aux cessions amiables, l'article 58 dispose que les droits perçus sur les acquisitions amiables qui auraient été faites antérieurement aux arrêtés, dits de cessibilité, pris par le préfet, seront restitués, lorsque, dans le délai de deux ans, à partir de la perception, il sera justifié que les immeubles acquis sont compris dans ces arrêtés. Mais la restitution des droits ne peut s'appliquer qu'à la portion des immeubles qui aura été reconnue nécessaire à l'exécution des travaux.

Il s'est élevé assez fréquemment des difficultés sur le point de savoir si des actes passés par les villes, par des concessionnaires ou par les particuliers pouvaient être considérés comme faits en exécution de la loi du 3 mai 1841, condition essentielle de l'exemption des droits.

Ainsi la question s'est posée au sujet des acquisitions faites par les villes en vertu de plans d'alignement, approuvés par l'autorité supérieure, qui obligeaient des propriétaires riverains à céder à la voie publique une portion de leurs immeubles.

A la rigueur, on pourrait dire que, si l'application de la législation sur la servitude d'alignement, que nous aurons bientôt à exposer, entraîne l'expropriation des immeubles et si, par suite, c'est au jury constitué par les lois de 1833 et de 1841 qu'il appartient de régler les indemnités dues aux propriétaires dépossédés, néanmoins ce n'est pas, à proprement parler, en exécution de la loi du 3 mai 1841 que se consomme l'expropriation. Mais la Cour de cassation, s'inspirant de l'esprit de la législation, a considéré que, sous l'empire de la loi du 16 septembre 1807, l'ordonnance ou le décret du chef de l'État qui approuve un plan d'alignement, équivaut à une déclaration d'utilité publique; qu'ainsi les actes relatifs aux expropriations consommées en exécution de ce plan, devaient jouir du bénéfice de l'exemption de droits d'enregistrement écrite dans la loi sur l'expropriation[1]. Toutefois, il arrive assez fréquemment que, dans les plans généraux d'alignement, embrassant l'ensemble des remaniements à opérer dans les rues d'une ville, certaines modifications, telles que l'ou-

---

[1] *Arr. cassation* du 19 juin 1844 (*Ville d'Évreux*). Dalloz, 1844, 1, p. 262.

verture de rues nouvelles, sont indiquées, mais qu'il est stipulé
en même temps, dans l'acte qui approuve ces plans, que ces
modifications ne pourront être exécutées que dans les conditions de la loi du 3 mai 1841, c'est-à-dire qu'après qu'une
déclaration d'utilité publique aura été rendue. Dans ce cas,
l'acte qui approuve le plan d'alignement ne peut évidemment
être considéré comme équivalant à la déclaration d'utilité
publique, et les acquisitions faites à l'amiable en vue de l'exécution de ces prescriptions du plan doivent donner lieu à
l'application des droits de timbre et d'enregistrement [1].

Une autre difficulté à dû se soulever depuis le décret du
25 mars 1852, qui attribue au préfet le pouvoir d'approuver
les plans d'alignement des villes, tout en réservant express-
sément au chef de l'État le pouvoir de faire les déclarations
d'utilité publique qui entraînent l'expropriation. Nous hési-
tons à croire qu'en présence de ces textes, la Cour de cassation admît qu'un arrêté de préfet approuvant un plan d'alignement équivaut à une déclaration d'utilité publique, au
point de vue de l'exemption de droits établie par l'article 58 [2].

Les combinaisons adoptées par plusieurs villes pour l'exécution de grandes voies publiques ont amené d'autres contestations sur l'application de l'article 58 de la loi de 1841.
Plusieurs villes et notamment la ville de Paris ont traité avec
des entrepreneurs qui s'engageaient, moyennant une subvention fixe, à ouvrir des rues, se chargeant de payer les indemnités dues aux propriétaires expropriés, de démolir les
maisons, d'établir la rue et même de construire en bordure
des maisons sur les terrains cédés par les propriétaires en

---

[1] *Arr. cassation,* 19 juin 1844 (*Ville de Montpellier*), — 31 mars 1856 (*Ville de
Nantes*). Dalloz, 1844, I, p. 260. — 1856, I, p. 190.

[2] Le tribunal de la Seine s'est prononcé dans le sens de la négative par jugement du
7 mars 1862 (*Commune de Neuilly*). Dalloz, 1863, III, p. 14.

exécution de l'article 2 du décret du 26 mars 1852. La Cour
de cassation a jugé que de pareils marchés ne pouvaient, dans
leur ensemble, être considérés comme faits en exécution de
la loi du 3 mai 1841; qu'il y avait lieu de distinguer : qu'on
devait considérer le traité comme un marché de travaux
publics ordinaire, soumis au droit de timbre et d'enregistrement, pour tout ce qui concernait les travaux d'ouverture
de la rue et de construction des maisons en bordure, mais
qu'il y avait lieu à exemption de droits pour la partie du
marché par laquelle la Compagnie s'engageait à indemniser
les propriétaires expropriés [1].

Enfin il a été jugé à plusieurs reprises que l'exemption de
droits était applicable aux acquisitions faites par les particuliers, à titre de remploi du prix des biens dotaux et des
biens de mineurs et autres incapables, surtout lorsque ce
remploi était ordonné par le tribunal, en vertu de l'article 15
de la loi du 3 mai 1841 [2].

§ 4. — RÈGLES DE COMPÉTENCE

821. Le système de la loi du 3 mai 1841 ne s'applique qu'à la dépossession
des propriétés foncières.

822. Recours contre l'acte portant déclaration d'utilité publique.

823. Recours contre l'arrêté de cessibilité pris par le préfet.

824. Recours contre le jugement d'expropriation.

825. Compétence du jury. — Son étendue pour les dommages accessoires. —
Ses limites pour l'expropriation des usines hydrauliques.

826. Recours contre la décision du jury.

827. Interprétation de la décision du jury.

828. Contestations sur le sens et l'exécution des actes de cession amiable.

829. Règlement des indemnités dues aux locataires en cas de cession
amiable consentie par le propriétaire.

[1] *Arr. cassation*, 15 juin 1869 (*Société Leroi* et *Société immobilière de Paris*). Dalloz, 1869, I, p. 457 et 460.

[2] Voir notamment l'arrêt de la Cour de cassation du 14 juin 1864. Dalloz, 1864, I,
p. 387, et l'instruction de l'Administration de l'enregistrement et des domaines, en date
du 9 août 1869.

821. Pour l'exposé des règles de compétence qui se rattachent à cette matière, nous suivrons l'ordre des opérations auxquelles donne lieu l'expropriation.

Mais, auparavant, il importe de rappeler que le système d'expropriation organisé par la loi du 3 mai 1841, ne s'applique qu'à l'expropriation proprement dite des propriétés foncières.

Une première conséquence qui résulte de ce principe, c'est que les particuliers ne sont pas fondés à exiger que l'administration procède contre eux en suivant ces formes, lorsque, tout en portant atteinte à leurs immeubles, en leur faisant subir une dépréciation, un dommage permanent, elle ne leur enlève pas leur propriété pour la faire passer dans la catégorie des biens affectés à un service public. Nous avons déjà exposé cette règle en traitant des questions de compétence relatives aux dommages résultant de l'exécution des travaux publics[1]. Il est inutile d'y revenir.

En second lieu, il suit du même principe que l'administration ne pourrait pas employer ce mode de procéder pour acquérir, soit une propriété mobilière, soit des droits d'une nature spéciale n'ayant pas le caractère d'une propriété immobilière.

Nous ne voulons pas dire assurément que les propriétés foncières soient seules protégées par la disposition de l'article 545 du code Napoléon, d'après laquelle nul ne peut être privé

---

[1] Voir tome II, p. 278 et suiv.

de sa propriété que pour cause d'utilité publique, et moyennant une juste et préalable indemnité. Loin de là. Il est évident que l'article 545 du code Napoléon s'applique à toutes les propriétés mobilières et immobilières. Ce que nous voulons dire ici, c'est que, pour exproprier un bien meuble ou un droit incorporel, l'administration ne peut pas invoquer la loi du 3 mai 1841.

C'est ainsi que, pour racheter les droits qui avaient été concédés, soit aux compagnies qui s'étaient chargées de construire et d'exploiter des ponts à péage ou des canaux de navigation, soit aux compagnies qui avaient fourni des fonds pour la construction des canaux sous la Restauration, il a été procédé en vertu de lois spéciales, dans des conditions particulières. Nous avons déjà cité les lois du 25 mai 1845 et du 28 juillet 1860, relatives aux canaux de navigation. Nous pouvons y ajouter les lois du 6 juillet 1862, du 23 mai 1863 et du 11 juillet 1868, relatives au rachat des concessions des ponts de Bordeaux, de Trilport et de Jarnac[1].

822. Étudions maintenant les contestations auxquelles peut donner lieu chacune des formalités que nous avons indiquées.

Et d'abord, y a-t-il un recours possible contre les actes qui déclarent qu'un travail est d'utilité publique ?

---

[1] Nous devons cependant signaler, pour les expliquer, certains faits qui pourraient sembler porter atteinte à ce principe. Ainsi, lorsque la ville de Paris a, dans ces dernières années, racheté la concession du canal Saint-Martin, il semble qu'elle ait procédé en vertu de la loi du 3 mai 1841. En effet, le Conseil d'État et la Cour de cassation ont été appelés à statuer sur les conséquences d'un jugement du tribunal de la Seine, en date du 13 octobre 1860, qui, visant l'article 14 de la loi du 3 mai 1841, donnait acte à la ville de Paris du consentement de la Compagnie concessionnaire du canal Saint-Martin à la dépossession totale de ses droits de jouissance sur l'ensemble du canal et de ses dépendances (Voy. l'arrêt de la Cour de cassation du 28 mai 1867, *Ville de Paris c. Guillemet*, et le décret sur conflit du 30 avril 1868). Mais quand on se rappelle que c'est précisément à l'occasion des travaux d'abaissement du plan d'eau du canal Saint-Martin qu'a été rendu le décret sur conflit du 1er mars 1860, qui décide que la Compagnie concessionnaire n'est pas propriétaire du canal et que la transformation du canal, par

Si l'acte qui fait cette déclaration est une loi, il est évident qu'aucun recours n'est possible, à aucun point de vue, sauf par voie de pétition. Mais en est-il de même, si c'est un décret ?

Il faut distinguer : quand le réclamant ne conteste que l'utilité publique elle-même, il n'a pas de recours[1]. Ce n'est pas à une juridiction qu'il appartient d'apprécier si une entreprise est utile au public. Toutefois, si l'on contestait que l'objet en vue duquel la déclaration d'utilité publique a été faite soit de ceux qui peuvent y donner lieu, nous pensons qu'un recours formé devant le Conseil d'État, pour excès de pouvoir, serait recevable.

Lorsque le réclamant soutient que les formes prescrites n'ont pas été observées, que la première enquête n'a pas eu lieu conformément aux ordonnances de 1834 et 1835, le pourvoi peut être formé devant le Conseil d'État pour excès de pouvoir. Il y en a des exemples[2].

823. L'arrêté de cessibilité, pris par le préfet, peut aussi être attaqué devant le Conseil d'État, mais seulement en cas d'excès de pouvoir[3].

824. Le jugement d'expropriation, aux termes de l'article 20 de la loi de 1841, ne peut être attaqué que par la voie du

les travaux exécutés pour l'établissement du boulevard du Prince-Eugène, ne peut donner lieu à procéder contre elle par la voie d'expropriation dans les conditions de la loi du 3 mai 1841, on comprend que la marche suivie pour régler l'indemnité due à la compagnie n'a eu d'autre but que de régulariser un accord amiable, et peut-être aussi d'obtenir la dispense des droits d'enregistrement établie par l'article 58 de la loi de 1841.

C'est sans doute par des circonstances analogues que s'explique le décret du 21 mars 1868, qui déclare d'utilité publique le rachat de la concession du pont d'Auterive (Haute-Garonne). Il y avait en effet consentement de la compagnie concessionnaire.

[1] *Arr. Cons.*, 26 avril 1847 (*Boncenne*), — 1ᵉʳ juin 1849 (*Ponts-Anières de la Chataigneraye*).

[2] *Arr. Cons.*, 9 juin 1849 (*de Carbon et consorts*), — 28 janvier 1858 (*Hubert*).

[3] *Arr. Cons.*, 19 avril 1859 (*Marsais*).

recours en cassation, et seulement pour incompétence, excès de pouvoir ou vices de forme du jugement.

Ce qu'il y a de restrictif dans cette disposition, c'est l'interdiction de former un appel ou une opposition contre le jugement d'expropriation. Mais il ne faudrait pas croire que le recours en cassation fût limité à certains cas déterminés. La jurisprudence montre que tous les cas de recours rentrent dans l'une des catégories indiquées par l'article 20 : incompétence, excès de pouvoir ou vices de forme. Ainsi la Cour de cassation considère qu'il y a vice de forme dans le jugement, quand le propriétaire de la parcelle n'est pas désigné exactement[1]. Ainsi encore elle décide que le jugement est entaché d'excès de pouvoir ou d'incompétence quand, au lieu de se borner à vérifier si les formes établies par l'article 2 de la loi du 3 mai 1841 et le titre II de la même loi ont été accomplies, il statue sur le caractère d'utilité publique des travaux, ou sur leur emplacement et leur étendue[2]; ou bien quand il apprécie la régularité de la loi ou de l'ordonnance qui a déclaré l'utilité publique[3]; ou bien encore lorsqu'il apprécie la légalité de l'arrêté de cessibilité pris par le préfet[4].

Le droit de se pourvoir contre le jugement d'expropriation appartient au propriétaire, à l'exclusion des locataires[5]. Il appartient aussi à l'administration. L'État et le département sont représentés, en pareil cas, par le préfet, et les communes par les maires. Il appartient encore aux concessionnaires substitués aux droits de l'administration.

La loi a établi, nous l'avons déjà indiqué en passant, des

---

[1] *Arr. cassation*, 9 février 1858 (*Goutant*). Dalloz, 1858, I, p. 128.
[2] *Arr. cassation*, 14 juillet 1857 (*Hubert*). Dalloz, 1857, I, p. 292.
[3] *Arr. cassation*, 7 janvier 1845 (*Maudhuit*). Dalloz, 1845, I, p. 83.
[4] *Arr. cassation*, 14 février 1855 (*Yon de Jonage*). Dalloz, 1855, I, p. 178.
[5] *Arr. cassation*, 7 août 1854 (*Jacomet*), — 18 mai 1868 (*d'Helle*). Dalloz, 1854, I, p. 277. — 1868, I, p. 405.

formalités et des délais spéciaux pour le pourvoi contre le jugement d'expropriation. Il doit être formé par déclaration au greffe du tribunal, et non au greffe de la Cour de cassation, et cela, au plus tard, dans les trois jours, à dater de la notification du jugement. Il est notifié dans la huitaine, soit à la partie, au domicile indiqué dans l'article 15 de la loi, soit au préfet, au maire ou au concessionnaire, suivant la nature des travaux, le tout à peine de déchéance.

Dans la quinzaine de la notification du pourvoi, les pièces sont adressées à la chambre civile de la Cour de cassation, qui doit statuer dans le mois suivant. On remarquera ici que, par exception à la marche suivie devant la Cour de cassation pour les affaires civiles, la chambre des requêtes n'est pas appelée à examiner si les pourvois sont admissibles.

825. Nous aurions maintenant à exposer la compétence du jury, mais c'est un point sur lequel il nous était impossible de ne pas nous expliquer en indiquant la marche à suivre pour l'expropriation, et les bases de l'indemnité due aux propriétaires et aux autres intéressés.

Nous nous bornons donc à rappeler ici que le jury est compétent pour fixer l'indemnité due aux propriétaires, locataires et autres intéressés, et qu'il a le pouvoir d'apprécier, à cette occasion, les dommages accessoires résultant non-seulement de l'expropriation, mais même des travaux en vue desquels l'expropriation a lieu, quand l'état de l'instruction permet d'apprécier ces dommages[1].

Il est bon toutefois de faire ressortir que, parmi ces dommages accessoires, figurent ceux qui ont été causés par les travaux exécutés avant la dépossession. Aussi de nombreux arrêts du Conseil d'État ont décidé que les propriétaires

[1] Voir plus haut, p. 367.

n'étaient fondés à réclamer devant le Conseil de préfecture, postérieurement à la décision du jury, une indemnité supplémentaire que s'il leur était causé dans l'exécution des travaux un dommage nouveau ; mais que les dommages causés par les travaux antérieurs avaient été nécessairement compris dans l'indemnité allouée par le jury [1].

Le jury serait-il compétent pour apprécier les indemnités dues aux propriétaires ou locataires des usines établies sur les cours d'eau, à raison de la privation ou de la diminution de la force motrice de leurs usines, qui résulterait de travaux exécutés par l'administration, et pourrait-il statuer sur ces contestations soit accessoirement au litige relatif à l'expropriation des bâtiments de l'usine, soit même sans que les bâtiments fussent expropriés? C'est une question fort controversée, sur laquelle le Conseil d'État et la Cour de cassation ne sont point d'accord ; nous aurons à l'étudier d'une manière approfondie quand nous aurons exposé les principes relatifs aux cours d'eau et au régime des usines.

Il nous suffit ici d'indiquer que, par plusieurs décisions sur conflit et une longue jurisprudence, le Conseil d'État a décidé que, en vertu de l'article 4 de la loi du 28 pluviôse an VIII et de l'article 48 de la loi du 16 septembre 1807, c'est au conseil de préfecture, sauf recours au Conseil d'État, qu'il appartient de statuer sur les indemnités réclamées pour privation ou diminution de force motrice des usines établies sur les cours d'eau [2].

[1] *Arr. Cons*, 22 juillet 1848 (*Lemaire*), — 12 mai 1853 (*de Niort*), — 8 décembre 1853 (*Dumont*), — 29 juillet 1858 (*Palons*).

[2] Voir notamment les décrets sur conflit du 27 août 1857 (*Robo*) et du 15 mai 1858 (*Dumont*).
La question a été agitée récemment, tant devant la Cour de cassation que devant le Conseil d'Etat, à l'occasion de l'acquisition par la ville de Paris des usines de Saint-Maur. Voir le décret sur conflit du 28 mars 1866 qui annule le conflit élevé par le préfet de la Seine, comme tardivement présenté, après un jugement passé en force de chose

Il a tiré de là cette conséquence que, dans le cas où une usine était expropriée, le règlement de l'indemnité due pour la dépossession des bâtiments pouvait seul être soumis au jury, mais que c'était au conseil de préfecture à régler l'indemnité due pour la privation de la force motrice[1]. Toutefois quelques arrêts postérieurs rendus dans des matières analogues, sinon identiques, nous permettent de penser que le conseil admettrait aujourd'hui que, en cas d'expropriation de l'immeuble, la privation de force motrice doit être considérée comme un dommage accessoire sur lequel le jury est compétent pour prononcer.

Nous rappellerons, en second lieu, que le jury n'est compétent que pour fixer les indemnités; qu'il ne doit trancher aucune question de droit.

Les questions de droit qui peuvent se soulever dans le cours des procès relatifs au règlement des indemnités, et qui n'arrêtent pas le jury, sont jugées par l'autorité compétente, suivant la nature de la question.

Par exemple, si l'administration soutient que tel individu qui réclame une indemnité comme usufruitier, usager, n'est pas fondé à se prétendre investi de cette qualité, — si elle conteste l'existence ou la durée du bail invoqué par un locataire[2], — si elle nie la servitude qu'un particulier prétend avoir sur l'immeuble exproprié, — si elle repousse la prétention d'un propriétaire tendant à faire comprendre dans

jugée. — Voir aussi le décret sur conflit rendu le 30 avril 1868 dans l'affaire pendante entre la ville de Paris et le sieur Guillemet, locataire d'une chute d'eau dépendant du canal Saint-Martin.

[1] *Arr. Cons.*, 29 mars 1851 (*Chevalier et Truchon*), — 15 mars 1855 (*Veuve Ramière*), — 27 avril 1857 (*Marchand*).

[2] *Arr. cassation*, 23 janvier 1857 (*Préfet de la Seine*), — 14 avril 1857 (*ville de Paris*), — 16 août 1858 (*Signoret*). Dalloz 1857. I, p. 47 et p. 166. — 1858. I p. 527.

l'expropriation la totalité de son immeuble, en vertu de l'article 50[1], toutes ces questions sont du ressort du tribunal d'arrondissement, sauf recours à la Cour impériale, et sauf pourvoi devant la Cour de cassation dans les conditions ordinaires.

826. Nous avons déjà dit que le législateur a voulu laisser le jury souverain en matière d'appréciation des indemnités. Par suite, il n'a admis contre les décisions du jury et l'ordonnance du magistrat directeur qui rend la décision du jury exécutoire, d'autre moyen de réformation que le recours en cassation. Encore ce recours est-il limité expressément, par l'article 42, au cas de violation de certaines dispositions de la loi, celles du premier paragraphe de l'article 30, de l'article 31, des deuxième et troisième paragraphes de l'article 34 et des articles 35, 36, 37, 38, 39 et 40. Ces articles sont relatifs à la constitution du jury, à son mode de procéder, aux bases des indemnités. Toutefois cette limitation du recours ne doit pas être absolument prise à la lettre. Un recours pour incompétence et excès de pouvoir serait encore possible, surtout s'il s'agissait de violation de dispositions de loi autres que celles de la loi du 3 mai 1841.

Le pourvoi doit encore être formé à bref délai, dans le délai de quinzaine à dater du jour de la décision. Il est formé, notifié et jugé comme il est dit en l'article 20 pour le pourvoi contre le jugement d'expropriation.

L'article 43 ajoute que, lorsqu'une décision du jury a été cassée, l'affaire est renvoyée devant un autre jury, choisi dans le même arrondissement; que cependant la Cour de cassation peut, suivant les circonstances, renvoyer l'appréciation de l'indemnité à un jury choisi dans un des arrondisse-

---

[1] *Arr. cassation*, 1er juillet 1863 (*Lecœur*). Dalloz 1863. I, p. 320.

ments voisins, quand même il appartiendrait à un autre
département.

Quant à l'ordonnance du magistrat directeur du jury, si
elle a été l'objet d'un pourvoi distinct, sa cassation n'entraîne
pas celle de la décision du jury : en ce cas, les parties sont
renvoyées devant un magistrat appartenant au même tribunal
pour rendre une nouvelle ordonnance.

827. S'il s'élève, après la décision du jury, dans un
litige postérieur relatif à des dommages résultant de l'exécution des travaux, un débat sur le sens et la portée de la
décision du jury, à qui appartient-il d'en connaître? C'est à
l'autorité judiciaire. La jurisprudence du Conseil d'État
est d'accord sur ce point avec celle de la Cour de cassation [1].

On ne convoquera pas le même jury; on n'appellera pas
non plus un nouveau jury à se prononcer sur la question :
c'est le tribunal d'arrondissement qui tranchera la question.

828. Il en est de même des difficultés qui pourraient
s'élever sur l'exécution, sur le sens et la portée des actes de
cession à l'amiable.

On a essayé quelquefois de contester la compétence de
l'autorité judiciaire à cet égard, par le motif, soit que ces
actes étaient passés dans la forme administrative, soit qu'ils
contenaient des stipulations relatives à l'exécution des travaux publics. Mais la première raison n'a aucune valeur.
C'est la nature des actes, et non leur forme, qui détermine
la compétence. Peu importe, d'un autre côté, qu'il y ait
dans ces actes des stipulations relatives aux travaux publics;
ce qui domine tout, c'est qu'il s'agit d'actes destinés à rem-

---

[1] *Arr. Cons.*, 7 août 1863 (*Clary*), — 13 janvier 1865 (*Gonsaud*), — 25 juin 1868
(*Colle*), — 6 mars 1869 (*Brunswick*). — 28 juillet 1869 (*Diard*).

placer le jugement d'expropriation ou la décision du jury, souvent même l'un et l'autre à la fois, qui ont la même nature, les mêmes effets, qui règlent les conditions d'une dépossession pour cause d'utilité publique. Cela emporte la compétence de l'autorité judiciaire.

Le Conseil d'État s'est prononcé en ce sens par un grand nombre d'arrêts conformes à une décision du tribunal des conflits rendue en 1850 [1].

Il en est évidemment de même, à plus forte raison, quand on discute sur le sens et les effets du jugement qui a donné acte d'une cession amiable [2].

829. Au sujet des cessions amiables, on a discuté sur le point de savoir si, dans le cas où les propriétaires s'entendaient avec l'administration, les locataires pouvaient demander que leur indemnité fût réglée par le jury, ou si ce n'était pas au conseil de préfecture qu'il appartenait de régler, dans ce cas, l'indemnité due aux locataires à titre de dommage résultant de travaux publics.

Mais le Conseil d'État a reconnu que, lorsque la déclaration d'utilité publique a été prononcée, les opérations prescrites par la loi de 1841, et par conséquent la fixation de l'indemnité par le jury, doivent s'ensuivre, soit à l'égard des propriétaires et des locataires, soit à l'égard de celui des deux qui ne s'entendrait pas à l'amiable avec l'administration [3]. La pratique est d'ailleurs constante en ce sens.

---

[1] Décision du tribunal des conflits du 15 mars 1850 (*Ajasson de Grandsagne*). — *Arr. Cons.*, 30 novembre 1850 (*Laporte*), — 22 août 1853 (*Duhoux*). — Décrets sur conflit, 22 février 1855 (*de Chargé*), — 15 mars 1855 (*Gay-Dupalland*),—19 juillet 1855 (*Ruillon*), — 26 novembre 1857 (*Chemin de fer du Midi*), — 9 décembre 1858 (*Guillemin*), — 16 avril 1860 (*Moulins de Moissac*), — 28 novembre 1861 (*Berthon*), — 11 décembre 1862 (*Navarre*), — 30 janvier 1868 (*Gigon*), — 19 décembre 1868 (*Veuve Chauvet*).

[2] Décret sur conflit du 30 avril 1868 (*ville de Paris c. Guillemet*).

[3] *Arr. Cons.*, 18 août 1849 (*Moulte et Revolhon*), — 29 mars 1851 (*Chevalier*).

Il semble toutefois qu'on pourrait invoquer en sens contraire un décret sur conflit, en date du 14 septembre 1852 (*Trémery*), qui porte dans un de ses considérants, que le règlement des indemnités dues aux locataires ne peut avoir lieu devant le jury qu'accessoirement à celui des indemnités afférentes aux propriétaires expropriés. Mais, dans l'espèce à l'occasion de laquelle cette décision a été rendue, il n'avait pas été procédé contre le propriétaire par la voie de l'expropriation pour cause d'utilité publique (il s'agissait de démolition de pavillons établis sur le pont Neuf à Paris), et cette circonstance a été le motif qui a déterminé le Conseil à reconnaître que le locataire n'était pas fondé à exiger l'accomplissement des formalités établies par la loi de 1841 et à réclamer la juridiction du jury.

830. Il n'est pas douteux que c'est à l'autorité judiciaire à statuer sur les contestations que soulèverait le payement de l'indemnité, sauf le cas où l'État soutiendrait que la créance est frappée par la déchéance prévue dans la loi du 29 janvier 1831 [1].

831. Y aurait-il un recours possible contre la déclaration d'urgence?

Le Conseil d'État a repoussé comme non recevable un recours dirigé contre une déclaration d'urgence [2]. Nous croyons qu'il y aurait lieu de réserver le cas où les formes prescrites par la loi n'auraient pas été suivies.

832. A qui appartient-il de statuer sur les contestations relatives à la rétrocession des immeubles non employés aux travaux publics?

---

[1] Décret sur conflit du 14 juin 1862 (le Chevallier). — Arr. Cons., 8 mars 1866 (le Chevallier).
[2] Arr. Cons., 8 janvier 1863 (de Rochetaillée).

C'est à l'autorité judiciaire, au tribunal civil, à reconnaître le droit du particulier. — C'est au jury à fixer le prix de la rétrocession [1].

Toutefois il y a une question préjudicielle qui doit être résolue par l'administration : la question de savoir si les immeubles seront ou ne seront pas employés aux travaux publics [2].

Et il a été jugé que le ministre des travaux publics n'excède pas ses pouvoirs en décidant qu'une parcelle de terrain non encore employée sera prochainement utilisée [3].

Toutefois, le Conseil d'État semble avoir admis que, si la prévision du ministre ne se réalisait pas en fait, les propriétaires ne pourraient pas être éternellement tenus en échec par un refus ou par le silence de l'administration, et qu'ils pourraient, en ce cas, s'adresser au tribunal afin de faire reconnaître le privilége qui leur appartient d'après la loi [4].

833. Nous avons épuisé la série des difficultés qui peuvent naître à l'occasion des opérations de l'expropriation, et des droits reconnus aux particuliers par la loi de 1841. Toutefois il nous reste à indiquer les règles de compétence dans deux cas qui se rattachent à cette matière ; c'est d'abord le cas où les particuliers, expropriés partiellement, réclament des indemnités pour les dommages résultant de l'exécution du travail en vue duquel l'expropriation a eu lieu ; c'est, en second lieu, le cas où la dépossession des propriétés s'est accomplie sans que les formes de l'expropriation aient été suivies.

---

[1] *Arr. Cons.*, 29 janvier 1863 (*Aubert*), — 19 novembre 1868 (*Abeille*), — 26 juin 1869 (*Videau*).

[2] *Arr. Cons.*, 27 mars 1862 (*Dobler et Varnery*), — 16 avril 1862 (*Bertrand*), — 24 juin 1868 (*Jaumes*).

[3] *Arr. Cons.*, 27 mai 1855 (*Nicolaï de Bercy*), — 16 avril 1862 (*Bertrand*).

[4] *Arr. Cons.*, 27 mars 1862 (*Dobler*), — 21 mai 1867 (*Abeille*).

Il arrive assez fréquemment que, après l'expropriation, les propriétés, qui ont été morcelées en vue de l'exécution d'un travail public, souffrent des dommages.

Les propriétaires ont quelquefois élevé la prétention de soumettre leurs nouvelles réclamations au jury, en soutenant que les dommages dont ils se plaignaient étaient la suite de l'expropriation. Le Conseil d'État a repoussé cette prétention toutes les fois qu'il a constaté que les dommages provenaient, non de l'expropriation elle-même, comme une suppression de clôture, mais de l'exécution des travaux. Il a vu là une question dont le conseil de préfecture devait connaître, en vertu de l'article 4 de la loi du 28 pluviôse an VIII.

Ainsi, dans une affaire où un propriétaire, qui avait subi une expropriation partielle pour l'exécution d'un chemin de fer, réclamait une indemnité à raison de ce que les tranchées, exécutées pour le chemin de fer à une certaine profondeur, avaient coupé les veines d'eau qui alimentaient des sources situées dans sa propriété, il a confirmé le conflit qui revendiquait ce litige pour la juridiction administrative[1]. Et il n'a pas été arrêté par l'objection tirée de ce que le propriétaire aurait, au moment du règlement de l'indemnité devant le jury, prévu le dommage et fait ses réserves en conséquence.

Dans une autre affaire du même genre, des propriétaires exposaient que l'indemnité de dépossession, réglée au profit de leurs auteurs par le jury d'expropriation, avait été fixée au vu d'un plan d'après lequel les parties de leur propriété traversées par le chemin de fer devaient être réunies par un passage à niveau ; mais que, postérieurement à la construction du che-

[1] Décret sur conflit. 25 février 1865 (*Roger*). — Voir aussi 14 février 1861 (*Chemin de fer du Midi*) et 21 juin 1866 (*Gautheret*).

min, ce passage à niveau avait été remplacé par un passage sous rails, et que cette substitution avait eu pour effet de modifier les conditions d'exploitation de leur propriété qui leur avaient été assurées au moment de l'expropriation. Le conseil a décidé que la demande d'indemnité, motivée par un fait de la compagnie du chemin de fer, postérieur à l'expropriation et même à la construction du chemin de fer, devait être appréciée par le conseil de préfecture[1].

Mais là se présentait une autre difficulté.

L'administration soutenait que certains dommages, dont on demandait la réparation, étaient entrés en ligne de compte, dans le calcul de l'indemnité fait par le jury, parce que ces dommages étaient certains à l'époque de l'expropriation.

Le Conseil d'État, lorsqu'il a eu des doutes sur le sens de la décision du jury, a décidé qu'il y avait lieu, avant de statuer, de demander à l'autorité judiciaire quel était le sens de la décision[2].

Quand il lui a paru évident que le jury avait tenu compte ou n'avait pas tenu compte des éléments qui servaient de base à la nouvelle demande, il a passé outre et statué au fond[3].

834. Enfin quelles seraient les règles de compétence à suivre si l'administration, omettant de remplir les formalités de la loi de 1841, s'emparait d'un terrain? A quelle autorité appartiendrait-il de faire respecter la propriété des particuliers et de régler l'indemnité qui leur est due?

---

[1] *Arr. Cons.*, 17 janvier 1867 (*Boyron et Serre*).

[2] *Arr. Cons.*, 22 février 1866 (*Maisons*), — 28 mars 1866 (*Hennin*) et les arrêts cités au n° 827.

[3] *Arr. Cons.*, 10 avril 1848 (*de Cambis*), — 7 mai 1857 (*Vallette*), — 8 mars 1866 (*Jourdain*), — 6 mars 1869 (*Lassonery*). — Voir aussi 11 août 1869 (*commune de Saint-Cyr sur le Rhône*).

La jurisprudence du Conseil d'État n'est pas arrivée immédiatement à reconnaître à l'autorité judiciaire la compétence qu'elle lui attribue aujourd'hui en pareil cas, et qu'elle ne limite plus que sur un point.

Elle avait d'abord reconnu que, si les formalités de la loi sur l'expropriation n'avaient pas été remplies, l'autorité judiciaire pouvait être saisie d'actions possessoires et d'actions en revendication[1]; mais elle restreignait là le pouvoir des tribunaux civils et elle n'admettait pas qu'ils pussent statuer sur les dommages-intérêts réclamés pour le trouble apporté à la possession par l'occupation irrégulière des terrains[2]. Elle leur reconnaissait encore moins le pouvoir d'ordonner soit le rétablissement des lieux dans l'état primitif[3], soit même la discontinuation des travaux[4].

Mais, dès 1842, elle a admis que, toutes les fois qu'une occupation de terrain avait été irrégulièrement consommée, il appartenait à l'autorité judiciaire de statuer sur les dommages-intérêts auxquels ce fait anormal pouvait donner lieu[5].

Et de plus, à partir de 1853, elle a reconnu, par plusieurs décisions formelles, que l'autorité judiciaire pouvait, en outre, ordonner la discontinuation des travaux qui auraient été entrepris irrégulièrement, en vertu des ordres de l'administration[6].

---

[1] Ordonnances sur conflit. 14 octobre 1836 (le Balle), — 50 décembre 1841 (Buecher).

[2] Mêmes décisions.

[3] Ordonnances sur conflit 29 juin 1842 (Pruvost), — 5 septembre 1842 (Pannetier), — 4 juillet 1845 (Delaruelle), — 13 décembre 1845 (Leloup).

[4] Ordonnances sur conflit 14 octobre 1836 (Le Balle), — 6 septembre 1845 (Boulin), — 11 décembre 1848 (Orliac).

[5] Ordonnances sur conflit des 29 juin et 5 septembre 1842, 4 juillet et 15 décembre 1845 déjà citées. — Décret sur conflit 25 mars 1852 (Mathieu).

[6] Décrets sur conflit du 7 juillet 1853 (Robin), — du 15 décembre 1858 (Sellenet), — du 15 avril 1865 (commune d'Allauch c. Gerbe).

Le seul droit qu'elle ait persisté à ne pas lui reconnaître, c'est celui d'ordonner la destruction des travaux ordonnés par l'administration[1]. Assurément, on peut dire que le respect dû au droit de propriété exigerait, à la rigueur, que les travaux exécutés sur un terrain dont le propriétaire a été indûment dépossédé, sans une indemnité préalable, réglée dans les conditions de la loi de 1841, fussent détruits, de façon que les lieux pussent être remis dans l'état primitif. Mais comme l'administration les rétablirait presque aussitôt, à la suite d'une expropriation régulière, cette application judaïque de la loi n'aboutirait qu'à imposer au Trésor public un sacrifice inutile.

En résumé, il nous semble que la jurisprudence, qui attribue à l'autorité judiciaire le pouvoir d'ordonner la discontinuation immédiate des travaux, de fixer l'indemnité due au propriétaire pour la dépossession de son terrain et même d'y ajouter des dommages-intérêts à raison de l'irrégularité des actes de l'administration, donne à la propriété privée toutes les garanties nécessaires.

---

[1] Décision du tribunal des conflits. 29 avril 1850 (de Brouquens). — Décrets sur conflit du 29 mars 1852 (Mathieu), — du 15 mai 1858 (Chemin de fer du Midi), — du 30 décembre 1858 (de Novillars), — du 27 mai 1865 (Ducruet), — du 7 décembre 1867 (Danède).

CHAPITRE V

835. Les travaux publics, qui peuvent entraîner des dommages de diverses sortes pour les propriétés mobilières et immobilières, qui peuvent même amener l'expropriation, peuvent en outre causer des préjudices aux personnes. L'exécution des travaux entraîne trop fréquemment des accidents par suite desquels des ouvriers ou des passants sont blessés ou tués.

Le préjudice subi par les victimes de ces accidents et par leurs familles doit être réparé. Nous n'avons pas de règles spéciales à indiquer pour ce qui concerne le droit à indemnité, les moyens de le faire valoir, la responsabilité des entrepreneurs ou de l'administration. Les principes que nous avons déjà exposés sont évidemment applicables.

L'administration, l'entrepreneur ou le concessionnaire sont tenus de réparer les dommages causés aux personnes par l'exécution des travaux publics, lorsqu'il est établi que les accidents sont dus, non pas à l'imprudence de ceux qui en sont victimes, mais au défaut de précautions de ceux qui exécutent les travaux.

Nous en trouvons plusieurs exemples dans la jurisprudence du conseil. Ainsi, pendant l'exécution de travaux d'entretien d'un pont suspendu, les puits où se trouvaient
amarrées les chaînes du pont étant restés ouverts, sans qu'aucune mesure fût prise pour écarter les passants, un colporteur
tombe dans un de ces puits et il est grièvement blessé; une
indemnité de 3,000 fr. lui a été allouée [1]. Un ouvrier ayant
été blessé par des éclats de mine, par suite de la négligence
et de l'imprudence des préposés d'une ville qui dirigeaient un
travail public exécuté en régie, la ville a été condamnée à
payer une indemnité de 3,000 fr. [2]. Une décision analogue a
été prise contre l'État au profit d'un ouvrier qui avait perdu
la vue par suite de l'explosion d'une mine, parce qu'il a été
établi que cet accident provenait de ce que l'agent, préposé à
la surveillance des travaux exécutés en régie, l'aurait obligé
à se servir, pour charger la mine, d'un bourroir en mauvais
état [3].

Les entrepreneurs des travaux d'un chemin de fer ont été
également condamnés à payer une indemnité de 10,000 fr.
à la veuve et aux enfants d'un ouvrier, tué par suite de l'imprudence d'un garde-frein, employé par eux, qui n'avait pas
dirigé, suivant les règles prescrites en pareil cas, un train de
wagons chargés de matériaux [4].

Et la responsabilité de l'administration ou des entrepreneurs ne s'étend pas seulement aux accidents proprement
dits, résultant de l'exécution des travaux. Une compagnie
concessionnaire de chemin de fer a été condamnée à indemniser des particuliers qui avaient souffert, pendant plusieurs

---

[1] Arr. Cons., 19 décembre 1839 (Læmlé).
[2] Arr. Cons., 11 mai 1854 (Rougier).
[3] Arr. Cons., 9 décembre 1858 (Breuil).
[4] Arr. Cons., 9 décembre 1858 (Parent et Schacken).

années, de fièvres d'accès, par suite de la stagnation des eaux réunies dans des chambres d'emprunt, creusées par la compagnie, à une petite distance de leur habitation. Il a été jugé que la compagnie était en faute, parce qu'elle avait négligé d'exécuter les travaux nécessaires pour faire écouler les eaux dans ces chambres d'emprunt, qui dépendaient du chemin de fer [1].

836. Quant à la question de savoir si c'est à l'entrepreneur ou au concessionnaire ou bien à l'administration qu'incombe la responsabilité des accidents et l'obligation de réparer le dommage, elle doit être résolue d'après les règles que nous avons déjà indiquées, et que les exemples qui viennent d'être cités ont suffisamment fait ressortir [2]. L'entrepreneur et le concessionnaire sont responsables du fait de leurs ouvriers ou préposés. L'administration n'est pas responsable du fait des entrepreneurs et concessionnaires, à moins que les accidents ne résultent de la nature même des mesures qui leur auraient été imposées par leur contrat ou par des ordres de service ; elle serait au contraire responsable du fait de ses agents dans le cas où les travaux sont exécutés en régie [3].

837. Les difficultés spéciales à cette matière sont surtout des difficultés de compétence. Il s'est produit, en effet, depuis quelques années, un changement notable dans la jurisprudence du Conseil d'État.

Pendant longtemps il a été admis sans contestation que c'était au conseil de préfecture qu'il appartenait de statuer sur les contestations relatives aux préjudices qui résultaient

---

[1] *Arr. Cons.*, 29 mars 1855 (*Chemin de fer d'Avignon à Marseille c. Chaine*), — 4 avril 1861 (*Chemin de fer de Lyon à Marseille c. Ayme*).

[2] Voir plus haut p. 264 à 266.

[3] *Arr. Cons.*, 23 juillet 1868 (*Nachon*).

d'accidents causés aux personnes par l'exécution des travaux publics. La disposition de l'article 4 de la loi du 28 pluviôse an VIII, qui attribue à ces conseils le jugement des torts et dommages résultant de l'exécution des travaux publics, paraissait générale et absolue. Cette règle de compétence avait été admise implicitement dans toutes les décisions du conseil que nous venons de citer; elle avait été consacrée explicitement par plusieurs ordonnances ou décrets rendus sur conflit et même par une décision du tribunal des conflits[1].

Mais le Conseil d'État a été amené à reconnaître que cette interprétation très-large du texte de la loi du 28 pluviôse an VIII était contraire à l'esprit de cette loi.

838. Une première dérogation à l'ancienne jurisprudence a été faite à l'occasion de réclamations formées, par des ouvriers blessés dans les travaux, contre l'entrepreneur qui les employait. Le conseil a décidé qu'il s'agissait d'apprécier les relations du maître et de l'ouvrier d'après les règles du droit civil, et non de statuer sur les conséquences d'un dommage causé par l'exécution des travaux publics[2].

Plus tard se sont présentées des affaires dans lesquelles il s'agissait non plus de dommages causés à des ouvriers, mais de dommages causés à des passants qui circulaient sur la voie publique.

La première affaire de cette nature avait donné lieu à une action devant l'autorité judiciaire, pour homicide par imprudence. Le conseil a considéré que l'action civile était nécessairement liée à l'action criminelle et ne pouvait en être

---

[1] Ordonnance sur conflit 26 avril 1847 (*Veuve Brunet*), — Décision du tribunal des conflits 17 avril 1851 (*Rougier*), — Décrets sur conflit du 19 juin 1856 (*Tonnelier*) et du 16 août 1860 (*Passemar*).

[2] Décrets sur conflit du 11 décembre 1856 (*Moiroux*), — du 4 février 1858 (*Maugeant*), — du 16 août 1860 (*Passemar*), — du 25 juillet 1868 (*Nachon*).

séparée, même à l'égard de la compagnie concessionnaire citée comme civilement responsable des faits de son entrepreneur [1]. Puis, dans d'autres affaires du même genre où l'action criminelle n'avait pas été intentée devant l'autorité judiciaire, bien qu'elle eût pu l'être, le conseil a également écarté la compétence du conseil de préfecture.

Ainsi la veuve d'un particulier qui s'était tué en tombant dans une tranchée, creusée dans une rue de Paris, réclamait une indemnité à la ville ; elle se bornait à soutenir que la ville était civilement responsable de la négligence de l'entrepreneur qui n'avait point posé de barrières autour de la tranchée. Le tribunal civil de la Seine s'était déclaré incompétent pour statuer sur la question qui avait été ensuite portée devant le conseil de préfecture. La décision rendue par le Conseil d'État sur ce conflit négatif a renvoyé le litige à l'autorité judiciaire [2]. Il en a été de même pour plusieurs demandes d'indemnité que des ouvriers blessés dans l'exécution des travaux de routes ou de chemins dirigeaient contre les départements et les communes et contre les agents préposés à la direction des travaux [3].

Cette jurisprudence nouvelle du Conseil d'État a soulevé des critiques. Sans doute, au premier abord, elle ne paraît pas fondée sur le texte de la loi, et l'on peut dire que la loi du 28 pluviôse an VIII, n'ayant pas distingué entre les diverses espèces de dommages résultant de l'exécution des travaux publics, il n'appartient pas au juge de distinguer.

Mais, pour bien comprendre le sens de l'article 4 de la

---

[1] Décret sur conflit du 22 novembre 1865 (*Boisseau*).

[2] *Arr. Cons.*, 15 décembre 1865 (*Veuve Buchi*).

[3] Décrets sur conflit, 15 décembre 1866 (*Auroux c. Millat et le département du Nord*),— 15 avril 1868 (*Van Rysselberg c. ville de Paris*). — *Arr. Cons.*, 12 mai 1869 (*Gillens*).

loi du 28 pluviôse an VIII, il faut se rappeler que le législateur de cette époque s'est borné à modifier légèrement et même
d'une manière assez maladroite les dispositions des articles 3,
4 et 5 de la loi des 7-11 septembre 1790. Cette loi chargeait
le directoire de district, sauf recours au directoire de département, de statuer sur les réclamations relatives aux terrains
pris ou fouillés pour l'exécution des travaux publics, et elle
donnait compétence aux municipalités, sauf recours au directoire de district, qui statuait en dernier ressort, quand
il s'agissait de torts et dommages provenant du fait des entrepreneurs et non du fait de l'administration.

Or peut-on croire que le législateur de 1790 avait moins
de souci de la vie des hommes que de leur propriété, et qu'il
songeait aux accidents de nature à entraîner des blessures ou
la mort des ouvriers ou des passants, lorsqu'il conférait à la
municipalité, sauf recours au directoire de district statuant
en dernier ressort, le pouvoir de connaître des dommages
causés par le fait des entrepreneurs? N'est-il pas évident qu'il
songeait à des préjudices causés aux propriétés immobilières
ou mobilières, et à des préjudices moindres que l'occupation
ou l'expropriation des propriétés, pour lesquelles il avait constitué la compétence du directoire de district au premier
degré et du directoire de département en dernier ressort?

Le législateur de cette époque avait sans doute pensé que
les réclamations relatives aux dommages causés aux personnes
impliquant une faute, une négligence, étaient l'accessoire de
l'action criminelle que cette faute, cette négligence pouvait
entraîner et que l'autorité judiciaire était seule compétente,
en principe, pour statuer sur l'ensemble d'une affaire de
cette nature, quel que fût le côté par lequel elle serait
abordée.

Lors donc que l'on retrouve dans la loi du 28 pluviôse an VIII, les mots : « torts et dommages provenant du fait personnel des entrepreneurs et non du fait de l'administration, » (et l'on voit dans ces derniers mots, qui ont donné lieu à des explications singulières, la trace évidente d'une reproduction de la loi de 1790), on ne peut pas leur donner un autre sens que celui qui leur avait été attribué par le législateur de 1790, et c'est se conformer à l'esprit de la loi que de ne pas attribuer compétence au conseil de préfecture pour statuer sur les préjudices causés aux personnes par les accidents qui résultent de l'exécution des travaux publics.

839. Il y aurait toutefois une réserve à faire pour le cas où l'action serait dirigée non plus contre un entrepreneur, un concessionnaire, une ville ou un établissement public, mais contre l'État. Pour ce cas, la juridiction administrative subsisterait, non pas en vertu de la loi du 28 pluviôse an VIII, mais parce qu'il est de principe que les tribunaux civils ne sont compétents pour reconnaître une créance contre l'État, qu'autant qu'ils y sont expressément autorisés par une disposition de la loi. Le Conseil d'État a appliqué plusieurs fois cette règle à des demandes d'indemnité formées contre l'État, par suite d'accidents causés par des voitures de l'artillerie[1]. Il ne pourrait pas juger autrement pour les accidents résultant de l'exécution de travaux publics. Ce serait, dans ce dernier cas, au Conseil d'État qu'il appartiendrait de connaître du refus d'indemnité fait par le ministre au nom de l'État.

---

[1] Décrets sur conflit. 1er juin 1861 (*Baudry*), — 7 mai 1862 (*Vincent*), — 22 novembre 1867 (*Ruault*).

CHAPITRE VI

DES BÉNÉFICES DIRECTS RÉSULTANT.DES TRAVAUX PUBLICS

§ 1ᵉʳ. — NOTIONS GÉNÉRALES

840. Les travaux publics qui ne peuvent guère s'exécuter sans causer des préjudices à un certain nombre de propriétaires, apportent avec eux des bénéfices. Ils en apportent d'abord à l'ensemble des habitants du pays. Tout le monde connaît aujourd'hui les progrès de l'industrie, du commerce, de la valeur des terres, qui sont dus à la facilité des transports.

Mais, de plus, certaines propriétés profitent plus spécialement des travaux d'utilité publique. Et, ici, il faut distinguer les bénéfices directs des bénéfices indirects.

Il y a des travaux exécutés exclusivement en vue de procurer des avantages à une série de propriétés, par exemple, les travaux de défense contre la mer, les fleuves, — les travaux de curage des cours d'eau, — les travaux de desséchement des marais. Voilà des bénéfices directs dont il est difficile que le propriétaire recueille les fruits sans contribuer aux frais des travaux.

Il y a d'autres travaux qui ont un but plus général, mais qui n'en profitent pas moins d'une manière plus spéciale à telle propriété qu'à telle autre ; par exemple, des maisons qui étaient riveraines d'une rue étroite se trouvent, par suite de la démolition de l'autre côté de la rue, situées sur une large rue ou sur une place ornée d'un jardin. Elles en retirent une grande augmentation de valeur. Il est vrai que ce n'est pas pour ces maisons que ce travail a été fait ; mais elles en profitent plus que d'autres. Voilà un bénéfice indirect. Le propriétaire qui recueille ainsi un bénéfice indirect sera-t-il tenu de payer à l'administration une contribution à raison de cet avantage ? C'est une question que nous posons ici, que nous aurons à résoudre plus tard.

Étudions d'abord les règles relatives aux bénéfices ou plus-values directes.

Nous avons à nous demander tout d'abord dans quelle mesure l'administration peut intervenir, soit pour procurer des avantages aux propriétaires par des travaux dont elle leur réclamerait le prix en totalité ou en partie, soit pour auto-riser les intéressés à faire, sous sa surveillance ou avec son concours, certains travaux en mettant à leur disposition les moyens spéciaux et rapides d'action dont elle dispose.

841. La législation a sensiblement varié sur ce point.

Elle ne date pas d'aujourd'hui seulement. La nature des choses a conduit forcément le législateur à s'occuper de poser des règles en cette matière, ou bien a conduit les in-téressés à se poser eux-mêmes des règles quand le législateur n'intervenait pas. Mais les graves lacunes qui subsistaient

dans la législation d'avant 1789 n'avaient été qu'imparfai-
tement comblées par les lois intervenues depuis la Révolution, et c'est seulement la loi du 21 juin 1865 qui permet
enfin d'établir les bases d'une théorie législative complète
sur les bénéfices directs apportés aux propriétés par l'exécution de travaux d'utilité collective.

La législation moderne sur les bénéfices directs apportés
aux propriétés privées par des travaux d'utilité collective a,
pendant longtemps, consisté à peu près exclusivement dans
la loi du 14 floréal an XI et dans celle du 16 septembre 1807 [1].

La loi du 14 floréal an XI est relative au curage des
cours d'eau non navigables ni flottables, et à l'entretien des
digues et ouvrages d'art qui y correspondent.

La loi du 16 septembre 1807 porte le titre de loi sur le
desséchement des marais; mais bien qu'il ne soit pas exact
de la qualifier, comme on l'a fait quelquefois, code des travaux publics, elle touche à beaucoup d'autres matières que
le desséchement. On aurait pu dire assez justement qu'elle
constituait le code des règles relatives aux bénéfices et aux
dommages résultant de l'exécution des travaux publics. Nous
avons déjà signalé un certain nombre de dispositions de cette
loi relatives aux dommages causés par les travaux publics.
Mais le plus grand nombre des articles de la loi comprend
une série de règles relatives aux conséquences des plus-values
directes ou indirectes résultant de l'exécution des travaux
publics : travaux de desséchement des marais (art. 1 à 27);
— travaux de navigation, des routes et des rues (art. 28 à

---

[1] Il y a lieu toutefois de mentionner une loi du 4 pluviôse an VI, relative à l'entretien des marais desséchés, et un décret du 4 thermidor an XIII, relatif à la construction
et à l'entretien des digues dans le département des Hautes-Alpes, rendu applicable au
département des Basses-Alpes par un décret du 16 septembre 1806.

32 et 38 à 40); — travaux d'endiguement contre la mer, les fleuves, les rivières et les torrents (art. 33 et 34); — travaux de salubrité intéressant les villes et les communes (art. 35 à 37).

La législation s'est complétée d'abord par la pratique de l'administration, qui a fait sanctionner ses traditions par divers articles de lois de finances; en second lieu, par le décret du 25 mars 1852, dit de décentralisation. Il faut encore y ajouter la loi du 10 juin 1854 sur le drainage, et la loi du 28 mai 1858, relative aux travaux de défense des villes contre les inondations.

Tout ce système a été refondu dans la loi du 21 juin 1865, non pas au point de vue des règles spéciales à chaque espèce de travaux, mais au point de vue de l'organisation et du mode d'action.

842. Voici comment ce système peut se résumer :

L'autorité administrative dispose des deniers publics et d'une puissance coercitive pour exécuter les entreprises d'intérêt public. Mais tout ce qui peut être utile à une certaine collection d'individus ne doit pas être fait par l'administration avec les deniers de l'État. Nous l'avons déjà dit; le rôle de l'autorité administrative a été trop étendu avant 1789 : elle avait la prétention de jouer le rôle de la Providence et de se substituer aux particuliers pour la gestion de leurs intérêts; après 1789, elle a conservé encore assez longtemps cette tendance. Des publicistes modernes, tombant dans un autre excès, ont voulu restreindre outre mesure son rôle, le borner à l'organisation de l'armée, de la police et de la justice pour protéger le territoire national et y faire régner l'ordre. La doctrine qui tend à prévaloir aujourd'hui, c'est que la société peut et doit pourvoir à la satisfaction des besoins collectifs qu'éprouvent ses membres ; mais à la condition que l'initiative des individus ou des associations d'individus ne puisse pas y pourvoir d'une manière satisfaisante.

La législation nouvelle fait donc appel avant tout à l'initiative des particuliers ; elle les invite à se constituer en associations et prend des mesures pour faciliter leur action.

Mais elle va plus loin. Dans les travaux d'intérêt collectif qui peuvent être entrepris en vue de procurer un bénéfice direct à une série de propriétés, on doit faire deux catégories bien distinctes. Les uns ont pour objet de protéger des propriétés contre des dommages auxquels elles sont exposées, et par leur nature ils exigent des mesures d'ensemble ; les autres n'ont pour objet que d'accroître la valeur d'une propriété déjà placée dans des conditions normales. Il suffit de citer, comme types de la première catégorie, les digues établies pour protéger des propriétés contre les inondations d'un fleuve ou d'une rivière torrentielle, les travaux de curage d'un cours d'eau non navigable ; comme type de la seconde catégorie, l'établissement de canaux d'irrigation pour l'arrosage des terres. Or le législateur a considéré que les associations formées pour les travaux de nature à éviter des dommages méritaient une protection plus étendue que celles qui ne s'établissaient que pour procurer une amélioration. Elle n'a pas voulu que des travaux, qui ne peuvent être efficaces qu'à la condition d'être exécutés dans leur ensemble, fussent entravés par la résistance de quelques propriétaires qui ne se trouveraient pas suffisamment intéressés pour y contribuer. Elle a donc donné, pour les travaux de la première catégorie, un droit de coercition à la majorité des intéressés, tandis que, pour les travaux de simple amélioration, elle n'a admis aucune coercition.

Enfin, pour le cas où les intéressés ne sauraient pas s'entendre et former une majorité qui se décide à entreprendre les travaux de protection contre les dommages, qui ont un caractère d'intérêt public, l'administration reste autorisée à les faire et à en répartir la dépense entre les intéressés.

Tel est l'esprit de la législation de 1865.

843. On appelle associations syndicales les associations formées par les propriétaires intéressés à un travail d'utilité collective.

On les appelle ainsi parce que leurs représentants ont conservé le vieux nom de syndic, mot d'origine grecque, qui a été latinisé, puis francisé, et qui s'appliquait, dans l'organisation antérieure à 1789, surtout dans le midi de la France, aux représentants des intérêts collectifs, notamment des intérêts municipaux.

Les associations syndicales ne datent pas d'aujourd'hui. Dans l'exposé des motifs de la loi du 21 juin 1865, on rappelait l'origine ancienne des Vatteringues du département du Nord, qui ont été constituées en 1169; — des associations d'endiguement, de desséchement, d'irrigation constituées en Provence et dans l'ancien comtat Venaissin aux douzième, quinzième et seizième siècles; — des associations d'arrosants du Roussillon, qui se sont formées sous l'empire de la législation des Visigoths et des Arabes; — des syndicats de desséchement organisés dans le Poitou, l'Aunis, la Saintonge, par des édits de Henri IV.

844. Il ne serait pas utile de remonter au delà de 1789 pour étudier la constitution de ces associations, mais il est nécessaire d'indiquer ici comment elles s'organisaient, d'après notre législation moderne, jusqu'au moment où la loi de 1865 est venue tracer des règles nouvelles. Cette étude n'a pas seulement un intérêt historique; elle est essentielle au point de vue pratique. D'une part, il existe encore aujourd'hui beaucoup d'associations organisées antérieurement à la loi de 1865, qui peuvent continuer à fonctionner dans les mêmes conditions qu'auparavant, et, d'autre part, on a vu que, à défaut d'associations organisées conformément à la loi nouvelle, l'administration peut intervenir, dans certains cas déterminés par la loi de 1865 elle-même, pour sauvegarder l'intérêt public et procéder conformément à l'ancienne législation, c'est-à-dire aux lois du 14 floréal an XI et du 16 septembre 1807.

Et, d'abord, antérieurement à la loi du 21 juin 1865, il existait deux espèces de syndicats ou associations syndicales, les syndicats organisés par l'administration, les syndicats formés sans le concours de l'administration.

845. Les associations formées sans le concours de l'administration étaient en petit nombre. D'après un état joint à l'exposé des motifs de la loi de 1865, sur un nombre total de 2,475 associations syndicales, il n'y en avait que 234 qui se fussent constituées librement. On en comptait 153 dans le département de la Haute-Loire, et 30 dans le département des Bouches-du-Rhône. Elles avaient presque toutes pour objet l'irrigation des terres. La législation n'ayant établi aucune règle au sujet de ces associations libres, elles vivaient complétement sous l'empire du droit civil et des statuts que leurs membres avaient adoptés, et toutes les contestations qui s'élevaient soit entre leurs membres, soit entre la société et les tiers, étaient portées devant l'autorité judiciaire.

A l'occasion de contestations soumises à la justice, et dans lesquelles des associations de cette nature étaient intéressées, on avait posé la question de savoir si elles pouvaient plaider

par l'organe de leurs syndics ou administrateurs, ou, plutôt,
si leurs syndics n'étaient pas leurs représentants nécessaires.
La Cour de cassation avait jugé, en 1841, que l'assignation
donnée individuellement à chacun des membres de la société,
conformément à l'article 61 du code de procédure civile,
n'était pas nulle [1]. Toutefois, par un arrêt postérieur, elle
avait reconnu qu'une association d'arrosage, constituée sans
le concours de l'autorité publique, pouvait être représentée
en justice par ses syndics lorsqu'elle existait de temps immé-
morial, qu'elle avait fait des travaux d'intérêt général et
qu'elle avait toujours été représentée par ses syndics dans ses
rapports et ses contestations avec les tiers [2]. Mais, enfin, la
question était encore douteuse. Nous verrons bientôt qu'elle
a été tranchée par la loi nouvelle.

846. Quant aux associations organisées par l'administration, il y en avait de deux espèces : des associations forcées,
des associations volontaires.

C'étaient les associations forcées qui avaient été organisées
les premières. La loi du 16 septembre 1807, dans ses dispositions relatives au dessèchement des marais, avait prévu la
création de syndicats, tant pour défendre les intérêts des
propriétaires contre l'administration ou les concessionnaires
chargés d'exécuter les travaux de dessèchement, que pour
veiller à l'entretien de ces travaux après leur achèvement
(art. 7 et art. 26). Mais, ni dans le premier ni dans le second cas, on ne réunissait les propriétaires pour leur demander leur assentiment. Le syndicat était formé par l'administration ; les syndics même étaient nommés, non par les

---

[1] *Arr. Cassation*, 26 mars 1841 (*Fouque C. la compagnie des Pinchinats*). Sirey,
1841, I, p. 483.
[2] *Arr. Cassation*, 6 juillet 1864 (*Lieutaud*). Dalloz, 1864, I, p. 424.

intéressés, mais par le préfet. Les mêmes procédés s'appliquaient, en vertu des articles 33 et 34, aux travaux de digues
contre la mer, les fleuves, rivières et torrents.

Pour les travaux de curage des cours d'eau non navigables
ni flottables, la loi du 14 floréal an XI n'avait pas prévu l'organisation de syndicats; mais elle déléguait à des règlements
d'administration publique le soin de poser les règles nécessaires dans le cas où l'application des anciens usages et
anciens règlements soulèverait des difficultés, et, en outre,
à défaut d'usages et de règlements antérieurs. Or l'administration, qui, pendant un certain temps, avait cru pouvoir
faire exécuter ces travaux avec le concours des administrations municipales [1], avait pensé plus tard qu'il serait utile
de confier à des organes spéciaux, choisis parmi les intéressés,
le soin de veiller à la direction des travaux et à la répartition
des dépenses, surtout lorsque des travaux de redressement
des cours d'eau venaient se joindre à l'opération du curage [2].
La première pensée de l'administration paraît avoir été d'a-
mener les propriétaires, par voie de conseil, à former un
syndicat dont les administrateurs seraient nommés par le
préfet, sur la présentation d'une liste triple de candidats,
parmi les intéressés; mais bientôt la formation de l'association syndicale était devenue obligatoire pour les intéressés,
et la nomination des syndics avait été réservée exclusivement au préfet.

A côté de ces associations forcées, l'administration avait
admis la formation d'associations purement volontaires,
placées sous son patronage. Elle l'avait fait constamment
pour les travaux d'irrigation. La nature de ces travaux ne

---

[1] Voy. la circulaire du ministre de l'intérieur du 10 décembre 1837.
[2] Voy. la circulaire du ministre de l'intérieur en date du 18 mars 1839.

lui avait pas paru permettre ni la coercition de l'autorité publique, ni même la coercition d'une majorité de propriétaires. Nul ne pouvait être, malgré lui, engagé dans une association qui avait pour but, non pas de préserver d'un dommage, d'un péril commun, mais de faire acquérir une plus-value par une amélioration dont l'intérêt variait suivant les circonstances. Mais le patronage accordé par l'administration à ces associations purement volontaires n'était pas sans avantages pour elles; il leur conférait, d'après la jurisprudence de l'autorité judiciaire, la qualité de personne civile; il leur procurait en outre des moyens d'action plus rapides pour le recouvrement de leurs taxes et des subventions sur les fonds du Trésor.

847. Les associations syndicales étaient instituées, en général, par des actes du chef de l'État. C'était la règle posée par les articles 8 et 26 de la loi du 16 septembre 1807, pour les syndicats forcés relatifs aux travaux de desséchement des marais et d'endiguement. La même règle avait été posée par la jurisprudence du Conseil d'État pour les syndicats établis en vue du curage des cours d'eau non navigables[1]. C'était seulement pour les syndicats volontaires établis en vue de l'irrigation qu'on admettait qu'il appartînt aux préfets d'approuver l'association[2].

Mais le décret du 25 mars 1852, dit de décentralisation, avait notablement modifié ces règles. Étendant les attributions des préfets, il leur avait conféré, par les dispositions du tableau D (n°s 5 et 6) : 1° le pouvoir de réunir, s'il y avait lieu, les propriétaires intéressés au curage des cours d'eau

[1] *Arr. Cons.*, 20 janvier 1843 (*Bourmizien et autres*).
[2] Voy. les observations présentées par le ministre des travaux publics à l'occasion du décret sur conflit rendu le 31 janvier 1856 (*arrosants d'Eus et de Marquixanes*).

non navigables, en associations syndicales (il s'agissait là d'associations forcées); 2° le droit de constituer en associations syndicales les propriétaires intéressés à l'exécution et à l'entretien des travaux d'endiguement contre la mer, les fleuves, rivières et torrents navigables ou non navigables, de canaux d'arrosage ou de canaux de desséchement; seulement c'était à la condition que ces propriétaires seraient d'accord pour l'exécution des travaux et la répartition des dépenses. Dans ce second cas, il ne s'agissait que d'associations volontaires.

Les associations forcées ne pouvaient donc, dans aucun cas, sauf pour le curage, être constituées que par décret du chef de l'État, et ce décret devait être rendu, à peine de nullité, dans la forme des règlements d'administration publique, c'est-à-dire sur l'avis de l'assemblée générale du Conseil d'État[1].

Au moment où la loi du 21 juin 1865 a été rendue, il existait, d'après l'exposé des motifs, indépendamment des 234 associations librement constituées dont nous avons déjà parlé, 2,029 associations autorisées; 288 avaient été instituées par des ordonnances royales, 250 par des décrets, 1,491 par des arrêtés préfectoraux.

Il n'est pas inutile d'ajouter que 857 associations avaient pour objet des travaux d'endiguement, 804 des travaux de curage, d'assainissement et de desséchement, 750 des travaux d'irrigation, 64 des travaux de drainage, et que le montant des cotisations perçues en 1862, pour le compte des associations autorisées, dans la forme établie pour les contributions directes, s'était élevé à 4,271,925 francs.

---

[1] *Arr. Cons.*, 23 février 1861 (*Dubuc*), — 13 mars 1867 (*syndicat de Belleperche*), — 20 mai 1868 (*Carrieu*).

848. Quant à dire ici quelle était l'organisation intérieure des syndicats avant la loi de 1865, nous croyons que ce serait inutile. Nous aurons bientôt ·à exposer en détail les règles qui doivent être suivies sous l'empire de la nouvelle loi. Il nous paraît suffisant d'indiquer comme types deux décrets qui ont été insérés dans les *Annales des ponts et chaussées*, le décret du 6 mai 1854, relatif au desséchement des marais de la Naville (Nord), et le décret du 18 novembre 1854, relatif à la constitution du syndicat du canal d'irrigation de Cadenet (Vaucluse). Ce qu'il importe seulement de relever, c'est que les décrets constitutifs des associations contenaient toujours un nombre assez considérable d'articles pour régler la composition du syndicat ou agence administrative, les fonctions du directeur et du syndicat, le mode de procéder à suivre pour les délibérations. En outre, on remarque dans ces décrets que les syndics sont toujours choisis par le préfet, qui doit les prendre parmi les intéressés, et que les délibérations du syndicat ne sont exécutoires qu'après l'approbation du préfet, et dans certains cas, par exemple, pour les emprunts que l'association voudrait contracter, après l'approbation du Gouvernement.

849. Tel était l'état des choses lorsque la loi du 21 juin 1865 est intervenue.

Le but principal du législateur a été de coordonner et de préciser des règles qui, pour un grand nombre de points, ne se fondaient que sur la jurisprudence de l'administration. Il a maintenu et accentué la distinction entre les associations libres et les associations autorisées, et bien qu'il n'ait pas voulu consacrer les associations forcées, il les a implicitement laissées subsister. Il a soigneusement indiqué les cas dans lesquels les propriétaires intéressés étaient livrés à leur initiative, ceux dans lesquels ils pouvaient être contraints soit par la majorité de leurs cointéressés, soit même par l'autorité publique. Il a cherché à faciliter la formation et l'action des sociétés libres, et en même temps à simplifier les formes à suivre dans le cas où l'administration était appelée à intervenir. Il a donné aux associations autorisées des moyens d'action qui les placent dans les mêmes conditions que l'autorité publique.

L'étude de la nouvelle législation se divise naturellement en trois parties : régime des associations libres, — régime des associations autorisées, — action réservée à l'autorité administrative pour suppléer les associations syndicales dans le cas où l'intérêt public l'exigerait. Après avoir successivement étudié ces trois points, nous verrons les règles de compétence relatives à la matière.

§ 2. — DES ASSOCIATIONS LIBRES D'APRÈS LA LOI DE 1865

850. Nature de ces associations. — Ressemblances et différences des associations libres et des associations autorisées.

851. Travaux qu'elles peuvent entreprendre.

852. Comment elles se constituent. — Disposition spéciale à l'adhésion des incapables.

853. Avertissement à donner aux tiers.

854. Comment elles s'administrent.

855. Conditions de leur action.

856. De la conversion des associations libres en associations autorisées. — Conditions et conséquences de cette transformation.

850. La loi du 21 juin 1865 distingue deux espèces d'association : les associations libres et les associations autorisées (art. 2).

L'élément essentiel de la formation de ces associations, c'est le consentement des propriétaires intéressés. Seulement la différence capitale qui existe entre les uns et les autres, c'est que, pour les associations libres, le consentement de l'unanimité des membres de l'association est nécessaire, tandis que pour les associations autorisées, il suffit qu'une majorité se soit formée; la minorité doit subir la loi de la majorité.

Aussi on verra bientôt que les associations autorisées ne peuvent pas se constituer pour toutes les espèces de travaux d'intérêt collectif que peuvent entreprendre les sociétés libres; et, d'autre part, que les sociétés autorisées, une fois qu'elles sont constituées, jouissent de moyens d'action qui n'appartiennent pas aux sociétés libres.

Mais, qu'elles soient libres ou autorisées, les associations syndicales constituent, en vertu de la loi, des personnes morales. Elles peuvent, aux termes de l'article 3, « ester en justice par leurs syndics, acquérir, vendre, échanger, transiger, emprunter et hypothéquer. » Il n'y a donc pas lieu, pour les tiers qui contractent avec ces associations ou qui plaident contre elles, de rechercher individuellement chacun des propriétaires compris dans l'association; la société a une existence propre, et elle agit par l'organe de ses syndics. On sait qu'il n'y avait pas de difficultés à cet égard, avant la loi de 1865, pour les associations constituées par l'administration; mais la question était douteuse pour les associations libres, du moins pour celles qui n'avaient pas une longue existence. Il est utile qu'aucun doute ne puisse plus s'élever à ce sujet.

851. Quels sont les travaux que peuvent entreprendre les associations syndicales libres? La loi en fait l'énumération dans l'article 1er.

C'est d'abord l'exécution et l'entretien de travaux de défense contre la mer, les fleuves, les torrents et les rivières navigables ou non navigables; — 2° les travaux de curage,

approfondissement, redressement ou régularisation des canaux et cours d'eau non navigables ni flottables et des canaux
de desséchement et d'irrigation ; — 3° les travaux de desséchement des marais ; — 4° l'exécution et l'entretien des
étiers ou canaux destinés à introduire les eaux de la mer dans
les marais salants, et autres ouvrages nécessaires à l'exploitation de ces marais ; — 5° les travaux d'assainissement des
terres humides et insalubres, qui ne sont pas, à proprement
parler, des marais à dessécher ; — 6° les travaux d'irrigation
des terres et de colmatage, c'est-à-dire d'exhaussement de
bas-fonds par l'accumulation des limons charriés par les eaux ;
— 7° les travaux de drainage ; — 8° les chemins d'exploitation, c'est-à-dire les chemins qui appartiennent aux particuliers, et qui servent à l'exploitation de leurs terres ; il a été
bien entendu dans la discussion qu'on ne pouvait pas confier
à une association de particuliers le soin d'exécuter des travaux sur les chemins publics ruraux, qui, sans être classés
comme vicinaux, appartiennent néanmoins à la commune ; —
9° enfin toute amélioration agricole ayant un caractère d'intérêt collectif. Par ces derniers mots, « le législateur a voulu
laisser la voie ouverte à l'exécution de tous les travaux utiles
à l'agriculture, tels que fixation de dunes, construction de
ponts, ensemencement de landes, qui, par leur nature,
peuvent exiger le concours d'un certain nombre de propriétaires [1]. »

Nous n'avons pas ici à donner des détails techniques sur
les procédés par lesquels s'exécutent les différents travaux que
nous venons d'énoncer. Nous n'avons même pas besoin d'insister davantage sur cette énumération. Il suffit d'avoir indiqué
les différents buts que peuvent se proposer les associations syn-

[1] Circulaire du ministre des travaux publics en date du 12 août 1865.

dicales libres. Quand elles se forment en vue des travaux qui
viennent d'être énumérés, elles jouissent des bénéfices que la
loi leur a accordés. Nous reviendrons d'ailleurs sur les diverses espèces de travaux énoncés dans l'article 1ᵉʳ quand
nous aurons à indiquer quels sont ceux pour lesquels des associations autorisées, dans lesquelles la minorité est contrainte par la majorité, peuvent se former. Cette distinction
a, on le verra, un intérêt considérable.

852. Aux termes de l'article 5 de la loi, les associations
syndicales libres se constituent sans l'intervention de l'administration et par le consentement unanime des associés. Ce
consentement unanime doit être constaté par écrit. La loi
laisse les parties libres d'employer ou de ne pas employer le
ministère des notaires.

L'acte d'association spécifie le but de l'entreprise ; il règle
le mode d'administration de la société et les limites du
mandat confié aux administrateurs ou syndics.

Mais la constitution de la société pouvait présenter des
difficultés, quand, parmi les propriétaires intéressés, se trouvaient des incapables, des mineurs, des interdits, des absents.
La loi a voulu lever cette difficulté aussi bien pour les sociétés
libres que pour les sociétés autorisées, et elle a emprunté le
système établi dans l'article 13 de la loi du 3 mai 1841, pour
faciliter les cessions amiables en cas d'expropriation pour
cause d'utilité publique.

L'article 4 de la loi dispose que l'adhésion à une association syndicale est valablement donnée par les tuteurs,
par les envoyés en possession provisoire, et par tout représentant légal pour les biens des mineurs, des interdits, des
absents et autres incapables, après autorisation du tribunal
de la situation des biens, donnée sur simple requête en la

chambre du conseil, le ministère public entendu. Il ajoute que cette disposition est applicable aux immeubles dotaux et aux majorats.

La seule différence qui existe entre cet article et l'article 13 de la loi de 1841, c'est qu'il attribue compétence pour donner l'autorisation, non pas au tribunal du domicile des parties, mais au tribunal de la situation des biens. Cette modification s'explique aisément. En matière d'expropriation, l'acte de l'autorité publique qui a été rendu ne permet pas la discussion; la décision du tribunal n'est qu'une simple formalité. Ici, au contraire, quand il s'agit d'adhérer à une association syndicale autorisée et surtout à une association libre, il faut peser les avantages et les inconvénients du projet de travail. Le tribunal de la situation des biens était mieux placé qu'un autre pour faire cette appréciation dans l'intérêt des incapables.

853. La loi, tout en facilitant la constitution des associations libres, a dû veiller aussi à ce que les intérêts des tiers ne fussent pas compromis. Il faut que les tiers qui auront à contracter individuellement avec les membres de la société sachent quels sont les propriétaires engagés dans la société et quelles sont les charges qu'ils ont assumées, et qui doivent peser sur leurs immeubles.

Aussi l'article 6 porte qu'un extrait de l'acte d'association devra, dans le délai d'un mois, à partir de sa date, être publié dans un journal d'annonces légales de l'arrondissement, ou, s'il n'en existe aucun, dans l'un des journaux du département. Cet extrait doit également être transmis au préfet et inséré dans le recueil des actes de la préfecture.

L'article 7 dispose en outre, à titre de sanction de la règle posée dans l'article 6, que, à défaut de publication dans un journal d'annonces légales (le défaut d'insertion dans le recueil des actes de la préfecture n'aurait pas les mêmes conséquences), l'association ne jouira pas du bénéfice de l'article 3, c'est-à-dire qu'elle n'aura pas la qualité de personne morale pouvant contracter et agir en justice par ses syndics.

Toutefois l'article ajoute que l'omission de cette formalité ne pourra pas être opposée aux tiers par les associés. Ils ne seraient pas fondés à se prévaloir de leur négligence pour échapper aux engagements contractés par l'association.

854. Les sociétés libres s'administrent dans les conditions fixées par l'acte d'association. La loi n'avait évidemment rien à dire de plus. L'acte d'association, porte l'article 5, règle le mode d'administration de la société et fixe les limites du mandat confié aux administrateurs ou syndics; il détermine les voies et moyens nécessaires pour subvenir à la dépense, ainsi que le mode de recouvrement des cotisations.

Quelles sont les mesures que devraient adopter à cet égard les sociétés libres ? Elles peuvent utilement s'inspirer de l'expérience des syndicats autorisés, des dispositions des articles 20 à 24 de la loi nouvelle et de la pratique des sociétés commerciales, en combinant trois éléments : l'assemblée générale des intéressés, un conseil d'administrateurs ou syndics, élu par cette assemblée, lui faisant des propositions pour les questions importantes et lui rendant des comptes; un directeur, choisi par le conseil d'administration, préposé à la surveillance journalière des intérêts de l'association [1].

855. Quant aux conditions de l'action des associations libres, elles peuvent s'indiquer d'un seul mot. La loi a voulu fa-

---

[1] Nous ne croyons pas inutile de reproduire les indications que donne à ce sujet M. Godoffre, chef de division à la préfecture de la Haute-Garonne, l'un des rédacteurs du *Journal du droit administratif*, dans la première étude approfondie qui ait été publiée sur la loi du 21 juin 1865, sous ce titre : *Des associations syndicales ; leur régime*

voriser ces sociétés en leur donnant le caractère de personnes civiles, mais elle ne leur a donné aucun autre privilége : elle les laisse agir dans les conditions du droit civil, comme de sim-. ples particuliers. Il n'est pas possible de se méprendre à cet égard, et la circulaire du ministre des travaux publics, en date du 12 août 1865, le rappelle en termes exprès : « Les associations syndicales libres, formées par application des articles 5, 6 et 7, jouissent du bénéfice des articles 3 et 4 qui leur confèrent sans doute des droits importants ; mais elles n'en conservent pas moins leur caractère de sociétés privées. Ainsi, soit pour le recouvrement des cotisations, soit pour le jugement des contestations relatives à la répartition et à la perception des taxes, soit pour l'acquisition de terrains ou l'établissement de servitudes, elles restent placées sous le régime du droit commun, et ne disposent d'aucun des moyens d'action que peut conférer l'intervention de l'autorité publique. »

856. Mais la loi leur permet de se transformer, en vue d'acquérir les priviléges accordés aux sociétés autorisées. Aux termes de l'article 8, les associations syndicales libres

---

avant et depuis la loi du 21 *juin* 1865. « Si nous étions appelé à signer comme associé un acte de cette nature, nous insisterions pour obtenir les garanties suivantes :

« 1° Les syndics seraient choisis par l'assemblée générale des associés, nommés pour trois ans et renouvelés par tiers tous les ans.

« 2° Le projet d'ensemble des travaux avec les divers plans, profils, etc.; — les emprunts, les procès et les transactions, — la répartition de la dépense, — les budgets et les comptes seraient soumis à l'assemblée générale, et approuvés par elle.

« 3° Le trésorier, receveur ou caissier, serait choisi par l'assemblée générale sur la proposition des syndics ; cette assemblée déterminerait ses remises et le montant de son cautionnement.

« 4° Les assemblées générales seraient convoquées deux fois par an, dix jours au moins à l'avance, tant par la voie du principal journal du département que par des lettres individuelles remises à domicile. » (p. 145.)

On consultera aussi avec profit le modèle d'acte d'association libre inséré par M. de Passy, ingénieur en chef des ponts et chaussées, dans son *Étude sur le service hydraulique,* que nous avons déjà signalée et sur laquelle nous reviendrons Dans ce modèle (page 501 de la 2° édition), M. de Passy paraît d'accord avec M. Godoffre sur les points essentiels.

peuvent être converties en associations autorisées par un arrêté préfectoral. Elles jouissent, dès lors, des avantages accordés à ces associations par les articles 15, 16, 17, 18 et 19.

Pour opérer cette transformation, il n'est plus besoin du consentement unanime des associés, qui avait été nécessaire pour la constitution même de la société. La loi dispose qu'il suffit d'une délibération prise par l'assemblée générale, conformément à l'article 12; c'est-à-dire d'une délibération de la majorité spéciale prévue par cet article, la majorité des intéressés représentant les deux tiers de la superficie des terrains, ou les deux tiers des intéressés représentant plus de la moitié de la superficie. Toutefois la loi réserve le cas où l'acte d'association contiendrait des dispositions contraires, et aurait, soit interdit la transformation en association autorisée, soit exigé le consentement d'une majorité autre que celle qui est prévue par l'article 12.

Il est d'ailleurs essentiel de remarquer que cette transformation d'une société libre en société autorisée ne permettra pas à la société nouvelle de faire entrer, malgré eux, dans l'association des propriétaires qui auraient voulu se tenir à l'écart, à moins que les travaux ne fussent de nature à permettre la constitution d'une société autorisée ayant le droit de contraindre la minorité. Ainsi, une société libre, formée pour l'irrigation des terres, ne pourrait pas, en se transformant, imposer à des propriétaires, qu'elle prétendrait intéressés à son œuvre, l'obligation de contribuer au payement des travaux et d'arroser leurs terrains. Le seul effet de la transformation est celui qu'indiquent les derniers mots de l'article 8. Les sociétés libres restent composées, comme elles l'étaient au début, des membres qui ont donné leur consentement. Elles ne peuvent se recruter que d'adhérents volontaires. Mais elles jouissent des avantages accordés aux sociétés autorisées pour l'exécution des travaux et le recouvrement des taxes par les articles 15, 17 et 18, et, de plus, les règles de compétence posées par les articles 15, 16 et 19, qui dérogent au droit commun, leur deviennent applicables.

§ 3. — DES ASSOCIATIONS AUTORISÉES D'APRÈS LA LOI DE 1865

I. — COMMENT ELLES SE CONSTITUENT.

857. Travaux pour lesquels une association autorisée peut être constituée.
858. Des formalités préliminaires à la constitution de l'association. — Enquête. — Assemblée générale.
859. Décision du préfet. — Recours ouverts contre sa décision.
860. Du droit de délaissement des terrains accordé aux propriétaires dissidents.
861. Du délai passé lequel les propriétaires ne peuvent plus contester leur qualité d'associé.

II. — COMMENT ELLES SONT ADMINISTRÉES.

862. Principes généraux.
863. Bases de la constitution de l'assemblée générale.
864. Règles relatives à la nomination des syndics et du directeur.
865. Lacunes de la loi du 21 juin 1865 relativement à l'administration des associations autorisées. Moyens de les combler.
866. Règles relatives à l'organisation et au mode de procéder du syndicat.
867. Intervention des propriétaires intéressés dans l'administration.
868. Attributions des syndics.
869. Attributions du directeur.
870. Attributions de l'autorité supérieure. Cas où les actes du syndicat ont besoin d'être approuvés.

III. — QUEL EST LEUR MODE D'ACTION.

871. Assimilation des travaux entrepris par ces associations à des travaux publics.
872. De l'expropriation des terrains nécessaires aux travaux.
873. De l'assiette et du recouvrement des taxes et cotisations. — Règles générales.
874. Opérations préliminaires relatives à l'assiette des taxes.
875. Publication de l'état de répartition des dépenses, et du projet de rôle.
876. Conséquences et limites de l'assimilation des taxes aux contributions

directes en ce qui touche le recouvrement. — Publication des rôles. — Règles relatives à la perception des taxes et à l'instruction des réclamations.

877. De l'apurement des comptes des receveurs d'associations syndicales autorisées.

857. Le caractère propre des associations autorisées, c'est qu'elles se forment par le consentement, non plus de l'unanimité, mais de la majorité des propriétaires intéressés, avec l'approbation de l'administration. Quand l'accord s'est établi entre la majorité des intéressés et l'administration, la minorité des propriétaires doit céder. La loi leur réserve seulement, dans certains cas, le droit de se soustraire aux charges de l'association en délaissant leur terrain.

Il suit de là que la loi ne pouvait pas autoriser la formation des associations syndicales autorisées pour tous les travaux qui peuvent faire l'objet d'une société libre. Elle ne pouvait, d'après les principes que nous avons déjà énoncés, exercer de contrainte sur les intéressés que pour les cas où il s'agit de les préserver d'un dommage.

Aussi, d'après l'article 9, c'est seulement pour les travaux spécifiés dans les nos 1, 2, 3, 4 et 5 de l'article 1er que des associations autorisées peuvent être constituées. Revenons en quelques mots sur cette énumération.

En premier lieu, nous avons à mentionner les travaux de défense contre la mer, les fleuves, les torrents et les rivières navigables ou non navigables. La décision du législateur sur ce premier point se justifie facilement. Il est évident que des travaux d'endiguement seraient complétement inutiles, s'ils n'étaient pas faits sur l'ensemble des propriétés riveraines.

En second lieu, nous trouvons les travaux de curage, approfondissement, redressement et régularisation des canaux et cours d'eau non navigables ni flottables, et des canaux de desséchement et d'irrigation. Ces travaux sont nécessaires

pour éviter les débordements des petites rivières, la transformation des prairies en marécages, et ils ne peuvent avoir
de résultats utiles que s'ils sont exécutés d'un bout à l'autre
d'un cours d'eau. La coaction de la majorité est donc justifiée.

Dans la discussion de la loi au Corps législatif, on a soutenu que le droit de coaction ne devait s'exercer contre les
intéressés que pour les travaux de curage proprement dit,
conformément aux termes de la loi du 14 floréal an XI.
Mais il a été établi que la pratique de l'administration, même
dans la période la plus voisine de la promulgation de la loi
de l'an XI, avait toujours considéré l'approfondissement, le
redressement et la régularisation des cours d'eau non navigables comme un complément nécessaire du curage. Seulement on a ajouté que toutes les opérations, qui ne rentraient
pas dans le curage proprement dit, ne pouvaient être autorisées que par un décret impérial rendu en Conseil d'État. Nous
n'avons pas ici à insister sur ce point, que nous retrouverons
en étudiant la matière du curage. Mais nous devions signaler
l'étendue des travaux que peuvent faire, à l'occasion du curage
des cours d'eau non navigables, des associations autorisées.

Le troisième paragraphe de l'article 1er concerne le desséchement des marais. C'est une œuvre intéressant non-seulement l'agriculture, mais la salubrité publique.

Nous avons déjà expliqué ce que sont les étiers et ouvrages
nécessaires à l'exploitation des marais salants, travaux désignés dans le n° 4 de l'article 1er.

Enfin la dernière catégorie de travaux, qui peuvent donner
lieu à la formation d'associations autorisées, comprend les
travaux d'assainissement des terres humides et insalubres,
dont l'humidité entraîne l'insalubrité.

Mais quant aux travaux d'irrigation, de colmatage, de

drainage, de chemins d'exploitation et de toute autre amélioration agricole ayant un caractère d'intérêt-collectif, ils ne peuvent donner lieu qu'à la formation d'associations libres.

Nous devons toutefois relever, en ce qui concerne le colmatage, une observation utile, qui a été présentée par M. Nadault de Buffon, ingénieur en chef, dans son *Traité des submersions fertilisantes*, comprenant les travaux de colmatage et limonage. L'auteur, qui a une expérience particulière de ces travaux, fait remarquer que le colmatage peut avoir deux buts très-différents. Tantôt il consiste à couvrir des terrains infertiles, tels que des sables ou graviers, avec des limons entraînés par les eaux courantes, et, dans ce cas, il ne constitue qu'une amélioration, une conquête, pour laquelle la coaction ne serait pas justifiée. Mais, dans d'autres cas, il est employé pour exhausser des bas-fonds habituellement immergés et réduits par cette immersion à l'état de marais ou de terres humides et insalubres ; il constitue, par suite, un procédé de desséchement ou d'assainissement et pourrait être employé par une association autorisée. C'est donc au but du colmatage qu'il faut s'attacher pour apprécier s'il rentre dans les travaux des associations autorisées.

858. Voyons maintenant comment se constitue la société autorisée.

L'initiative est prise, d'après l'article 9, par un ou plusieurs des intéressés, ou bien par le préfet, dont l'attention a pu être éveillée par les ingénieurs des ponts et chaussées.

Le préfet, d'office, ou sur la demande des intéressés, soumet à une enquête le projet d'association et ses diverses bases, à savoir les plans, avant-projets et devis des travaux, ainsi que le projet d'association. Le projet d'association spécifie le but de l'entreprise et détermine les voies et moyens nécessaires pour subvenir à la dépense. Le plan indique le périmètre des terrains intéressés et est accompagné de l'état des propriétaires de chaque parcelle (art. 10).

Les plans sont dressés, soit par les ingénieurs des ponts et chaussées, soit par d'autres hommes de l'art. La loi est muette à ce sujet, et c'est avec intention. Le rapport fait au nom de la commission du Corps législatif s'en est formellement expliqué. Tout en rendant hommage aux lumières des ingénieurs, on n'a pas voulu constituer un monopole à leur profit. Les travaux ne seront d'ailleurs pas toujours assez importants pour justifier leur intervention.

La loi avait délégué à un règlement d'administration publique le soin de déterminer les formes de l'enquête. Ce règlement est intervenu à la date du 17 novembre 1865.

L'enquête a été simplifiée autant que possible. Les intéressés sont avertis du dépôt des pièces à la mairie de la commune ou d'une des communes sur le territoire desquelles les travaux doivent être exécutés. Des registres sont ouverts pendant vingt jours. A l'expiration de l'enquête, un commissaire désigné par le préfet reçoit, pendant trois jours, les déclarations des intéressés et donne son avis sur le projet. Mais ce qu'il y a de saillant dans ce décret, c'est qu'il exige que l'on ne se borne pas à des avertissements collectifs par voie d'affiches et de publications à son de caisse ou de trompe; l'article 5 prescrit qu'une notification individuelle, invitant les propriétaires à déclarer s'ils consentent à concourir à l'entreprise, doit leur être faite dans les cinq jours qui suivent 'ouverture de l'enquête. En cas d'absence des propriétaires, la notification est faite aux représentants des propriétaires ou à leurs fermiers et métayers, et, à défaut de représentants ou fermiers, elle est laissée à la mairie.

Après l'enquête, les intéressés sont convoqués pour délibérer sur le point de savoir s'ils veulent former une association. L'article 11 de la loi règle soigneusement les formalités à suivre. D'après l'article 11, le préfet nomme le président de l'assemblée générale, sans être tenu de le choisir parmi les membres de l'assemblée. On a pensé qu'un homme impartial pouvait, dans certains cas, être mieux placé pour amener les intéressés à un accord. Un procès-verbal constate la présence des intéressés et le résultat de la délibération. Il est signé par les membres présents et mentionne l'adhésion de ceux qui ne savent pas signer. Les intéressés absents peuvent envoyer leur consentement par écrit. L'acte qui le constate est annexé au procès-verbal. Quant à l'adhésion des incapables, elle est donnée dans les formes établies par l'article 4, que nous avons déjà expliqué en traitant des sociétés libres.

Cette délibération peut avoir deux résultats opposés. Elle peut ne pas amener la constitution d'une majorité décidée à entreprendre le travail soumis à l'enquête. Dans ce cas, le projet est laissé de côté, à moins qu'on ne soit dans un des cas où l'administration peut suppléer à l'action des intéressés, comme nous le verrons plus tard.

Mais il peut se former une majorité. Nous avons déjà indiqué, à propos de l'article 8, que c'est une majorité spéciale, dans laquelle le législateur a voulu combiner l'importance des intérêts avec le nombre des propriétaires. Il faut, d'après l'article 12, la majorité des intéressés, représentant au moins les deux tiers de la superficie des terrains, ou les deux tiers des intéressés représentant plus de la moitié de la superficie.

859. Le projet revient au préfet. Il peut, selon les cas, autoriser l'association ou refuser l'autorisation.

Dans le cas où le préfet autoriserait l'association, la loi a

voulu ménager aux dissidents et aux tiers qui prétendraient
que les travaux sont inutiles ou dangereux, un recours devant le chef de l'État. Il s'agit, bien entendu, d'un recours
par la voie administrative.

L'arrêté du préfet, avec un extrait de l'acte d'association,
est publié par voie d'affiches dans les communes, et par
insertion au recueil des actes de la préfecture (art. 12, § 2).

Aux termes de l'article 13, les propriétaires intéressés et
les tiers peuvent déférer l'arrêté du préfet au ministre des
travaux publics dans le délai d'un mois à partir de l'affiche.
Le recours est déposé à la préfecture et transmis, avec le
dossier, au ministre, dans le délai de quinze jours. Il est
statué par un décret rendu en Conseil d'État [1].

Si le préfet refuse l'autorisation, son arrêté de refus doit
être publié de la même manière, et le même recours est
ouvert à ceux qui avaient pris l'initiative du projet et à tous
autres intéressés (art. 12 et 13).

Du reste, ce recours par la voie hiérarchique ne ferait pas
obstacle, dans notre opinion, au recours qui pourrait être
formé devant le Conseil d'État, pour excès de pouvoir, contre
l'arrêté du préfet et le décret impérial lui-même.

860. Mais ce n'est pas assez. La loi a voulu accorder aux
dissidents une faculté plus considérable. C'est le droit de
délaisser leurs terrains.

Aux termes de l'article 14, s'il s'agit de travaux spécifiés
aux numéros 3, 4 et 5 de l'article 1er, les propriétaires qui
n'auront pas adhéré au projet d'association, pourront, dans
le délai d'un mois, ci-dessus déterminé, déclarer à la pré-

---

[1] La rédaction de cet article, qui a été remaniée dans la discussion au Corps législatif, est évidemment vicieuse. Il semble que le recours soit formé devant le ministre
des travaux publics, et cependant il est statué par décret de l'Empereur. Le ministre
n'est donc qu'un intermédiaire.

fecture qu'ils entendent délaisser, moyennant indemnité, les terrains leur appartenant et compris dans le périmètre. Il leur sera donné récépissé de la déclaration.

Deux points sont à signaler dans cet article. D'abord, le droit de délaissement ne s'applique qu'aux travaux énumérés dans les numéros 3, 4 et 5, c'est-à-dire aux travaux de desséchement des marais, des étiers et autres ouvrages nécessaires à l'exploitation des marais salants, et enfin d'assainissement des terres humides et insalubres.

Quant aux travaux d'endiguement et de curage, compris dans les numéros 1 et 2, ils sont considérés comme tellement nécessaires, que le législateur n'a pas cru possible de les laisser entraver par l'exercice de ce droit. Du reste, cette restriction n'a pas été adoptée sans difficultés.

Ajoutons que le propriétaire qui délaisse son terrain a droit à une indemnité. Cette indemnité est réglée conformément à l'article 16 de la loi du 21 mai 1856, c'est-à-dire par un jury composé de quatre membres au lieu de douze, et présidé par le juge de paix. Nous avons exposé, en traitant de l'expropriation, les débats auxquels a donné lieu cette disposition [1].

Les terrains ainsi délaissés par leurs propriétaires, et acquis par les associations, seraient difficiles à exploiter pour le compte de l'association. Dans sa circulaire du 12 août 1865, le ministre des travaux publics donne le conseil de les vendre, en imposant aux acquéreurs la charge de participer aux frais des travaux, comme tous les autres associés.

864. Enfin, l'article 17 pose une dernière règle relative à la constitution de l'association. Nul propriétaire, compris

---

[1] Voy. tome II, p. 352.

dans l'association, ne peut, après le délai de quatre mois à partir de la notification du premier rôle des taxes qui doivent être imposées aux intéressés pour le payement des travaux, contester sa qualité d'associé ou la validité de l'association.

Il est à remarquer que la loi exige ici une notification individuelle de l'extrait du premier rôle; il doit être dressé procès-verbal de cette notification, si le propriétaire ne donne pas un récépissé.

862. Comment les associations syndicales ainsi constituées sont-elles administrées?

Le projet de loi présenté au Corps législatif ne contenait aucune règle sur ce point, mais le dernier article portait que : «un règlement d'administration publique déterminerait les dispositions nécessaires pour l'exécution de la loi, notamment ce qui concerne le mode de représentation de la propriété et des divers intérêts dans les assemblées générales,... la nomination et les attributions des syndics,... l'exécution et la réception des travaux. »

Mais la commission du Corps législatif chargée d'examiner le projet de loi a pensé que plusieurs des points pour lesquels on proposait de renvoyer à un règlement d'administration publique avaient une telle importance, qu'ils devaient être réglés par le législateur. Dans le rapport présenté au nom de la commission, M. Sénéca indique qu'elle a cherché à réa·liser quatre principes fondamentaux, en laissant aux parties intéressées le soin de les appliquer dans le détail, suivant les nécessités des situations diverses.

Ces quatre principes sont : — « 1° l'intérêt dans l'association dérive de la propriété; — 2° la représentation de la propriété doit être proportionnée à l'intérêt; — 3° le choix des syndics doit régulièrement appartenir à l'assemblée gé-

néral des intéressés; — 4° l'action des syndics doit être
libre, . auf l'intérêt public. »

Les articles 20 à 24 de la loi posent en effet les bases de
l'organisation des sociétés, en réglant d'abord la constitution
des assemblées générales des intéressés, puis la nomination
des syndics ou délégués chargés d'agir pour la société.

863. L'article 20 règle la constitution de l'assemblée générale.

Tous les propriétaires ne font pas partie de l'assemblée
générale, parce qu'il a fallu proportionner la représentation
à l'intérêt engagé; cependant, il y a aussi une limite à l'application de ce principe.

L'acte d'association détermine le minimum d'intérêt qui
donne le droit de faire partie de l'assemblée générale. Les
propriétaires exclus de l'assemblée par le peu d'importance
de leurs intérêts peuvent se grouper pour avoir une voix.
La loi dit même qu'ils peuvent se réunir pour se faire représenter à l'assemblée générale par un ou plusieurs d'entre eux
en nombre égal au nombre de fois que le minimum d'intérêt
se trouve compris dans leurs parcelles réunies.

D'autre part, l'acte d'association détermine le maximum
de voix qui peut être attribué à un seul propriétaire, ainsi
que le nombre de voix attaché à chaque usine d'après son
importance et le maximum de voix attribué aux usiniers
réunis.

864. Les articles 21, 22 et 23 sont relatifs à la nomination des syndics. La loi prévoit les différentes combinaisons
nécessaires pour que les délégués de l'association repré-
sentent les divers intérêts en jeu, ceux des propriétaires de
prairies, ceux des propriétaires d'usines, enfin, ceux de l'État,
du département ou de la commune, dans le cas où l'État, le

département ou la commune concourent à l'exécution des travaux en donnant une subvention.

C'est l'acte constitutif de l'association qui détermine le nombre des syndics, leur répartition, s'il y a lieu, entre les diverses catégories d'intéressés et la durée de leurs fonctions (art. 21).

Aux termes de l'article 22, les syndics sont élus par l'assemblée générale parmi les intéressés. S'il y a diverses catégories d'intéressés, la liste d'éligibilité est divisée en séries correspondantes. Toutefois, si l'assemblée générale, après deux convocations, ne s'était pas réunie ou n'avait pas procédé à l'élection des syndics, ils seraient nommés par le préfet.

· L'article 23 donne encore au préfet le droit de désigner des syndics, dans le cas où l'État, le département ou la commune auraient donné une subvention pour concourir aux travaux. Le nombre de ces syndics doit être proportionné à la part que la subvention représente dans l'ensemble de l'entreprise.

D'après l'article 24, c'est aux syndics à élire parmi eux un directeur et, s'il y a lieu, un adjoint qui remplace le directeur en cas d'absence ou d'empêchement. Le syndic et l'adjoint sont toujours rééligibles.

Voilà toutes les règles que contient la loi du 21 juin 1865 sur le mode d'administration des associations syndicales autorisées.

865. Mais ces règles ne sont pas suffisantes pour la marche de l'administration des associations syndicales. Il y a des points très-importants qui n'ont pas été réglés : les uns qui concernent les intérêts des associés, les autres qui touchent à l'intérêt public.

Ainsi la loi prévoit le cas d'absence ou d'empêchement du directeur (art. 24), et lui fait donner pour ce cas un adjoint. Elle ne prévoit pas le cas d'absence ou d'empêchement des syndics, et n'indique pas [qu'il sera nommé des suppléants pour y pourvoir. Elle n'indique pas par qui, comment, dans quel cas, les syndics sont convoqués; quelles sont les conditions de leurs délibérations; s'ils devront être tous présents pour prendre une délibération valable, ou s'il suffira d'un certain nombre de membres. Elle ne dit pas ce qui devra être fait si des syndics désignés, sans donner leur démission, s'abstenaient constamment de prendre part aux délibérations. Voilà une première série de lacunes.

Il y a une deuxième série de lacunes plus graves encore.

La loi constitue une assemblée générale des intéressés, des syndics, un directeur. Elle ne dit pas quels sont leurs pouvoirs; quelle est la part de chacun d'eux dans l'administration.

Elle ne dit pas non plus quel est le rôle de l'autorité supérieure.

La loi a-t-elle entendu s'en rapporter exclusivement sur ces divers points aux intéressés? Il est difficile d'admettre que son silence ait cette signification, surtout en présence de traditions très-anciennes qui s'étaient établies en sens contraire. On peut se demander si le chef de l'État aurait le droit, en vertu des pouvoirs que lui confère la constitution, de faire un règlement d'administration publique pour combler les lacunes de la loi sur ce point. La question serait controversable à raison de ce que le projet de loi contenait une demande de délégation qui a été écartée. Nous croyons que, en tous cas, l'autorité publique à laquelle une association syndicale s'adresse pour obtenir l'autorisation, qui emporte avec elle des priviléges considérables, a le pouvoir de poser, dans l'acte par lequel elle donne cette autorisation, les règles nécessaires pour la marche de la société et pour la sauvegarde de l'intérêt public.

C'est en ce sens que la pratique s'est établie depuis la promulgation de la loi. Au moment où elle a été mise à exécution, le Conseil d'État était saisi d'un certain nombre de projets de décret qui constituaient dés associations syndicales autorisées et déclaraient d'utilité publique les travaux entrepris par ces associations. Après une étude approfondie, il a remanié, pour les mettre d'accord avec les termes et l'esprit de la nouvelle loi, les règles relatives à la marche de ces associations et a tranché, par des dispositions expresses, toutes les questions que la loi avait laissées sans solution[1].

Mais comme, d'après la nouvelle loi, c'est aux préfets qu'il appartient de constituer les associations syndicales autorisées, sauf le cas de réclamations de la part des intéressés, il fallait que les règles, qu'on ne croyait pas pouvoir établir dans un règlement général applicable à tout l'empire, fussent indiquées dans des modèles d'arrêté auxquels les préfets n'auraient eu qu'à se référer dans chaque cas. Le ministre des travaux publics avait constitué une commission pour rédiger des modèles d'arrêté applicables à chacune des espèces de travaux qui peuvent faire l'objet d'une association syndicale autorisée.

Cette commission a fait son travail ; mais aucune instruc-

---

[1] Nous avons consulté, aux archives du Conseil d'État, trois projets de décret adoptés le 31 janvier 1866, et relatifs, le premier à la Société du canal d'irrigation du Pont-du-Fossé (Hautes-Alpes), le second à la Société du canal d'irrigation d'Arboux et des Gourrèdes (Var), le troisième à la Société constituée pour l'entretien des travaux de dessé-chement des marais de la haute Deule (Nord). Il nous a paru utile de reproduire, dans un *Appendice* (II), le texte premier de ces trois décrets qui a été signé le 7 avril 1866.

tion ministérielle n'en a officiellement fait connaître les résultats. Seulement le secrétaire de la commission, M. de Passy, ingénieur en chef des ponts et chaussées, paraît avoir été autorisé à publier, à titre de renseignements, dans son *Étude sur le service hydraulique*, les modèles qui avaient été adoptés et dont il discute lui-même certaines dispositions.

C'est en nous inspirant de ces divers éléments que nous chercherons à indiquer comment doivent être comblées les lacunes de la loi au sujet de l'organisation et du fonctionnement des associations syndicales.

Nous verrons que l'on a emprunté un certain nombre de dispositions à la loi du 5 mai 1855 et à celle du 18 juillet 1857 sur l'organisation et l'administration municipales. Il y a, en effet, une certaine analogie entre les communes et les associations syndicales. Les unes et les autres sont des communautés territoriales. Les associations syndicales ont, il est vrai, un but plus limité : la communauté est restreinte à un objet spécial et la circonscription est différente. Mais on est assez fondé à caractériser les associations syndicales en disant que ce sont des communes spéciales. Il s'ensuit qu'il est raisonnable de poser, pour l'organisation et la marche des syndicats, des règles analogues à celles qui ont été établies pour les communes, en les appropriant à la spécialité du rôle des syndicats.

866. Ainsi, dans le décret relatif à l'association syndicale du canal d'irrigation du Pont du fossé, en date du 7 avril 1866, que nous avons déjà signalé, voici les mesures qui ont été prises pour assurer la marche régulière du syndicat.

Le syndicat est convoqué et présidé par le directeur et, en cas d'absence, par le directeur adjoint. Il se réunit, soit en vertu de l'initiative du directeur, soit sur la demande de deux membres, soit sur l'invitation directe du préfet (art. 9).

Les délibérations sont prises à la majorité des membres présents. En cas de partage, la voix du président est prépondérante.

Il doit y avoir un minimum de membres dont la présence est nécessaire pour la validité des délibérations. Dans le décret précité, on l'a fixé à 5 membres sur 9.

Néanmoins on ajoute que si, après deux convocations faites à trois jours d'intervalle, et dûment constatées, les syndics ne se sont pas réunis en nombre suffisant, la délibération est valable, quel que soit le nombre des membres présents (art. 10).

Enfin tout membre du syndicat qui, sans motifs reconnus légitimes, aura manqué à trois convocations successives, pourra être déclaré démissionnaire par le préfet (art. 11).

On ajoute que des suppléants doivent être désignés pour remplacer les syndics en cas d'absence (art. 5).

Voilà comment la première partie des lacunes de la loi peut être comblée[1].

867. Quant aux droits des intéressés réunis en assemblées générales ou isolément, aux pouvoirs du syndicat, du directeur, de l'autorité supérieure, voici comment la part de chacun est habituellement faite.

Les intéressés se sont déjà prononcés au moment de la constitution de l'association sur les questions essentielles. L'acte d'association soumis à l'enquête, et auquel la majorité a déjà adhéré, a déterminé les bases de la composition de l'assemblée générale, le nombre des syndics à nommer, leur répartition entre les différentes catégories d'intéressés et la durée de leurs fonctions. Il a déterminé aussi les bases de la

---

[1] Il y a des dispositions semblables dans les modèles publiés par M. de Passy.

répartition des dépenses de l'entreprise. Les plans et devis des travaux ont été soumis à l'enquête à la suite de laquelle l'association a été constituée.

Par conséquent, le rôle de l'assemblée générale représentant les intéressés doit se borner à peu près exclusivement au choix des syndics qui devront exécuter les mesures adoptées en principe.

Toutefois l'article 13 du décret précité et une disposition semblable des modèles publiés par M. de Passy réservent en outre, à l'assemblée générale, l'approbation des emprunts votés par les syndics : il y a là, en effet, une mesure grave qui engage l'avenir financier de la société.

D'autre part, les intéressés, isolément, ont le droit de surveiller leurs syndics, en prenant communication des délibérations du syndicat (art. 12), du compte annuel de l'exécution des travaux (art. 36), et du projet de budget annuel de l'association, qui doit être affiché pendant quinze jours (art. 37). Ces mesures sont-elles suffisantes? N'y aurait-il pas lieu d'exiger, en outre, un compte rendu annuel à l'assemblée générale des intéressés, au moment de l'élection des syndics ?

868. Quant aux syndics et au directeur, leur part respective d'attributions est déterminée ainsi qu'il suit. Il ne serait pas exact de dire que l'assimilation est complète entre la commune et l'association syndicale à ce point de vue ; de dire que les syndics ont la délibération, comme le conseil municipal, et le directeur, l'exécution comme le maire. Le syndicat est à la fois pouvoir délibérant et agence collective pour certains actes.

Ainsi il doit toucher à quatre points : à des questions de personnel, de travaux, de finances, de procès.

En ce qui concerne le personnel, il peut y avoir lieu de

désigner des experts pour fixer les bases de la répartition des dépenses d'après l'intérêt de chaque propriété aux travaux ; c'est le syndicat qui désigne les experts (art. 13). Il désigne l'homme de l'art sous la direction duquel s'exécutent les travaux (art. 32). Il décide si l'association aura un caissier particulier ou si elle confiera au percepteur des contributions directes le maniement de ses fonds. Il peut y avoir à nommer des gardes pour surveiller la manœuvre des prises d'eau, par exemple, en cas d'irrigation, et empêcher la dégradation des ouvrages. C'est lui qui les nomme (art. 46).

Pour les travaux, il approuve les projets ; il décide le mode d'exécution ; il charge un de ses membres de les surveiller, de concert avec le directeur (art. 32). Il délibère sur les acquisitions de terrains nécessaires pour l'exécution des travaux.

Pour les finances, il règle le budget, contracte les emprunts, reçoit le compte administratif du directeur et le compte en deniers du trésorier de l'association, et prépare le rôle de répartition des dépenses entre les intéressés (art. 13).

Pour les procès, il décide s'il y a lieu d'intenter ou de soutenir des procès au nom de l'association syndicale (art. 7).

869. La part de pouvoir exécutif laissée au directeur est, par conséquent, sensiblement réduite.

Le directeur a la surveillance générale des intérêts de l'association, la conservation des registres, papiers et plans; il convoque et préside le syndicat et l'assemblée générale, il représente l'association en justice, en vertu des délibérations du syndicat (art. 7), il assiste aux adjudications de travaux ; il doit signer les marchés quand ce n'est pas le préfet qui préside l'adjudication (art. 31).

Il délivre les mandats de payement pour les sommes dues par l'association (art. 35).

De plus, dans le décret précité, un article spécial (34) lui donne le pouvoir d'ordonner des travaux en cas d'urgence, à charge d'en rendre compte sans retard au syndicat et au préfet. Toutefois, le préfet peut suspendre l'exécution de ces travaux [1].

870. Maintenant quel est le rôle de l'autorité supérieure à l'égard des associations autorisées?

Antérieurement à la loi du 21 juin 1865, toutes les délibérations des syndicats devaient être soumises à l'approbation de l'autorité supérieure.

Les travaux devaient nécessairement être approuvés par le chef de l'État, quand le syndicat demandait une déclaration d'utilité publique qui lui permettait de recourir à l'expropriation.

Ils devaient également être approuvés par l'autorité supérieure, mais cette fois par le ministre des travaux publics, lors même qu'il n'y avait pas nécessité d'exproprier, quand l'État accordait une subvention.

Mais, en outre, un article spécial des règlements ou arrêtés d'organisation disposait que les délibérations du syndicat ne pourraient être exécutées qu'après l'approbation du préfet.

Ce système de contrôle a-t-il été maintenu par la nouvelle législation? La loi, qui est muette, comme nous l'avons dit, sur la plupart des règles relatives à la marche des syndicats et à leurs attributions, est également muette sur ce point. On ne peut, comme l'ont fait quelques auteurs, considérer la

---

[1] Les pouvoirs du syndicat et du directeur sont réglés dans des conditions à peu près identiques, par les modèles publiés dans l'*Étude sur le service hydraulique* de M. de Passy.

question comme tranchée, par cela seul que l'article 5, en disposant que les associations syndicales peuvent ester en justice par leurs syndics, acquérir, échanger, transiger, emprunter et hypothéquer, n'a subordonné à aucune autorisation les droits qu'elle leur conférait. En effet, cet article est commun aux associations libres et aux associations autorisées ; il n'a pour objet que d'attribuer aux unes et aux autres la personnalité civile, et l'on ne peut pas dire qu'il a eu pour but de mettre les associations autorisées dans les mêmes conditions que les associations libres au point de vue de leurs rapports avec l'administration.

Mais si le texte de la loi est muet, il faut convenir que plusieurs des documents qui ont préparé le vote de la loi indiquent la pensée d'opérer, dans les rapports des syndicats avec l'administration supérieure, des réformes analogues à celles qui se préparaient alors pour les conseils généraux de département et les conseils municipaux, et qui ont été réalisées dans les lois du 18 juillet 1866 et du 24 juillet 1867.

Ainsi l'exposé des motifs caractérisait en ces termes l'esprit de la nouvelle loi : « Le moment est arrivé d'aborder cette question (le régime des associations syndicales) par son côté le plus important, c'est-à-dire de simplifier les formalités, d'abréger les instructions, de donner l'essor à l'esprit d'entreprise et d'initiative privée. Sans doute les œuvres complexes et difficiles que les syndicats ont en vue de réaliser ne peuvent se passer complétement du concours de l'État ; mais c'est ici l'occasion de répéter que la tutelle organisée par une centralisation peut-être excessive de la puissance publique a pour effet de donner aux populations des habitudes regrettables d'inertie et de timidité qui aboutissent souvent à l'impuissance. »

D'un autre côté, le rapport fait par M. Sénéca, au nom de la commission du Corps législatif, indique comme une des règles essentielles de l'administration des syndicats, « que l'action des syndics doit être libre, sauf l'intérêt public. »

Mais il n'y a là que des indications générales et vagues, et d'ailleurs la question de savoir quelles sont les limites que l'intérêt public commande de mettre à l'action libre des syndics, comme de tous les administrateurs des départements, des communes et des établissements publics, est précisément la question de la décentralisation elle-même.

Il est donc impossible de dire que la loi a entendu expressément affranchir de tout contrôle les actes des syndicats chargés d'administrer les associations autorisées. Le rapport de la commission lui-même indique, par ses réserves, qu'il doit y avoir des limites à leur indépendance, dans le cas où l'intérêt public pourrait être compromis.

Cette question a été examinée avec le plus grand soin par le Conseil d'État lors de la rédaction des décrets adoptés le 31 janvier 1866 dont nous avons déjà parlé.

Il a été reconnu d'abord que les projets de travaux devaient être soumis à l'approbation du chef de l'État, quand il y avait lieu à prononcer une déclaration d'utilité publique. La législation ne permettait pas le doute sur ce point. En second lieu, il n'était pas plus contestable que les travaux devaient être approuvés par le ministre quand l'association demandait une subvention à l'État ; enfin qu'alors même que l'État ne donnerait pas de subvention, les travaux neufs, qui pourraient avoir une action sur le régime des eaux et la salubrité publique, devaient être approuvés par le préfet.

Mais pour les autres délibérations du syndicat une distinction a été faite. On a décidé que les délibérations qui comporteraient des engagements financiers ne pourraient être exécutées qu'après l'approbation du préfet. Pour toutes les autres délibérations, elles sont valables par elles-mêmes.

Quel a été le motif de cette distinction? Il est dans les privilèges accordés aux associations syndicales autorisées. Nous verrons bientôt que les taxes au moyen desquelles le syndicat fait face aux dépenses qu'il vote sont recouvrées dans les mêmes formes que les contributions publiques directes. Or il a paru que l'autorité publique, qui met ses moyens d'action au service du syndicat pour le recouvrement de ces taxes, doit être mise à même d'examiner si, par des dépenses imprudentes, le syndicat ne risque pas d'épuiser la bourse des contribuables. Ce n'est pas dans l'intérêt des associés que s'exerce ce contrôle, c'est dans l'intérêt de l'État, qui ne doit pas être obligé de faire recouvrer, dans la même forme que les contributions publiques, des taxes qui tariraient la source du revenu de l'État. Ce n'est pas de la tutelle, c'est du contrôle.

Ainsi, pour tout engagement financier, pour tout vote de dépenses, l'approbation du préfet est nécessaire (art. 10, § 3).

Pour les emprunts, les précautions sont plus considérables; il faut l'approbation du chef de l'État, à moins que l'emprunt ne porte pas à plus de 50,000 francs le total des dettes de l'association. Dans ce dernier cas, l'approbation du préfet suffit (art. 13).

Il n'a pas semblé nécessaire que le budget, qui ne fait que résumer les prévisions de recettes et de dépenses, fût soumis à l'approbation du préfet. Il est seulement communiqué aux ingénieurs, qui doivent donner leur avis pour éclairer le syndicat.

Mais le décret précité réserve au préfet le droit d'inscrire

d'office au budget du syndicat les crédits nécessaires pour
payer les dettes obligatoires et exigibles, après une mise en
demeure spéciale (art. 37). C'est une imitation des dispositions de l'article 39 de la loi du 18 juillet 1837. Par dettes
obligatoires et exigibles, on a sans doute entendu indiquer
les frais des travaux régulièrement exécutés en vertu des
marchés, ou d'ordres du préfet, les indemnités dues à des
tiers en vertu de décisions de l'autorité compétente.

Enfin, si le directeur refusait de délivrer un mandat pour
le payement d'une dépense inscrite d'office au budget, le préfet pourrait y pourvoir (art. 35). Cette disposition est analogue à l'article 60 de la loi du 18 juillet 1837.

Voilà comment cette question délicate a été tranchée
dans les décrets adoptés le 31 janvier 1866 par le Conseil
d'État.

Nous devons dire toutefois que la majorité de la commission instituée au ministère des travaux publics, qui a préparé postérieurement les modèles publiés ensuite par M. de
Passy, avait été plus loin, et qu'elle proposait de donner plus
d'indépendance aux syndicats.

Tout en maintenant la nécessité de l'autorisation de l'administration supérieure ou du préfet, selon les cas, pour les
travaux neufs, et même en donnant au préfet le droit d'ordonner d'office les travaux urgents, elle proposait de n'exiger
l'approbation du préfet pour aucune autre délibération,
même pour celles qui auraient pour objet de contracter des
emprunts. C'est le système qui est soutenu par M. de Passy[1].
Néanmoins dans la deuxième édition de son livre, il exprime
l'opinion que, à l'égard des emprunts, il serait sage d'exiger
l'approbation du gouvernement ou du préfet, suivant l'impor-

_____

[1] *Étude sur le service hydraulique.* 2ᵉ édition, p. 360.

tance de la somme empruntée, pour éviter les difficultés que pourraient rencontrer les associations syndicales auprès des établissements de crédit auxquels elles s'adressent habituellement.

Quant au droit d'inscrire d'office des dépenses obligatoires au budget des syndicats, les modèles adoptés par la commission le limitent aux dépenses faites d'office conformément aux ordres du préfet.

Il y a là une question que la doctrine ne suffit pas à trancher, et sur laquelle le législateur sera nécessairement appelé à se prononcer à l'occasion du IIe livre du code rural qui comprend la législation des eaux.

871. Venons maintenant au mode d'action des associations syndicales autorisées. C'est ici que nous avons à signaler les priviléges qui leur ont été accordés à raison de l'intérêt public qu'offrent les travaux dont elles se chargent.

Nous avons vu que les associations libres agissent, soit à l'égard de leurs membres, soit à l'égard des tiers, dans les conditions du droit civil, comme de simples particuliers. C'est une situation tout opposée qui est faite aux associations autorisées. Les travaux exécutés par ces associations sont considérés comme des travaux publics. Les cotisations, établies pour le payement des dépenses communes, sont considérées comme des contributions publiques, des contributions directes.

872. Par suite de l'assimilation des travaux des associations autorisées aux travaux publics, ces associations peuvent recourir à l'expropriation pour acquérir les terrains qui leur sont nécessaires. L'article 18 l'indique expressément. Dans ce cas, la déclaration d'utilité publique est faite, s'il y a lieu, par un décret impérial, mais le règlement de l'indemnité est fait par un jury constitué dans les conditions de l'article 16 de la loi du 21 mai 1836. Nous avons déjà commenté ce texte en traitant de l'expropriation [1]. Il est inutile d'y revenir.

Nous devons seulement signaler une difficulté qui s'est produite dans quelques affaires récentes. Le décret déclaratif d'utilité publique doit, aux termes de l'article 3 de la loi du 3 mai 1841, être précédé d'une enquête, et cette enquête doit être faite dans les formes prescrites par l'ordonnance du 18 février 1834 ou par celle du 23 août 1835, suivant qu'il s'agit de travaux de l'État ou de travaux communaux. L'administration avait paru penser que l'enquête qui, d'après l'article 10 de la loi du 21 juin 1865, doit précéder les délibérations de l'assemblée générale appelée à se prononcer sur la formation de l'association, et dont les formes ont été déterminées par le règlement du 17 novembre 1865, pouvait tenir lieu de l'enquête prescrite par la loi de 1841. Mais la section des travaux publics du Conseil d'État s'est prononcée en sens contraire, par le motif que cette enquête n'est pas faite dans le même but et dans les mêmes formes que celle qui doit précéder une déclaration d'utilité publique. Cette solution nous paraît conforme à la loi ; mais il nous semblerait sage de remanier la loi ou le règlement du 17 novembre 1865 ; car on aboutit, dans ce système, à multiplier sans utilité les enquêtes.

L'assimilation des travaux entrepris par les associations autorisées aux travaux publics entraîne une autre conséquence. C'est que les contestations relatives aux marchés passés pour l'exécution de ces travaux et aux dommages, autres que l'expropriation, qui peuvent en résulter, sont jugées par le conseil de préfecture (art. 16). Nous revien-

[1] Voy. tome II, p. 352.

drons sur ce point en traitant des règles de compétence.

873. Un autre privilége est accordé aux associations autorisées pour le recouvrement des cotisations de leurs membres. Aux termes de l'article 15, les taxes ou cotisations sont recouvrées sur des rôles dressés par le syndicat chargé de l'administration de l'association, approuvés, s'il y a lieu, et rendus exécutoires par le préfet. Le recouvrement est fait comme en matière de contributions directes.

874. Nous n'avons pas ici à nous expliquer sur les opérations préliminaires de l'assiette des taxes. Nous n'exposons, en effet, que les règles communes à toutes les associations syndicales autorisées. Or la loi du 21 juin 1865 n'indique pas d'autres règles que l'enquête prescrite par l'article 10, enquête qui doit porter sur les avant-projets et devis des travaux, et sur un plan parcellaire indiquant le périmètre des terrains intéressés et accompagné de l'état des propriétaires de chaque parcelle.

Il est vrai que la loi du 16 septembre 1807, dans les articles 7 à 14, relatifs au desséchement des marais, indiquait d'autres formalités ; qu'elle exigeait une double enquête, et une expertise faite avec le concours des ingénieurs des ponts et chaussées. La jurisprudence avait reconnu que ces formalités étaient applicables aux travaux d'endiguement ; mais elles ne l'étaient pas aux travaux de curage et d'assainissement. Nous croyons qu'il serait difficile de combiner la loi du 21 juin 1865 avec le système de la loi de 1807, et que, en droit strict, le syndicat n'est pas tenu, avant de dresser les rôles, de remplir d'autres formalités que celles qui ont été imposées par la loi nouvelle, dans l'article 10.

875. Mais, comme il paraît difficile que, lors de l'enquête qui a précédé la formation même de l'association, les détails de la répartition des dépenses aient été arrêtés d'une manière sûre, la commission instituée au ministère des travaux publics avait introduit, dans les modèles publiés par M. de Passy, une disposition destinée à permettre aux intéressés de faire entendre leurs réclamations avant la rédaction du rôle.

L'article 24 du modèle d'acte relatif à une association établie pour des travaux d'endiguement est ainsi conçu : « Les dépenses de l'association sont supportées par les propriétaires intéressés, de manière que la contribution de chaque imposé soit toujours relative au degré d'intérêt qu'il a aux travaux. — A cet effet, le syndicat dresse, d'après ce principe et par commune, l'état de répartition des dépenses entre les intéressés. Cet état est déposé pendant un mois à la mairie de chaque commune, où les intéressés sont admis à présenter leurs observations. Le dépôt est annoncé par publications et affiches. — Dans la huitaine de la clôture de cette enquête, le syndicat donne son avis sur les observations qui ont pu être produites, et l'état rectifié, s'il y a lieu, est soumis à l'approbation du préfet, pour servir de base aux rôles à mettre en recouvrement [1]. »

Cette disposition nous paraît utile. Seulement, en admettant que l'état, rectifié, s'il y a lieu, par le syndicat après les réclamations des propriétaires, est soumis à l'approbation du préfet pour servir de base aux rôles à mettre en recouvrement, elle nous paraît ne pas tenir compte de la compétence attribuée au conseil de préfecture par l'article 16 de la nouvelle loi, compétence sur laquelle nous nous expliquerons dans le § 5.

L'article 27 du même modèle, conforme aux anciens règlements organiques des syndicats, ajoute que les rôles sont

[1] *Étude sur le service hydraulique*, 2ᵉ édition, p. 360.

dressés par le receveur, d'après l'état de répartition arrêté conformément à l'article 24 ; qu'ils sont affichés à la porte de la mairie de chaque commune intéressée, pendant huit jours, rectifiés, s'il y a lieu, par le syndicat, et rendus exécutoires par le préfet.

876. Quant au recouvrement, la loi dit qu'il est fait comme en matière de contributions directes.

Il suit de là que les rôles doivent être publiés, comme le sont ceux des contributions directes, en vertu de la loi du 4 messidor an VII ; il ne suffirait pas qu'ils fussent signés par le préfet [1]. La publication est essentielle pour la mise à exécution du rôle, et elle est le point de départ des réclamations contre les taxes.

Ces réclamations doivent être portées devant le conseil de préfecture, ainsi que nous le verrons bientôt, et les contribuables ont le bénéfice des dispenses de frais accordées par les lois relatives aux contributions directes pour les réclamations devant le conseil de préfecture et les recours devant le Conseil d'État.

Toutefois, cette assimilation n'est pas complète. Ainsi, les contributions directes sont payables par douzièmes. Or cette règle n'est pas applicable de plein droit aux taxes perçues par les associations syndicales. Il y a des règlements d'associations dans lesquels elle a été établie. Mais le plus grand nombre des règlements gardent le silence sur ce point, et, par suite, dans la pratique, les taxes sont payées en une seule fois.

Mais si les membres des associations syndicales n'ont pas, en général, le bénéfice de la divisibilité de leurs taxes par douzièmes, ils ont, par contre, un avantage qui mérite d'être

---

[1] *Arr. Cons.* 29 janvier 1868 (*de Saint-Arcons*), — 1er juin 1869 (*Lainé*).

signalé. En matière de contributions directes, les réclamations ne sont pas recevables, aux termes de l'article 28 de la loi du 21 avril 1832, si elles ne sont accompagnées de la quittance des termes échus. Cette disposition, utile au point de vue du trésor public, mais assez rigoureuse, est atténuée par le principe de la division des cotes en douzièmes. Pouvait-elle être appliquée en matière de taxes d'associations syndicales? Le Conseil d'État a décidé qu'elle ne pouvait l'être qu'autant que les cotes seraient divisées par douzièmes; que si cette facilité de payement n'était pas donnée, la disposition rigoureuse de la loi de 1832 ne pouvait être opposée [1].

D'un autre côté, dans la procédure relative aux réclamations portées devant le conseil de préfecture, on n'applique pas purement et simplement les dispositions des articles 28 et 29 de la loi du 21 avril 1832. Les agents de l'administration des contributions directes n'ont pas à intervenir dans l'instruction des réclamations [2]. Ce sont les syndics qui défendent aux réclamations, et les ingénieurs des ponts et chaussées qui sont appelés à donner leur avis.

877. Enfin, et comme dernière conséquence du principe que les cotisations des associations autorisées sont assimilées aux contributions directes, l'article 16 de la loi porte que les comptes des receveurs de ces associations sont apurés suivant les règles établies pour les comptes des receveurs municipaux. Il suit de là qu'après l'examen du syndicat, ils sont soumis au conseil de préfecture, sauf recours devant la Cour des comptes, si le revenu annuel de l'association n'excède pas 30,000 francs (art. 66 de la loi du 18 juil-

---

[1] *Arr. Cons.* 22 juin 1853 (*Hairault*), — 4 avril 1862 (*d'Herbès*), — 1ᵉʳ mars 1866 (*Cosmao*), — 14 avril 1867 (*Delbrel*), — 29 juillet 1868 (*vallée de la Dives*). — 28 juin 1869 (*syndics de la rivière de l'Agly*).

[2] *Arr. Cons.* 22 août 1868 (*O'Tard de la Grange*).

let 1857), et directement à la Cour des comptes, si le revenu annuel est supérieur à cette somme.

§ 4. — DES MOYENS DE SUPPLÉER A L'ACTION DES ASSOCIATIONS SYNDICALES

878. Du cas où les travaux ne sont pas achevés ou ne sont pas entretenus.
879. Du cas où les travaux ne sont pas même entrepris. — Retrait de l'autorisation.
880. Du cas où il ne se forme pas d'association pour certains travaux.

878. Mais, tout en cherchant à stimuler le zèle des associés, la loi a dû prévoir leur inaction et leur défaut d'accord ; elle a, par conséquent, admis que, dans le cas où l'intérêt public serait engagé, l'administration pourrait intervenir pour faire ce que l'initiative privée ne suffirait pas à entreprendre ou à terminer.

Il y avait trois cas à prévoir.

Il peut arriver, d'abord, qu'une association ait été constituée, mais qu'après avoir commencé ses travaux, elle ne les achève pas, ou bien qu'après les avoir achevés, elle ne les entretienne pas.

Dans ce cas, d'après le § 3 de l'article 25, si l'interruption ou le défaut d'entretien des travaux peut avoir des conséquences nuisibles pour l'intérêt public, le préfet, après mise en demeure, peut faire procéder d'office à l'exécution des travaux nécessaires pour obvier à ces conséquences.

Cette règle s'applique aussi bien aux associations libres qu'aux associations autorisées. Cela résulte du texte de la loi, et surtout de la décision prise au sujet d'un amendement qui tendait à restreindre cette mesure aux associations autorisées. Le Conseil d'État a effacé le mot *autorisées*. Cela est constaté expressément dans le rapport fait au nom de la commission du Corps législatif.

879. Un deuxième cas peut se présenter. Une association autorisée n'entreprend pas les travaux en vue desquels elle a été autorisée. L'autorisation peut être rapportée, après mise en demeure. Elle est rapportée par celui qui a donné l'autorisation, le préfet ou le chef de l'État (art. 25, § 1 et 2).

880. Enfin, et c'est le troisième cas, s'il ne se forme pas du tout d'association, ou si les associations qui se sont formées n'ont rien fait, l'administration peut appliquer l'ancienne législation pour les travaux de protection contre les dommages énumérés dans l'article 1er, n°s 1, 2 et 3.

Cette disposition a été combattue assez vivement. On a soutenu qu'en maintenant l'application des lois de floréal an XI et de 1807 sur le curage des cours d'eau, le desséchement des marais et l'endiguement, on consacrait le système des associations ou syndicats forcés que la commission chargée d'examiner le projet de loi avait entendu proscrire. Mais il a bien fallu reconnaître que, dans le cas d'inertie de la part des intéressés, il était impossible de désarmer complétement l'administration représentant l'intérêt public et que, tant que les lois de floréal an XI et de 1807 n'étaient pas remplacées par une législation meilleure, qui trouvera sans doute sa place dans le Code rural, il était nécessaire de les maintenir en vigueur.

L'article 26 porte en effet :

« La loi du 16 septembre 1807 et celle du 14 floréal an XI continueront à recevoir leur exécution, à défaut de formation d'associations libres ou autorisées, lorsqu'il s'agira des travaux spécifiés aux n°s 1, 2 et 3 de l'article 1er de la présente loi. Toutefois il sera statué, à l'avenir, par le conseil de préfecture, sur les contestations qui, d'après la loi du 16 septembre 1807, devaient être jugées par une commission spéciale. — En ce qui concerne la perception des taxes, l'expropriation et l'établissement des servitudes, il sera procédé conformément aux articles 15, 16 et 19 de la présente loi. »

Nous n'avons pas ici à entrer dans le détail des règles établies par la loi du 16 septembre 1807 et par celle du 14 floréal an XI. Nous les verrons en traitant de la législation des eaux. Quant aux règles de compétence que modifie l'article 26, nous y reviendrons dans le prochain paragraphe.

§ 5. — RÈGLES DE COMPÉTENCE

I. — RÈGLES RELATIVES AUX ASSOCIATIONS LIBRES.

881. Compétence exclusive de l'autorité judiciaire.

II. — RÈGLES RELATIVES AUX ASSOCIATIONS AUTORISÉES.

882. Contestations relatives à la formation de l'association.
883.   —   aux élections des syndics.
884.   —   à l'exécution des travaux, aux marchés, aux dommages.
885.   —   à l'établissement des servitudes.
886.   —   à l'assiette des taxes. Comment sont exercées les attributions juridiques et administratives conférées aux commissions spéciales par la loi du 16 septembre 1807.
887. Contestations relatives au recouvrement des taxes. — Étendue de la compétence des conseils de préfecture.
888. Contestations relatives à l'étendue des engagements pris par les associés et à la dissolution des sociétés pour violation des statuts.
889. Contestations relatives aux poursuites exercées pour le recouvrement des taxes.
890. Des pourvois formés devant le Conseil d'État en matière de taxes syndicales.

III. — RÈGLES RELATIVES AUX SYNDICATS ANTÉRIEURS A LA LOI DE 1865.

891. Modifications apportées par la loi de 1865 aux règles établies par les lois du 14 floréal an XI et du 16 septembre 1807.

881. Nous avons déjà fait pressentir les règles de compétence relatives aux contestations dans lesquelles les associations libres peuvent être intéressées, quand nous avons dit qu'elles n'ont d'autres moyens d'action que les moyens du droit civil. Il s'ensuit évidemment que tous les litiges qui s'élèvent entre leurs membres au sujet de leurs droits et de leurs charges, et ceux qui s'élèvent entre la société et les tiers sont portés devant les tribunaux civils. Il ne peut y avoir aucun doute à ce sujet.

882. En ce qui concerne les associations autorisées, il en est tout autrement. D'abord en ce qui concerne les contestations relatives à la formation de l'association, si l'on conteste la régularité de l'acte du préfet ou du chef de l'État qui a constitué une association, le recours ne peut évidemment êtr porté que devant la juridiction administrative, et devant la juridiction suprême, l'Empereur en Conseil d'État. Il n'y a qu'à appliquer ici la jurisprudence établie pour les décrets qui ont constitué des syndicats antérieurement à la loi de 1865[1].

883. A quelle autorité appartiendrait-il de statuer sur les contestations qui s'élèveraient au sujet de l'élection des syndics ? La loi, qui prévoyait ces opérations électorales, a oublié de le régler. Nous ne pensons pas qu'on puisse porter une difficulté de cette nature devant les tribunaux civils. En effet, les syndicats autorisés sont placés, pour l'exécution de leurs travaux et pour le recouvrement de leurs taxes, dans les mêmes conditions que l'État, les départements, les communes et les établissements publics. Ces élections doivent donc être considérées comme des opérations administratives, analogues à celles qui ont lieu pour la formation des conseils généraux de département et des conseils municipaux.

---

[1] *Arr. Cons.* 23 février 1861 (*Dubuc*), — 13 mars 1867 (*syndicat de Belleperche*), — 20 mai 1868 (*Carrieu*), etc.

Dans une affaire jugée en 1867 par le Conseil d'État,
la validité des élections avait été débattue en premier ressort
devant le conseil de préfecture, et la compétence de ce conseil
n'a pas été contestée. Mais s'il en a été ainsi, c'est parce
qu'une disposition de l'arrêté du préfet qui constituait l'association syndicale disposait que les élections auraient lieu
dans les formes établies pour les élections municipales[1].
En l'absence d'une disposition semblable, qui ne se rencontre
généralement pas dans les actes constitutifs des syndicats,
nous croyons que, d'après les principes généraux qui régissent la juridiction administrative, c'est devant le ministre
des travaux publics, sauf recours au Conseil d'État, que le
débat devrait être porté.

884. Quant aux contestations relatives aux marchés passés
pour l'exécution des travaux et aux dommages, autres que
l'expropriation, qui peuvent résulter de ces travaux, la loi est
formelle. L'article 16 comprend expressément les contestations « relatives à l'exécution des travaux » parmi celles qui
doivent être soumises au conseil de préfecture, sauf recours
au Conseil d'État.

Avant la loi du 21 juin 1865, cette question donnait lieu
à des difficultés. On se rappelle que, parmi les associations
autorisées par l'administration, il y en avait de deux espèces,
les unes forcées, les autres volontaires, et dans cette dernière
catégorie se trouvaient les associations constituées en vue de
l'irrigation. Pour les premières, on ne pouvait contester à leurs
travaux, exécutés en vertu des ordres de l'administration, le
caractère de travaux publics[2]. Mais à l'égard des associations volontaires, l'approbation qui leur avait été donnée par l'admi-

---

[1] *Arr. Cons.* 4 juillet 1867 (*Élections du syndicat de Longres*).
[2] *Arr. Cons.* 1er décembre 1859 (*Digue de Balafray*).

nistration ne paraissait pas suffire, dans tous les cas, à donner à leurs travaux le caractère de travaux publics. On rappelait en effet la distinction qui existe entre les établissements publics, personnes civiles qui font partie des organes de l'administration, et les établissements d'utilité publique, personnes civiles qui restent dans la condition de sociétés privées, et on attribuait ce dernier caractère aux associations volontaires d'irrigation autorisées par l'administration. Toutefois le Conseil d'État avait expressément reconnu que, dans le cas où des travaux entrepris par des associations volontaires autorisées avaient été l'objet d'une déclaration d'utilité publique, conformément à la loi du 3 mai 1841, ils avaient incontestablement le caractère de travaux publics [1]. Mais en outre il avait reconnu le même caractère à des travaux de canaux d'irrigation qui avaient été exécutés sans expropriation, mais après l'approbation du préfet et sous la surveillance des ingénieurs des ponts et chaussées, et qui avaient d'ailleurs une certaine importance [2].

Aujourd'hui, il n'y a plus, en présence du texte de la loi de 1865, qu'à rechercher si l'association, qui exécute les travaux, est libre ou si elle a été autorisée. Les travaux entrepris par les associations autorisées, quel que soit leur but, sont assimilés aux travaux publics.

885. Mais il ne suit pas de là que toutes les contestations relatives aux préjudices causés par l'exécution de ces travaux, doivent être portées devant le conseil de préfecture. Nous avons déjà dit que, dans le cas où il y a lieu à expropriation, il est procédé dans les formes établies par la loi du 3 mai

---

[1] Décrets sur conflit 17 février 1865 (*Canal de Carpentras*), — 8 avril 1865 (*Canal Alaric*).

[2] Décrets sur conflit, 22 août 1858 (*Seyte C. syndicat du canal de Quissac*), — 10 avril 1860 (*Durand*), — 16 mai 1860 (*Deblieu C. syndicat du canal du Plan*).

1841, combiné avec l'article 16 de la loi du 21 mai 1836.

En ce qui concerne les difficultés relatives à l'établissement de servitudes, par exemple de la servitude de passage des eaux amenées pour l'irrigation ou rejetées par suite de drainage, servitudes établies par les lois du 29 avril 1845 et du 10 juin 1854, elles sont soumises également à l'autorité judiciaire. Afin de simplifier ces procès, la loi du 10 juin 1854 avait attribué compétence au juge de paix pour statuer sur les contestations que pouvaient soulever les servitudes relatives au drainage. La loi de 1865 a étendu cette disposition à toutes les servitudes prévues par les lois sur l'usage des eaux, servitudes qui peuvent profiter aux associations syndicales.

Seulement cette disposition de la loi de 1865 ne s'applique qu'aux associations autorisées. Pour les associations libres, qui peuvent aussi réclamer l'application de ces servitudes, elles restent sous l'empire de la législation antérieure. Elles doivent porter devant le tribunal d'arrondissement, et non devant le juge de paix, les contestations relatives à l'application de la loi du 29 avril 1845.

886. Venons maintenant aux difficultés que peuvent soulever l'assiette et le recouvrement des taxes. Ici la loi du 21 juin 1865 a introduit une innovation considérable dont il importe de préciser la portée.

Antérieurement à cette loi, il y avait, pour certaines opérations, notamment pour les travaux de desséchement des marais et d'endiguement, deux juridictions différentes appelées à statuer l'une sur les bases de l'assiette des taxes, l'autre sur le recouvrement des cotisations assises d'après ces bases.

Nous avons déjà exposé, en traitant des juridictions administratives[1], que la loi du 16 septembre 1807 avait organisé,

---

[1] Voy. tome Iᵉʳ, p. 423 et p. 480.

en vue des opérations du desséchement des marais et de l'endiguement des fleuves et torrents, des *commissions spéciales* qui avaient le triple caractère d'agents administratifs, de conseils et de juridictions.

Pour apprécier quel est le bénéfice que les propriétés peuvent retirer du desséchement d'un marais, on doit se livrer à des opérations compliquées. D'abord un périmètre embrassant tous les terrains intéressés doit être établi. Dans l'intérieur de ce périmètre, il faut diviser les terrains en classes suivant leur degré d'intérêt; il faut fixer la valeur relative de chacune des classes. Puis quand les travaux sont exécutés, il faut procéder à une nouvelle classification des fonds desséchés, à une nouvelle estimation des terrains, et c'est la comparaison des deux évaluations faites avant et après les travaux qui permet de fixer la plus-value recueillie par les propriétaires. Pour les travaux d'endiguement, comme les terrains ne sont pas sous l'eau au moment où l'on exécute les travaux, une seule évaluation suffit; mais elle exige aussi toutes les formalités que nous venons d'indiquer.

Les auteurs de la loi du 16 septembre 1807 avaient pensé qu'il serait utile de confier le contrôle de ces opérations à des hommes placés sur les lieux et connaissant bien les terrains intéressés. La commission spéciale était donc chargée de statuer sur les réclamations des propriétaires contre les bases de l'assiette des indemnités de plus-value ou des taxes. Une première série de réclamations pouvait être présentée au moment de la publication du plan indiquant le périmètre des terrains et leur division en classes (art. 12). Une seconde série de réclamations pouvait l'être après l'estimation des différentes classes (art. 14). Du reste, alors même qu'aucune réclamation ne s'élevait, l'estimation des terrains par classes devait être soumise à la commission pour être jugée et homologuée par elle; elle pouvait décider outre et contre l'avis des experts (art. 14).

Puis quand les bases de la plus-value ou des taxes étaient ainsi arrêtées, la commission arrêtait le rôle des indemnités ou des taxes, qui était rendu exécutoire par le préfet (art. 19 et 20), et les réclamations qui pouvaient s'élever contre les rôles étaient soumises au conseil de préfecture.

En indiquant les pouvoirs de juridiction de la commission spéciale, nous avons déjà été amené en partie à signaler son pouvoir d'agent administratif. C'est en effet un pouvoir de cette nature que la commission exerçait quand elle homologuait le procès-verbal d'estimation des classes, même en l'absence de toute réclamation des parties (art. 14), quand elle procédait à la réception des travaux (art. 17), et quand elle arrêtait le rôle pour le soumettre au préfet (art. 20).

La commission spéciale avait en outre le rôle d'un conseil administratif. Ainsi l'article 27 et l'article 46 de la loi de 1807 la chargeaient de donner son avis sur l'organisation du mode d'entretien des travaux de desséchement.

Mais le législateur de 1865, éclairé par l'expérience, a reconnu que les commissions spéciales n'avaient pas rendu tous les services qu'on en attendait. La marche de cette juridiction temporaire était embarrassée, parce qu'elle était composée d'hommes peu habitués au ministère de la justice. De plus, ses membres se dispersaient après avoir achevé leurs opérations, et lorsque, après un certain délai, leurs actes étaient annulés, ou que des changements survenus dans l'état des lieux exigeaient des modifications dans les bases de la répartition des indemnités de plus-value ou des taxes, il fallait les reconstituer à nouveau.

La loi nouvelle a donc enlevé aux commissions spéciales leur pouvoir de juridiction pour l'attribuer au conseil de préfecture. L'article 16 est formel en ce sens : « Les contestations relatives à la fixation du périmètre des terrains compris dans l'association, à la division des terrains en différentes classes, au classement des propriétés en raison de leur intérêt aux travaux, à la répartition et à la perception des taxes....., sont jugées par le conseil de préfecture, sauf recours au Conseil d'État. »

Mais ici deux questions se soulèvent. En premier lieu, l'attribution conférée au conseil de préfecture entraîne-t-elle la suppression de l'instruction préalable et de la première série des réclamations qui pouvaient être portées devant la commission spéciale avant que les rôles fussent arrêtés? En second lieu, comment et par qui doivent être exercés les pouvoirs d'agent administratif et de conseil que la loi de 1807 attribuait aux commissions spéciales?

Sur la première question, nous pensons qu'en attribuant au conseil de préfecture le pouvoir de statuer sur les contestations qui étaient déférées à la commission spéciale, la loi de 1865 lui a donné cette compétence pour qu'elle s'exerçât dans les conditions où s'exerçait celle de la commission. Rien n'indique que le législateur ait voulu modifier non-seulement la compétence, mais aussi la procédure, et cette procédure répond à des besoins tellement spéciaux, qu'il ne nous paraît pas admissible qu'on ait pu la supprimer par prétérition. Cette solution semble, il est vrai, n'avoir pas été consacrée par un décret rendu au contentieux en 1868, dans une affaire d'endiguement[1]. Mais une décision postérieure a remis en lumière la doctrine qui nous paraît la plus con-

[1] *Arr. Cons.* 29 janvier 1868 (*de Saint-Arcons*).

forme à la loi et aux nécessités de la pratique [1]. C'est seulement à l'occasion des travaux qui, avant la loi de 1865, ne comportaient pas l'intervention d'une commission spéciale, comme les travaux de curage des cours d'eau non navigables, que les contribuables doivent attendre la publication des rôles pour réclamer contre les bases de leur cotisation [2].

Quant aux pouvoirs purement administratifs des commissions spéciales, sont-ils supprimés comme ses pouvoirs de juridiction? L'article 15 de la loi de 1865 porte que les taxes ou cotisations sont recouvrées sur les rôles dressés par le syndicat chargé de l'administration de l'association. Le Conseil d'État au contentieux en a conclu que, si le jugement des réclamations soumises antérieurement à la commission spéciale était attribué désormais au conseil de préfecture, les attributions de cette commission, en ce qui touche l'assiette des taxes, étaient transférés aux syndicats [3]. Cette décision, rendue dans une affaire d'endiguement, n'est pas d'accord avec la pratique administrative suivie en matière de desséchement de marais. En effet, deux décrets adoptés par le Conseil d'État, en assemblée générale, dans les séances du 17 janvier 1866 et du 19 mai 1868 ont réglé les attributions administratives de deux commissions spéciales établies l'une pour les marais flamands de la commune de Parempuyre (Gironde), l'autre pour les marais de Queyriès (Gironde.)

887. Les réclamations formées contre les rôles sont portées devant le conseil de préfecture, en vertu de l'article 16 de la loi de 1865. Nous avons déjà eu occasion de le dire. Mais

---

[1] *Arr. Cons.* 14 janvier 1869 (*Syndicat de Roize*).

[2] *Arr. Cons.* 14 août 1867 (*Delbrel*), — 22 janvier 1868 (*Tardy*).

[3] *Arr. Cons.* 14 janvier 1869 (*Syndicat de Roize*). — Voy. aussi *Arr. Cons.* 7 septembre 1869 (*Syndicat de Tencin*).

il importe d'insister en ce moment sur l'étendue de la compétence du conseil de préfecture, sur les questions qui peuvent lui être soumises à l'occasion du recouvrement des taxes.

Les conseils de préfecture n'ont pas, en effet, uniquement à vérifier si les bases de la répartition des dépenses ont été exactement appliquées et si les contribuables sont imposés chacun en raison de son intérêt à l'exécution des travaux. Ils peuvent, à l'occasion des demandes en décharge ou réduction présentées par les contribuables, vérifier si les travaux étaient de nature à être mis à la charge des intéressés, par application de la loi et de l'acte constitutif du syndicat. Le Conseil d'État l'a décidé à plusieurs reprises [1]. Ils peuvent également vérifier si les dépenses, auxquelles les taxes ont pour but de subvenir, ont été régulièrement faites [2].

Toutefois, il n'appartiendrait pas au conseil de préfecture de procéder, à l'occasion d'une demande en décharge de taxes, à la vérification des opérations et des comptes de la commission syndicale [5].

888. Le conseil de préfecture serait-il également compétent pour connaître, à l'occasion du recouvrement des rôles, des contestations soulevées par certains propriétaires, et tendant à établir qu'ils ne font pas partie de l'association,—ou que, s'ils en font partie, ils ne sont engagés que jusqu'à concurrence d'une certaine somme, et pour une portion seulement de leurs terrains, — ou bien encore que leur engagement est nul, faute par le syndicat d'avoir accompli la condition à laquelle il était subordonné, — ou bien enfin que l'association a été irrégulièrement constituée? Serait-il com-

---

[1] *Arr. Cons.* 26 février 1867 (*Vernt*), — 28 mai 1868 (*Marais de l'Isac*).
[2] *Arr. Cons.* 1er mai 1869 (*Chamski*).
[5] *Arr. Cons.* 22 août 1868 (*O'Tard de la Grange*).

pétent pour prononcer sur les demandes en dissolution des associations pour cause de violation des statuts?

Nous croyons que, sous l'empire de la législation de 1865, la compétence du conseil de préfecture doit être reconnue sans hésitation en ce qui concerne les associations autorisées. Elle avait été déjà admise par le Conseil d'État dans un décret sur conflit rendu en 1865, antérieurement à la loi, à l'occasion des débats engagés entre un propriétaire et le syndicat d'un canal d'irrigation qui avait été déclaré d'utilité publique[1]. Il avait été jugé que l'engagement pris par le propriétaire, et dont le sens était contesté, avait pour objet de contribuer, dans une certaine proportion, à l'exécution d'un travail d'utilité publique ; que, par suite, conformément à la jurisprudence établie en matière d'offres de concours à l'exécution des travaux publics, c'était au conseil de préfecture qu'il appartenait d'en connaître, en vertu de l'article 4 de la loi du 28 pluviôse an VIII. Il avait été jugé, d'un autre côté, que les tribunaux civils ne pourraient connaître de la demande en dissolution de la société, pour cause de violation des statuts, sans porter atteinte aux actes de l'administration qui avaient organisé l'association.

A la vérité, dans plusieurs décisions antérieures et postérieures, le Conseil d'État a déclaré qu'il n'appartenait qu'aux tribunaux civils de connaître de difficultés semblables. Mais cela tient à ce que les syndicats, contre lesquels ces contestations étaient engagées, étaient des associations libres ou des associations volontaires approuvées dont les travaux n'avaient pas été déclarés d'utilité publique[2] ; ou bien à ce qu'il s'a-

---

[1] Décret sur conflit du 17 février 1865 (*Canal de Carpentras*). — Voy. aussi *Arr. Cons.* 12 mai 1868 (*Canal de Bohère*).

[2] *Arr. Cons.* 15 septembre 1848 (*Esmenjeaud C. Lagier*), — 17 avril 18.6 (*Nouvène*), — 2 juin 1869 (*Trône*).

gissait d'apprécier des conventions antérieures à la formation du syndicat [1].

Du reste, dans deux décisions toutes récentes, et à l'égard d'associations d'irrigation approuvées antérieurement à la loi de 1865, et dont les travaux n'avaient pas été déclarés d'utilité publique, le Conseil d'État a admis la compétence de la juridiction administrative pour statuer sur la question de savoir si l'association avait été irrégulièrement formée, à la place d'une ancienne association qui avait cessé d'exister [2]; — et encore pour prononcer sur les obligations imposées par le règlement de l'association à un propriétaire qui s'était rendu cessionnaire du droit d'arrosage appartenant à un des souscripteurs [3].

A plus forte raison, doit-on reconnaître aujourd'hui, en présence des dispositions de la loi sur les associations autorisées, dispositions qui confèrent aux travaux de ces associations le caractère de travaux publics, que les difficultés relatives à l'existence d'une association, créée par l'autorité administrative, investie des priviléges qui n'appartiennent qu'à cette autorité, et les difficultés relatives à l'exécution des engagements pris par les souscripteurs, en vue de l'exécution de ces travaux, doivent être jugées par le conseil de préfecture.

889. Mais si le conseil de préfecture est compétent pour statuer sur les difficultés relatives à l'assiette des taxes et aux demandes en décharge ou réduction, ainsi qu'aux questions accessoires qui peuvent s'y rattacher, il est bon de faire remarquer que la loi de 1865 a employé une formule trop

---

[1] Décret sur conflit du 10 avril 1860 (*Durand*).
[2] *Arr. Cons.* 14 janvier 1869 (*Riondel*).
[3] *Arr. Cons.* 21 juillet 1869 (*Du Laurens d'Oiselay*).

large en disant qu'il statue sur les contestations relatives
« à la perception des taxes. » Nous avons dit, en effet, en ex-
posant la compétence des conseils de préfecture en matière
de contributions directes et de taxes assimilées à ces contributions, que lorsque les contribuables qui refusent de payer
sont l'objet de poursuites de la part du percepteur, il y a des
cas où l'autorité judiciaire seule peut statuer sur leurs réclamations [1].

Sans doute, si, en présence des poursuites, le contribuable
se borne à prétendre que la taxe lui est réclamée à tort, c'est
devant le conseil de préfecture que sa réclamation doit être
portée [2]. Mais s'il conteste la régularité de la poursuite en la
forme, c'est à l'autorité judiciaire qu'il doit s'adresser, du
moins pour les actes de poursuite autres que la sommation
et la garnison, à savoir: le commandement et la saisie, dont
les formes sont réglées par le code de procédure civile [3].
Ainsi, il a été jugé que, dans le cas où des propriétaires imposés au rôle d'une association syndicale constituée pour
l'entretien du desséchement d'un marais, se plaignaient de ce
que des poursuites avaient été dirigées contre eux par un
percepteur autre que celui qui avait été désigné par le préfet
pour le recouvrement des taxes, c'est devant l'autorité judiciaire qu'ils devaient porter leurs réclamations contre l'irrégularité des poursuites dont ils avaient été l'objet [4].

890. Les décisions rendues par les conseils de préfecture
sur les réclamations relatives aux taxes des associations syndicales peuvent être déférées au Conseil d'État. Le recouvre-

---

[1] Voy. t. Ier, p. 420.
[2] Décrets sur conflit du 9 décembre 1858 (*Association syndicale de la Chalaronne*),
— 21 décembre 1858 (*Pébernard et autres*).
[3] *Arr. Cons.* 31 mai 1854 (*Robert*).
[4] *Arr. Cons.* 28 mai 1868 (*Marais de l'Isac*).

ment de ces taxes étant assimilé à celui des contributions directes, il s'ensuit que les pourvois peuvent être formés sans frais, en vertu de l'article 30 de la loi du 21 avril 1832 [1].

Mais nous avons dit qu'aujourd'hui les conseils de préfecture, en vertu de la loi du 21 juin 1865, ont à statuer, non-seulement sur les demandes en décharge ou réduction formées à la suite de la mise en recouvrement des rôles, mais aussi sur les réclamations relatives à l'établissement des bases de la taxe, dans le cas où les travaux comportent des opérations préliminaires assez compliquées, comme en matière de desséchement des marais et d'endiguement. Or, à l'époque où les réclamations relatives aux opérations préliminaires étaient portées devant les commissions spéciales instituées par la loi de 1807, les recours formés devant le Conseil d'État contre les décisions de ces commissions ne jouissaient pas de la dispense de frais. Mais, depuis que la même juridiction, le conseil de préfecture, est appelée à statuer sur les deux séries de réclamations que soulève l'établissement de ces taxes, le Conseil d'État a pensé qu'il n'y avait pas lieu de refuser, dans ce cas, le bénéfice du recours sans frais qui était accordé dans l'autre. Cette jurisprudence nous paraît **véritablement conforme à l'esprit de la loi.**

891. Nous n'avons qu'un mot à dire sur les règles de compétence relatives aux associations antérieures à la loi de 1865. D'une part, nous y avons déjà fait allusion à plusieurs reprises en faisant remarquer la différence de la législation ancienne et de la législation nouvelle. D'un autre côté, ce n'est pas le lieu d'entrer dans les difficultés que soulèvent les travaux de desséchement, d'endiguement, de curage, etc.

---

[1] Voy. notamment les arrêts du 14 janvier 1869 (*Riondel*), — 2 juin 1869 (*Trône*), — 24 juin 1869 (*Magnier-Monchaux*).

Nous n'avons ici qu'à signaler les règles générales relatives à la marche des associations syndicales.

Mais il est essentiel de relever en ce moment une disposition importante de la loi du 21 juin 1865, qui déroge à la législation antérieure, au point de vue de la compétence, pour les cas mêmes où elle la laisse subsister au point de vue du fond. L'article 26 de cette loi dispose, en effet, qu'à défaut de formation d'associations libres ou autorisées pour les travaux d'endiguement, de desséchement des marais et de curage, la loi du 16 septembre 1807 et celle du 14 floréal an XI continueront à recevoir leur exécution. Mais elle ajoute que, même dans ce cas, les conseils de préfecture seront appelés à prononcer sur les difficultés qui, d'après la loi du 16 septembre 1807, étaient soumises à une commission spéciale, et que les nouvelles règles de compétence posées dans les articles 18 et 19 pour l'expropriation et pour l'établissement des servitudes recevront également leur application.

La loi dispose encore que, en ce qui concerne la perception des taxes, il sera procédé conformément à l'article 15, c'est-à-dire dans les formes établies pour le recouvrement des contributions directes. Cette disposition était superflue, car la législation antérieure y avait pourvu pour ce qui concerne les taxes établies en vue de l'entretien du desséchement des marais, de la construction et de l'entretien des travaux d'endiguement et des travaux de curage. Mais la jurisprudence avait établi que le système du recouvrement des contributions directes ne s'appliquait aux indemnités de plus-value dues par les propriétaires de marais desséchés, indemnités qui peuvent, d'après l'article 21 de la loi de 1807, être acquittées soit en argent, soit en rentes, soit par le délaissement d'une partie de terrain. L'article 26 de la nouvelle loi n'a pas entendu porter atteinte à cette jurisprudence. On trouve en effet, dans le rapport fait au nom de la commission du Corps légis-latif, cette déclaration précise : « Une observation plus im-portante, qui a été accueillie par la commission, doit être constatée ; c'est que les taxes auxquelles se réfère l'article 21 de la loi actuelle ne s'entendent nullement des rôles d'indemnité de plus-value dont parle l'article 20 de la loi de 1807, et qui ne sont ni de la même nature, ni soumises aux mêmes conditions de recouvrement. »

Telles sont les règles sur les bénéfices directs résultant de l'exécution de travaux d'utilité collective. Assurément, la loi du 21 juin 1865 n'est pas aussi complète qu'on pourrait le désirer, mais elle a éclairci et précisé une matière qui, pen-dant longtemps, était restée assez obscure pour le public. Elle favorise l'initiative privée : il y a lieu d'espérer que les inté-ressés répondront à l'appel du législateur.

CHAPITRE VII

DES BÉNÉFICES INDIRECTS RÉSULTANT DE L'EXÉCUTION DE TRAVAUX PUBLICS

I. — RÈGLES DU FOND.

892. Du principe de l'indemnité de plus-value.
893. Question de savoir si les articles 30 à 52 de la loi de 1807 sont encore
en vigueur.
894. Des cas dans lesquels cette règle a été appliquée.
895. Comment l'indemnité de plus-value est déclarée exigible.

II. — RÈGLES DE COMPÉTENCE ET DE PROCÉDURE.

896. Règlement de l'indemnité. — Formalités d'instruction.
897. Décision de la commission. — Limite de ses pouvoirs. — Recours.
898. Du recouvrement de l'indemnité de plus-value.

892. A côté des travaux qui sont exécutés directement
en vue de procurer un bénéfice, un avantage de protection
ou d'amélioration à une propriété privée, il y en a d'autres
qui, sans avoir ce but, ont ce résultat. Ainsi les travaux
de voirie, faits au point de vue de la circulation publique,
peuvent améliorer beaucoup la situation des propriétés riveraines. De même, des travaux d'endiguement, faits en vue
de l'amélioration de la navigation, peuvent procurer aux propriétés riveraines plusieurs avantages, notamment celui de
défendre leurs propriétés contre les corrosions. Ici il s'agit
de travaux exécutés par l'administration et par elle seule.

L'administration peut-elle obliger les intéressés, qui profitent du travail, à contribuer à la dépense?

Nous avons vu que l'administration, quand elle cause un
dommage à un propriétaire ou lui enlève une partie de sa

propriété, peut faire entrer en ligne de compte, dans le calcul de l'indemnité qu'elle doit, la plus-value immédiate et spéciale que le travail apporte à la propriété. L'administration peut opposer cette plus-value à titre de compensation, en réponse à une demande d'indemnité, parce que la plus-value diminue d'autant le préjudice causé.

Mais quand l'administration se trouve en face de propriétaires qui ne viennent rien lui réclamer, parce que les travaux ne leur ont causé aucun préjudice, peut-elle exercer contre eux une action, et exiger d'eux une contribution à raison du bénéfice indirect qu'ils recueillent?

La question est bien plus délicate que dans le cas de bénéfices directs. Même quand le gouvernement exécute malgré les propriétaires des travaux de défense, de curage, de desséchement, on comprend qu'il puisse dire : J'ai fait vos affaires ; il fallait exécuter ces travaux pour vous sauver d'un dommage ; vous devez me rembourser. C'est à peu près l'application des règles posées dans les articles 1372 à 1375 du code Napoléon sur le quasi-contrat de gestion d'affaires.

Mais ici, à la demande de contribution qui leur est faite, les propriétaires peuvent répondre : L'administration a fait le travail avec les deniers publics, parce qu'elle le jugeait utile au public, et non parce qu'il nous était particulièrement utile. Il se trouve que nous en profitons indirectement. Mais les dépenses d'intérêt général profitent toujours un peu plus à telle ou telle partie du territoire qu'à d'autres. Le perfectionnement des routes, la création des canaux, l'établissement des chemins de fer ont été plus utiles aux départements qui en ont été les premiers sillonnés qu'au reste du pays. On peut, en pareil cas, solliciter une contribution volontaire, mais non exiger une contribution forcée.

Toutefois le législateur a tranché la question en faveur de l'administration.

Il l'avait déjà fait au dix-septième siècle. M. Pierre Clément l'a établi, dans un de ses savants ouvrages sur cette époque :

« Un point important et souvent controversé depuis fut réglé par un arrêt du conseil du 31 décembre 1672. Quand d'obscures et étroites rues étaient élargies, les propriétaires des maisons qui profitaient de ces travaux onéreux à la ville devaient-ils contribuer à la dépense ? Déjà résolue plusieurs fois affirmativement, la question restait néanmoins sujette à interprétation. L'arrêt du conseil la tranche sans retour, en décidant que les propriétaires de quelques maisons de la rue des Arcis, situées en face des maisons démolies, supporteraient leur part de la dépense en proportion de l'avantage qu'ils en recevaient. Prise pour un cas particulier, cette décision fit règle ; quelques années après (27 mai 1678) un nouvel arrêt enjoignit aux propriétaires de la rue Neuve-Saint-Roch de payer, d'après un rôle arrêté par le roi, la somme de 37,515 livres à distribuer entre diverses personnes « tenues de retirer leurs bâtiments et héritages, et laisser la place nécessaire pour l'élargissement de ladite rue [1]. »

Le législateur de 1807 a repris et consacré cette règle ; mais il y a apporté des restrictions importantes. Il a établi que l'administration ne pourrait réclamer d'indemnité de plus-value qu'autant que l'augmentation acquise aux propriétés serait *notable*, et, de plus, que l'administration ne pourrait réclamer que la moitié de la plus-value. En outre, il a subordonné la réclamation de la plus-value à l'accomplissement de formalités qui constituent des garanties sé-

---

[1] *La Police sous Louis XIV*, p. 144. — Voir aussi une lettre de Colbert à l'intendant de Tours en date du 2 octobre 1679 (*Collection des lettres*, etc., t. IV, p. 134).

rieuses : une enquête préalable et une décision du chef de
l'État, sur l'avis du Conseil d'État.

C'est dans les articles 30, 31 et 32 de la loi du 16 septembre 1807 que se trouvent posées ces règles. On a déjà vu
que la loi de 1807 règle principalement les bénéfices directs
et indirects résultant de l'exécution des travaux publics.
Les articles 28 à 32 de cette loi sont relatifs aux bénéfices
indirects.

D'après les articles 28 et 29, ce n'était pas seulement aux
particuliers, c'était aux départements, arrondissements, communes, que des contributions pouvaient être réclamées pour
des travaux exécutés par l'État, qui leur profitaient spécialement; mais ces deux articles ne reçoivent plus d'application.

893. On a plusieurs fois soulevé la question de savoir si
les articles 30, 31 et 32 ne devaient pas être considérés
comme abrogés implicitement par les lois sur l'expropriation.

Mais dans la discussion de ces lois, en 1833 et 1841, les
commissaires du gouvernement avaient, au contraire, affirmé
que ces dispositions de la loi de 1807 recevaient toujours leur
application. Aussi le Conseil d'État, soit par des avis de doctrine, notamment l'avis du 26 avril 1843, soit par des décisions rendues au contentieux, a établi que ces articles étaient
restés en vigueur [1].

894. Mais il faut avouer que ce n'est que dans des cas
assez rares qu'on en fait usage. On n'en pourrait guère citer
qu'une vingtaine d'applications. La plupart ont été faites au
profit de villes qui faisaient de grands travaux de voirie : les
villes de Paris, Lyon, Grenoble, Toulouse. Ainsi une ordonnance du 31 mars 1843 avait déclaré les articles 30 à 32 de
la loi de 1807, applicables aux propriétés riveraines de la

---

[1] *Arr. Cons.* 23 novembre 1847 (*Binet*), — 14 juin 1851 (*Perrot et autres*).

rue de Rambuteau, à Paris. Mais, lors des améliorations récentes qui ont été apportées à la voirie urbaine de Paris,
de Lyon, de Marseille, améliorations bien plus importantes
que les anciennes, les villes n'ont pas usé de la faculté donnée
par la loi de 1807.

L'État en a très-rarement usé. En 1855, pour un quai qu'il
exécutait de concert avec la ville de Lyon, sur la rive droite
de la Saône, il a été décidé que l'article 30 serait appliqué
à son profit et au profit de la ville de Lyon, aux propriétés
qui auraient acquis une plus-value par suite de l'exécution
des travaux du quai [1].

L'exemple le plus saillant d'une plus-value réclamée par
l'État, c'est la mesure qui a été prise à l'occasion des travaux
de la basse Seine, par les décrets du 15 janvier 1853 et du
15 juillet 1854.

L'État, en endiguant la Seine, pour faciliter la navigation
entre le Havre et Rouen, a non-seulement protégé les pro-
priétes riveraines contre les corrosions auxquelles ces propriétés étaient exposées, par suite du mascaret qui remonte
dans le fleuve, mais il a de plus fait sortir du lit du fleuve
des terrains d'une étendue considérable. Entre Quillebeuf
et Tancarville, le lit de la Seine, qui avait auparavant 6 kilomètres, n'a plus que 5 ou 400 mètres. On aurait pu soutenir que ces terrains n'étaient pas des alluvions proprement
dites, appartenant de droit aux riverains, en vertu de l'article 556 du code Napoléon, que ces terrains qui sortaient
du fleuve, par suite des travaux de l'État, appartenaient à
l'État. Mais la jurisprudence de la Cour de cassation ne dis-
tinguait pas à cette époque, comme elle le fait aujourd'hui,

---

[1] Décrets des 10 février 1855 et du 4 juillet 1855.

entre les alluvions artificielles et les alluvions naturelles ; d'autre part, dans ses caprices, le fleuve avait tantôt pris et tantôt délaissé une partie de ces terrains. L'État n'a pas cru pouvoir soutenir son droit de propriété, et vendre aux rive- rains les terrains qu'il avait conquis ; il a seulement exigé des propriétaires auxquels il procurait un accroissement d'étendue de leurs propriétés une indemnité de plus-value.

D'après une notice publiée par le ministère des travaux publics à l'occasion de l'Exposition universelle de 1867, la sur- face des dépôts de sable vaseux qui se sont effectués entre les digues et les anciennes rives, de la Meilleraye à Berville, et qui se sont rapidement transformés en prairies, est d'environ 8,600 hectares. Le prix moyen de ces prairies est en moyenne de 2,200 francs l'hectare ; leur valeur totale est donc de 21 millions 500,000 francs. En 1867, les propriétaires avaient déjà payé des indemnités de plus-value, montant à 1 million 288,934 fr. 15 c.; il restait à recueillir des indemnités montant à une somme de 2 millions 500,000 francs, ce qui devait procurer à l'État une somme totale de 3 millions 800,000 francs.

895. Voyons maintenant comment l'administration doit procéder pour imposer aux propriétaires l'obligation de payer une indemnité de plus-value.

Aux termes de l'article 32 de la loi de 1807, l'obligation des propriétaires est déclarée par un décret du chef de l'État, rendu en Conseil d'État, après enquête.

Mais à quel moment peut intervenir cette décision ? Doit- elle intervenir avant le commencement ou avant l'achève- ment des travaux ? Peut-elle intervenir après ?

En fait, elle est intervenue plusieurs fois après, et jamais le Conseil d'État, statuant au contentieux, n'a annulé, pour excès de pouvoir, la décision du chef de l'État[1]. Mais la question ne lui a non plus jamais été posée expressément.

On pourrait soutenir que la loi exige implicitement que le décret intervienne avant les travaux. Les derniers mots de l'article 46 de la loi de 1807 fourniraient une base assez solide à cette opinion. Il est certain qu'il y a quelque chose de très-rigoureux à faire une pareille réclamation après l'exécution des travaux, quand les propriétaires ont pu croire que l'augmentation de valeur leur profiterait sans bourse délier, et que des ventes ou des partages de succession ont pu se faire. D'ailleurs, s'il n'est pas nécessaire que la déclaration intervienne avant le commencement ou avant l'achèvement des travaux, on peut se demander combien de temps durerait l'action de l'administration, et si elle ne serait éteinte que par la prescription de trente ans, ce qui n'est pas admissible.

896. L'indemnité est réglée, aux termes de l'article 30, par une commission spéciale, organisée dans les conditions fixées par les articles 42 à 47 de la loi de 1807. C'est le seul cas pour lequel les commissions spéciales instituées par la loi du 16 septembre 1807, à titre de juridiction, subsistent; la loi du 21 juin 1865 qui les a supprimées ne s'applique en effet qu'aux bénéfices directs. Nous avons exposé l'organisation de ces commissions en traitant des juridictions administratives; il est inutile d'y revenir[2].

La commission est chargée de désigner les propriétaires intéressés qui profitent du travail, de déterminer la plus-value obtenue, et de fixer en conséquence la quote-part à payer par chaque propriétaire.

---

[1] Voy. notamment l'arrêt du 15 mai 1856 (de l'Épine), et la note étendue publiée à l'occasion de cette décision dans le *Recueil des arrêts du Conseil* de M. Lebon.

[2] Voy. t. Ier, p. 480.

Ordinairement, les décrets qui autorisent la réclamation des indemnités de plus-value fixent, quand cela est possible, à la suite d'une instruction préalable, le périmètre des propriétés intéressées. Dans tous les cas, ils fixent la portion de la plus-value qui pourra être réclamée.

La commission doit s'éclairer au moyen d'une expertise. Les experts sont nommés conformément à l'article 8 de la loi du 16 septembre 1807. Ils doivent préalablement prêter serment.

L'omission de l'expertise et du serment des experts entraînerait la nullité de la décision de la commission spéciale[1].

Si l'on suivait à la lettre la loi du 16 septembre 1807, il faudrait deux expertises; une avant le commencement des travaux, l'autre après l'achèvement. C'est le rapprochement de ces deux expertises qui établirait la plus-value. C'est ce qui se passe en matière de desséchement des marais, d'après les articles 15 et 18 ; et l'article 30 renvoie aux formes déjà établies.

Toutefois le Conseil d'État a admis que les formalités très-compliquées qui sont nécessaires pour les travaux de desséchement des marais, n'étaient pas indispensables pour des travaux d'une nature différente, et que la double estimation des propriétés, prévue par la loi, pouvait être postérieure à l'exécution des travaux, pourvu que l'état matériel des choses permît de bien apprécier quelle était la situation antérieure à cette exécution[2].

897. La décision de la commission fixe le chiffre de l'indemnité de plus-value, qui ne peut dépasser la moitié des avantages acquis et qui peut être inférieure, si le décret qui

---

[1] *Arr. Cons.* 13 août 1852 (*Cany*), — 15 mai 1856 (*de l'Epine*).

[2] *Arr. Cons.* 1er juin 1836 (*de Valence*), — 17 février 1853 (*Perrot et consorts*), — 15 mai 1856 (*de l'Epine*).

a ordonné l'application des articles 30 à 52 de la loi de 1807 en a décidé ainsi. Puis il est dressé un rôle des indemnités de plus-value qui est arrêté par le préfet.

La commission n'est compétente que pour fixer l'indemnité. Elle excéderait ses pouvoirs en statuant sur la portée des engagements pris par l'administration ou les propriétaires avant l'exécution des travaux[1].

La décision de la commission peut être attaquée devant le Conseil d'État.

898. Mais il n'est pas procédé au recouvrement comme en matière de contributions directes. La loi ne l'a pas dit et, de plus, les différents modes de libération qu'elle offre au propriétaire sont incompatibles avec ce mode de recouvrement. En effet, aux termes de l'article 31, « les indemnités pour payement de plus-values sont acquittées, au choix des débiteurs, en argent ou en rentes constituées à quatre pour cent net, ou en délaissement d'une partie de la propriété, si elle est divisible : ils peuvent aussi délaisser en entier les fonds, terrains ou bâtiments dont la plus-value donne lieu à l'indemnité ; et ce, sur l'estimation réglée d'après la valeur qu'avait l'objet avant l'exécution des travaux desquels la plus-value aura résulté. »

L'administration a un privilége sur toute la plus-value, en vertu des articles 21 et 31 de la loi de 1807, à la charge de faire transcrire au bureau des hypothèques le décret qui oblige les propriétaires à payer une indemnité de plus-value.

D'après l'avis du Conseil d'État du 26 avril 1843, c'est au propriétaire à choisir le mode de libération ; la commission ne pourrait lui en imposer un.

---

[1] Arr. Cons. 20 avril 1854 (Morel et Bertin). — 20 décembre 1856 (Bertin et Morel).

Si le propriétaire refusait de payer la plus-value, l'administration agirait contre lui, d'après le même avis, comme pour le recouvrement d'une créance ordinaire, mais, bien entendu, comme pour le recouvrement d'une créance résultant de l'exécution des travaux publics, c'est-à-dire que le préfet délivrerait un mandat exécutoire dont le percepteur des contributions directes poursuivrait le recouvrement, conformément au décret du 27 mai 1854, et les réclamations seraient soumises au conseil de préfecture. Mais il va de soi que le conseil de préfecture ne pourrait admettre un débat sur le chiffre de l'indemnité fixée par la décision de la commission spéciale[1].

S'il s'agissait pour l'administration de faire valoir, à l'encontre des créanciers du propriétaire, le privilége qui lui est attribué par l'article 51 de la loi, c'est aux tribunaux civils que la question devrait être soumise.

[1] *Arr. Cons.* 2 juin 1870 (*Morin*).

CHAPITRE VIII

DE L'EXÉCUTION DES TRAVAUX MIXTES DANS LA ZONE FRONTIÈRE
ET DANS LE RAYON DES SERVITUDES MILITAIRES

899. Il faut encore classer, parmi les règles générales relatives à l'exécution des travaux publics, tout ce qui concerne les travaux mixtes, c'est-à-dire les travaux exécutés dans l'étendue de la zone frontière, ou dans le rayon des servitudes des enceintes fortifiées, et qui pourraient compromettre la défense nationale.

L'intérêt de la défense nationale commande en effet de prendre des précautions pour que les travaux exécutés, soit par l'administration, soit par les propriétaires, n'aient pas ce résultat, soit de faire disparaître, dans le rayon de la zone frontière, les obstacles naturels qui peuvent servir à protéger le pays contre l'invasion des armées ennemies, soit de fournir des abris contre le feu des places de guerre. Mais il ne faut pas non plus que le soin de la défense nationale entraîne les officiers chargés de ce grand intérêt à gêner l'exécution des travaux qui seraient nécessaires pour le développement de l'agriculture, de l'industrie et du commerce. Le législateur a donc institué une autorité spéciale, dans laquelle les intérêts civils et militaires sont représentés et qui, sous le titre de commission mixte des travaux publics, est chargée d'apprécier, après une instruction approfondie et contradictoire, « les intérêts des divers services, de les concilier, et si elle ne parvient pas à établir l'accord entre eux, d'indiquer dans quelle limite il lui paraît possible de donner satisfaction à leurs besoins respectifs, sans compromettre la défense du pays [1]. »

Le dernier état de la législation sur la zone frontière, réglée successivement par plusieurs lois, décrets et ordonnances, de 1791 à 1816, se trouve dans la loi du 7 avril 1851 et dans le règlement d'administration publique, en date du 16 août 1853. Ce règlement a, conformément aux prescriptions de l'article 3 de la loi de 1851, réuni, en les coordonnant et les modifiant au besoin, les dispositions relatives aux travaux mixtes de l'État, des départements et des communes. Plusieurs dispositions de ce règlement ont été modifiées par un règlement en date du 15 mars 1862.

Le même travail de codification a été accompli, pour la législation sur les servitudes militaires autour des places fortes, par un décret du 10 août 1853, rendu en exécution de la loi du 10 juillet 1851.

900. Les limites de la zone frontière ont été déterminées d'abord dans un tableau et une carte annexés au règlement

[1] Nous avons déjà exposé la composition de la Commission mixte, t. I⁰ʳ, p. 631.

d'administration publique du 16 août 1853, puis dans un
tableau et dans plusieurs cartes annexés au règlement du
15 mars 1862.

La Corse et les autres îles du littoral de la France font
partie de la zone frontière.

Toutefois, il a été nécessaire de tracer, dans le périmètre
de la zone frontière, des polygones comprenant des portions
de territoire qualifiées de réservées, qui répondent à un ordre
de travaux spécial : les chemins vicinaux. Ces travaux ont été
affranchis, en principe, de toute surveillance de l'administration militaire par la loi du 7 avril 1851 ; toutefois, cette
loi permettait d'établir des portions de territoire réservées où
les règles établies pour les travaux mixtes continueraient,
par exception, à s'appliquer à ces chemins. Les limites des
territoires réservés, fixées d'abord par le règlement du 16
août 1853, ont été modifiées par le règlement du 15 mars
1862.

D'après l'article 2 du règlement du 16 août 1853, les
terrains situés dans la zone des fortifications autour des
places ou dans le rayon des servitudes des enceintes fortifiées,
font également partie des territoires réservés.

Nous ne pouvons pas ici reproduire les indications des tableaux annexés au décret du 15 mars 1862, et insérés au
Bulletin des lois. Il nous suffira de dire que la zone frontière
intéresse en tout cinquante départements, dont dix-neuf y sont
compris en entier, et trente et un en partie seulement,
savoir :

En totalité : les départements du Pas-de-Calais, du Nord,
des Ardennes, de la Meuse, de la Moselle, de la Meurthe, du
Bas-Rhin, des Vosges, du Haut-Rhin, du Doubs, du Jura, de
l'Ain, de la Savoie, de la Haute-Savoie, des Alpes-Maritimes,

du Var, des Bouches-du-Rhône, des Pyrénées-Orientales et de la Corse;

En partie, les départements de la Somme, de l'Aisne, de la Marne, de la Haute-Marne, de la Haute-Saône, de la Côte-d'Or, de Sâone-et-Loire, du Rhône, de l'Isère, des Hautes-Alpes, des Basses-Alpes, du Gard, de l'Hérault, de l'Aude, de l'Ariége, de la Haute-Garonne, des Hautes-Pyrénées, des Basses-Pyrénées, des Landes, de la Gironde, de la Charente-Inférieure, de la Vendée, de la Loire-Inférieure, du Morbihan, du Finistère, des Côtes-du-Nord, d'Ille-et-Vilaine, de la Manche, du Calvados, de l'Eure et de la Seine-Inférieure.

Ajoutons que, sur les cinquante départements qui font partie de la zone frontière, en totalité ou en partie, vingt-neuf n'ont pour territoires réservés que les zones des servitudes des places de guerre et des ports militaires qu'ils comprennent, et que vingt et un ont des territoires réservés spéciaux.

Quant aux limites de la zone des servitudes établies autour des places fortes et enceintes fortifiées, voici comment elles sont déterminées par les articles 5, 7, 8 et 9 du règlement d'administration publique du 10 août 1853, qui reproduit, à cet égard, les dispositions des lois du 10 juillet 1791 et du 17 juillet 1819.

L'article 5 porte : « Les servitudes défensives autour des places et des postes s'exercent sur les propriétés qui sont comprises dans trois zones commençant toutes aux fortifications et s'étendant respectivement aux distances de 250 mètres, 487 mètres et 974 mètres pour les places, et 250 mètres, 487 mètres et 584 mètres pour les postes. »

D'après l'article 7, dans la première zone de servitudes autour des places et des postes classés, il ne peut être it aucune construction, de quelque nature qu'elle puisse être, à l'exception, toutefois, de clôtures en haies sèches ou en planches à claire-voie, sans pans de bois ni maçonnerie. Les haies vives et les plantations d'arbres ou d'arbustes formant haie sont spécialement interdites dans cette zone.

L'article 8 interdit d'élever autour des places de la première série aucune construction en maçonnerie ou en pisé, depuis la limite de la première zone jusqu'à celle de la deuxième. Les constructions en bois et en terre, qui sont permises, doivent être démolies sans indemnité à première réquisition de l'autorité militaire, dans le cas où la place serait déclarée en état de guerre.

La même condition est faite aux constructions de toute nature qui peuvent être élevées dans la seconde zone autour des places de la deuxième série et des postes militaires.

Enfin, dans la troisième zone de servitudes, il ne peut être fait aucun chemin, aucune levée ni chaussée, aucun exhaussement de terrain, aucune fouille ou excavation, aucune exploitation de carrière, aucune construction au-dessus du niveau du sol, avec ou sans maçonnerie, enfin aucun dépôt de matériaux ou autres objets, sans que leur alignement et leur position aient été concertés avec les officiers du génie, et que, d'après ce concert, le ministre de la guerre ait déterminé ou fait déterminer par un décret les conditions auxquelles les travaux doivent être assujettis dans chaque cas particulier, afin de concilier les intérêts de la défense avec ceux de l'industrie, de l'agriculture et du commerce.

Les servitudes que nous venons d'énumérer sont applicables aux travaux exécutés par les particuliers. Mais l'action de la commission mixte s'exerce en outre dans l'étendue des trois zones pour les travaux exécutés par l'administration.

901. Quels sont les travaux mixtes? L'article 7 du décret du 16 août 1853 en fait une longue énumération que nous devons reproduire, sauf à indiquer ensuite les exceptions établies par le décret de 1853 lui-même ou par des décisions postérieures. Cet article est ainsi conçu : « Dans les limites de la zone frontière et dans le rayon des enceintes fortifiées, sont de la compétence de la commission mixte :

« 1° Les travaux concernant :

« Les routes impériales et départementales;

« Les chemins de fer ;

« Les chemins vicinaux de toutes classes, ainsi que les chemins forestiers, tant dans les bois et dans les forêts de l'État que dans ceux des communes ou des établissements publics, mais seulement lorsqu'ils sont situés dans l'étendue des territoires réservés [1] ;

« Les ponts à établir sur les cours d'eau navigables ou flottables pour le service des chemins vicinaux ou forestiers, même en dehors de ces territoires [2] ;

« Les cours d'eau navigables ou flottables ;

« Les canaux et rigoles d'alimentation, d'irrigation ou de desséchement avec leurs francs bords, levées et chemins de halage;

« Les ports militaires et de commerce, les havres, les rades et les mouillages ;

« Les phares, les fanaux et les amers ;

« Les écluses de navigation, de desséchement, d'irrigation et de chasse, et les autres ouvrages analogues d'intérêt public, tels que digues, bâtardeaux, épis, enrochements, ponts, quais, bassins, jetées, brise-lames, etc.;

« Les passages des portes d'eau et des portes de terre, dans

---

[1]-[2] On va voir que cette disposition a été modifiée par le décret du 15 mars 1862.

la traversée des fortifications, des places de guerre et des postes militaires ;

« Les modifications à apporter, dans un intérêt civil, aux arsenaux, aux casernes, aux magasins et aux autres établissements militaires ;

« Les desséchements des lacs, étangs et marais ;

« Les marais salants et leurs dépendances, lorsque les travaux projetés doivent faire l'objet d'une concession ou d'une autorisation préalable du gouvernement ;

« 2° Les défrichements des forêts et des bois ;

« 3° Les concessions des lais et relais de la mer, celles des dunes et lagunes, et celles des accrues, atterrissements et alluvions dépendant du domaine de l'État, mais seulement au point de vue des conditions à imposer ou des réserves à faire dans l'intérêt de la défense du territoire ;

« 4° Les concessions et les règlements d'eau de moulins et autres usines, toutes les fois que les modifications qui peuvent en être la suite, à l'égard du régime des eaux, sont susceptibles d'avoir de l'influence sur les inondations défensives ;

« 5° Les concessions d'enrochements ou d'endiguements à la mer ou sur le rivage ;

« 6° Les alignements ou le tracé :

« Des rues qui servent, dans les enceintes fortifiées, de communications directes entre les places publiques, les établissements militaires et les remparts ;

« Des rues, des carrefours et des places des villes fortifiées, et autres qui bordent les établissements de la guerre ou de la marine, ou qui sont consacrés par le temps et l'usage aux exercices ou rassemblements des troupes ;

« 7° Tous les objets d'intérêt public, civil ou maritime, non compris sous les six numéros précédents, qu'un décret déclarerait de nature à influer sur la défense du territoire;

« 8° Les travaux de fortifications ou de bâtiments militaires dont l'exécution apporterait des changements aux routes, aux chemins, aux canaux et autres ouvrages d'intérêt civil ou maritime ci-dessus mentionnés;

« 9° Les questions relatives aux jouissances, à la police ou à la conservation des ouvrages ayant à la fois une destination civile et une destination militaire;

« 10° Enfin les affaires d'un caractère purement administratif, qui sont les accessoires d'affaires principales du ressort de la commission, telles que les remises mutuelles de jouissance de terrains, et la répartition, entre les services intéressés, de l'exécution des travaux mixtes et des dépenses de ces travaux. »

On voit que cette énumération comprend toutes les affaires dans lesquelles les ingénieurs des ponts et chaussées sont appelés à intervenir.

902. Toutefois il y a des exceptions.

Et d'abord il importe de rappeler celle qui a été faite à l'égard des chemins vicinaux de toutes classes par la loi du 7 avril 1851. Elle a été reproduite dans le décret du 16 août 1853 et étendue par l'article 7 de ce décret aux chemins forestiers. Ces chemins peuvent être exécutés librement, sauf le cas où ils sont situés dans les territoires réservés. Le décret du 15 mars 1862 est venu ajouter encore, par son article 2, aux facilités données par le décret de 1853. Alors même que les chemins vicinaux et forestiers sont dans les territoires réservés, ils peuvent être exécutés librement, si leur largeur n'excède pas 6 mètres dans leur tracé général, et si en même temps leur empierrement n'a pas plus de 4 mètres de largeur.

Il en est de même des ponts établis ou à établir sur les cours d'eau navigables ou flottables pour le service des chemins vicinaux et forestiers, lorsque l'ouverture des ponts entre culées ne dépasse pas 4 mètres, s'il s'agit d'un pont avec voûte en maçonnerie, ou 6 mètres, s'il s'agit d'un pont avec tablier en fer ou en bois.

Néanmoins, d'après l'article 4 du décret de 1862, ces facilités ne s'étendent pas aux chemins vicinaux et forestiers, ainsi qu'aux ponts établis dans les zones de servitude des places de guerre et des postes militaires.

Seulement le décret de 1862 exige, dans son article 5, que les projets de travaux relatifs aux chemins vicinaux et aux ponts situés dans les territoires réservés, mais qui, par leurs dimensions, cessent d'être soumis aux règlements sur les travaux mixtes, soient communiqués au directeur des fortifications, qui peut faire connaître, dans le délai de deux mois, les travaux qu'il serait nécessaire de faire, dans l'intérêt de la défense, sur les chemins et ponts. Ces travaux supplémentaires sont exécutés aux frais de l'administration de la guerre.

903. Une autre exception a été établie par l'article 8 du décret du 15 mars 1862 à l'égard des ponts établis au croisement d'une voie de terre classée et d'une voie d'eau navigable et flottable, lorsque la portée de ces ponts n'excède pas 4 mètres ou 6 mètres suivant leur mode de construction, ainsi que nous l'avons indiqué tout à l'heure pour les ponts qui dépendent des chemins vicinaux.

904. L'article 8 du décret de 1853 excepte encore les travaux d'entretien ou de réparation, c'est-à-dire ceux qui ont uniquement pour objet de conserver un ouvrage ou

de le remettre dans l'état où il était précédemment, sans
modifications à cet état.

905. Enfin le même article excepte les voies de terre et
d'eau spécialement exonérées.

Qu'entend-on par là? C'est dans les articles 40 à 43 du
décret de 1853 que se trouve organisé le système de l'exonération.

Le ministre de la guerre peut désigner, parmi les voies de
terre et d'eau comprises dans la zone frontière, celles qui paraissent pouvoir être exonérées de la surveillance de l'autorité militaire. Les voies désignées sur un plan préparé par le
préfet, avec le concours des ingénieurs des ponts et chaussées, peuvent alors être modifiées et améliorées par l'autorité
civile, mais à la condition que les travaux ne changent pas
leur direction générale.

L'article 41 du décret de 1853 porte en effet : « Les voies
de terre, objet de l'exonération, peuvent, sans l'intervention
de l'autorité militaire, recevoir les modifications et les améliorations dont elles sont susceptibles, telles que l'élargissement des chaussées ou des accotements, l'adoucissement des
rampes ou des pentes, la substitution d'autres matériaux à
ceux précédemment employés, l'empierrement ou le pavage
des parties en terre, le creusement des fossés latéraux et
l'addition de gares d'évitement ou de dépôt, pourvu que ces
améliorations ou modifications ne changent pas leur direction
générale, n'ouvrent pas de communications nouvelles ou ne
prolongent pas celles qui existent.

« Il en est de même à l'égard des voies d'eau, mais seulement pour les travaux qui peuvent être faits tant au lit de
ces voies, à leurs digues, à leurs francs bords et à leurs
fossés, qu'à leurs écluses et à leurs ouvrages d'art, pourvu

qu'il ne soit rien changé ni au tracé de ces voies ni au régime des eaux. »

L'article 42 du décret de 1853 excepte de l'exonération : 1° les ponts établis sur les cours d'eau navigables et flottables; mais il ne faut pas oublier la disposition moins restrictive de l'article 8 du décret de 1862, à l'égard des ponts; 2° les portions de communication de terre et d'eau situées dans les limites de la zone des fortifications ou dans le rayon des servitudes des enceintes fortifiées.

Voilà quels sont les travaux mixtes.

906. Quel est le mode d'instruction suivi pour concilier les intérêts des différents services?

Aux termes de l'article 11 du décret de 1853, les affaires comportent deux degrés d'instruction dans les localités, à moins qu'elles ne fassent l'objet d'un projet de loi ou d'une adhésion directe.

Il y a, au début de l'affaire, une conférence entre les chefs de service dans les localités où les travaux doivent s'exécuter.

L'article 12 indique d'une manière détaillée quels sont les agents de l'administration et les officiers qui ont le caractère de chefs de service au point de vue de cette conférence.

Les ingénieurs ordinaires des ponts et chaussées sont chefs de service, non-seulement pour les travaux des ponts et chaussées, tels que routes, chemins de fer, fleuves et canaux, ports maritimes de commerce, desséchement d'étangs et de marais, irrigations, règlements d'usines, etc:, mais en outre pour les chemins vicinaux et les rues des villes.

On entend les représentants des intéressés, compagnies concessionnaires, syndics d'associations, agents-voyers, maires et adjoints.

La conférence est provoquée avec l'autorisation du supérieur.

Les projets qui servent de base à la conférence sont rédigés dans des conditions spéciales déterminées par l'article 13. Ordinairement c'est aux officiers du génie à faire les projets de la partie des travaux qui intéresse la défense nationale.

Les chefs de service locaux s'entendent pour dresser un procès-verbal qui constate l'avis de chacun d'eux, et les conditions, obligations ou réserves stipulées dans l'intérêt des différents services (art. 14).

Il est dressé du procès-verbal de conférence autant d'expéditions qu'il y a d'officiers ou d'ingénieurs en présence, pour que chacun d'eux puisse adresser une copie à son supérieur hiérarchique (art. 15).

907. Puis, après cette première instruction, a lieu l'instruction au deuxième degré.

Aux termes de l'article 16 : « L'instruction au deuxième degré des affaires mixtes est faite suivant les cas, par les directeurs des fortifications, les directeurs d'artillerie de terre, les ingénieurs en chef des ponts et chaussées, les majors généraux de la marine dans les ports militaires, les directeurs d'artillerie de marine, les directeurs des travaux hydrauliques et des bâtiments civils de la marine, les inspecteurs des forêts, les directeurs des domaines.

« Aussitôt que ces fonctionnaires ont reçu, des officiers, des ingénieurs et agents sous leurs ordres, les pièces relatives à l'instruction d'une affaire au premier degré, ils les visent et échangent mutuellement leurs observations et leurs apostilles.

« Si l'un d'eux réclame exceptionnellement une conférence, elle a lieu sans aucun retard, et il est procédé alors d'une manière analogue à celle prescrite pour l'instruction au premier degré.

« Les dossiers de l'affaire, contenant chacun les avis des directeurs et des ingénieurs en chef, sont transmis respectivement aux divers ministres que l'affaire concerne ; les préfets des départements et les préfets maritimes auxquels sont adressés les dossiers des ponts et chaussées et de la marine y consignent leurs opinions et leurs propositions. »

On voit qu'il peut y avoir lieu exceptionnellement à une conférence. Mais ordinairement, dans l'instruction au deuxième degré, il n'est donné que de simples avis.

908. Il est important de remarquer que l'affaire peut s'arrêter là, si les chefs de service qui examinent l'affaire au deuxième degré s'entendent sur les conditions réclamées par l'autorité militaire, ou s'il n'y a pas de conditions de cette nature à poser.

En effet, aux termes de l'article 18 du décret de 1853, chaque directeur ou chaque ingénieur en chef peut adhérer immédiatement, au nom du service qu'il représente, à l'exécution des travaux mixtes proposés par une autre administration, quand ces travaux lui paraissent sans inconvénient pour son service, et quand les inconvénients peuvent disparaître moyennant certaines dispositions qu'il impose comme condition de son adhésion. Cette faculté ne peut toutefois s'étendre aux travaux qu'une autorité supérieure aurait signalés comme nuisibles, ni à ceux qui seraient à faire sur un terrain affecté au service dont l'adhésion est nécessaire.

Les adhésions sont communiquées aux ministres compétents et conservées dans les archives de la commission mixte[1].

---

[1] Nous devons ajouter ici qu'en matière de concessions de lais et de relais de mer, un avis des sections réunies des finances, de la guerre, de la marine et des travaux pu-

Il doit y être expressément stipulé qu'elles sont données par application de l'article 18 du décret de 1853[1].

909. Si les chefs de service qui examinent l'affaire au deuxième degré ne se sont pas mis d'accord, les dossiers sont transmis respectivement aux différents ministres que l'affaire concerne, et, après un examen fait dans chaque ministère par les conseils spéciaux qui sont compétents à cet égard, comité des fortifications, comité de l'artillerie, conseil général des ponts et chaussées, conseil d'amirauté, conseil des travaux de la marine (art. 19), la commission mixte est saisie.

910. Il peut arriver, et nous croyons savoir que c'est le cas le plus fréquent, qu'il s'établisse un accord entre les différents comités et conseils sur les conclusions à prendre à l'égard des projets de travaux. Dans ce cas, aux termes de l'article 20, la commission mixte n'a qu'à constater l'accord par un avis conforme à ces conclusions.

Dans le cas contraire, le président nomme un rapporteur pour chacun des services intéressés, et l'affaire est débattue contradictoirement. Il est adressé une expédition du procès-verbal de la délibération à chacun des ministres que l'affaire concerne.

Enfin, d'après l'article 21, si les ministres sont d'accord pour accepter la décision de la commission mixte, il est donné suite à l'affaire; sinon, la question est tranchée par un décret.

911. Il nous reste à indiquer que le décret de 1853 con-

blics du Conseil d'État a reconnu que les chefs de service supérieurs pouvaient donner leur adhésion sur l'avis de leurs subordonnés, mais sans qu'il y eût eu au premier degré une conférence entre les agents des services intéressés.

[1] Circulaire du ministre des travaux publics, en date du 25 août 1860.

tient encore, dans ses articles 23 à 26, des règles spéciales
relatives à l'exécution des travaux, et dans ses articles 27 à 29,
des dispositions concernant la comptabilité, l'imputation et
le payement des dépenses.

912. Quant à la répression des contraventions qui seraient commises aux règles sur les travaux mixtes, elle est
organisée dans les articles 30 à 39 du décret de 1853. Mais
il faut établir ici une distinction importante.

Si les contraventions sont commises par des particuliers,
elles sont déférées, en vertu d'un procès-verbal dressé par un
garde du génie, au conseil de préfecture, qui peut ordonner
la démolition des travaux, le rétablissement des lieux en
l'état primitif, et condamner le contrevenant à une amende.

Il en est de même dans le cas où les travaux sont exécutés
pour le compte des communes.

Mais, d'après l'article 32, dans le cas où il s'agit de travaux exécutés pour le compte de l'État ou des départements,
et où le fait constaté par le procès-verbal résulterait d'ordres
donnés par un fonctionnaire ou un agent du gouvernement,
le procès-verbal est communiqué à ce fonctionnaire et
transmis aux ministres compétents, qui en font d'urgence le
renvoi à la commission mixte, laquelle examine l'affaire,
suivant les formes prescrites par le décret de 1853. Jusqu'à la décision à intervenir, les travaux demeurent sus-
pendus.

L'organisation que nous venons de décrire ne laisse pas,
il faut en convenir, que d'être assez compliquée. Cependant
il est aussi juste de reconnaître que les décrets de 1853 et de
1862 ont réalisé un progrès notable sur la législation antérieure, et facilité largement les travaux des voies de communication dans la zone frontière. Peut-être de nouveaux pro-

grès pourront-ils être réalisés plus tard, sans compromettre l'intérêt de la défense nationale.

Nous avons épuisé la série des règles générales relatives à l'exécution des travaux publics. Il faut étudier maintenant les règles spéciales à la voirie et aux eaux.

APPENDICE

I

CAHIER DES CLAUSES ET CONDITIONS GÉNÉRALES

IMPOSÉES

AUX ENTREPRENEURS DES TRAVAUX DES PONTS ET CHAUSSÉES

Arrêté par le ministre de l'Agriculture, du Commerce et des Travaux publics
le 16 novembre 1866.

Le Ministre secrétaire d'État au département de l'agriculture, du commerce et des travaux publics,

Vu le cahier des clauses et conditions générales imposées, à la date du 25 août 1833, aux entrepreneurs des ponts et chaussées ;

Vu les procès-verbaux des délibérations d'une commission spéciale instituée en 1848, à l'effet de reviser les clauses et conditions générales de 1833, et le projet préparé par cette commission ;

Vu les délibérations sur ce projet du conseil général des ponts et chaussées, en date des 25 juin et 12 novembre 1849 ;

Vu la délibération de la section d'administration du Conseil d'État, en date du 17 janvier 1850 ;

Vu le nouvel avis du conseil général des ponts et chaussées, en date du 6 août 1866 ;

Sur la proposition du conseiller d'État, secrétaire général,

Arrête ce qui suit :

ARTICLE PREMIER.

Dispositions générales.

Tous les marchés relatifs à l'exécution des travaux dépendant de l'administration des ponts et chaussées, qu'ils soient passés dans la forme d'adjudications publiques ou qu'ils résultent de conventions faites de gré à gré, sont soumis, en tout ce qui leur est applicable, aux dispositions suivantes :

TITRE PREMIER

Adjudications.

ART. 2.

Conditions à remplir pour être admis aux adjudications.

Nul n'est admis à concourir aux adjudications, s'il ne justifie qu'il a les qualités requises pour garantir la bonne exécution des travaux.

A cet effet, chaque concurrent est tenu de fournir un certificat constatant sa capacité et de présenter un acte régulier de cautionnement ou au moins un engagement en bonne et due forme de fournir le cautionnement ; l'engagement doit être réalisé dans les huit jours de l'adjudication.

ART. 3.

Certificats de capacité.

Les certificats de capacité sont délivrés par des hommes de l'art. Ils ne doivent pas avoir plus de trois ans de date au moment de l'adjudication. Il y est fait mention de la manière dont les soumissionnaires ont rempli leurs engagements, soit envers l'administration, soit envers les tiers, soit envers les ouvriers, dans les travaux qu'ils ont exécutés, surveillés ou suivis. Ces travaux doivent avoir été faits dans les dix dernières années.

Les certificats de capacité sont présentés, huit jours au moins avant l'adjudication, à l'ingénieur en chef, qui doit les viser à titre de communication.

Il n'est pas exigé de certificat de capacité pour la fourniture des matériaux destinés à l'entretien des routes en empierrement, ni pour les travaux de terrassement dont l'estimation ne s'élève pas à plus de 20,000 francs.

ART. 4.

Cautionnement.

Le cahier des charges détermine, dans chaque cas particulier, la nature et le montant du cautionnement que l'entrepreneur doit fournir.

S'il ne stipule rien à cet égard, le cautionnement est fait soit en numéraire, soit en inscriptions de rentes sur l'État, et le montant en est fixé au trentième de l'estimation des travaux, déductions faites de toutes les sommes portées à valoir pour dépenses imprévues et ouvrages en régie ou pour indemnités de terrain.

Le cautionnement reste affecté à la garantie des engagements contractés par l'adjudicataire jusqu'à la liquidation définitive des travaux. Toutefois, le ministre peut, dans le cours de l'entreprise, autoriser la restitution de tout ou partie du cautionnement.

ART. 5.

Approbation de l'adjudication.

L'adjudication n'est valable qu'après l'approbation de l'autorité compétente. L'entrepreneur ne peut prétendre à aucune indemnité, dans le cas où l'adjudication n'est point approuvée.

ART. 6.

Pièces à délivrer à l'entrepreneur.

Aussitôt après l'approbation de l'adjudication, le préfet délivre à l'entrepreneur, sur son récépissé, une expédition vérifiée par l'ingénieur en chef et dûment légalisée, du devis, du bordereau des prix et du détail estimatif, ainsi qu'une copie certifiée du procès-verbal d'adjudication et un exemplaire imprimé des présentes clauses et conditions générales.

Les ingénieurs lui délivrent en outre, gratuitement, une expédition certifiée des dessins et autres pièces nécessaires à l'exécution des travaux.

ART. 7.

Frais d'adjudication.

L'entrepreneur verse à la caisse du trésorier payeur général le montant des frais du marché. Ces frais, dont l'état est arrêté par le préfet, ne peuvent être autres que ceux d'affiches et de publication, ceux de timbre et d'expédition du devis, du bordereau des prix, du détail estimatif et du procès-verbal d'adjudication, et le droit fixe d'enregistrement de un franc.

ART. 8.

Domicile de l'entrepreneur.

L'entrepreneur est tenu d'élire un domicile à proximité des travaux et de faire connaître le lieu de ce domicile au préfet. Faute par lui de remplir cette obligation dans un délai de quinze jours, à partir de l'approbation de l'adjudication, toutes les notifications qui se rattachent à son entreprise sont valables, lorsqu'elles ont été faites à la mairie de la commune désignée à cet effet par le devis ou par l'affiche d'adjudication.

TITRE II

Exécution des travaux.

ART. 9.

Défense de sous-traiter sans autorisation.

L'entrepreneur ne peut céder à des sous-traitants une ou plusieurs parties de son entreprise, sans le consentement de l'Administration. Dans tous les cas, il demeure personnellement responsable, tant envers l'Administration qu'envers les ouvriers et les tiers.

Si un sous-traité est passé sans autorisation, l'Administration peut, suivant les cas, soit prononcer la résiliation pure et simple de l'entreprise, soit procéder à une nouvelle adjudication à la folle enchère de l'entrepreneur.

ART. 10.

Ordres de service pour l'exécution des travaux.

L'entrepreneur doit commencer les travaux dès qu'il en a reçu l'ordre de l'ingénieur. Il se conforme strictement aux plans, profils, tracés, ordres de service, et, s'il y a lieu, aux types et modèles qui lui sont donnés par l'ingénieur ou par ses préposés, en exécution du devis.

L'entrepreneur se conforme également aux changements qui lui sont prescrits pendant le cours du travail, mais seulement lorsque l'ingénieur es a ordonnés par écrit et sous sa responsabilité. Il ne lui est tenu compte de ces changements qu'autant qu'il justifie de l'ordre écrit de l'ingénieur.

ART. 11.

Règlements pour le bon ordre des chantiers.

L'entrepreneur est tenu d'observer tous les règlements qui sont faits par le préfet, sur la proposition de l'ingénieur en chef, pour le bon ordre des travaux et la police des chantiers.

Il est interdit à l'entrepreneur de faire travailler les ouvriers les dimanches et jours fériés.

Il ne peut être dérogé à cette règle que dans les cas d'urgence et en vertu d'une autorisation écrite ou d'un ordre de service de l'ingénieur.

ART. 12.

Présence de l'entrepreneur sur le lieu des travaux.

Pendant la durée de l'entreprise, l'adjudicataire ne peut s'éloigner du lieu des travaux qu'après avoir fait agréer par l'ingénieur un représentant capable de le remplacer, de manière qu'aucune opération ne puisse être retardée ou suspendue à raison de son absence.

L'entrepreneur accompagne les ingénieurs dans leurs tournées toutes les fois qu'il en est requis.

ART. 13.

Choix des commis, chefs d'ateliers et ouvriers.

L'entrepreneur ne peut prendre pour commis et chefs d'ateliers que des hommes capables de l'aider et de le remplacer au besoin dans la conduite et le métrage des travaux.

L'ingénieur a le droit d'exiger le changement ou le renvoi des agents et ouvriers de l'entrepreneur pour insubordination, incapacité ou défaut de probité.

L'entrepreneur demeure d'ailleurs responsable des fraudes ou malfaçons qui seraient commises par ses agents et ouvriers dans la fourniture et dans l'emploi des matériaux.

ART. 14.

Liste nominative des ouvriers.

Le nombre des ouvriers de chaque profession est toujours proportionné à la quantité d'ouvrage à faire. Pour mettre l'ingénieur à même d'assurer l'accomplissement de cette condition, il lui est remis périodiquement, et aux époques par lui fixées, une liste nominative des ouvriers.

ART. 15.

Payement des ouvriers.

L'entrepreneur paye les ouvriers tous les mois, ou à des époques plus rapprochées, si l'Administration le juge nécessaire. En cas de retard régulièrement constaté, l'Administration se réserve la faculté de faire payer d'office les salaires arriérés sur les sommes dues à l'entrepreneur, sans préjudice des droits réservés par la loi du 26 pluviôse an II aux fournisseurs qui auraient fait des oppositions régulières.

ART. 16.

Caisse de secours pour les ouvriers blessés ou malades.

Une retenue d'un centième est exercée sur les sommes dues à l'entrepreneur, à l'effet d'assurer, sous le contrôle de l'Administration, des secours aux ouvriers atteints de blessures ou de maladies occasionnées par les travaux, à leurs veuves et à leurs enfants, et de subvenir aux dépenses du service médical.

La partie de cette retenue qui reste sans emploi à la fin de l'entreprise est remise à l'entrepreneur.

ART. 17.

Dépenses imputables sur la somme à valoir.

S'il y a lieu de faire des épuisements ou autres travaux dont la dépense soit imputable sur la somme à valoir, l'entrepreneur doit, s'il en est requis, fournir les outils et machines nécessaires pour l'exécution de ces travaux.

Le loyer et l'entretien de ce matériel lui sont payés aux prix de l'adjudication.

ART. 18.

Outils, équipages et faux frais de l'entreprise.

L'entrepreneur est tenu de fournir à ses frais les magasins, équipages, voitures, ustensiles et outils de toute espèce nécessaires à l'exécution des travaux, sauf les exceptions stipulées au devis.

Sont également à sa charge l'établissement des chantiers et chemins de service et les indemnités y relatives, les frais de tracé des ouvrages, les cordeaux, piquets et jalons, les frais d'éclairage des chantiers, s'il y a lieu, et généralement toutes les menues dépenses et tous les faux frais relatifs à l'entreprise.

ART. 19.

Carrières désignées au devis.

Les matériaux sont pris dans les lieux indiqués au devis. L'entrepreneur y ouvre, au besoin, des carrières à ses frais.

Il est tenu, avant de commencer les extractions, de prévenir les propriétaires suivant les formes déterminées par les règlements.

Il paye, sans recours contre l'Administration, et en se conformant aux lois et règlements sur la matière, tous les dommages qu'ont pu occasionner la prise ou l'extraction, le transport et le dépôt des matériaux.

Dans le cas où le devis prescrit d'extraire des matériaux dans les bois soumis au régime forestier, l'entrepreneur doit se conformer, en outre, aux prescriptions de l'article 145 du code forestier, ainsi que des articles 172, 173 et 175 de l'ordonnance du 1er août 1827, concernant l'exécution de ce code.

L'entrepreneur doit justifier, toutes les fois qu'il en est requis, de l'accomplissement des obligations énoncées dans le présent article, ainsi que du payement des indemnités pour établissement de chantiers et chemins de service.

ART. 20.

Carrières proposées par l'entrepreneur.

Si l'entrepreneur demande à substituer aux carrières indiquées dans le devis d'autres carrières fournissant des matériaux d'une qualité que les ingénieurs reconnaissent au moins égale, il reçoit l'autorisation de les exploiter, et ne subit, sur les prix de l'adjudication, aucune réduction pour cause de diminution des frais d'extraction, de transport et de taille des matériaux.

ART. 21.

Défense de livrer au commerce les matériaux extraits des carrières désignées.

L'entrepreneur ne peut livrer au commerce, sans l'autorisation du propriétaire, les matériaux qu'il a fait extraire dans les carrières exploitées par lui en vertu du droit qui lui a été conféré par l'Administration.

ART. 22.

Qualités des matériaux.

Les matériaux doivent être de la meilleure qualité dans chaque espèce, être parfaitement travaillés et mis en œuvre conformément aux règles de l'art; ils ne peuvent être employés qu'après avoir été vérifiés et provisoirement acceptés par l'ingénieur ou par ses préposés. Nonobstant cette réception provisoire et jusqu'à la réception définitive des travaux, ils peuvent, en cas de surprise, de mauvaise qualité ou de malfaçon, être rebutés par l'ingénieur, et ils sont alors remplacés par l'entrepreneur.

ART. 23.

Dimensions et dispositions des matériaux et des ouvrages.

L'entrepreneur ne peut, de lui-même, apporter aucun changement au projet.

Il est tenu de faire immédiatement, sur l'ordre des ingénieurs, remplacer les matériaux ou reconstruire les ouvrages dont les dimensions ou les dispositions ne sont pas conformes au devis.

Toutefois, si les ingénieurs reconnaissent que les changements faits par l'entrepreneur ne sont contraires ni à la solidité, ni au goût, les nouvelles dispositions peuvent être maintenues; mais alors l'entrepreneur n'a droit à aucune augmentation de prix, à raison des dimensions plus fortes ou de la valeur plus considérable que peuvent avoir les matériaux ou les ouvrages. Dans ce cas, les métrages sont basés sur les dimensions prescrites par le devis Si, au contraire, les dimensions sont plus faibles ou la valeur des matériaux moindre, les prix sont réduits en conséquence.

ART. 24.

Démolition d'anciens ouvrages.

Dans le cas où l'entrepreneur a à démolir d'anciens ouvrages, les matériaux sont déplacés avec soin pour qu'ils puissent être façonnés de nouveau et réemployés s'il y a lieu.

ART. 25.

Objets trouvés dans les fouilles.

L'Administration se réserve la propriété des matériaux qui se trouvent dans les fouilles et démolitions faites dans les terrains appartenant à l'État, sauf à indemniser l'entrepreneur de ses soins particuliers.

Elle se réserve également les objets d'art et de toute nature qui pourraient s'y trouver, sauf indemnité à qui de droit.

ART. 26.

Emploi des matières neuves ou de démolition appartenant à l'État.

Lorsque les ingénieurs jugent à propos d'employer des matières neuves ou de démolition appartenant à l'État, l'entrepreneur n'est payé que des frais de main-d'œuvre et d'emploi, d'après les éléments des prix du bordereau, rabais déduit.

ART. 27.

Vices de construction.

Lorsque les ingénieurs présument qu'il existe dans les ouvrages des vices de construction, ils ordonnent, soit en cours d'exécution, soit avant la réception définitive, la démolition et la reconstruction des ouvrages présumés vicieux.

Les dépenses résultant de cette vérification sont à la charge de l'entrepreneur, lorsque les vices de construction sont constatés et reconnus.

ART. 28.

Pertes et avaries; cas de force majeure.

Il n'est alloué à l'entrepreneur aucune indemnité à raison des pertes, avaries ou dommages occasionnés par négligence, imprévoyance, défaut de moyens ou fausses manœuvres.

Ne sont pas compris, toutefois, dans la disposition précédente les cas de force majeure qui, dans le délai de dix jours au plus après l'événement, ont été signalés par l'entrepreneur; dans ces cas, néanmoins, il ne peut être rien alloué qu'avec l'approbation de l'Administration. Passé le délai de dix jours, l'entrepreneur n'est plus admis à réclamer.

ART. 29.

Règlement du prix des ouvrages non prévus.

Lorsqu'il est jugé nécessaire d'exécuter des ouvrages non prévus, ou d'extraire des matériaux dans des lieux autres que ceux qui sont désignés dans le devis, les prix en sont réglés d'après les éléments de ceux de l'adjudication, ou par assimilation aux ouvrages les plus analogues. Dans le cas d'une impossibilité absolue d'assimilation, on prend pour terme de comparaison les prix courants du pays.

Les nouveaux prix, après avoir été débattus par les ingénieurs avec l'entrepreneur, sont soumis à l'approbation de l'Administration. Si l'entrepreneur n'accepte par la décision de l'Administration, il est statué par le conseil de préfecture.

ART. 30.
Augmentation dans la masse des travaux.

En cas d'augmentation dans la masse des travaux, l'entrepreneur est tenu d'en continuer l'exécution jusqu'à concurrence d'un sixième en sus du montant de l'entreprise. Au delà de cette limite, l'entrepreneur a droit à la résiliation de son marché.

ART. 31.
Diminution dans la masse des travaux.

En cas de diminution dans la masse des ouvrages, l'entrepreneur ne peut élever aucune réclamation tant que la diminution n'excède pas le sixième du montant de l'entreprise. Si la diminution est de plus du sixième, il reçoit, s'il y a lieu, à titre de dédommagement, une indemnité qui, en cas de contestation, est réglée par le conseil de préfecture.

ART. 32.
Changements dans l'importance des diverses espèces d'ouvrages.

Lorsque les changements ordonnés ont pour résultat de modifier l'importance de certaines natures d'ouvrages, de telle sorte que les quantités prescrites diffèrent de plus d'un tiers, en plus ou en moins, des quantités portées au détail estimatif, l'entrepreneur peut présenter, en fin de compte, une demande en indemnité, basée sur le préjudice que lui auraient causé les modifications apportées à cet égard dans les prévisions du projet.

ART. 33.
Variations dans les prix.

Si, pendant le cours de l'entreprise, les prix subissent une augmentation telle que la dépense totale des ouvrages restant à exécuter d'après le devis se trouve augmentée d'un sixième comparativement aux estimations du projet, le marché peut être résilié, sur la demande de l'entrepreneur.

ART. 34.
Cessation absolue ou ajournement des travaux.

Lorsque l'Administration ordonne la cessation absolue des travaux, l'entreprise est immédiatement résiliée. Lorsqu'elle prescrit leur ajournement pour plus d'une année, soit avant, soit après un commencement d'exécution, l'entrepreneur a le droit de demander la résiliation de son marché, sans préjudice de l'indemnité qui, dans ce cas comme dans l'autre, peut lui être allouée, s'il y a lieu.

Si les travaux ont reçu un commencement d'exécution, l'entrepreneur peut requérir qu'il soit procédé immédiatement à la réception provisoire des ouvrages exécutés, et à leur réception définitive après l'expiration du délai de garantie.

ART. 35.

Mesures coercitives.

Lorsque l'entrepreneur ne se conforme pas, soit aux dispositions du devis, soit aux ordres de service qui lui sont donnés par les ingénieurs, un arrêté du préfet le met en demeure d'y satisfaire dans un délai déterminé. Ce délai, sauf les cas d'urgence, n'est pas de moins de dix jours à dater de la notification de l'arrêté de mise en demeure.

A l'expiration de ce délai, si l'entrepreneur n'a pas exécuté les dispositions prescrites, le préfet, par un second arrêté, ordonne l'établissement d'une régie aux frais de l'entrepreneur. Dans ce cas, il est procédé immédiatement, en sa présence ou lui dûment appelé, à l'inventaire descriptif du matériel de l'entreprise.

Il en est aussitôt rendu compte au ministre, qui peut, selon les circonstances, soit ordonner une nouvelle adjudication à la folle enchère de l'entrepreneur, soit prononcer la résiliation pure et simple du marché, soit prescrire la continuation de la régie.

Pendant la durée de la régie, l'entrepreneur est autorisé à en suivre les opérations, sans qu'il puisse toutefois entraver l'exécution des ordres des ingénieurs.

Il peut d'ailleurs être relevé de la régie, s'il justifie des moyens nécessaires pour reprendre les travaux et les mener à bonne fin.

Les excédants de dépense qui résultent de la régie ou de l'adjudication sur folle enchère sont prélevés sur les sommes qui peuvent être dues à l'entrepreneur, sans préjudice des droits à exercer contre lui, en cas d'insuffisance.

Si la régie ou l'adjudication sur folle enchère amène au contraire une diminution dans les dépenses, l'entrepreneur ne peut réclamer aucune part de ce bénéfice, qui reste acquis à l'Administration.

ART. 36.

Décès de l'entrepreneur.

En cas de décès de l'entrepreneur, le contrat est résilié de droit, sauf à l'Administration à accepter, s'il y a lieu, les offres qui peuvent être faites par les héritiers pour la continuation des travaux.

ART. 37.

Faillite de l'entrepreneur.

En cas de faillite de l'entrepreneur, le contrat est également résilié de plein droit, sauf à l'Administration à accepter, s'il y a lieu, les offres qui peuvent être faites par les créanciers pour la continuation de l'entreprise.

TITRE III

Règlement des dépenses.

ART. 38.

Bases du règlement des comptes.

A défaut de stipulations spéciales dans le devis, les comptes sont établis d'après les quantités d'ouvrages réellement effectuées, suivant les dimensions et les poids constatés par des métrés définitifs et des pesages faits en cours ou en fin d'exécution, sauf les cas prévus par l'article 23, et les dépenses sont réglées d'après les prix de l'adjudication.

L'entrepreneur ne peut, dans aucun cas, pour les métrés et pesages, invoquer en sa faveur les us et coutumes.

ART. 39.

Attachements.

Les attachements sont pris, au fur et à mesure de l'avancement des travaux, par l'agent chargé de leur surveillance, en présence de l'entrepreneur et contradictoirement avec lui; celui-ci doit les signer au moment de la présentation qui lui en est faite.

Lorsque l'entrepreneur refuse de signer ces attachements ou ne les signe qu'avec réserve, il lui est accordé un délai de dix jours, à dater de la présentation des pièces, pour formuler par écrit ses observations. Passé ce délai, les attachements sont censés acceptés par lui, comme s'ils étaient signés sans réserve. Dans ce cas, il est dressé procès-verbal de la présentation et des circonstances qui l'ont accompagnée. Ce procès-verbal est annexé aux pièces non acceptées.

Les résultats des attachements inscrits sur les carnets ne sont portés en compte qu'autant qu'ils ont été admis par les ingénieurs.

ART. 40.

Décomptes mensuels.

A la fin de chaque mois, il est dressé un décompte des ouvrages exécutés et des dépenses faites, pour servir de base aux payements à faire à l'entrepreneur.

ART. 41.

Décomptes annuels et décomptes définitifs.

A la fin de chaque année, il est dressé un décompte de l'entreprise, que l'on divise en deux parties : la première comprend les ouvrages et portions d'ouvrages dont le métré a pu être arrêté définitivement, et la seconde les ouvrages et portions d'ouvrages dont la situation n'a pu être établie que d'une manière provisoire.

Ce décompte, auquel sont joints les métrés et les pièces à l'appui, est présenté, sans déplacement, à l'acceptation de l'entrepreneur; il est dressé procès-verbal de la présentation et des circonstances qui l'ont accompagnée.

L'entrepreneur, indépendamment de la communication qui lui est faite de ces pièces, est, en outre, autorisé à faire transcrire par ses commis, dans les bureaux des ingénieurs, celles dont il veut se procurer des expéditions.

En ce qui concerne la première partie du décompte, l'acceptation de l'entrepreneur est définitive, tant pour l'application des prix que pour les quantités d'ouvrages.

S'il refuse d'accepter ou s'il ne signe qu'avec réserve, il doit déduire ses motifs par écrit, dans les vingt jours qui suivent la présentation des pièces.

il est expressément stipulé que l'entrepreneur n'est point admis à élever de réclamations, au sujet des pièces ci-dessus indiquées, après le délai de vingt jours, et que, passé ce délai, le décompte est censé accepté par lui, quand bien même il ne l'aurait pas signé, ou ne l'aurait signé qu'avec une réserve dont les motifs ne seraient pas spécifiés.

Le procès-verbal de présentation doit toujours être annexé aux pièces non acceptées.

En ce qui concerne la deuxième partiè du décompte, l'acceptation de l'entrepreneur n'est considérée que comme provisoire.

Les stipulations des paragraphes 2, 3, 4, 5, 6 et 7 du présent article s'appliquent au décompte général et définitif de l'entreprise.

Elles s'appliquent aussi aux décomptes définitifs partiels, qui peuvent être présentés à l'entrepreneur dans le courant de la campagne.

ART. 42.

L'entrepreneur ne peut revenir sur les prix du marché.

L'entrepreneur ne peut, sous aucun prétexte, revenir sur les prix du marché qui ont été consentis par lui.

ART. 43.

Reprise du matériel en cas de résiliation.

Dans les cas de résiliation prévus par les articles 34 et 36, les outils et équipages existant sur les chantiers et qui eussent été nécessaires pour l'achèvement des travaux, sont acquis par l'État, si l'entrepreneur ou ses ayants droit en font la demande, et le prix en est réglé de gré à gré ou à dire d'experts.

Ne sont pas comprises dans cette mesure les bêtes de trait ou de somme qui auraient été employées dans les travaux.

La reprise du matériel est facultative pour l'Administration, dans les cas prévus par les articles 9, 30, 33, 35 et 37.

Dans tous les cas de résiliation, l'entrepreneur est tenu d'évacuer les chantiers, magasins et emplacements utiles à l'entreprise, dans le délai qui est fixé par l'Administration.

Les matériaux approvisionnés par ordre et déposés sur les chantiers, s'ils remplissent les conditions du devis, sont acquis par l'État aux prix de l'adjudication.

Les matériaux qui ne seraient pas déposés sur les chantiers ne sont pas portés en compte.

TITRE IV

Payements.

ART. 44.

Payements d'à-compte.

Les payements d'à-compte s'effectuent tous les mois, en raison de la situation des travaux exécutés, sauf retenue d'un dixième pour la garantie et d'un centième pour la caisse de secours des ouvriers.

Il est en outre délivré des à-compte sur le prix des matériaux approvisionnés, jusqu'à concurrence des quatre cinquièmes de leur valeur.

Le tout sous la réserve énoncée à l'article 49 ci-après.

ART. 45.

Maximum de la retenue.

Si la retenue du dixième est jugée devoir excéder la proportion nécessaire pour la garantie de l'entreprise, il peut être stipulé au devis ou décidé en cours d'exécution qu'elle cessera de s'accroître lorsqu'elle aura atteint un maximum déterminé.

ART. 46.

Réception provisoire.

Immédiatement après l'achèvement des travaux, il est procédé à une réception provisoire par l'ingénieur ordinaire, en présence de l'entrepreneur ou lui dûment appelé par écrit. En cas d'absence de l'entrepreneur, il en est fait mention au procès-verbal.

ART. 47.

Réception définitive.

Il est procédé de la même manière à la réception définitive, a rès l'expiration du délai de garantie.

A défaut de stipulation expresse dans le devis, ce délai est de six mois, à dater de la réception provisoire, pour les travaux d'entretien, les terrassements et les chaussées d'empierrement, et d'un an pour les ouvrages d'art. Pendant la durée de ce délai, l'entrepreneur demeure responsable de ses ouvrages et est tenu de les entretenir.

ART. 48.

Payement de solde.

Le dernier dixième n'est payé à l'entrepreneur qu'après la réception définitive et lorsqu'il a justifié de l'accomplissement des obligations énoncées dans l'article 19.

ART. 49.

Intérêts pour retards de payements.

Les payements ne pouvant être faits qu'au fur et à mesure des fonds disponibles, il ne sera jamais alloué d'indemnités, sous aucune dénomination, pour retard de payement pendant l'exécution des travaux.

Toutefois, si l'entrepreneur ne peut être entièrement soldé dans les trois mois qui suivent la réception définitive régulièrement constatée, il a droit, à partir de l'expiration de ce délai de trois mois, à des intérêts, calculés d'après le taux légal, pour la somme qui lui reste due.

TITRE V

Contestations.

ART. 50.

Intervention de l'ingénieur en chef.

Si, dans le cours de l'entreprise, des difficultés s'élèvent entre l'ingénieur ordinaire et l'entrepreneur, il en est référé à l'ingénieur en chef.

Dans les cas prévus par l'article 22, par le deuxième paragraphe de l'article 23 et par le deuxième paragraphe de l'article 27, si l'entrepreneur conteste les faits, l'ingénieur ordinaire dresse procès-verbal des circonstances de la contestation et le notifie à l'entrepreneur, qui doit présenter ses observations dans un délai de vingt-quatre heures; ce procès-verbal est transmis par l'ingénieur ordinaire à l'ingénieur en chef pour qu'il y soit donné telle suite que de droit.

ART. 51.

Intervention de l'administration.

En cas de contestation avec les ingénieurs, l'entrepreneur doit adresser au préfet, pour être transmis avec l'avis des ingénieurs à l'Administration, un mémoire où il indique les motifs et le montant de ses réclamations.

Si, dans le délai de trois mois à partir de la remise du mémoire au préfet, l'Administration n'a pas fait connaître sa réponse, l'entrepreneur peut, comme dans le cas où ses réclamations ne seraient point admises, saisir desdites réclamations la juridiction contentieuse.

ART. 52.

Jugement des contestations.

Conformément aux dispositions de la loi du 28 pluviôse an VIII, toute difficulté entre l'Administration et l'entrepreneur, concernant le sens ou l'exécution des clauses du marché, est portée devant le conseil de préfecture, qui statue, sauf recours au Conseil d'État.

APPENDICE

II

DÉCRET RELATIF A L'ASSOCIATION SYNDICALE

CONSTITUÉE

SOUS LE NOM DE SOCIÉTÉ DU CANAL D'IRRIGATION DU PONT-DU-FOSSÉ

(7 avril 1866.)

NAPOLÉON, etc.

Sur le rapport de notre ministre secrétaire d'État au département de l'agriculture, du commerce et des travaux publics,

. . . .

Notre Conseil d'État entendu,
Avons décrété et décrétons ce qui suit :

TITRE PREMIER

Formation du syndicat.

ARTICLE PREMIER.

L'association syndicale constituée sous le nom de Société du canal du Pont-du-Fossé, suivant actes notariés des 16 juillet 1860 et 22 février 1864, est autorisée à établir et à exploiter un canal destiné à arroser, au moyen des eaux dérivées du Drac, cours d'eau non navigable ni flottable, une partie des territoires des communes de Saint-Jean, Nicolas, Saint-Léger, Chabottes, Forest, Saint-Julien, Saint-Laurent-du-Cros, Laye, la Fare, Poligny et le Noyer. Les propriétaires intéressés devront contribuer, chacun en raison de la surface des terres engagées, à la construction du canal depuis la prise d'eau jusqu'à la limite inférieure du territoire arrosable, à l'entretien du canal, ainsi qu'aux dépenses relatives aux travaux d'amélioration et de perfectionnement qu'on jugerait utile d'y apporter.

Le siége de la Société sera fixé à la Fare.

ART. 2.

Les propriétaires des mêmes communes qui n'auront pas souscrit avant le présent décret de concession, mais possèdent des parcelles susceptibles d'être arrosées par le nouveau canal pourront se faire agréger à l'association, soit pendant la construction de ce canal, soit après cette construction, en tant qu'il y aura de l'eau disponible. . . . .

. . . .

ART. 3.

L'association sera administrée par un sy.. ' composé de neuf membres dont trois seront nommés par le préfet en raison de la subvention accordée par l'État, et six élus par l'assemblée générale et choisis parmi les intéressés.

A l'effet de procéder à cette élection, les intéressés seront convoqués par un arrêté du préfet, qui fixera le lieu de la réunion, nommera le président de l'assemblée et déterminera les formes de l'élection. Les syndics seront nommés à la majorité absolue des électeurs présents.

Les intéressés absents et les femmes pourront être représentés par des fondés de pouvoir sans que le même fondé de pouvoir puisse être porteur de plus de deux mandats.

Avant de procéder à cette élection, les i téressés se réuniront en assemblée générale de tous ces intéressés pour déterminer, conformément à l'article 20 de la loi du 21 juin 1865, le minimum d'intérêt qui donne droit à chaque propriétaire de faire partie de l'assemblée générale ainsi que le maximum de voix à attribuer aux plus grands propriétaires.

Les propriétaires de parcelles inférieures au minimum qui sera fixé pourront se réunir pour se faire représenter à l'Assemblée générale par un ou plusieurs d'entre eux, en nombre égal au nombre de fois que le minimum d'intérêt se trouvera compris dans leurs parcelles réunies.

Les syndics seront nommés par le préfet, dans le cas où l'assemblée générale, après deux convocations, ne se serait pas réunie en nombre suffisant ou n'aurait pas procédé à l'élection des syndics.

ART. 4.

Le syndicat sera renouvelé tous les trois ans, à raison de trois membres pendant chacune des deux premières années et d'un membre pendant la troisième.

Lors des deux premiers renouvellements partiels, les membres sortants seront désignés par le sort ; ils seront rééligibles et continueront leurs onctions jusqu'à leur remplacement.

ART. 5.

Les membres du syndicat ne pourront se faire représenter aux assemblées par des mandataires de leur choix. A l'effet de les remplacer en cas d'absence, trois suppléants seront nommés de la même manière et en même temps que les syndics titulaires, savoir : un par le préfet et deux par les intéressés.

ART. 6.

Dans le cas où l'un des syndics titulaires serait démissionnaire ou viendrait à décéder, il sera provisoirement remplacé par l'un des syndics suppléants jusqu'à la prochaine réunion des intéressés. Les fonctions du syndic ainsi nommé ne dureront que le temps pendant lequel le membre remplacé serait encore resté en fonctions.

ART. 7.

Les syndics élisent l'un d'eux pour remplir les fonctions de Directeur et un adjoint qui remplace le Directeur en cas d'absence ou d'empêchement.

Le directeur, l'adjoint et les autres syndics sont toujours rééligibles.

Le directeur, en cette qualité, est chargé de la surveillance générale des intérêts de la communauté et de la conservation des plans, registres et autres papiers relatifs à l'administration des travaux. Ces documents seront déposés dans un local de la mairie de la Fare, dont le directeur aura la clef. Il en fera inventaire et récolement en présence du syndicat.

Toutes les instances et poursuites arrêtées en vertu des délibérations du syndicat seront faites par les soins du directeur et à sa diligence.

ART. 8.

Les fonctions du directeur dureront trois ans, et continueront jusqu'à ce qu'il soit remplacé. Elles pourront être prorogées jusqu'à l'expiration des fonctions syndicales de ce membre de l'association.

ART. 9.

Le syndicat sera convoqué et présidé par le directeur, et, en cas d'empêchement, par le directeur adjoint.

Il devra être réuni sur la demande de deux de ses membres ou sur l'invitation directe du préfet.

ART. 10.

Les délibérations seront prises à la majorité des voix des membres présents; en cas de partage, celle du président sera prépondérante.

Le syndicat ne pourra délibérer qu'au nombre de cinq membres; toutefois, lorsque, après deux convocations faites par le directeur, à trois jours d'intervalle et dûment constatées sur le registre des délibérations, les syndics ne seront pas réunis en nombre suffisant, la délibération prise après la troisième convocation sera valable, quel que soit le nombre des membres présents.

Dans tous les cas où les délibérations du syndicat emporteraient des engagements financiers, les délibérations ne pourront être exécutées qu'après l'approbation du préfet.

ART. 11.

Tout membre qui, sans motifs reconnus légitimes, aura manqué à trois convocations successives, pourra être déclaré démissionnaire par le préfet.

ART. 12.

Les délibérations seront inscrites, par ordre de date, sur un registre coté et paraphé par le directeur; elles seront signées par tous les membres présents à la séance, ou mention sera faite des motifs qui les auront empêchés de signer.

Tous les membres de l'association auront droit de prendre communication, sans déplacement, des délibérations du syndicat.

ART. 13.

Le syndicat est spécialement chargé de veiller à la construction, à l'entretien et à l'amélioration des canaux d'irrigation, de poursuivre la répression des entreprises qui pourraient leur nuire et la réparation des dommages causés aux dits ouvrages, de maintenir en bon état les canaux d'arrosage et les fossés d'écoulement qui en dépendent;

De désigner les experts qui concourront avec ceux des propriétaires, le cas échéant, aux opérations qui seraient jugées nécessaires;

D'indiquer les lieux où il pourra être établi des barrages ou prises d'eau, de proposer les conditions sous lesquelles ces concessions auront lieu, ainsi que l'époque et la durée des irrigations, sauf l'approbation du préfet en ce qui touche son droit de police sur les eaux;

De faire rédiger les projets de travaux, de les discuter et d'en proposer le mode d'exécution;

De concourir aux mesures nécessaires pour passer les marchés ou adjudications;

De surveiller l'exécution des travaux;

De dresser le tableau de la répartition des dépenses entre les divers intéressés;

De préparer les budgets annuels;

De contracter les emprunts qui pourront être nécessaires à l'association. Ces emprunts devront être autorisés par l'assemblée générale et par le gouvernement. Toutefois le préfet pourra les approuver définitivement lorsqu'ils ne porteront pas à plus de 50,000 francs la totalité des dettes de l'association;

De contrôler et de vérifier le compte administratif du syndic directeur ainsi que la comptabilité du percepteur de l'association;

Enfin, de donner son avis sur tous les intérêts de la communauté, lorsqu'il sera consulté par l'administration, et de proposer tout ce qu'il croira utile aux propriétaires associés.

TITRE II [1]

. . . .
. . . .

---

[1] Ce titre est relatif à la concession du canal dont les travaux sont déclarés d'utilité publique et au règlement de la prise d'eau. Il est inutile d'en reproduire ici les dispositions.

TITRE III

Des travaux, de leur mode d'exécution et de leur payement.

ART. 30.

Les projets de travaux seront dressés par un homme de l'art choisi par le syndicat.

Ils seront examinés par l'ingénieur en chef du département et soumis par le syndicat à l'approbation de l'administration supérieure, lorsqu'il s'agira de travaux neufs [1].

ART. 31.

Les travaux seront adjugés, autant que possible, d'après le mode adopté pour ceux des ponts et chaussées, en présence du directeur du syndicat.

Ils pourront cependant être exécutés de tout autre manière, sur la demande du syndicat et d'après l'autorisation du préfet.

ART. 32.

L'exécution des travaux neufs aura lieu sous la direction d'un homme de l'art désigné par le syndicat, et sous la surveillance des ingénieurs des ponts et chaussées, du directeur, ainsi que d'un membre que le syndicat désignera à cet effet.

ART. 33.

La réception des travaux neufs sera faite par les ingénieurs des ponts et chaussées du département, en présence du directeur et d'un membre du syndicat.

Les procès-verbaux de réception devront constater que les travaux ont été exécutés conformément aux projets approuvés et aux règles de l'art.

Une expédition du procès-verbal de réception sera déposée aux archives de la préfecture, une deuxième sera transmise au ministre de l'agriculture, du commerce et des travaux publics.

[1] Cette disposition, ainsi que celles des articles 32 et 33, paraissent avoir été motivées dans l'espèce par la circonstance qu'il s'agissait de travaux déclarés d'utilité publique, et subventionnées par l'État.

ART. 34.

Les travaux d'urgence pourront être exécutés immédiatement par ordre du directeur, qui sera tenu d'en rendre compte sans retard au syndicat et au préfet.

Ce magistrat pourra suspendre l'exécution de ces travaux, s'il le juge convenable, après avoir pris l'avis de l'ingénieur en chef et du syndicat.

A défaut du directeur, le préfet pourra faire constater l'urgence des travaux et ordonner, sur l'avis des ingénieurs, leur exécution immédiate.

ART. 35.

Les payements d'à-compte pour les travaux exécutés seront effectués en vertu de mandats du directeur, d'après les états de situation dressés par la personne chargée de diriger ces travaux, et visés par le syndic chargé de leur surveillance.

Pour les payements définitifs, il sera produit, en outre, un procès-verbal de réception conformément aux dispositions de l'article 33.

A défaut du directeur, le préfet pourra délivrer des mandats, d'après les états de situation des ingénieurs, pour le payement des dépenses faites d'office conformément à ses ordres.

ART. 36.

Dans le courant des deux premiers mois de chaque année, le syndicat déposera pendant quinze jours à la mairie de la Fare, le compte des travaux exécutés pendant la campagne précédente, afin que les propriétaires puissent en prendre connaissance et présenter leurs observations.

ART. 37.

Chaque année, au mois de septembre ou d'octobre, après vérification de la situation des travaux, d'accord avec l'homme de l'art choisi par le syndicat, le directeur rédige un projet de budget qui est affiché pendant quinze jours à la mairie de la Fare.

Ce projet de budget, accompagné d'un rapport explicatif, est envoyé à l'examen de l'ingénieur; il est ensuite, avec l'avis de l'ingénieur en chef, soumis à l'approbation du syndicat et voté par lui.

Le préfet, lorsqu'il s'agit de dépenses obligatoires qui auraient été omises, peut, après mise en demeure adressée au syndicat, et après le délai fixé, ordonner l'inscription d'office au budget des dettes obligatoires et exigibles.

TITRE IV

De la rédaction des rôles et de leur recouvrement.

ART. 58.

Le recouvrement des taxes sera fait par le percepteur des contributions directes de la commune de la Fare ou par un caissier spécial choisi par le syndicat et agréé par le préfet.

ART. 59.

Le percepteur fournira un cautionnement proportionné au montant des rôles ; il lui sera alloué une remise dont la quotité sera proposée par le syndicat et déterminée par le préfet.

ART. 40.

Au moyen de cette remise, le percepteur dressera les rôles sur les documents fournis par le syndicat.

Ces rôles, après avoir été affichés à la porte de la mairie pendant un délai de huit jours, seront revisés par le directeur du syndicat et rendus exécutoires par le préfet.

La perception en sera faite comme en matière de contributions directes.

ART. 41.

Le receveur sera responsable du défaut de payement des taxes dans les délais fixés par les rôles, à moins qu'il ne justifie des poursuites faites contre les contribuables en retard.

ART. 42.

Le receveur acquittera les mandats délivrés par le directeur ou par le préfet conformément aux articles 35 et 37.

Il rendra compte annuellement au syndicat, avant le 1er février, des recettes et dépenses qu'il aura faites pendant l'année précédente. Il ne lui sera pas tenu compte des payements irrégulièrement faits.

ART. 43.

Le syndicat vérifiera le compte annuel du percepteur, l'arrêtera provisoirement et l'adressera au préfet pour être soumis au conseil de préfecture, qui l'arrêtera définitivement, s'il y a lieu.

ART. 44.

Le syndic directeur vérifiera, lorsqu'il le jugera convenable, la situation de la caisse du percepteur, qui sera tenu de lui communiquer toutes les pièces de sa comptabilité.

TITRE V

Dispositions générales.

TABLE ANALYTIQUE

DES MATIÈRES CONTENUES DANS LE DEUXIÈME VOLUME

DEUXIÈME PARTIE

LIVRE PREMIER

NOTIONS SOMMAIRES SUR LA PROPRIÉTÉ, LES OBLIGATIONS ET LA CAPACITÉ DES PERSONNES

LIVRE II

RÈGLES GÉNÉRALES RELATIVES A L'EXÉCUTION DES TRAVAUX PUBLICS

TITRE PREMIER

Des travaux des ponts et chaussées au point de vue des finances publiques.

TITRE II

Du mode d'exécution des travaux publics ou des rapports de l'État avec les entrepreneurs et concessionnaires de travaux.

APPENDICE

RECTIFICATIONS

Page 126, ligne 13. *Au lieu de :* un mode de libération des dettes établies au profit
      de l'État, *lisez :* un mode de libération des dettes, établi au
      profit de l'État.
Page 208, ligne 10, *Au lieu de :* sauf à lui justifier ses prétentions, *lisez :* sauf à
      lui à justifier....

PARIS. — IMP. SIMON RAÇON ET COMP., RUE D'ERFURTH, 1.

www.ingramcontent.com/pod-product-compliance
Lightning Source LLC
Chambersburg PA
CBHW031358210326
41599CB00019B/2813